Le Siècle.

EUGÈNE SUE.

ŒUVRES CHOISIES

LATRÉAUMONT

PARIS

BUREAUX DU SIÈCLE

RUE DU CROISSANT, 16.

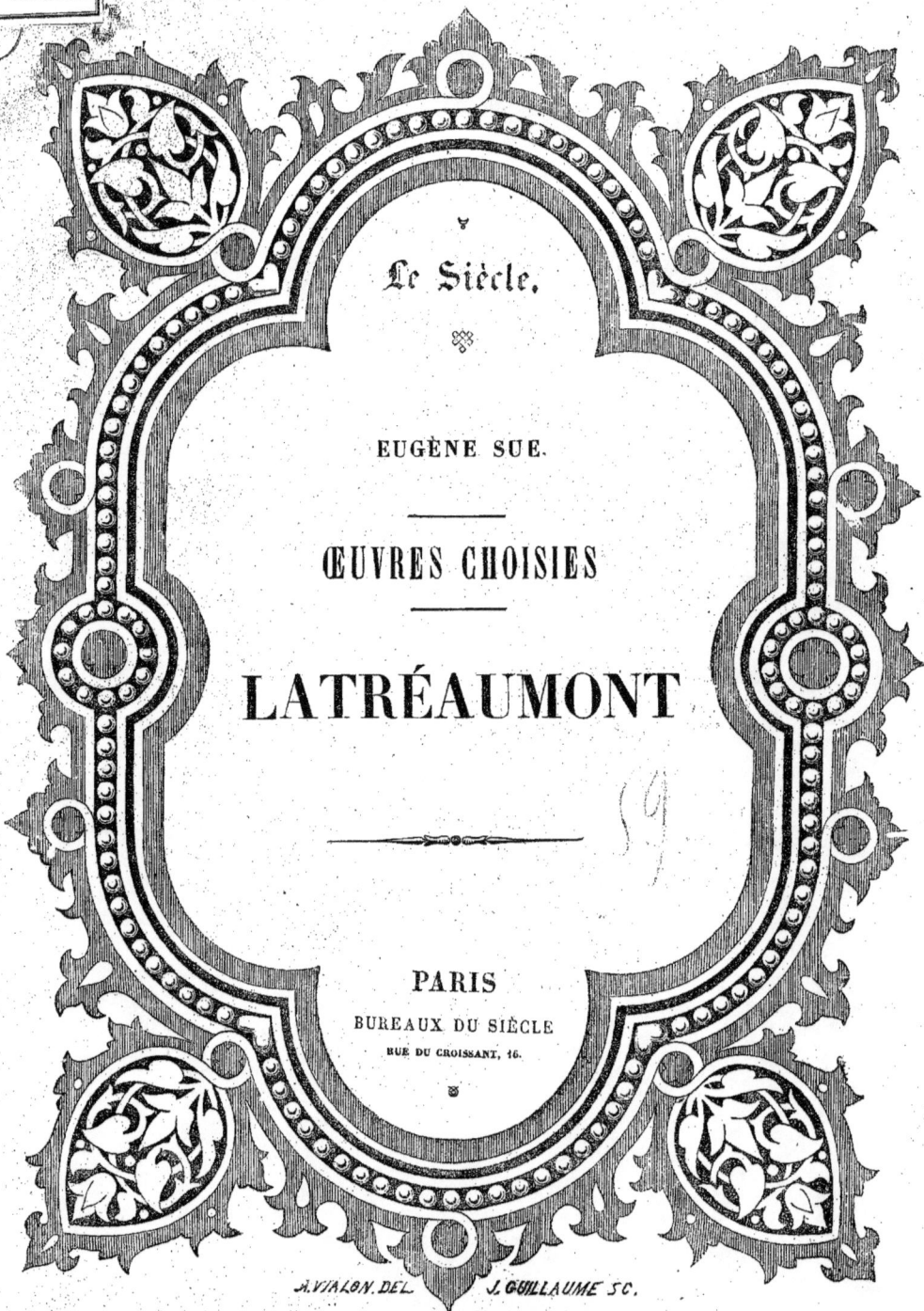

A. VIALON. DEL.   J. GUILLAUME. SC.

Publication du journal **LE SIECLE**

OEUVRES CHOISIES

DE M. EUGÈNE SUE

LATRÉAUMONT[1]

L'HOTEL DES MUSES.

I

MAITRE AFFINIUS VAN DEN ENDEN.

Chi troppo s'assotiglia, si scavezza !
(Par trop subtiliser, on s'égare soi-même.)
(PÉTRARQUE. — Chant XI, v. 48.)

En 1669, on voyait à Amsterdam une place longue et étroite, bordée de deux allées de tilleuls; de chaque côté de cette place, appelée le *Burgwal*, s'étendait une rangée de bâtimens, peints de diverses couleurs, selon la mode de

(1) Un géant, spadassin railleur, sorte de bouffon cruel, monstruosité morale et physique ; un des plus séduisans et des plus grands seigneurs de la cour de LOUIS XIV ; un pauvre et austère vieillard hollandais, philosophe éminent, grand esprit politique, savant renommé, qui eut SPINOSA pour disciple, et JEAN DE WITT pour ami ; une jeune fille de haute noblesse poussant le dévouement jusqu'à l'héroïsme ; une jeune femme, riche, merveilleusement belle et chaste, titrée aussi, et poussant aussi jusqu'à l'héroïsme la foi sacrée du serment ; enfin un gracieux, timide et tendre adolescent : tels sont les principaux acteurs du drame qu'on va raconter.

L'auteur de ce livre a obéi à toutes les exigences, à tous les développemens de cette donnée entièrement historique, avec la plus scrupuleuse abnégation d'invention.

Mais de ce procédé, ainsi que de la nature même du sujet, devait naître une grave imperfection dans la combinaison artis-

ce temps-là. Chacune de ces maisons avait son degré de pierre blanche soigneusement entretenu, et sa porte de chêne semée de gros clous de cuivre brillans comme de l'or, grâce à la minutieuse propreté flamande.

tique de cet ouvrage, et celui qui écrit ces lignes est le premier à la signaler entre toutes.

Singulier hasard, ces six personnages de caractères, de natures, d'états et de pays différens, bien que marchant tous au même but, conduits pourtant par des intérêts et des passions extrêmement opposés, se trouvaient presque tous étrangers les uns aux autres ; et trois d'entre eux se virent pour la première fois lors du dénoûment de cette aventure, à laquelle ils avaient néanmoins communément concouru.

Or, pour s'abandonner aveuglément aux mille bizarres fantaisies de cette réalité si variée d'incidens ; pour mettre en relief chacune de ces physionomies, sérieuses, touchantes, sereines ou féroces (par un incroyable dédain de l'histoire, absolument inconnues ou méconnues jusqu'à cette heure) ; pour les montrer enfin bien complètes et conséquemment avec toutes leurs adhérences ; naïvement entourées, si cela se peut dire, de leurs *accessoires* de famille ou de position, il a fallu consacrer à la peinture curieuse et étudiée de ces figures et de ces contrastes de toute sorte, une série de tableaux apparemment isolés, mais liés entre eux par la pensée, ou plutôt l'indomptable volonté de LATRÉAUMONT, dont la force morale domine puissamment l'action, comme sa force physique en domine les acteurs.

De là, l'extrême abondance, ou plutôt l'abus des perspectives variées à l'infini, que l'on peut justement reprocher à cette rigoureuse reproduction de faits réels et accomplis. Et néanmoins, en terminant la lecture de cette œuvre, peut-être demeurera-t-on persuadé qu'il était impossible de la présenter autrement, voulant surtout faire entrevoir les innombrables voies par lesquelles ces personnages si divers devaient arriver au même but.

EUGÈNE SUE.

Châtenay, ce 30 octobre 1837.

Vers le milieu et à gauche du Burgwal, non loin de l'ancienne synagogue portugaise, on remarquait une maison beaucoup plus grande que les autres; mais ce qui la distinguait complétement du reste des habitations de ce quartier, c'était un large et pesant écriteau noir, placé au-dessus de la porte, et sur lequel on lisait cette inscription en lettres d'or : *Hôtel des Muses, École de Philosophie, de Théologie et de Médecine de maître Affinius van den Enden.*

Or, vers le commencement du mois de janvier 1669, une neige épaisse tombant à gros flocons semblait couvrir d'un blanc linceul les rues et les toits d'Amsterdam.

Il était environ quatre heures du matin, et les vieux tilleuls du Burgwall agités par la bise glacée du nord, froissant leurs branches sèches et noircies, troublaient seuls par un bruit monotone le triste silence qui régnait dans cette partie de la ville.

Perçant la ténébreuse obscurité de la nuit, quelques lueurs s'échappaient à travers les vitraux coloriés d'une longue et étroite ogive située au rez-de-chaussée de l'école de maître van den Enden ; car ce savant, plongé dans les profondeurs de la science, ou emporté par l'irrésistible et entraînante fantaisie de l'imagination, oubliait souvent les heures, et plus d'une fois l'aube naissante fit pâlir la lampe qui éclaira ses veilles.

Cette nuit encore, ayant longuement médité sur un manuscrit placé devant lui, et intitulé *Traité de Théologie politique,* ouvrage alors inédit de *Spinosa,* son élève de prédilection, maître van den Enden, bien que le jour dût bientôt paraître, demeurait absorbé dans ses réflexions, le regard machinalement fixé sur les cendres du foyer éteint et froid depuis longtemps.

Quoique simplement meublé, le cabinet où se tenait alors le docteur avait un sévère et imposant aspect; tout y invitait au recueillement et à l'étude, soit que cette pièce fût faiblement éclairée par le jour mystérieux des vitraux, soit que la pâle et vacillante clarté d'une lampe y agitât çà et là de grandes ombres.

Les murs étaient tendus de grosse serge verte de Brabant; d'un côté, on voyait des récipiens ou des alambics sur leurs fourneaux; ailleurs un lourd creuset, ou le cuivre étincelant de quelques instrumens de physique et d'astronomie, tandis qu'un rideau rouge, à demi fermé, laissait voir les ossemens blanchis d'un squelette d'homme placé au fond d'une niche obscure pratiquée dans la muraille.

Une bibliothèque de chêne noir, très simple, occupait toute une partie de cette vaste pièce; en face, on voyait deux tableaux assez grossièrement peints, représentant de gigantesques et horribles animaux fabuleux, tels que les croyances populaires et même quelques esprits éclairés les admettaient alors; là aussi étaient suspendus divers instrumens de pêche et de chasse appartenant à plusieurs peuples de l'Inde.

Puis, pour compléter l'aspect étrange et presque cabalistique de cette silencieuse retraite, au moindre courant d'air, de longs reptiles empaillés se balançaient lentement aux solives saillantes du plafond.

On ne doit point oublier de parler d'un objet moins scientifique peut-être, mais néanmoins d'un rare intérêt, autant par son curieux travail que par la pensée qui s'y rattachait : c'était un échiquier de buis sculpté, offert au philosophe par un de ses admirateurs, *le grand pensionnaire de Hollande,* JEAN DE WITT, qui lui avait envoyé ce meuble charmant comme gage d'affection; enfin, au fond du cabinet, et opposée à la fenêtre, une porte s'ouvrait sur la vaste salle de l'école, dans laquelle on descendait par quatre marches, cette dernière pièce étant située sur un plan moins élevé que la première.

Proche de la cheminée, à vaste manteau de bois, maître van den Enden, assis dans un grand fauteuil de cuir de Cordoue, avait devant lui une longue table, sur laquelle on voyait ouverts ou fermés, mais dans le plus grand désordre, de gros volumes in-folio, latins, grecs ou hébreux, car le docteur possédait parfaitement ces trois langues.

La bise du nord mugissait toujours sourdement, la nuit était encore profonde, et une lampe de cuivre rouge à trois becs, posée sur la table, semblait entourer le philosophe d'une auréole lumineuse, tandis qu'elle ne jetait sur le reste du cabinet qu'une lueur vacillante et douteuse.

Cet homme, petit et frêle, était vêtu d'une robe de chambre de camelot noir, et le chaperon de velours de la même couleur qui recouvrait sa tête laissait échapper quelques longues mèches de cheveux argentés; car van den Enden avait alors soixante-huit ans environ.

Le caractère dominant de sa physionomie grave et sérieuse paraissait être le calme opiniâtre de la résolution, tandis que ses yeux bleus, vifs et animés, qui rayonnaient sous d'épais sourcils blancs, son front haut, vaste et hardi, disaient assez que toute la vie de ce vieillard était concentrée dans le cerveau, et que l'ardente énergie qui couvait sous cette enveloppe chétive n'avait d'autre issue que ce regard étincelant de courage et de sérénité. Mais si, chez ce philosophe, l'angle de la mâchoire inférieure, saillante et vigoureusement accusée, révélait, suivant les physionomistes, une indomptable puissance de volonté; souvent aussi un mélancolique sourire de résignation et de dédain donnait à ses traits une indicible expression de tristesse, ou trahissait le mépris incurable qu'il avait pour certains hommes et pour certaines choses; enfin, son teint jaune et plombé, ses joues hâves et tendues sur ses pommettes saillantes, les rides profondes qui sillonnaient en tous sens ce visage osseux et maladif, annonçaient assez la fatale réaction des veilles, des chagrins, des déceptions, des souffrances physiques, et aussi de cette fièvre dévorante du savoir qui mine et tue lentement.

C'est qu'en effet, sciences exactes et physiques, philosophie, politique, législation, théologie, arts et poésie... cet homme avait tout embrassé, tout compris! Abrité sous l'arbre de la science, cet aliment éternel de l'intelligence humaine, il en avait tout expérimenté : l'amertume de ses profondes racines, le parfum de sa floraison embaumée, et la forte saveur de ses fruits. Son existence s'était passée ainsi à satisfaire tour à tour cet irrésistible besoin de savoir et de vérité, toujours insatiable chez les esprits élevés ; de même que, dans la condition matérielle, l'appétit physique, béant sans cesse, ne s'assouvit que pour renaître.

Né à Anvers en 1601, et habitué à Amsterdam depuis vingt ans, lorsque van den Enden était venu s'établir dans cette dernière ville, le plus profond mystère enveloppait sa vie passée. On savait seulement, qu'après avoir longtemps étudié chez les jésuites de La Haye, il y prit les premiers ordres de la prêtrise ; mais qu'un jour il abandonna la carrière ecclésiastique, pour s'unir, malgré les défenses de l'Église, à une pauvre orpheline, qui lui donna deux filles et qui mourut peu de temps après ; s'étant marié de nouveau, van den Enden eut deux autres filles de sa seconde femme *Catherine Medeams.*

Cette sorte de parjure à ses premiers vœux, cette rébellion aux volontés de l'Église, la retraite profonde où vivait van den Enden, son aspect grave et triste, ses rares connaissances médicales et anatomiques, sa science des langues, ses succès véritablement prodigieux dans la cure de plusieurs maladies, et surtout la curiosité incessante avec laquelle il s'occupait d'expériences et de travaux chimiques; enfin, cette vie si mystérieusement occupée de choses occultes, qui eût sans doute fait bannir ou brûler ce philosophe comme sorcier, dans un pays moins libre que ne l'était alors la république des *sept Provinces-Unies,* ne lui valut à Amsterdam qu'une réputation de rare et grand savoir, dont le retentissement lui attira de nombreux élèves.

Ce savant, disent ses contemporains, *enseignait les langues avec une facilité incroyable, grâce à la pratique d'une méthode qui lui était particulière.* De fait, l'affluence des écoliers fut énorme pendant plusieurs années, et le fameux *Baruch Spinosa,* plus tard l'élève de prédilection de van den Enden, vint apprendre chez lui les premiers élémens des langues latine et grecque.

Il est hors de doute que ce fut l'étroite intimité qui régna dès lors entre ce philosophe et Spinosa (Spinosa, déjà frappé d'anathème et d'excommunication par les juifs, qui, de plus, attentèrent deux fois à ses jours pour se venger des doctrines hardies que ce dernier avait professées contre la religion hébraïque) ; il est hors de doute, dis-je, que ce fut cette intimité qui motiva surtout les reproches *d'athéisme* adressés à van den Enden ; *car ce docteur*, disent encore ses contemporains, *enseignait aux catholiques la religion catholique, aux luthériens le luthérianisme, aux calvinistes le calvinisme, et aux Turcs eût professé le Coran; mais il demeure apparent qu'il n'était véritablement d'aucune religion.*

Le fait est que van den Enden n'admettait, quant à lui, la divinité d'aucune religion; dans sa pensée, chaque secte, quelle qu'elle fût, n'était qu'une invention purement humaine, une combinaison sociale ou gouvernementale plus ou moins bien ordonnée, et, par cela qu'elle était humaine, irrévocablement soumise à cette condition commune : de *naître*, de *vivre* et de *mourir*.

Il n'était donc pas athée, en ce qu'il ne niait point Dieu ; seulement, comme son intelligence ne pouvait absolument percevoir les causes ou les fins de l'éblouissant mystère de la création, il répondait : « JE NE SAIS! » à ces questions, selon lui éternellement insolubles :

Qui a fait ce qui est ?
Pourquoi ce qui est, est-il ?
A-t-on une âme ?
Qu'est-ce qu'une âme ?
Qu'advient-il après la mort ?

Faisant donc, on le répète, abstraction de l'origine divine de chaque religion, il les enseignait toutes indifféremment, comme autant de faits accomplis, influens, et, ainsi que toutes les œuvres de l'homme, participant à la fois du juste et de l'injuste, du faux et du vrai, du bon et du mauvais.

Quant à lui, sa conduite était simple; il faisait le bien au nom de l'humanité, mais pas au nom d'une incompréhensible fiction. Il faisait le bien pour le bien, sans y être encouragé, disait-il, « par l'égoïste espérance d'une récompense future, sans y être contraint par la dégradante » terreur d'un châtiment à venir. »

D'ailleurs, van den Enden était en ces matières si ennemi du prosélytisme, et avait un tel scrupule et un tel respect pour la liberté de conscience des autres, que non-seulement, ainsi qu'on a dit, il considérait également toutes les sectes, mais qu'il se garda toujours de porter la moindre atteinte aux croyances de ses femmes et de ses filles, qui professaient la religion chrétienne.

D'une vie austère et retirée, ayant peu de besoins, il consacrait tout l'excédant d'une dépense modeste à soulager quelques misères obscures, à procurer aux pauvres les médicamens qu'il leur ordonnait comme médecin, car il excellait, on l'a dit, dans cette profession ; ou à faciliter enfin à de malheureux écoliers, ainsi qu'il le fit pour Spinosa, les abords de la science, en leur assurant pendant quelque temps une existence indépendante.

Mais cet homme, qui se montrait si conciliant, ou si indifférent, à propos de toutes les questions religieuses, et si supérieur aux choses matérielles de la vie, semblait réserver toute la puissance de sa volonté, toutes les forces de son esprit, toute l'opiniâtre résolution de son caractère, pour faire, à tout prix, triompher sa *foi politique*.

En un mot, la pensée qui l'obsédait incessamment était l'établissement d'une *société libre*, dont il avait formulé les statuts, et qui devait faire au sein de la démocratie, que le gouvernement républicain des *sept Provinces-Unies*, dont il était citoyen, en eût paru presque aristocratique.

Foi ou folie, tel était le but unique vers lequel van den Enden marchait depuis longues années avec une singulière persistance. Ainsi, en ouvrant une école publique, il avait surtout songé à la propagation de ses doctrines ; et

l'enseignement des langues anciennes servait de prétexte à l'enseignement politique. Aussi cette école, ouverte à tous, attirait souvent des voyageurs avides d'entendre professer ainsi publiquement des principes démocratiques si hostiles aux gouvernemens monarchiques de ce temps-là, et si terriblement condamnés par eux. Alors surtout le philosophe devenait plus éloquent encore, espérant faire éclore dans l'esprit de ces étrangers de vaillans instincts de liberté, que les événemens pouvaient féconder, mûrir, et qui peut-être un jour, pensait-il, devaient porter de nobles fruits.

En un mot, si ce docteur avait voué sa vie entière au bonheur des hommes sans distinction de caste religieuse, il l'avait tout aussi ardemment vouée au triomphe de leur liberté sans distinction de pays.

Malheureusement, ainsi que toutes choses poussées à l'extrême, la réalisation des théories de van den Enden demeurait impraticable. C'était un de ces rêves magnifiques, une de ces utopies splendides enfantées dans le délire d'une imagination ardente et généreuse ; c'était le cri déchirant d'une âme noble, grande et désolée, qui demande à la spéculation la plus éthérée ce que la condition organique et possible de l'humanité lui refuse et lui refusera toujours !

Aussi, on le répète, ce philosophe s'opiniâtrait à poursuivre une idéalité insaisissable ! Par cela qu'il était d'une extrême sévérité de mœurs, d'une inépuisable charité, d'une rare et solide vertu, dans son plan de régénération sociale, il n'avait pas fait la part, si impérieusement absolue, de tout ce qui est ici-bas méchant, égoïste et sordide ; aussi, des anges n'eussent pas été assez purs pour une pareille combinaison.

Et puis, ce qui malheureusement faussait de plus en plus l'esprit de van den Enden à ce sujet, c'était de voir quelle électrique et puissante sympathie ses admirables utopies éveillaient dans son auditoire ; car les hommes de bien, comme les gens pervers, seront presque toujours profondément saisis par le merveilleux de tout sentiment grandiose. Mais de ce que la foule entraînée applaudissait avec transport aux idéalités généreuses du philosophe, il ne fallait pas penser, ainsi que le croyait ce sage, que, pour ses auditeurs, l'application de ces théories serait la conséquence naturelle de l'enthousiasme qu'elles inspiraient. Il fallait songer que la vie humaine n'est ainsi qu'une longue succession d'aspirations sublimes et de chutes dégradantes, qu'une lutte perpétuelle entre l'esprit et le corps, combat inégal dans lequel les appétits physiques ou les passions égoïstes étouffent souvent, hélas! l'instinct moral.

Enfin, comme chaque caractère a son point vulnérable, et qu'il est de *fait* que les plus belles organisations sont *humanisées* pour ainsi dire par quelque misère, van den Enden, ce trésor de savoir, cet excellent esprit, ce sage austère et pitoyable, devenait d'une faiblesse aveugle, d'une inconséquence navrante, et d'une ambition presque féroce dès qu'il s'agissait de l'application de son plan favori. Pour arriver à cette chimère, il eût sacrifié (comme il fit) sa famille, sa fortune, son avenir, sa vie.

En un mot, dès que cette fibre irritante était touchée, la haute raison de ce philosophe, jusque-là si radieuse et si sereine, s'obscurcissait tout à coup, les projets les plus insensés, les espérances les plus vaines, la venaient surprendre alors impunément.

Maintenant que cette analyse imparfaite du caractère de van den Enden a pu le faire quelque peu connaître, on continuera le récit commencé.

Lorsque le jour gris et brumeux de cette matinée d'hiver parut à travers les vitraux, cédant malgré lui à la fatigue d'une aussi longue veille, van den Enden s'était paisiblement endormi dans son fauteuil, la main encore posée sur le manuscrit de son Spinosa.

Il fallait que le sommeil du vieillard fût bien profond, car le bruit d'une porte brusquement ouverte ne l'éveilla pas, non plus que la violente exclamation de surprise et de colère que dame Catherine Medeams ne put contenir à la vue de son mari, qui avait encore une fois échappé à son aigre surveillance.

Dame Catherine était âgée de cinquante ans environ; vêtue de noir, selon la mode flamande, un étroit bonnet blanc et une large fraise empesée encadraient sa figure sèche, dure et pâle, digne du pinceau d'Holbein, et sur laquelle on lisait une rare habitude de domination domestique.

En effet, van den Enden, toujours absorbé par la science et l'étude, avait abandonné à sa femme le gouvernement intérieur de sa maison, et même de sa personne dans l'ordre matériel de la vie, se réservant, disait-il, sa liberté de pensées, qui échappaient heureusement à l'inquisition de dame Catherine.

Voyant son mari toujours endormi, celle-ci, après avoir levé les mains au ciel d'un air d'indignation, s'approcha du fauteuil; puis, secouant le savant par la manche de sa robe, elle l'éveilla.

— Me direz-vous maintenant, — s'écria-t-elle avec une effrayante volubilité, — me direz-vous comment vous avez fait pour sortir de votre chambre, où je vous avais enfermé hier après souper? Voilà donc comme vous m'écoutez? N'avez-vous pas de honte, à votre âge, de courir de la sorte, et de passer les nuits dehors de votre lit, et tout cela pour venir à pas de loup, comme un véritable criminel, rêvasser sur vos livres au coin d'un foyer éteint? Avec cela que vous êtes d'une vaillante santé, pour faire ainsi la débauche! Est-ce donc une nuit de janvier, passée dans la froidure et sans sommeil, qui vous guérira de votre sciatique?... Allez, allez, Affinius! le plus fou de vos écoliers est un sage auprès de vous.

— Je dormais pourtant si bien! — soupira van den Enden avec une indicible expression de regret.

— Vous dormiez bien! voilà, sur ma foi! un beau et honnête sommeil : dormir dans un fauteuil! N'en rougissez-vous pas! Et puis maintenant voilà l'heure de la classe, vous allez vous donner la fièvre à bavarder et à pérorer. Alors, votre asthme vous prendra; et puis ce soir à souper arrivera la même redite : « Catherine, je souffre! Catherine, j'ai la poitrine en feu; Catherine, je n'ai pas de faim. » Et ce sera un maigre chaudeau que vous me demanderez, au lieu de manger une moitié de chapon ou une bonne tranche de bœuf rôti, arrosé d'une pinte de bière forte, et d'un verre ou deux de vin des Canaries, ainsi que tout bon chrétien le doit faire pour entretenir en lui l'œuvre de Dieu, et aussi utiliser ce qu'il a fait pour l'homme. Mais non, vous vous en donnez bien de garde, ma foi! Et dire, — s'écria dame Catherine de plus en plus indignée; — et dire que, dans Amsterdam, ils sont assez sots ou assez aveugles pour vous admirer! Mais c'est qu'en parlant de vous ce ne sont que paroles ronflantes et magnifiques : « C'est le savant, le fameux docteur, le grand philosophe... Vous, vous, un grand philosophe? Ah! Jésus, mon Dieu! s'ils vous connaissaient comme je vous connais, mon pauvre Affinius!!! — soupira dame Catherine d'un air de pitié et d'écrasante supériorité.

Cette exclamation fit doucement sourire le savant, qui répondit à sa femme :

— Eh bien! calmez-vous, Catherine, je tâcherai de regagner un peu votre estime aujourd'hui, en faisant honneur à votre souper, quand ce ne serait que pour prêcher l'exemple, car nous aurons un convive.

— Un convive! Ah çà! j'espère bien que ce ne sera pas votre géant, votre glouton de colonel? qui, m'avez-vous dit, est parti pour La Haye depuis quinze jours, mais qui pourrait bien être revenu s'il n'a pas été pendu en chemin, selon ses mérites.

— Qui? Latréaumont? — demanda van den Enden.

— Et quel autre, s'il vous plaît, mériterait ce nom, si ce n'est ce colosse mécréant, ce renégat, ce cousin de Satan, ce sacripant vorace qui en un mois épuiserait les provisions qu'une bonne ménagère aurait amassées pour une année? Enfin, je ne sais pourquoi cet homme m'est odieux. D'ailleurs, d'où vient-il? qui est-il? pourquoi est-il en

Hollande? qu'est-il allé faire à La Haye? Personne ne le sait; vous l'ignorez peut-être vous-même. Ah! Affinius, je vous le dis, les bruits les plus sinistres courent sur cet étranger!

Van den Enden laissa passer ce torrent de questions, et répondit :

— Rassurez-vous, Catherine, rassurez-vous; le colonel ne prendra pas sa part de votre souper.

— Sainte Vierge! Sa part! sa part!... ce sont bien toutes les parts qu'il engloutit! — s'écria dame Catherine en frémissant encore d'indignation.

— Rassurez-vous, vous dis-je; le convive que je vous annonce est Baruch Spinosa, — reprit le docteur en souriant; — mon ancien, mon digne élève, que j'ai prié hier.

— Hum! sa venue ne fera sans doute pas beaucoup de plaisir à notre gendre Ker-Kerin, — dit Catherine d'un air fâcheux.

— Pourquoi cela? Est-ce parce que mon pauvre Baruch a, comme lui, autrefois, aimé notre fille Clara-Maria! Mais de quoi se plaindrait Ker-Kerin? n'a-t-il pas été préféré, lui? — soupira van den Enden.

— Ah bien! vous voilà encore à regretter ce mariage, n'est-ce pas?... Beau parti, sur ma parole, que votre Spinosa! Un rêveur, un songe-creux, réduit, pour pouvoir manger du pain, à faire des verres de lunettes; et puis si gauche, si ridicule, si étrange, que les enfans du Burgwal se le montraient au doigt. Au moins, Ker-Kerin, notre gendre, visite des malades, lui! et son état de médecin est assez lucratif. Ce n'est pas comme vous, qui douez les pauvres de ce que les riches vous donnent... Mais que faire à cela? vous êtes, sur ce point, plus entêté qu'une mule, bien que vous ayez encore trois filles à marier; et dire pourtant que, sans le refus de Clara-Maria, vous auriez voulu de ce Spinosa pour gendre!.... Ah! qu'elle a bien fait de préférer Ker-Kerin.

— Et cependant, elle aimait mon pauvre Spinosa; elle et lui se convenaient si bien! tous deux si érudits, si éloquens... Ah! que de fois je les ai entendus discuter ensemble quelques passages obscurs des Prophètes, ou quelque point de la doctrine judaïque; et cela, dans la plus belle, dans la plus admirable latinité qui ait jamais flatté mon oreille! !

— Mais vous savez bien aussi que votre Baruch Spinosa, avec toute sa belle latinité, ne voulut pas embrasser la religion catholique, le détestable païen qu'il était! et que Clara-Maria ne consentait à l'épouser que dans ce cas.

— Certes, je le sais, et ce fut encore ce trait d'homme de bien qui ruina toutes les espérances de Spinosa; ne croyant pas, il ne voulut point acheter le bonheur par un mensonge hypocrite et se résigna.... Aussi pleura-t-il.... ah! pleura-t-il bien longtemps, le pauvre Baruch!

— Et il pleurera bien plus longtemps encore dans l'éternité, sans compter les grincemens de dents! car il est bien votre digne élève, ainsi que vous l'appelez. Je vous le dis, Affinius, la tombe est proche; il est encore temps de vous repentir, et la miséricorde divine est grande.

— J'espère du moins, Catherine, que vous nous donnerez ce soir un de ces bons gâteaux de girofle que vous faites si bien, — dit van den Enden, qui ne descendait jamais à discuter avec sa femme ces irritantes questions.

— Oui, oui, ayez l'air de ne pas m'entendre; mais un jour, hélas! vous serez bien forcé d'entendre les cris des damnés et de croire à l'enfer et à ses flammes, quand vous y rôtirez, enraciné pécheur que vous êtes!

— Ah! ma pauvre Catherine, — dit Affinius en souriant, — vous prenez mal votre temps pour me faire peur des flammes, à moi que le froid saisit! Tenez, je frissonne; faites donc, je vous prie, rallumer ce foyer.

Catherine allait sans doute répondre à cette innocente plaisanterie, lorsque Clara-Maria, femme de Guillaume Ker-Kerin, entra dans le cabinet de son père.

Elle avait alors vingt-deux ans, était grande, pâle, et sa figure, sérieuse et ferme, de même que celle de son père, décelait une rare puissance de volonté, jointe au calme profond et inaltérable que donne la parfaite quiétude de l'âme ; elle était vêtue de noir, avec une fraise et un bonnet blanc qui, lui ceignant étroitement le front, laissait à peine apercevoir deux crochets de cheveux blonds ; ses sourcils, presque imperceptibles, et ses grands yeux d'un bleu clair et limpide, augmentaient encore l'expression d'impassibilité glaciale de cette physionomie ; sa taille haute et mince manquait de grâce, mais sa démarche était grave et noble ; aussi, lorsque, vêtue de sa robe noire à longs plis traînans, Clara-Maria parut à la porte du cabinet, tenant sous son bras un lourd volume in-folio, cette austère figure avait un grand et imposant aspect.

Après avoir respectueusement reçu de van den Enden un baiser sur le front, sa fille lui dit :

— Ferai-je aujourd'hui l'enseignement politique, mon père ?

— Oui, mon enfant... pour deux raisons : la première est que j'ai veillé et que je suis souffrant ; la seconde est que Baruch se trouve ici et qu'il désire bien t'entendre.

— Spinosa est à Amsterdam ? — dit-elle sans que sa physionomie de marbre changeât d'expression ; — je le verrai donc avec plaisir, et je tâcherai de me montrer digne d'être écoutée d'un si rare et si bon esprit.

— Ah ! Clara-Maria, si tu avais voulu, pourtant ! — dit van den Enden avec un profond soupir qui exprimait tous ses regrets de ne pas voir sa fille mariée à Spinosa.

Mais un bruit de voix assez distinct annonçant au docteur que son école était à peu près remplie, il se leva de son fauteuil, et, s'appuyant sur le bras de sa fille, il descendit avec peine les marches qui conduisaient de son cabinet à la classe.

Éclairé par quatre fenêtres étroites et hautes, percées d'un seul côté, l'intérieur de cette école offrait un tableau digne de Rembrandt. Cette longue pièce était garnie de tables et de bancs ; vers son extrémité, et à droite des marches qui communiquaient au cabinet du docteur, on voyait une estrade quelque peu élevée, surmontée d'une chaise et d'une table de chêne assez précieusement sculptées.

Clara-Maria y prit gravement place, et son père s'assit à côté d'elle en la regardant avec un certain orgueil. Presque tous les écoliers étaient, selon la mode du temps, vêtus de noir, et leurs barbes se détachaient nettement sur la blancheur de leur grand col à pointes rabattues, tandis que le jour, tombant du haut des fenêtres, mettait en singulier relief le profil de ces physionomies attentives qui se dessinaient de la sorte, lumineuses et vivement colorées, sur les boiseries brunes et enfumées de l'*Hôtel des Muses*.

Cette heure du jour était ordinairement consacrée, dans l'école, au développement de certaines questions politiques, qui amenaient naturellement l'examen du système des divers gouvernemens d'alors, sorte de thèse dans laquelle Clara-Maria suppléait souvent son père ; car l'esprit juste et hardi de cette jeune femme s'était merveilleusement assimilé les doctrines démocratiques du philosophe, qu'elle professait avec une rare énergie de conviction.

L'exposition d'idées aussi sérieuses, cet enseignement politique confié à une jeune femme, qui semblerait inouï de nos jours, étaient pourtant alors assez fréquens, et on citait la célèbre *Paccola* de Venise, qui professait le droit et la théologie dans un collége de cette ville, et était d'une si excellente beauté, qu'elle parlait derrière un rideau, afin, disait-on, de ne pas donner de distractions à son auditoire.

Les gens qui remplissaient l'école de van den Enden étaient de tous âges et de tous états, et, parmi eux, ainsi qu'on l'a dit, on voyait quelques étrangers attirés par le renom du professeur ou par la curiosité d'entendre soutenir ouvertement des principes condamnés dans presque tous les États de l'Europe.

Or, après avoir, du manche de son couteau d'ivoire, frappé deux coups bien distincts sur le bras de la chaire,

pour réclamer l'attention des écoliers, Clara-Maria prit la parole au milieu d'un profond silence.

Le texte de la dissertation fut l'examen de cette question : *Les peuples ont-ils le droit de se rebeller lorsque la tyrannie des souverains leur devient insupportable ?*

Puis la déduction affirmative de ce droit fut appuyée d'un fait accompli, à savoir : l'émancipation violente des sept Provinces-Unies, qui, s'étant constituées en république, après une lutte opiniâtre et acharnée contre l'Espagne, avaient ainsi échappé à sa domination despotique et assuré courageusement l'exercice de leurs droits.

Quoique cette argumentation semblât devoir donner lieu à une improvisation chaleureuse et à des mouvemens passionnés, la parole de Clara-Maria, bien que sonore et ferme, demeura calme et d'une impassible égalité. Profondément convaincue de la majestueuse autorité des maximes qu'elle professait, elle dédaignait sans doute la ressource, pourtant si puissante, des inflexions oratoires, qui aurait peut-être aussi animé son langage aux dépens de son allure imposante et de sa gravité solennelle.

Parmi les auditeurs, un surtout suivait avec une attention singulière, et pour ainsi dire inquiète, les différentes périodes du discours de la jeune femme.

Placé tout proche de la chaire, il échangeait souvent un regard humide de tendresse ou brillant d'admiration avec van den Enden, lorsque sa fille rencontrait quelque pensée brûlante de patriotisme qui, tombant glacée de sa lèvre de marbre, ne perdait pourtant rien de sa puissance... non plus qu'une lave bouillante qui devient airain en se refroidissant.

L'homme dont on parle était vêtu de gros drap brun ; son col était uni, et ses vêtemens annonçaient une entière insouciance de la toilette. Maigre et de petite taille, quoiqu'il eût à peine trente ans, il était déjà chauve, et des rides prématurées sillonnaient son grand front ; son teint était olivâtre comme celui de presque tous les juifs ; son nez, fortement arqué, se recourbait en bec d'aigle, tandis que ses joues creuses, à pommettes saillantes et légèrement colorées, révélaient une maladie mortelle dont il devait mourir jeune encore. Somme toute, cette physionomie souffrante et distraite, cette contenance embarrassée, n'annonçaient en rien l'homme de génie éminent, le puissant chef de secte... car cet homme était *Baruch Spinosa !*

Clara-Maria continuait donc gravement son discours, lorsque le religieux et profond silence d'admiration qui régnait dans l'auditoire fut tout à coup interrompu par un chant grossier qui retentit derrière la porte de l'école, et on entendit une voix tonnante chanter en français ce refrain d'une vieille chanson de la Fronde :

> Il fourba jusqu'au tombeau,
> Il fourba même le bourreau,
> Évitant une mort infâme ;
> Il fourba le diable en ce point,
> Qu'il crut emporter son âme...
> Mais l'affronteur n'en avait point.

Ce chant et ces paroles, que plusieurs écoliers comprirent, stupéfièrent toute l'école. Van den Enden fit un geste de surprise, et sa fille ne put retenir un impérieux mouvement d'indignation.

Alors un nouveau personnage entra dans l'*Hôtel des Muses.*

II

LE COLONEL.

...... Mais la plus horrible figure ne m'eût pas
causé plus d'épouvante que celle de ce Cop-
pelius.

(HOFMANN. — *L'homme au sable.*)

La porte s'ouvrit donc, et on vit entrer un homme d'une
taille colossale, soigneusement enveloppé d'un manteau
tout couvert de neige. Ce personnage, sans cesser de chanter, répéta pourtant ce refrain, d'une voix moins éclatante
bien que fort assurée :

Évitant une mort infâme ;
Il fourba le diable en ce point,
Qu'il pensait emporter son âme...
Mais l'affronteur n'en avait point.

Puis, ayant refermé bruyamment la porte, ce géant se
débarrassa de son manteau, qu'il jeta sur un des derniers
bancs de l'école.

Alors, toujours fredonnant, il ôta de dessus sa tête un
feutre gris à plumes rouges, dont il secoua aussi la neige
çà et là, au risque d'en couvrir les écoliers placés près de
lui.

Cet étranger, qui avait plus de six pieds de haut, paraissait âgé de quarante ans environ, et son costume, aussi
misérable d'ailleurs, annonçait l'homme de guerre. Ses robustes et larges épaules, ainsi que sa vaste poitrine parfaitement en harmonie avec sa taille énorme, se dessinaient puissamment sous un grand justaucorps de buffle
que garnissaient encore quelques passemens d'or ternis.
Un haut-de-chausses de gros drap écarlate, de lourdes
bottes de basane à éperons rouillés, un col d'une blancheur douteuse, une écharpe fanée de tabis orange, qui
devait avoir été richement brodée d'argent, si l'on en jugeait du moins par les débris éraillés de son ancienne
splendeur ; par-dessus tout cela, une ample casaque de
route, en étoffe couleur de musc, que le fourreau noir
d'une lourde épée, à poignée de fer, relevait par le bas ;
enfin, de vieux gants de peau de daim, qui, couvrant presque entièrement ses bras musculeux, lui montaient au-
dessus du coude : tel était l'accoutrement de ce personnage.

Sa figure, qui offrait un type remarquable d'audace et
d'effronterie, révélait surtout cette insolence d'athlète, cette
confiance brutale et railleuse donnée par la conscience
d'une force physique herculéenne et d'un courage à toute
épreuve. Ce colosse ne portait pas de perruque, contre la
mode d'alors, et ses cheveux noirs, courts, épais et rudes,
blanchissaient légèrement sur ses tempes couleur de bri-
que, dont la moindre émotion gonflait outre mesure les
veines saillantes et bleuâtres. On voyait que ses traits
avaient dû être assez beaux, mais d'une beauté plus mâle
qu'élégante ; sa moustache et ses sourcils de suis noblement arqués, tranchaient vigoureusement sur son teint
couperosé, que le froid avait encore avivé ; une arête ferme et osseuse accusait les hardis contours de son nez aquilin, surmonté d'un front haut, proéminent, mais bruni
par le hâle, et empourpré çà et là par les suites de l'intem-
pérance ; enfin ses yeux gris à fleur de tête, brillans, bien
ouverts, et dont la prunelle était si grande qu'on voyait
à peine le blanc de l'œil, avaient une telle expression d'arrogance et de dédain, que les auditeurs de Clara-Maria, irrités des airs insolens de ce cavalier, commençaient déjà
de murmurer sourdement.

Mais le géant, sans s'émouvoir le moins du monde, tenant une main sur la poignée de fer de sa longue épée,
et de l'autre relevant sa moustache, avec un air de véritable capitan, s'approcha de la chaire de maître van den
Enden en faisant pesamment résonner le sol sous ses
talons éperonnés. Puis, ce colosse prenant sans façon
dans sa large main la main blanche et maigre de Clara-
Maria, la porta brusquement à ses lèvres, et y déposa un
vigoureux baiser, avant que la jeune femme eût pu la retirer.

A cette impertinente familiarité, qui pour elle était une
insulte, la fille de van den Enden se leva vivement ; l'indignation colora son pâle et sérieux visage, tandis que son
père s'écria en français :

— Colonel, que faites-vous ?

— Mordieu ! excusez-moi, révérendissime docteur ! —
répondit l'athlétique personnage d'une grosse voix rude et
retentissante ; — excusez-moi, car c'est la joie de me voir
de retour dans cet incomparable *Hôtel des Muses*, dont vous
êtes le digne Jupiter ; et, sangdieu ! je n'ai pu m'empêcher
de rendre hommage à la Minerve de votre Olympe dans la
toute galante personne de mademoiselle (1), aussi surpre-
namment belle que sagissime et doctissime ! — Puis se
tournant vers les écoliers, dont plusieurs étaient déjà montés sur leurs bancs, le colonel ajouta d'un air hautain et
railleur : — Et je suis tout aussi prêt à rendre hommage
au vaillant dieu Mars, dans la personne de celui des illus-
trissimes et brayissimes seigneurs qui voudra que je lui
fasse danser une courante au son de deux épées qui se cho-
quent ; car, tudieu ! mes jeunes coqs de basse-cour, le
champ clos... voilà ma salle de bal !... acier sur acier...
voilà mes violons !

Heureusement que maître van den Enden mit fin aux
bravades de ce sauvage matamore en lui disant :

— Veuillez bien venir avec moi, colonel ; car, d'après
votre retour inattendu, je pense que nous avons à nous
entretenir longuement.

— Qu'il soit donc fait ainsi que vous le désirez, mon vénérable ami, — reprit le colonel en souriant avec impertinence à Clara-Maria, qui lui répondit par un regard de dégoût et de mépris, puis il suivit le docteur, toujours grandement surpris de cette arrivée si imprévue.

Après avoir fermé soigneusement la porte de son cabinet, van den Enden dit à l'étranger :

— Allez-vous au moins m'apprendre pourquoi vous revenez sitôt ?... Quelles nouvelles ? *Les avez-vous vus ?* Est-il
quelque espoir ? Peut-on compter sur leur aide ?

Mais le géant, au lieu de répondre à ces questions pré-
cipitées, faisant de sa main droite un signe expressif qui
semblait devoir sinon calmer, au moins ajourner l'inquiète
curiosité du docteur, lui dit avec le plus grand sang-froid
du monde :

— Avant que de rien tirer de moi sur mon voyage, sérénissime philosophe, trouvez bon que je vous déclare les conditions qu'un affronteur de ténèbres, de bise et de neige, a
le droit d'imposer à tout citadin curieux qui n'a pas quitté
son toit pendant la nuit. Or donc : *primo*, vous me ferez
grand feu dans cet antre doctissime, où vous moisirez un
jour si vous n'y prenez garde ; c'est un sincère et respectable ami qui vous le prédit ; *secundo*, vous me donnerez
un vieux flacon de vin des Canaries pour chasser la froidure que j'ai humée toute la nuit, et qui a changé mes
entrailles en une véritable Moscovie ; *tertio*, enfin, vous
ajouterez au vin des Canaries quelques-uns de ces bons
gâteaux de froment au girofle, jaunes comme de l'or, dont
dame Catherine a le secret, vu que rien ne prédispose autant au déjeuner que je ferai ici, père la Sagesse ; car nous
avons à causer longuement ensemble... et si longuement,
mordieu ! que je dînerai sûrement aussi chez vous, afin
de pouvoir y attendre plus gaiement l'heure de votre
souper.

(1) On appelait en France *mademoiselle* les femmes mariées
qui n'étaient pas nobles.

— Mais ces nouvelles, ces nouvelles ? — dit van den Enden avec anxiété.

— Au fait, non, je me ravise, — reprit le colonel en regardant le vieillard d'un air sérieux et réfléchi ; — oui, je me ravise, avant des gâteaux de froment, qui, entre nous, écœurent, décidément je préfère une moitié de langue de bœuf fumée, d'un beau rouge écarlate, dûment saupoudrée de poivre et de sel, avec quelques brins de persil bien vert ; ensuite viendront les gâteaux de froment, qu'alors je pourrai tremper dans un fort grand verre de vin d'Espagne chaud et sucré, afin de faire fondre les glaçons que je me sens dans le corps. Allez donc, révérendissime docteur, exécuter mes primo, secundo et tertio, puis, après, vous verrez que mon récit ne faillira pas à vos doctissimes oreilles !

Persuadé sans doute de l'inutilité des nouvelles instances qu'il aurait pu faire auprès de l'étranger, van den Enden sortit un moment pour se procurer des provisions, qu'il fit apporter bientôt, sans doute au cuisant regret de dame Catherine.

Lorsque le docteur rentra, l'athlétique colonel, ranimant le foyer, y avait entassé plus de bois qu'il n'en eût fallu pour griller le festin des héros d'Homère, et semblait s'épanouir à l'ardente chaleur de ce brasier.

Néanmoins, au retour du philosophe, il abandonna ce délicieux passe-temps pour engloutir, avec une incroyable voracité, la collation matinale que van den Enden avait fait placer sur sa table de travail. Puis, étant repu, et faisant résonner bruyamment sa langue contre son palais, le colonel s'écria :

— Vivat ! père la Sagesse ! je commence à me remettre en appétit, et je puis me prédire, avec une satisfaction véritable, une terrible faim pour tantôt ! ! — Alors, prenant d'une main un verre de vin, et de l'autre un gâteau doré de dame Catherine, le colonel s'enfonça mollement dans le vaste fauteuil de van den Enden qu'il s'était approprié : puis, appuyant le bout de ses bottes sur les chenets, et montrant la flamme vive et ardente qui tourbillonnait dans la cheminée, il dit au vieillard, en poussant l'incivilité jusqu'à lui parler la bouche pleine : — Voilà, père la Sagesse, ce qui s'appelle un bon feu !... Or, avouez que rien n'est meilleur pour s'entretenir paisiblement de ses affaires après une rude nuit de voyage. Aussi, maintenant que vous avez loyalement et amplement accompli mon primo, mon secundo et mon tertio, vous allez tout savoir...

Mais avant que de faire assister le lecteur à la conversation de ces deux personnages si différens, on doit donner quelques détails sur le colonel.

III

MESSIRE JULES DUHAMEL DE LATRÉAUMONT.

..... Don Fernand, dans sa province, est oisif, remuant, séditieux, fourbe, intempérant, querelleur, impertinent ; il tire l'épée contre ses voisins, pour un rien il expose sa vie ; il a tué des hommes, il sera tué.

(LA BRUYÈRE. — *De l'homme*, ch. IX.)

Ce personnage se nommait messire *Jules Duhamel DE* LATRÉAUMONT. Issu d'une noble et bonne famille de Normandie, qui avait toujours tenu un rang extrêmement distingué dans la robe, il était fils de damoiselle Barbe Deschamps et de sir Georges Duhamel, conseiller à la cour des comptes de Rouen, seigneur de Latréaumont, fiefs et terres de Craconville et de Charmoy.

Le conseiller défunt Latréaumont, fort jeune encore et

sortant à peine d'académie, se vit entièrement libre de disposer d'une fortune assez considérable, dont il usa bientôt plus que largement. Aussi les grasses métairies, les bois touffus, les lucratives et honorifiques redevances, furent-ils vendus peu à peu, et convertis en beaux louis d'or, qui, durant quelques années, alimentèrent splendidement les goûts désordonnés de Latréaumont ; car on eût dit que les passions de cet homme devaient participer de sa colossale organisation physique, tant elles étaient puissantes et fougueuses.

Enfin, cette irrésistible et puissante trinité, qui résume en trois mots les plus ardens appétits de l'homme : *le Jeu, le Vin et les Femmes*, cet irritant symbole de la jouissance matérielle, avec ses provocantes visions de courtisanes demi-nues, d'or qui ruisselle, et de longs festins aux cris joyeux, telle fut la religion de Latréaumont, qui se livra corps et âme à son impur sacerdoce avec toute l'énergie de son caractère et l'inépuisable vigueur de sa nature.

Dès lors, Rouen, sa ville natale, devint le théâtre de ses brutales débauches et de ses obscures prodigalités. Tant qu'il conserva quelques terres de son patrimoine, il eut, comme tout gentilhomme du pays, une vingtaine de chiens courans, car il aimait aussi passionnément la chasse, autant par goût pour ce mâle exercice que pour les tumultueuses orgies qui le suivaient, ou pour les irritantes parties de jeu qui s'engageaient après souper.

Mais, dans ses dérèglemens, cet homme n'apportait nul goût, nulle élégance ; c'était le vice grossier et sordide, dépouillé de cet attrait qui le fait quelquefois pardonner. Seulement, *tant qu'il fut riche*, Latréaumont mit, il faut le dire, une rude franchise dans ses rapports avec ses amis de plaisirs. Compagnon aussi prodigue que hardi, sa bourse ou son épée appartenaient de droit à tout gentilhomme ; et de plus sa probité au jeu pouvait passer véritablement pour miraculeuse, dans un temps où monsieur le chevalier de Grammont et tant d'autres avaient fait admettre la plus grossière tricherie comme la plus grande dextérité qui serait une fortune pour les prestidigitateurs modernes.

Malheureusement, les moyens de mener cette joyeuse vie, et de nourrir d'aussi généreuses qualités, ne durèrent pas au delà de cinq ou six ans, et, un jour, Latréaumont se réveilla *pauvre et seul*, comme dit l'Écriture.

De ce moment, ce qui avait paru jusque-là loyal chez cet homme ne put résister à la décisive et terrible épreuve du malheur. Ce caractère, jusque-là si facilement honnête, s'aigrissant peu à peu, se corrompit enfin à jamais, dès que Latréaumont dut lutter contre l'exigence de ses passions inassouvies, ou subir des privations sans nombre, rendues plus poignantes encore par les souvenirs de ses jouissances passées.

Ainsi s'opéra dans son organisation morale une transformation aussi humaine qu'effrayante, et ses mauvais instincts, jusque-là cachés sous le manteau d'or de son opulence passagère, se montrèrent bientôt nus, affamés et menaçans.

La profusion lui étant devenue impossible, une cupidité monstrueuse la remplaça ; autrefois irréprochable au jeu, parce que le gain lui était de peu, Latréaumont y devint déloyal, dès qu'il joua pour subvenir à ses vicieux besoins. Brave dans une rencontre désintéressée jusque-là sur tout motif bas et criminel, il se fit spadassin pour soutenir ses méfaits par ce meurtre toléré, ou se rehausser un peu en usurpant cette espèce de considération que l'intrépidité, jointe à l'adresse et à une force d'athlète, arrache assez aux hommes. Enfin, ayant autrefois, par orgueil ou caprice, pris à gage de belles femmes éhontées, il en vint, dans son infortune, à se faire, auprès de quelques-unes, d'impures ressources des avantages physiques qui pouvaient charmer ces créatures.

Après avoir ainsi descendu jusqu'à la misère par toutes les phases dégradantes de la ruine, Latréaumont, habitant toujours Rouen, se jeta dès lors dans un hideux chaos de fourbes, de matamores et de femmes perdues ; ses terribles penchans n'eurent plus de frein, et son crapuleux entourage éteignait à jamais en lui tout sentiment de respect de soi ; après plusieurs rixes ignobles et sanglantes, et quelques duels malheureux, il fut forcé de quitter Rouen perdu de dettes et de débauches.

C'était dans le fort de *la Fronde*, de cette guerre civile aussi puérile dans ses causes qu'épouvantable dans ses résultats. Latréaumont, d'une rare bravoure, entrevoyant dans cette existence de pillage et de dangers quelques chances de lucre, acheta, de ses dernières pistoles, un bon cheval, un buffle, des armes, et se fit partisan.

Au physique et au moral, Latréaumont semblait d'ailleurs merveilleusement né pour cette carrière aventureuse. Courageux jusqu'à la témérité, d'une santé de fer, d'une force si effrayante qu'il soulevait, dit-on, un cheval sur ses larges épaules, ou l'étourdissait d'un coup de son poing énorme ; d'une rare habileté dans tous les exercices du corps et d'académie ; cupide, sans foi ni conscience, ne craignant ni Dieu ni les hommes, capable de tout entreprendre ; sa résolution, enfin, devenait d'une terrible opiniâtreté s'il s'agissait d'assouvir ses passions effrénées.

Puis, par un curieux et bien étrange contraste, cet homme, d'une énergie si animale, non-seulement se piquait de bel esprit, mais encore avait beaucoup de lettres ; car, avant la mort de son père, il s'était si fort distingué au collége de Rouen, qu'on a conservé de lui plusieurs morceaux d'une très bonne latinité. Aussi, chose rare chez les gentilshommes campagnards de ce temps-là, savait-il parfaitement sa langue, et plusieurs de ses lettres, écrites d'un grand style, prouvent combien cet homme était singulièrement doué.

Malheureusement, l'obscure et l'exécrable vie qu'il menait avait éteint ses plus brillantes facultés. Seulement, de même qu'un sol fertile pousse encore çà et là quelques fleurs sauvages malgré l'abandon où on le laisse, l'inépuisable fonds d'esprit naturel de Latréaumont toujours en saillies d'une gaieté bouffonne ou d'une ironie brutale, qui, malgré leur apparente grossièreté, ne manquaient jamais de sens, de force ou de portée.

Enfin comme, après tout, il ne peut exister de caractère excentrique en mal ou en bien, et que d'ailleurs la bête fauve une fois repue dort ou demeure à peu près inoffensive, dès que Latréaumont avait dix louis dans sa bourse, un bon souper et une ou deux femmes sur ses genoux, il devenait traitable, obligeant, et même capable de dévouement, si l'on parvenait à le toucher, parmi les ténèbres de cette âme perverse et desséchée, le peu de fibres qu'un bon sentiment faisait encore tressaillir.

Autre singulier contraste, cet être implacable, endurci, qui avait presque fait mourir sa mère de douleur par ses désordres, conserva, jusqu'à la fin de sa vie diabolique, l'attachement le plus tendre pour une pauvre femme qui l'avait nourri et élevé. Tant qu'il fut riche, il la garda ; dès qu'il fut ruiné et forcé de s'exiler, il l'envoya chez son beau-frère à lui, messire Duchesne, sieur des Préaux (dont plus tard on parlera longuement), la recommandant avec instance à ce parent jusqu'à des jours meilleurs.

Somme toute, jamais Latréaumont ne commettait une mauvaise action par l'unique attrait de la méchanceté ; et, dès que sa passion ou sa volonté du moment ne se trouvait pas engagée, le peu qu'il restait d'honorable chez cet homme corrompu surnageait et pouvait, on l'a dit, le porter encore à quelque noble action.

Latréaumont s'était donc fait partisan lors des troubles de la Fronde ; beaucoup plus sceptique en matière d'opinions politiques, il servit tour à tour le roi et monsieur le prince de Condé ; aujourd'hui *frondeur* (1), demain *mazarin* (2), selon que chaque armée tenait ses quartiers dans un pays riche ou pauvre ; mais rançonnant tou-

(1) Partisan de monsieur le prince de Condé.
(2) Partisan du roi.

jours avec la même impartiale avidité les citadins ou les paysans neutres, que chaque parti nommait les *mitigés*, et qui furent véritablement les seules victimes de ces sanglantes divisions.

À son adresse au jeu, à ses pilleries, Latréaumont joignit encore une autre source de profits qu'on va dire.

Il se trouvait alors par hasard *frondeur* ; pourtant, soit qu'il ne demeurât pas extrêmement convaincu de la justesse des réclamations que monsieur le prince de Condé, en révolte ouverte, appuyait des armes espagnoles ; soit qu'il entendît chaque jour faire d'appétissans récits des riches captures dont profitaient les *mazarins*, Latréaumont quitta la *Fronde*, fit sa soumission au parti du roi, battit intrépidement pendant une campagne, et, pour prix de ses services, eut la maîtrise du régiment de Richelieu. Ce fut alors qu'il imagina de rassembler une grosse somme de fausse monnaie (fort commune alors), afin d'en solder ses cavaliers, et de se réserver les bonnes pistoles que le trésor royal lui confiait pour payer sa troupe, Latréaumont prétendant que l'argent *n'était après tout qu'un signe représentatif*. Malheureusement, cet innocent échange étant bientôt découvert, soldats et officiers s'en plaignirent d'une façon si menaçante, que le colonel, ouvrant les yeux, commença de regretter d'avoir quitté la *Fronde ;* aussi, décidément indigné de voir la France subir l'orgueilleuse tyrannie de Mazarin, et reconnaissant de nouveau l'excellence du parti de monsieur le prince de Condé, il abandonna pour jamais les royalistes.

Ce retour à la *Fronde* ne lui fut pas infructueux ; car, commandant une compagnie d'*enfans perdus*, qu'il avait formée sous l'agrément de monsieur le maréchal de Hocquincourt, et pillant, près de Melun, le château d'un incorrigible *mazarin*, il *trouva* par *hasard* un fil de perles avec son médaillon de diamans, qu'il vendit quatre mille pistoles à un juif.

Les opinions politiques de Latréaumont subirent alors une troisième transformation : à dater de ce jour, ou plutôt de ces quatre mille pistoles, il fit un retour sur lui-même ; il se demanda de quel droit, après tout, il déchirait le sein de sa mère ! Le cœur lui saigna de voir sa malheureuse patrie ainsi dévastée par la rage des partis ! Il eut comme horreur de son passé, en songeant que lui aussi avait été un des acteurs parricides de ces épouvantables dissensions, dans lesquelles l'étranger était intervenu au nom d'une ambition sacrilége ! Alors, enveloppant dans la même réprobation *mazarins* et *frondeurs*, il se fit *mitigé ;* seulement, comme il était doué d'une longue et forte épée qu'il maniait vigoureusement, les quatre mille pistoles du fil de perles se dissipèrent en paix, bien à l'abri de toute tentative ennemie.

Après avoir dépensé une bonne partie de cette somme à déplorer les malheurs du temps, Latréaumont, ne pouvant sans doute, supporter davantage le spectacle des désastres de sa patrie, s'en alla visiter les cours du Nord.

Ayant quelque temps résidé à Cologne, le prince de Furstemberg, électeur de ce cercle, s'éprenant de la bravoure et de l'esprit railleur et cynique du *mitigé*, lui proposa du service ; la fin des quatre mille pistoles approchait, Latréaumont accepta, et Son Altesse Electorale, lui donnant un régiment de cuirassiers, le prit pour son écuyer.

Au bout de quelque temps, la faveur de Latréaumont diminua ; ses mœurs détestables, son caractère impérieux, qui ne voulait faire à l'électeur son maître de concession d'aucune sorte ; ses hauteurs, sa violence, son impiété brutale, qui alla jusqu'à frapper dans sa chaire un ministre protestant, amenèrent enfin son exclusion de Cologne, après un séjour de sept ou huit mois dans cet électorat.

Alors le partisan alla prendre du service en Hongrie contre les Turcs, et fit bravement cette campagne, en compagnie de monsieur le comte de Guiche, qui servait comme volontaire dans les armées de l'Empire pour se distraire de son exil.

Après deux campagnes, dont il tira quelques profits, Latréaumont abandonna l'empereur, offrit au sultan d'embrasser la religion mahométane si Sa Hautesse le voulait employer d'une manière convenable à sa qualité ; mais let avantages proposés par le Grand-Seigneur ne convenans pas à l'ancien *frondeur-mazarin-mitigé*, il revint, heureusement pour son salut, au giron de l'Eglise catholique, et alla respirer l'air natal à Rouen, où le temps avait fait oublier ses méfaits.

Latréaumont se trouvait donc en Normandie au commencement de l'année 1668. Depuis qu'il avait quitté la France, de grands changemens s'y étaient opérés : l'esprit inquiet et turbulent de la Fronde s'était effacé devant l'énergique et puissante direction donnée aux affaires par Lyonne, Colbert et Le Tellier, ministres habiles, appuyés d'ailleurs par une nombreuse armée, que l'infatigable activité de Louvois commençait de discipliner sévèrement, et dont la fidélité était garantie par la haute influence de Turenne et de Condé, ralliés alors et pour toujours au trône de France.

Néanmoins, les populations écrasées de taxes, sans se rebeller tout à fait, s'agitaient sourdement, et maintes fois, à cette époque, des troupes furent envoyées en Dauphiné, en Bretagne, en Languedoc et en Normandie pour assurer, par leur présence, la perception des impôts.

Latréaumont, qui, par ses liens de famille et par ses anciennes relations de jeu, de chasse et de débauche, avait conservé d'assez grandes habitudes en Normandie, parmi des gens de toute sorte, voyant ces symptômes de mécontentement sourdre dans la province, se persuada que depuis dix ans rien n'avait changé ; que le gouvernement était, comme au temps de la Fronde, sans force et sans unité, et qu'enfin ce lucratif et beau temps des dissensions civiles pouvait renaître ; aussi se montra-t-il un des plus déterminés opposans à la perception des taxes, agissant d'ailleurs, ainsi qu'il le disait, avec le plus superbe désintéressement, « en cela qu'il ne possédait pas une obole au » soleil qui fût imposable. »

Bien qu'apparemment insensée, pour un homme rompu aux principes de guerres civiles de ces temps-là, la conduite du partisan était pourtant saine et logique. Car depuis monsieur le prince de Condé jusqu'au dernier mécontent, tous avaient procédé de la sorte : « ou fomenter une » sédition assez forte pour renverser le pouvoir, ou se faire » assez de partisans pour effrayer l'autorité, la forcer de » compter avec vous, et se faire acheter le plus cher pos- » sible. »

Mais, on le répète, les temps n'étaient plus les mêmes ; aussi, Latréaumont eut beau s'agiter, déclamer contre la tyrannie, l'illégalité des impôts et la misère générale, il trouva bien des gens qui se firent ses échos, mais pas un qui voulût ou osât se révolter ouvertement. En un mot, si l'ancien partisan ne réussit pas à soulever la Normandie, il s'assura du moins dans le pays un fort honnête renom de *hardi mécontent*, et des avis charitables lui apprirent que l'autorité surveillait sa conduite.

Latréaumont, toujours imbu des maximes d'une autre époque, crut alors avoir fait un merveilleux coup de partie, qu'on le redoutait, et qu'il ne devait plus que demander pour obtenir ; aussi alla-t-il bientôt à Saint-Germain « *dire un mot de ses prétentions.* »

Ignorant leur étrangeté, un de ses anciens compagnons de l'armée du roi, monsieur de Brissac, alors major contre les gardes du corps, lui fit obtenir une audience de monsieur de Louvois, et aussitôt le partisan, entrant en matière avec son assurance et son effronterie habituelles, demanda tout d'abord à l'impérieux ministre *un régiment*, ajoutant « qu'à la vérité il n'avait pas de quoi acheter ce régiment, mais que des gens comme lui se devaient payer, et largement payer, *pour plus d'une raison.*

Qu'on se figure, s'il se peut, monsieur de Louvois, hautain, brutal, emporté, habitué à voir tout trembler devant lui, et qu'on n'abordait qu'avec une certaine épouvante,

recevant une pareille requête! faite d'ailleurs de ce ton impertinent et matamore si particulier à Latréaumont.

Le ministre en devint pourpre de colère, secoua sa perruque noire d'un air terrible, et répondit au partisan en lui montrant la porte : « Que, comme il connaissait ses manœuvres en Normandie, non-seulement il ne lui donnerait ni un régiment ni une compagnie, mais qu'il l'engageait encore à sortir de France pendant quelque temps, s'il ne voulait pas aller pourrir à la Bastille. »

Latréaumont, furieux, montra le poing à monsieur de Louvois, le menaça, lui dit *qu'il le lui payerait*, jura, sacra, et sortit en fermant la porte avec une violence effroyable.

Il est hors de doute que, sans l'intervention pressante et subite de monsieur de Brissac, le partisan était immédiatement arrêté et emprisonné ; mais monsieur de Louvois consentit à oublier cette injure, sur la promesse formelle qui lui fut faite par le major que ce gladiateur insolent quitterait aussitôt la France.

Sur l'heure, en effet, monsieur de Brissac fit monter Latréaumont à cheval, lui donna quelques pistoles, et obtint de lui la promesse de se retirer en Hollande, promesse que Latréaumont accorda sans trop marchander, car ce voyage ne lui déplaisait pas, et pour cause.

Latréaumont partit donc. Il n'était plus jeune ; la vie des camps, ses blessures, ses débauches lui avaient fait perdre une partie des avantages extérieurs dans lesquels il avait autrefois pu trouver de si impures ressources ; aussi ne lui restait-il plus que son épée, son adresse au jeu, sa force d'athlète et son imperturbable audace. Ce fut donc avec ce singulier capital, et une vingtaine de pistoles qu'il arriva à Amsterdam.

On l'a dit, Latréaumont n'avait pas, sans raison, agréé pour retraite passagère, l'un des États libres de la *République des sept Provinces-Unies*, car il savait parfaitement que l'Empire et l'Espagne accueillaient toujours bien, soit à La Haye, soit à Amsterdam, grâce à l'intermédiaire de leurs ministres résidens, tous les mécontens que l'exil ou la mauvaise fortune chassait de France, espérant tôt ou tard fomenter par eux quelques nouvelles séditions dans ce pays, et porter ainsi un coup dangereux à la monarchie de Louis XIV.

D'ailleurs les Hollandais eux-mêmes commençaient à se défier fort de l'alliance de Louis XIV, qui les avait déjà plusieurs fois cruellement trahis ; et le peuple se prononçait de plus en plus contre la France : aussi Latréaumont, sans avoir de plan positivement arrêté, comprit bientôt qu'il pourrait tirer avantage de l'espèce de proscription qui le frappait en intéressant des étrangers à son sort, et que sa connaissance parfaite de la Normandie et des élémens de rébellion qu'il y avait laissés ne serait peut-être pas inutile à sa fortune personnelle.

Or, deux ou trois jours après son arrivée à Amsterdam, il entra par hasard dans l'école de maître van den Enden. Jamais peut-être cet austère vieillard n'avait exposé ses théories de liberté avec plus d'entraînement et de conviction ; jamais peut-être cet ardent amour qu'il avait au cœur pour l'humanité tout entière ne s'était révélé par une parole plus émouvante et plus émue !

Latréaumont, qui n'avait pas depuis si longtemps expérimenté la vie à travers des événemens de toute sorte sans en retirer une grande pratique des hommes, écouta froidement ces belles choses, examina le philosophe avec une pénétrante et profonde attention, et démêla bien vite que van den Enden était intimement convaincu de l'excellence et de la pureté des principes démocratiques qu'il professait, et qu'il exerçait aussi aveuglément cette universelle charité dont il venait de parler avec tant de chaleur.

Dès lors le rôle de Latréaumont fut tracé, et il n'y faillit point.

A l'issue de la leçon, se présentant hardiment au docteur, et affectant une rudesse de langage qu'on pouvait regarder comme l'expression d'une brutale franchise, il lui dit :

— Vous venez de prêcher contre les tyrans, je fuis les rigueurs d'un tyran ; vous venez d'honorer ceux qui veulent la liberté de leur pays, j'ai voulu cette liberté pour mon pays, et c'est pour cela que je suis proscrit ; vous venez do dire que vous aviez compassion de vos frères malheureux, je suis votre frère, je suis exilé, je suis malheureux ; je viens donc à vous.

Et, de ce jour, Latréaumont s'imposa presque à van den Enden comme son commensal obligé.

A ce propos, il est bon de dire, ce qu'on verra d'ailleurs plus tard : que dès qu'il s'agit d'une conspiration, avant toutes choses, Latréaumont se proposa toujours de vivre le mieux, le plus sensuellement possible aux dépens de ses complices, et d'en tirer impunément tout le parti que lui suggéraient son indiscrétion et sa cupidité. Aussi, une fois qu'on se trouvait compromis avec cet homme sans retenue et sans vergogne aucune, son audace et son exigence devenaient telles, qu'il fallait une rare énergie pour échapper à sa fatale influence, et mettre un terme aux impertinentes familiarités ou aux demandes avides de cet impérieux athlète.

Quant à van den Enden, qui poursuivait surtout le triomphe et la fin de ses utopies politiques, il supportait Latréaumont avec cette tolérance dédaigneuse des âmes fortes, qui, ardemment préoccupées de leurs vastes projets, ne considèrent certains hommes que comme des instrumens, et accueillent indifféremment tous les moyens d'action, ne pensant qu'à la magnificence des résultats.

Les rapports du philosophe et du partisan s'étaient d'abord établis, on l'a dit, grâce à l'effronterie de ce dernier, qui avait osé venir demander impudemment asile et secours à van den Enden au nom de leur commun amour pour la liberté.

Puis, après plusieurs longs entretiens, dans lesquels il se montra imperturbablement épris des maximes démocratiques professées par le docteur, Latréaumont sut de ce dernier qu'il avait conservé d'intimes et fréquentes relations avec le *grand pensionnaire de Hollande, Jean de Witt*, personnage d'une haute influence et d'une intégrité universellement admirée, qui exerçait dans le gouvernement des sept Provinces-Unies des fonctions analogues à celles de président d'une république ; enfin, que van den Enden était aussi lié d'étroite amitié avec *Omodeï*, agent secret de l'Empire à Amsterdam, et correspondant naturel du baron de l'Isola, ministre de Léopold à La Haye, l'un des plus ardens ennemis de la France.

Dès lors, sans projets précisément arrêtés, Latréaumont pensa que s'il pouvait, par l'intermédiaire de van den Enden, arriver à convaincre Jean de Witt et l'Isola qu'il était facile d'exciter une révolte en Normandie, et à se faire agréer par eux comme chef de cette dangereuse entreprise, il y trouverait d'abord un large profit, en cela que l'argent destiné à fomenter cette rébellion lui serait confié, et puis qu'il aurait à mener de nouveau cette vie aventureuse à laquelle il n'avait pas renoncé sans regrets.

Aussi, un jour, après avoir demandé à van den Enden le plus profond secret, Latréaumont lui confia le plan que voici, en réclamant son secours et ses lumières, qui, disait-il, étaient indispensables à l'exécution et au bon succès d'une entreprise tentée dans l'intérêt seul de la démocratie.

La Normandie, écrasée d'impôts, ne demandait donc (selon Latréaumont) qu'à se soulever, presque toutes les autres provinces étant dans les mêmes dispositions, et n'attendant qu'un signe pour se révolter aussi ; or, lui, Latréaumont, ayant de grandes habitudes et une influence positive à Rouen et dans tout le voisinage, répondait de la rébellion de ce pays, si l'Espagne, l'Empire ou les états de Hollande, qui avaient tant de sujets de plaintes contre Louis XIV, voulaient favoriser ce mouvement, fournir l'argent nécessaire pour le décider, et l'appuyer enfin ouvertement par une descente à Quillebœuf, ville faible et sans défense, située à six lieues du Havre. Une fois assurée de cet appui, la Normandie se déclarait indépendante, et bien-

tôt les autres provinces l'imitaient. Or, sachant quelles étaient les relations de van den Enden avec les personnages qui seuls pouvaient assurer la réussite de ce soulèvement ; sachant quel était son amour pour la liberté, et combien il avait à cœur le triomphe des doctrines républicaines et la ruine des États monarchiques, Latréaumont venait lui demander, disait-il, les moyens d'arriver auprès de Jean de Witt et de l'Isola ; l'appui de ses conseils, et enfin : — *un plan de gouvernement* LIBRE, — applicable à la Normandie d'abord, puis à la France entière, dès que toutes les provinces se seraient soulevées.

Bien qu'au premier abord il dût paraître impraticable, le dessein de Latréaumont n'était pourtant pas absolument dénué de possibilité, ni ses assertions de vraisemblance ; car, peu d'années auparavant, la guerre civile déchirait encore la France ; de plus, ainsi qu'on a dit, un mécontentement général, mais rudement comprimé par la terreur, s'étendait sur tout le pays ; et, dans leurs nombreux pamphlets, les ministres étrangers, et particulièrement le baron d'Isola, évoquaient souvent comme un fantôme menaçant pour Louis XIV ces symptômes de désaffection générale.

Aussi est-il concevable que van den Enden, entraîné par son ardeur de prosélytisme, aveuglé par ses illusions démocratiques, et surtout poussé peut-être par cette même curiosité dévorante qui fait si ardemment désirer au poëte de voir son drame animé, vivifié par la pompe du théâtre, ou au musicien d'entendre son œuvre majestueusement révélée par les mille voix de l'orchestre ; il est concevable que van den Enden, irrésistiblement séduit par l'espoir de donner ainsi un corps à ses magnifiques utopies, et de réaliser sur une immense échelle ses rêves de liberté, ait favorisé de toute sa puissance les projets de Latréaumont.

Il chargea donc le partisan d'une longue lettre pour Jean de Witt, lettre dans laquelle il exposait au grand pensionnaire les plans, les espérances de Latréaumont, et lui demandait franchement pour cette entreprise son appui et sa coopération, au nom de l'émancipation et de la liberté des peuples!

Il est vrai de dire que la république des sept Provinces se trouvait alors en paix et alliance avec la France ; mais, on le répète, il était déjà si publiquement reconnu et avéré que Louis XIV avait porté de nombreuses et formelles atteintes à cette alliance et à la foi des traités, que van den Enden pouvait penser que Jean de Witt verrait dans cette proposition un moyen de servir la cause de la liberté et de punir la trahison d'un allié parjure.

Quant à la lettre d'Omodeï, que le docteur remit à Latréaumont pour le baron de l'Isola, elle renfermait l'exposition sommaire du projet, une longue note biographique sur Latréaumont, et on y invoquait le concours de l'Espagne et de l'Empire, au nom de tous les griefs que ces deux puissances nourrissaient depuis si longtemps contre Louis XIV.

Latréaumont partit donc, chargé de ces différentes dépêches, et c'est au retour de ce voyage que nous l'avons vu arriver d'une manière si étrange et si inattendue chez le docteur.

Maintenant on va laisser le colonel raconter à van den Enden le résultat de ses entrevues avec le *grand pensionnaire de Hollande*, Jean de Witt, et le baron de l'Isola, ministre de l'Empereur.

IV

LE VOYAGE.

..... Il accomplira, oh ! dites-le-lui, ce songe
ce noble songe d'une politique nouvelle, cette
conception divine de notre amitié ; il mettra la
première main à ces matériaux informes. Pour-
ra-t-il achever ? sera-t-il interrompu ? Que lui
importe ! il y mettra la main.
(SCHILLER. — *Don Carlos*, act. IV, sc. 21.)

On l'a dit, il serait difficile d'exprimer l'espèce d'indifférence calme et dédaigneuse avec laquelle van den Enden
supportait d'habitude les insolentes familiarités de Latréaumont, dans lequel il ne voyait qu'un instrument brutal, mais nécessaire ; car, malgré l'aveuglement où était ce
philosophe sur la réalisation de ses projets favoris, il n'a-
vait pu méconnaître la nature arrogante et vénale de celui qui jouait un rôle si important dans cette affaire.
Ainsi, lors de l'entretien qui va suivre, le docteur interro-
ge, écoute, mais répond à peine à Latréaumont ; sa parole est préoccupée, brève, souvent hautaine, et toujours
sérieuse ; on voit qu'il poursuit opiniâtrement son but à
lui, sans tenir compte des mille détours par lesquels l'esprit railleur et fantasque fait passer la narration, et quand
le récit inspire à van den Enden quelque réflexion soudaine et involontaire, c'est à soi-même qu'il l'adresse, comme
si Latréaumont était indigne de la comprendre.

— Enfin, colonel, et ce voyage ? — demanda van den
Enden avec une impatience qu'il ne pouvait maîtriser.

— Calmez-vous, mon vénérable ami... calmez-vous...
Je vais tout vous dire... M'y voici. En partant d'Amsterdam, grâce aux vingt pistoles que vous m'avez prêtées,
ou plutôt que vous avez prêtées à la noble cause de la liberté, qui vous les comptera un jour en bénédictions de
toutes sortes, je me suis rendu à la Haye pour notre affaire ; j'avais donc à voir L'Isola et Jean de Witt ; or, comme
le premier passe pour un coquin, et le second pour un
grand homme de bien, je commençai par l'homme de bien,
par cette raison qu'à table on commence par les mets
sains, naturels, pour arriver aux saupiquets les plus épi-
cés et les plus diaboliques.

— Le sujet est grave et sérieux, colonel ; ces comparaisons sont inutiles.

— Ah ! tenez, doctissime docteur ! — reprit le colonel
en jetant quelques bûches au feu ; — pour que je ne sois
pas incommode, il faut me laisser dire et faire tout ce que
je veux, c'est le seul moyen dont je vous livre d'ailleurs
le secret... Or, pour en revenir à ma comparaison de saupiquets, empruntée au vocabulaire de la déesse Goinfre-
rie, je maintiens qu'elle n'est pas hors d'œuvre en parlant
d'un de ses prêtres... autrement dit d'un cuisinier, puisque tout le monde affirme que le baron de l'Isola, aujour-
d'hui ambassadeur de Léopold, commença de s'illustrer,
comme marmiton (1), dans la rôtisserie de cet empereur...
Vous voyez donc que mon image ne manquait pas d'à-
propos.

Van den Enden ne dit mot, mais leva les épaules d'un air
de résignation dédaigneuse, que le partisan interpréta
parfaitement, car il reprit : — Je vous fais pitié, n'est-ce
pas ? A votre aise, mordieu ! à votre aise... Vous n'en
perdrez pas un mot pour cela... mais je continue... sans
figure cette fois. J'allai donc d'abord voir Jean de Witt,
pour lui remettre votre lettre ; or, moi qui m'attendais à
me trouver devant une manière d'important, de premier

(1) Voir Bayle.

,ministre, qui penserait me commander le respect, j'a-
vais justement pris pour cela mon masque le plus impertinent, parce que (je l'avoue en toute humilité) rien ne
me prédispose plus à l'insolence, que de savoir que je me
trouve face à face avec un des grands de la terre. Mais
que j'avais tort, cette fois ! quel homme que votre Jean de
Witt ! mordieu ! Avec sa simplicité... il m'a tout stupéfait !... moi ! moi ! qui n'avais jamais baissé la prunelle
devant les plus éblouissantes splendeurs ! Enfin, j'arrive
devant un petit degré, peut-être encore plus modeste que
celui de votre école ; triple Dieu ! je l'avoue... cette apparence commence déjà à me faire un peu réfléchir... Je frappe ; et au lieu d'un suisse à hallebarde, ou d'un laquais galonné, qui vient m'ouvrir... je vous prie ? une bonne grosse servante flamande, qui tenait un balai à la main ! Je demande *le grand pensionnaire*, en m'apprêtant toujours à
me bien révolter contre les délais sans fin que je vais être
obligé de subir ; mais point... la grosse fille me dit au
contraire, en me faisant sa plus belle révérence : « Monsieur, suivez-moi, s'il vous plaît ; monsieur Jean est là
dans son cabinet. » Que dites-vous de cela, père la Sagesse ? *Monsieur Jean est là dans son cabinet !!* Monsieur
Jean !!... le grand pensionnaire de Hollande, monsieur
Jean !... le premier personnage de la république, ayant
un huissier en jupon qui fait la révérence un balai à la
main !... Que vous dirai-je ! je suis cette servante à travers un corridor ; une petite porte s'ouvre, et je me trouve dans un cabinet, ma foi ! certainement beaucoup
moins bien meublé que le vôtre !

— Grand homme ! toujours le même ! — se dit le docteur avec admiration.

— J'entre donc ; votre Jean de Witt écrivait... Au bruit
de la porte, il se retourne, et, me voyant, se lève de son
siège....... Par le sang-Dieu ! je n'ai jamais rencontré de
taille plus noble, et de figure à la fois plus fière et plus
avenante ; il était tout vêtu de noir comme un clerc. « Que
désirez-vous, monsieur ? » me dit-il d'une voix pleine de
douceur et de fermeté. Or, vous allez rire... mais que le
démon nous serve à tous deux de parrain si je ne sentis
pas alors mon cœur battre... mais là, vraiment ! battre
comme il n'avait jamais battu ; et puis, pendant un moment, je suis devenu... comme triste...

— Le cœur vous a battu à la vue de Jean de Witt, colonel ? — dit le vieillard en attachant un regard perçant
et étonné sur le colosse ; — et *vous êtes devenu comme triste*... Tant mieux pour vous...

— Tant mieux ou tant pis, peu m'importe ! — répondit
brusquement le partisan, sans vouloir paraître comprendre la pensée de van den Enden ; — tout ce que je sais,
c'est que le cœur m'a battu, et je n'ai pas honte de l'a-
vouer. Etait-ce le contraste si imprévu de ce que je voyais
et de ce que je m'attendais à voir ? était-ce son grand air ?...
était-ce cette fameuse vertu que le monde proclame, qui
m'imposait à moi ? je l'ignore ; mais, triple Dieu ! tout ce
je sais, c'est que moi, qui jusque-là avais eu le gosier trop
étroit pour le mot de monseigneur, et qui de ma vie n'a-
vais seigneurisé personne... pas même monsieur le Prince... je répondis, malgré moi, à votre diable de Jean de
Witt : « Monseigneur, la lettre que voici est de maître Affinius van den Enden, d'Amsterdam. — D'Affinius !... et
comment se porte cet austère vieillard... ce rare esprit...
ce modèle des gens de bien sur la terre ? me demanda
Jean de Witt avec empressement. » — A ces mots, van den
Enden essuya silencieusement une larme qui coula le
long de ses joues creuses. — Vous pleurez, mon digne
philosophe, — reprit le partisan, — et vous avez raison...
mordieu ! car il me semble que cela doit être fort touchant
de savoir qu'un pareil homme dit de pareilles choses de
vous... C'est comme moi... si je pouvais pleurer, je san-
gloterais pour le moins... en pensant que le grand pensionnaire de la république d'enfer demande aussi aux
compagnons qui le vont visiter... « Eh bien, mes maîtres !
comment va ce sacripant de Latréaumont ? ce grand pécheur ? ce modèle des vauriens sur la terre ? »

— Ceci est une triste et méchante raillerie, colonel !... — dit gravement le docteur. — Si votre vie passée a été mauvaise, le noble but auquel vous concourez pourra peut-être l'expier un jour aux yeux des hommes... mais je vous plains, si la grandeur de votre dessein ne peut vous relever à vos propres yeux ! Quant à la cause de la liberté, votre action seule lui est de quelque intérêt ; et d'ailleurs, qu'importe le fer de la charrue, pourvu que le sol, débarrassé par elle des plantes parasites qui le rongent, produise un jour de fraîches et riches moissons ! — s'écria van den Enden avec enthousiasme.

— *Qu'importe la charrue* ! Pardieu ! vous avez raison ; je dis comme vous père la Sagesse, *qu'importe la charrue*! et j'adopte la comparaison. Jean de Witt, ayant donc pris votre lettre des mains de *la charrue*, votre très humble servante, lut attentivement ; sa figure se colora un moment, ses yeux brillèrent, puis il soupira, parut réprimer un sentiment d'exaltation involontaire, et après m'avoir prié de m'asseoir, car je restais debout devant lui, tracassant la poignée de mon épée ou roulant mon feutre pour me donner une manière de contenance assurée... Jean de Witt me dit : « Monsieur, vous venez à « moi pour une telle cause et sous un tel patronage, que « je dois vous exprimer ma pensée entière et inébranla« ble. En mon âme et conscience, le gouvernement que « je représente comme trait une action criminelle, et con« séquemment une faute politique, en favorisant une ré« bellion en France. Louis XIV est notre allié, monsieur ; « entre lui et nous il y a la foi jurée, le serment !... C'est « vous dire que, quelque profonde que soit mon éternel« le sympathie pour la liberté, au nom de laquelle on « tenterait cette révolte ; c'est vous dire que, malgré les « griefs que notre république doit peut-être reprocher à « votre roi, le respect dû à la sainteté des alliances m'em« pêchera toujours d'appuyer aucune sédition dans votre « pays, monsieur. » Or, voyez-vous, je vivrais cent ans (et entre nous, sérénisme docteur, je le désire plus que vous ne le pensez), que j'entendrais encore, comme si j'étais dans le cabinet de Jean de Witt, sa voix sonore et pénétrante prononcer ces mots, que je vous rends sans altération aucune, car ils sont à jamais gravés dans mon esprit ! — En apprenant le refus de Jean de Witt, van den Enden ne put cacher son étonnement ; une douloureuse expression d'amer désappointement contracta ses traits, mais il resta muet. Latréaumont parut comprendre le silence du vieillard, car il reprit : — Eh bien ! vous voilà absolument comme j'étais, père la Sagesse ! demeurant coi devant Jean de Witt, sans trouver un mot à lui dire... un seul ! pour combattre une résolution qui ruinait en partie notre projet... Cela est pourtant vrai ! Je ne trouvai rien à lui objecter, rien ; car je jure Dieu que son accent, son regard, sa parole, son maintien, révélaient une foi si inaltérable à ce qu'il disait, une volonté si résolue d'agir selon cette pensée, qu'en ce moment-là il m'eût semblé, voyez-vous, que vouloir le faire changer de détermination par mes paroles... eût été aussi fou que de vouloir changer par des paroles le sens et la lettre de ces inscriptions de marbre qu'on lit au front des grands monuments !

Cette singulière comparaison, l'air sérieux et convaincu de Latréaumont, parurent cette fois faire quelque impression sur van den Enden, qui lui répondit après un long silence, en secouant la tête avec tristesse :

— Vous dites vrai, colonel ; rien au monde ne pourra changer la détermination de Jean de Witt ; et pourtant... j'avais cru... oui, j'avais fermement cru que les trahisons répétées du roi de France contre la république, que l'amour de la liberté, que le désir de voir se propager au loin nos saintes et fécondes doctrines, auraient pu décider Jean de Witt à ne pas ménager une alliance que nos ennemis violent cruellement chaque jour !... Mais non ! non, j'aurais dû le prévoir ; cette âme est si pure et si élevée, qu'à chaque nouvelle félonie il répond par quelque noble action... Encore une fois... cela est décidé, bien irrévocablement décidé... Je connais Jean de Witt... désormais

toute instance auprès de lui serait vaine... Et l'Isola, colonel ? — ajouta le vieillard avec un soupir.

— L'Isola... Oh ! mordieu ! ce fut une autre chanson avec ce faquin ; mais attendez donc la fin de votre Jean de Witt. Voyant que je restais là, comme un écolier, le grand pensionnaire ajouta : « Veuillez dire, monsieur, au « vénérable savant qui vous envoie, que mon frère doit « se rendre prochainement à Amsterdam, et qu'il lui re« mettra ma réponse, longue, précise et détaillée ; en at« tendant, répétez à van den Enden que nos vœux et nos « chagrins sont communs, et que si malheureusement les « temps ne sont pas encore venus, la conviction que l'a« venir est à nous... doit au moins nous donner patience, « espoir et courage. » Puis Jean de Witt m'offrit ses services, que je n'acceptai pas ; l'huissier en jupon me reconduisit avec son balai, et je me trouvai dans la rue, aussi abasourdi que si je m'étais trouvé devant le Père éternel, ou que si j'avais reçu un bon horion sur la tête.

— Oui, l'avenir est à nous !... L'avenir !!... j'y crois de toute la puissance de ma foi dans le triomphe de notre sainte cause... mais ne pouvoir seulement soulever un coin du voile qui cache encore à nos yeux cet éblouissant et majestueux tableau ! — dit le vieillard avec un douloureux accablement.

— Ah ! cela est cruel, je l'avoue... lorsqu'en un coin de ce magnifique tableau que vous dites, doctissime docteur, on pourrait espérer de voir aussi la potence de cet Artaban, de ce brutal vizir de Louvois, que je retrouverai un jour en enfer ou sur terre !!... — reprit le colonel en fermant le poing, d'un air menaçant. — Mais revenons à notre affaire... J'arrive au saupiquet... au coquin... à l'Isola, en un mot. Oh ! celui-là, mordieu ! ne m'inquiétait guère. En allant à son hôtel, je respirais à mon aise, je relevais ma moustache, je m'insultais pour ainsi dire à moi-même, tant j'avais l'air hautain ; la rue n'était pas assez large pour moi. Enfin j'arrive au palais du seigneur l'Isola. Selon ce que je prévoyais bien, là rien d'intimidant : gardes, laquais, officiers, gentilshommes, encombraient les salles, tout cela sentait fort son grand seigneur, et me donnait conséquemment mille démangeaisons d'insolence... Je monte donc le suisse m'arrête, et au nom de sa hallebarde me demande qui je suis. Moi... je le regarde... vous comprenez bien, père la Sagesse, — dit le géant, en feignant de baisser dédaigneusement les yeux au-dessous de lui.— Je le regarde... et je passe. Les laquais me demandent où je vais ?... Je les regarde... et je passe ; enfin j'arrive à un salon où se tenaient quelques mignons vêtus de velours noir avec des chaînes d'or autour du cou. Je dis à l'un de ces velours noirs : « Prévenez votre maître que Latréaumont, colonel, veut lui parler de la part de don Omodéï d'Amsterdam. » Mais comme le velours noir semblait hésiter, je le regarde... et il se hâte de m'aller annoncer. En vérité, ce palais de l'ancien cuisinier semblait une maison royale, comparée à la pauvre demeure de Jean de Witt, de sorte que, mordieu ! je me sentais là comme chez moi, sans gêne ni vergogne ; aussi, comme j'étais fatigué de ma route, je commençai, à la grande stupéfaction des velours noirs restans dans le salon, par m'étendre bel et bien sur une sorte de divan de soie que mes éperons éraillèrent quelque peu, je crois ; puis je me mis, pour passer le temps, à fredonner une vieille chanson que mes braves *enfans perdus* chantaient à la bataille du pont de Massouri ; tenez, la connaissez-vous, docteur ? — Et le colosse entonna d'une voix de stentor ces deux premiers vers d'une chanson de la Fronde :

> Que Mazarin se raille
> De nos cordons de paille, etc.

puis il continua son récit, en voyant l'air impassible et dédaigneux du philosophe : Or, après dix Pater de cette chanson, qui, bien que fort réjouissante pour moi, ne m'empêchait pas de trouver le temps long... je me lève, et prenant un autre velours noir par sa chaîne d'or... « Est-ce que ton maître, lui dis-je, ignore que j'attends ici depuis une demi-heure, et que la compagnie de faquins de ta sorte n'est pas faite pour moi ? — Mais... dit le velours noir. — Mais , mordieu, monsieur *de l'annonce*, lui répliquai-je, marche ou cache tes oreilles ! » Le drôle sort, et, deux minutes après , il revient me chercher. J'entre alors dans un magnifique appartement, et je me trouve en face d'un petit homme noiraud, maigre, à la figure de singe, au teint olivâtre, aux yeux perçans et faux à moitié cachés sous une perruque brune, poudrée, toute rabattue et étalée par devant ; cette espèce était fort splendidement vêtue d'un justaucorps de velours orange, à passemens d'argent, avec des rubans bleus. Or, le tout, homme, perruque et justaucorps, me venaient à peine à la ceinture , et s'appelait l'Isola. « Le sujet qui vous amène, monsieur , est sans doute fort pressant ? » me dit le ministre d'une voix aigre, en me regardant fièrement le dessous du menton. « Fort pressant en effet, monsieur, vu que je suis fort pressé, et que je n'aime pas à attendre. » Le petit homme tâcha bravement de lever ses yeux sur les miens; mais la projection de ma moustache arrêta tout net son regard... Se résignant alors, il reprit d'un air toujours fâcheux : « N'avez-vous pas une lettre de don José Omodeï , monsieur ? — Oui , monsieur , la voici. » L'Isola la prit, la lut, et un sourire diabolique plissa ses traits , jaunis et ridés comme ceux d'une vieille sorcière. « Vous êtes bien le colonel Latréaumont ? me dit le ministre en paraissant comparer ma personne au signalement qu'Omodeï lui donnait sans doute de moi dans sa lettre. — Aussi vrai que vous êtes le baron de l'Isola, monsieur. — Eh » bien, monsieur le colonel, » reprit-il d'un air railleur, » voilà donc enfin cette pauvre France, toujours si débon- » naire, qui commence à compter le restant de ses pis- » toles, et à comprendre qu'il vaut mieux peut-être les » garder pour soi que de les porter au trésor du roi ? » Voilà donc que ces honnêtes citadins commencent à » sentir que le fouet du maître leur est rude et cuisant ? » Sur ma parole, moi, je croyais qu'ils ne s'aviseraient de » dire holà qu'alors que leurs bourses seraient à sec et » leurs dos à vif; mais enfin ils se décident, et c'est déjà » beaucoup... s'ils se décident, les pauvres pacifiques ! » Triple-Dieu ? docteur, voyez-vous, je suis un mécréant, un vaurien, soit; mais le sang me montait au visage en entendant cet avorton parler ainsi de la France ! Vous me direz que cette indignation n'était pas conséquente avec ma conduite pendant nos guerres civiles ; c'est possible... mais ce qu'il y a de sûr, c'est que je me sentais furieux !

— Il se peut, colonel, parce qu'au fond des cœurs les plus... endurcis, il est certaines fibres qu'une insulte à la patrie fera toujours vibrer.

— Oh ! mille dieux ! la fibre vibra, je vous jure... et si vigoureusement, que je pris le bras du petit justaucorps orange dans ma main, et je le serrai de telle force, que si je ne l'eusse pas tenu ferme comme dans un étau, l'Isola sautait sur une sonnette placée près de lui. « Colonel, s'écria-t-il en passant de l'olivâtre au jaunâtre ; colonel, que faites-vous ? » Rien, monsieur, c'est l'effet de l'assaisonnement de vos paroles, que je trouve trop épicées, et qui me donnent de ces mouvemens-là ; car, voyez-vous, mon digne monsieur , ce n'est pas le tout pour un faquin de cuisinier que d'accommoder bravement une accolade de lapereaux, une *sauce au verjus* (1), une tourte aux pigeons, ou des perdrix au gingembre !... il faut encore qu'il sache servir chacun selon son goût. Or, moi, monsieur, je n'aime pas le sel de certaines plaisanteries, et vos railleries sur la France me sont de trop piquante saveur ; comprenez-vous ? — Parfaitement, me dit l'Isola avec un diabo-

(1) Pour comprendre ce jeu de mots, il faut savoir que le baron de l'Isola était auteur d'un pamphlet intitulé : *La Sauce au verjus*, destiné à réfuter un écrit de monsieur de Verjus, envoyé du roi en Suède. Le pamphlet fut publié sous le nom de *Fr. Warendorp*. Monsieur de Louvois y fit répondre par un autre sous le titre d'*Avis au plénipotentiaire cuisinier*.

lique sang-froid ; mais vous m'excuserez, colonel, » parce que vous savez qu'on dit : *A palais de fer... ra-* » *goût de feu*. » Cette assurance me surprit, et l'Isola, qui s'était tout-à-fait remis de l'espèce de frayeur que je lui avais causée, reprit : « Tenez, on dit que j'ai été cuisinier, » n'est-ce pas ?... eh bien soit !... C'est peut-être parce que » j'ai servi à aucuns certains plats de mon métier qu'on » en parle si fort ! mais le temps presse, causons sérieu-» sement. » Eh bien ! donc, lui dis-je, venons au fait en peu de mots. Ainsi que vous avez dû le voir plus au long dans la lettre qu'Omodeï vous écrit, ma famille est de Normandie ; je connais cette province, j'y ai des amis et une influence certaine ; les taxes sont énormes, le peuple en souffre, la bourgeoisie s'en plaint, et la noblesse s'irrite ; je crois donc une sédition possible dans ces quartiers-là, sédition qui pourra peut-être amener un soulèvement général en France. Maintenant, voulez-vous appuyer cette révolte de votre argent, de vos munitions et de vos vaisscaux ? c'est un oui ou un non que je vous demande.

— A cette proposition, que répondit l'Isola, colonel ?

— Après avoir réfléchi quelques momens et parcouru une carte de France avec attention, il me dit : « Je ne vous » parlerai pas, colonel, de l'intérêt que l'Empire et l'Es-» pagne (c'est tout un) ont à ce soulèvement, car s'il réus-» sit, si les provinces de France se déclarent indépen-» dantes, l'unité monarchique disparaît, et le colosse qui » nous effraye n'est plus à craindre ; s'il ne réussit pas, » nous avons au moins favorisé en France des désordres » toujours graves et dangereux ; ainsi donc, notre poli-» tique veut que nous appuyions les séditieux : *ouvertement*, » si les événemens amènent de nouveau la guerre avec la » France , *secrètement*, si les choses demeurent où elles » sont. Mais vous, colonel, qui, selon ce que m'apprend » Omodeï, » ajouta le petit homme avec un sourire de singe, « vous qui avez une longue et habile expérience des » partis, vous n'ignorez pas sans doute que, pour rendre » une sédition réelle et considérable, il faut pouvoir mon-» trer un drapeau, pouvoir mettre à la tête de la révolte » un nom illustre et retentissant, auquel la noblesse, la » bourgeoisie et le peuple veuille bien se rallier et se sou-» mettre ; un nom enfin qui, par la haute position de celui » qui le porte, puisse donner assez de confiance aux gou-» vernemens étrangers pour soutenir efficacement une » rébellion tentée sous son patronage. Or, colonel, » ajouta l'Isola avec un air humblement narquois qui me faisait bouillir le sang dans les veines : « bien que vous soyez un » fort brave, fort honorable et fort bon gentilhomme, et, » de plus, fort influent en Normandie, ainsi qu'on m'en » assure dans cette lettre, franchement, je ne pense pas » que vous puissiez être le chef reconnu, avoué, de cette » révolte. Or, avant d'aller plus loin, dites-moi au nom de » quel grand seigneur vous agissez, car il m'est impos-» sible de rien conclure sans ce renseignement... Quant à » à ma discrétion, l'intérêt de ma politique vous en ré-» pond. »

— Au nom de quel grand seigneur, — s'écria van den Enden, qui depuis quelques momens contenait à peine son indignation : — au nom de quel grand seigneur ! La cause de la liberté n'est-elle donc pas assez belle, assez sainte, assez noble, pour qu'on la défende en son seul et propre nom ? Oh ! étrange folie des hommes ! il s'agit-d'a-battre un pouvoir de nom, de caste, de privilége, et voilà qu'avant tout on invoque, pour cela faire, le nom, la caste, le privilége !

Latréaumont haussa imperceptiblement les épaules, ne voulant pas sans doute choquer absolument le vieillard dont il avait encore besoin, et lui dit :

— Calmez-vous, sérénissime docteur.... calmez-vous.... Sans doute, cela semble peu logique d'abord, et puis fou ensuite ; mais que voulez-vous ! cela s'est toujours prati-qué de la sorte. Voyez, dans toutes les séditions, c'est le duc de Bourgogne, c'est le duc de Guise, c'est le duc de Montmorency, c'est le duc de Biron, c'est le marquis de Cinq-Mars, c'est le duc de Rohan, c'est le prince de Condé;

enfin, partout, les chefs de ligue et de mécontens ont été de grands seigneurs. Pourquoi ? parce que peuple, bourgeois ou nobles, le veulent ainsi ; et, mordieu ! ne savez-vous pas d'ailleurs que les moutons ne marchent jamais qu'à la suite du seigneur bélier, quoique le seigneur bélier les crève çà et là de coups de cornes ; encore une fois, que voulez-vous !... la bête est ainsi faite... Aussi, franchement, bien que mon envie de quereller l'Isola fût grande, je ne pus m'empêcher d'avouer en moi qu'il avait raison, et fort raison ; car je vous assure que, malgré l'estime profonde où je tiens messire Jules Duhamel de Latréaumont, je ne pouvais véritablement l'admettre ni le proposer continuateur des grands séditieux que je viens de vous nommer.

— Enfin, que lui avez-vous répondu ?

— Vous sentez bien, mon vénérable ami, que j'aurais eu l'air d'une pécore en paraissant m'être aventuré de la sorte sans base et sans appui ; aussi, pour éluder la question, je me retranchai sur ce que l'éminentissime personnage dont j'étais l'agent ne m'avait autorisé à le nommer qu'alors que je lui aurais rendu compte de mon entrevue avec l'Isola. « Eh bien ! colonel, me dit le petit homme, » dès que vous m'aurez nommé ce personnage et prouvé » sa participation au complot, je vous le répète, s'il a un » nom qui puisse nous donner créance, nous traiterons » avec vous sur l'heure, et ni l'argent ni les munitions » ne manqueront à votre entreprise. » A cela que dire ?... Entre nous, docteur, c'était raison et bon sens s'il en fût ; aussi, prenant congé de l'Isola aussi fièrement que je l'avais abordé, je remontai à cheval, et me voici.

— Encore une vaine tentative, encore un espoir déçu ! — se dit van den Enden avec amertume ; puis il ajouta : — Je regrette sincèrement, colonel, que les scrupules politiques de Jean de Witt et les conditions de l'Isola fassent ainsi avorter vos projets ; grâce à l'appui de tous deux, je croyais possible un soulèvement tenté au nom de la liberté, je comptais sur un cri d'indépendance poussé par toute une province, auquel la France entière eût peut-être répondu... je me suis trompé, il n'y faut plus songer...

— Comment, mordieu ! n'y plus songer, docteur, — s'écria le colosse en frappant si violemment sur la table de travail de van den Enden, qu'il fit tomber plusieurs des livres qui s'y trouvaient. — N'y plus songer, triple Dieu ! au moment où tout nous sourit ! au moment où nous avons l'appui certain de l'Empire et de l'Espagne, si nous avons seulement un nom à jeter à ce faquin de l'Isola ! Ah çà ! mais vous êtes donc malade, mon vénérable ami ?

— Et que prétendez-vous faire à cette heure, colonel ? — répondit froidement le philosophe.

— Ce que je prétends faire ? mordieu !... mais retourner en France et m'y mettre aussitôt en quête de quelque grand seigneur qui, mécontent de la cour, de sa maîtresse, ou de ses créanciers, veuille bien, par occasion, délivrer son pays du joug qui l'opprime, et nous donner l'occasion d'appliquer votre beau système de république à ma chère patrie.

Van den Enden, d'abord surpris de l'assurance du partisan, sembla néanmoins réfléchir à sa proposition, puis il ajouta ;

— Mais vous êtes proscrit, colonel ?

— Proscrit... proscrit... c'est-à-dire que cet impertinent de Louvois m'a fait conseiller de voyager. Or, comme cela entrait assez dans mes vues, j'ai suivi son conseil ; mais comme maintenant il entre dans mes vues de revenir en France, j'y reviendrai ; d'ailleurs, n'étant sous le coup d'aucune condamnation, je ferai une apparente soumission et me tiendrai tranquille, pour chercher à mon aise l'homme qu'il nous faut, pour donner figure et bon air à notre révolte, révolte qui, laissant ainsi dans le sillon son sarreau populacier, deviendra, mordieu ! un soulèvement de qualité tel que le veut monseigneur l'Isola, ancien marmiton de Sa Majesté impériale.

— Oui, cela est toujours ainsi, — dit van den Enden

avec une poignante ironie ; — lorsque la révolte aux cent bras s'est dressée menaçante, vient alors un chef nul, misérable ou ambitieux, mais d'antique et de noble lignage, qui, pour donner bon air, comme ils disent, à cette révolte, lui impose son nom ; de sorte que l'insurrection, cette sainte et commune protestation de tout un peuple opprimé, finit par s'appeler Guise, Bourgogne, ou Condé ! !

— Puis après quelque momens de profonde réflexion, et relevant la tête avec orgueil, le vieillard ajouta : — Mais enfin, avant que d'accepter pour chef Bourgogne ou Condé, le peuple a toujours fait acte de volonté et de vie ; il a exercé sa puissance, il a parlé de sa grande voix, et il a été écouté. Il a enfin senti et prouvé tout ce qu'il pourrait faire quand il voudrait seulement se compter... et compter ses oppresseurs !... Eh bien, qu'importe ! quand il n'aurait été maître qu'un jour... qu'une heure ! ce jour, cette heure de souveraineté lui donneront au moins une terrible conscience de sa force et de son droit, et ce sera toujours un pas immense vers son émancipation ! — Alors, s'adressant à Latréaumont, le vieillard lui dit d'une voix nette et brève : — Pensez-vous, en effet, colonel, trouver en France un grand seigneur qui veuille se mettre à la tête de ce mouvement populaire ?... le pensez-vous ?

— Si je le pense !... assurément je le pense, — dit le partisan avec son imperturbable présomption. — La cour regorge de mécontens, et des plus haut nommés encore ! il s'agit seulement d'arriver à propos, de profiter d'un moment de dépit, de colère, de ruine, alors de bien pousser quelque mondit seigneur, de l'engager aussitôt l'affaire, de le compromettre de telle sorte qu'il ne s'en puisse plus tirer ; or, pour cela, comptez sur moi, mon digne savant ; je suis un fin limier, et je veux que vous soyez pendu si avant six mois je ne reviens pas ici avec un écusson aussi noble que celui de Montmorency, pour servir d'enseigne à notre sédition ! Alors nos projets s'exécutent ; et, croyez-moi, jamais république ne se sera implantée sur un terrain plus fertile que dans cette grasse Normandie, et surtout si nous déposons les premiers germes de ma loi de récupération libre (projet législatif en faveur des dépossédés, dont je vous parlerai plus au long) du côté de certains fiefs de Craconville et de Charmoy, fiefs adorés dont j'ai été dépouillé par la monstrueuse avidité de mes créanciers, et dont je voudrais sincèrement, pour l'exemple et la gloire de notre cause, voir reverdir la possession en ma faveur.

— Quand pensez-vous partir, colonel ? — dit le vieillard tout pensif.

— Je partirai demain après votre déjeuner, vu que le temps presse, car d'Amsterdam n'est pas tout à fait aussi joyeux que Venise la folle durant son carnaval. Mais, sérénissime docteur, pour que l'oiseau vole, il lui faut des ailes, et je n'ai d'ailes, ni de plumes, ni d'or, ni d'argent, ni de cuivre ; de vos vingt pistoles, il ne me reste rien, ou peu de chose. Je compte donc que vous m'en avancerez trente ou quarante autres encore... ce qu'il me faut enfin pour arriver à Paris, car, une fois là, oh ! je dis comme votre Jean de Witt : « l'avenir est à moi ! » parce que, voyez-vous, dans cette glorieuse ville-là, un brave et vigoureux gentilhomme à ses dés dans sa poche et son épée sur la hanche, trouvera toujours à souper, à coucher, et encore chaque matin, au fond de sa bourse, l'éternel écu du juif errant. Tandis que dans vos damnés marécages, mille triples dieux ! les talens ne sont ni payés, ni connus ; ainsi donc, ajoutez trente pistoles aux vingt que vous m'avez déjà données, et ce sera pour la somme de cinquante pistoles que la cause de la liberté vous devra éternellement bénir.

Après un long silence, van den Enden se leva, alla vers un meuble où il prit de l'argent, et dit à Latréaumont en lui donnant la somme qu'il demandait :

— Vous me trompez peut-être ; peut-être une fois hors de cette maison, vous rirez du vieillard assez fou pour aventurer le peu qu'il possède sur vos promesses fanfaronnes, au lieu d'employer cet argent à secourir ses frères !... mais il est possible aussi que vous pensiez véritablement à servir notre sainte cause, non par dévouement pour elle, mais par intérêt pour vous, mais enfin, comme vous la pouvez servir... Voici cet argent ; en ne vous le donnant pas, j'aurais, je le sens, un éternel remords d'avoir pu, par ma défiance, nuire peut-être au triomphe de ma foi ; allez donc en France chercher ce *nom*, puisqu'il faut un nom, — dit le vieillard avec un soupir.

— Et je trouverai ce nom, mon digne docteur, croyez-moi. Quand à me rire de vous... le sujet serait mal choisi ; et puis je suis brutal, querelleur, avide ; enfin j'ai, si vous le voulez, tous les défauts et tous les vices du monde ; mais quand on m'a fait du bien... et que je n'ai pas véritablement de raisons pour en être ingrat, je ne l'oublie pas. Je sais, mordieu ! que c'est à la cause que je sers indirectement que vous vous intéressez et, non pas à moi, Duhamel de Latréaumont, qui ne mérite rien de vous ; mais je dis aussi, « *qu'importe !* » Vous m'avez accueilli, secouru, vous m'avez aidé dans une entreprise qui, jusqu'ici vague, devient maintenant presque assurée... eh bien! vénérable docteur, ce sont choses et faits que je n'oublierai pas... je le jure par... Mais, —reprit le partisan en s'int rrompant;—mais comme, après tout, je n'ai rien au monde de sacré à invoquer, je vous dirai simplement que je n'oublierai pas votre accueil... Adieu donc, brave et digne docteur... Adieu donc et à bientôt, si le diable ne m'appelle à son aide, — ajouta Latréaumont en serrant dans ses larges mains les mains tremblantes du vieillard.

— Adieu donc, colonel !

Et, le lendemain, Latréaumont partit pour la France.

LE GRAND VENEUR DE FRANCE.

V

LES FILLES D'HONNEUR DE LA REINE.

. . . . Ipsa si velit Salus
Servare, prorsùs non potest hanc familiam,
(*Térence*, — Adelph., act, iv, sc. 7, v. 43.)

Vers les premiers jours du mois de mai de cette même année 1669, la cour de France se trouvait à Fontainebleau.

Au bout de la galerie *des Cerfs*, fumante encore du sang de Monaldeschi, amant et victime de Christine de Suède, cette lubrique amazone qui eût été si digne des chants lesbiens et passionnés de Sapho, on voyait un petit degré conduisant à la demeure des filles d'honneur de la reine.

Ce logis était appelé *l'appartement des Poêles*, parce que *François Ier* y avait autrefois fait construire de ces sortes de calorifères, à la mode d'Allemagne.

Cet appartement semblait défendu, par toutes les précautions imaginables, contre les tentatives indiscrètes des seigneurs de cette cour hypocrite et libertine ; en un mot, grillages et verrous, doubles portes et doubles fenêtres en avaient fait une manière de citadelle, depuis certaine aventure que l'on doit raconter, bien qu'elle soit antérieure de plusieurs années à l'époque de ce récit.

Madame la duchesse de Navailles, femme d'une grande et solide piété, était dans ce temps-là dame de la reine, et avait, comme telle, la surintendance des filles d'honneur de Sa Majesté. Elle apprit un jour qu'au moyen d'une porte secrète pratiquée dans le mur et cachée derrière le dossier d'un lit, Louis XIV, fort jeune encore, entrait la nuit dans l'appartement des filles. Le scandale était énorme; à ce sujet, madame de Navailles tint conseil avec son mari, l'honneur, la droiture et la vertu mêmes. Ils mirent d'un côté leur devoir, de l'autre la colère du roi, la disgrâce, l'exil, et ce couple austère ne balança pas un instant sur la conduite qu'il avait à tenir.

Madame de Navailles prit donc si adroitement ses mesures que, pendant le souper et le jeu de la reine, la porte fut murée à l'insu du roi. La nuit venue, Louis XIV arrive, afin de pénétrer dans l'appartement à son heure accoutumée... mais en vain il tâte, il cherche... rien : tout est devenu muraille. La rage dans le cœur, le galant monarque fut donc obligé de s'en retourner, en maudissant cet excès de surveillance fâcheuse, dont il soupçonnait fort madame de Navailles. En effet, il s'informa si bien, qu'il sut que c'était elle qui, d'après l'avis de son mari, avait ordonné de condamner la porte. Aussitôt le roi envoya demander à monsieur et à madame de Navailles la démission de leurs charges, et les exila dans leurs terres de Guyenne, malgré les instances de la reine-mère.

Puis, par une apparente contradiction, et semblant rougir de ce scandale, mais ayant d'ailleurs trouvé moyen d'arriver plus obscurément à ses fins, Louis XIV, depuis cette aventure, avait fait entourer, ainsi qu'on l'a dit, l'appartement des filles d'honneur de barrières infranchissables, et formellement enjoint à madame la duchesse de Montausier, nouvelle dame de la reine, de prendre les mesures les plus rigoureuses pour la garde des jeunes personnes soumises à sa surveillance.

A ce propos, et pour donner une signification plus prononcée à la scène suivante, qui sert presque d'exposition à ce récit, on doit préciser un des traits primordiaux du caractère de Louis XIV, à savoir son orgueilleuse et despotique jalousie, qui s'étendait non-seulement aux femmes dont il s'occupait, mais encore à celles dont il ne s'occupait pas.

Pour tout dire, la cour de France était, aux yeux de Louis XIV, une sorte de harem sacré dont il prétendait demeurer le sultan unique et révéré ; aussi, un homme était-il sûr d'encourir la haine ou la colère de ce prince dès qu'il osait prendre en sa présence les moindres et les plus innocentes familiarités avec une femme, quelle qu'elle fût.

De là, ces deux physionomies si distinctes de la cour de France à cette époque, néanmoins confondues par presque tous les historiens en un seul faux semblant de *galanterie majestueuse et chevaleresque.*

Rien pourtant n'était plus éloigné du chevaleresque et du majestueux, car si devant le maître c'était une morgue hypocrite, une froideur précieuse, qui allaient jusqu'à feindre la pruderie la plus sauvage, hors de sa vue, cette insupportable contrainte débordait en un cynisme de paroles et un dérèglement de mœurs qui passent toute créance.

Quant à penser que c'était par un louable respect des convenances que le roi imposait à sa cour cette réserve apparente, ce serait folie ; car on sait quelles publiques, quelles sanglantes mortifications ce prince faisait souffrir à la reine sa femme, en la forçant de laisser asseoir près d'elle, dans son propre carrosse, et cela aux yeux de la cour, de la ville et de l'armée, deux maîtresses à lui ouvertement déclarées : mesdames de Lavallière et de Montespan.

Non ! chez Louis XIV, cette sorte de jalousie était encore une conséquence de cet aveugle et terrible orgueil, de l'épouvantable égoïsme qui lui faisait dire avec une insolente conviction : « *Le charme, la beauté, le savoir plaire...* c'est moi ! » de même qu'il avait dit : « *L'État...* c'est moi.

Personnalité sordide, qui se retrouvait ainsi dans tout, s'étendait à tout, jalousait tout ! incurable et grossière fatuité, qui faisait véritablement croire à ce prince que les femmes de sa cour devaient passer leur vie à attendre pieusement le hasard de ses bonnes grâces, enivrant espoir qui, selon lui, devait sans doute, plus que pas une réalité, satisfaire le rêve ou la passion de l'âme la plus ardente ! Car, enfin, le grand monarque ne semblait-il pas sérieusement vouloir qu'on fît peu de différence entre la religieuse adoration qu'il pensait inspirer et l'amour qu'on a pour Dieu ? amour aussi humble, aussi constant, aussi satisfait dans ses espérances infinies qu'il doit être désintéressé des joies de ce monde.

En un mot, la disgrâce, l'exil, ou le sort cruel de monsieur le prince de Conti, de monsieur le duc de Bourbon, du comte de Guiche, du marquis de Vuardes, du chevalier de Lorraine, du comte de Louvigny, du comte de Soissons, du comte de Saint-Paul, du chevalier de Grammont, du comte de Bussy-Rabutin, de tant d'autres, et enfin la haine implacable avec laquelle il poursuivit le malheureux Fouquet, dont le plus grand crime à ses yeux fut d'avoir osé aimer mademoiselle de Lavallière, montrent assez avec quelle avidité ce roi saisissait tout prétexte d'éloigner de sa cour ou de frapper sûrement les gentilshommes dont l'esprit ou les heureux succès lui portaient ombrage.

Ainsi, on le répète, si la jalousie de ce prince s'exaspérait à propos de femmes qui ne l'intéressaient pas directement, que l'on juge de la violence de cette passion lorsqu'il s'agissait d'une de ses maîtresses.

Or, bien que fort longue, cette parenthèse était indispensable à l'intelligence de la scène qu'on va raconter.

.... La cour de France habitait donc Fontainebleau, et le logis destiné aux filles d'honneur de la reine était, ainsi qu'on sait, à l'extrémité de la galerie des Cerfs ; là, un petit degré conduisait chez madame la chanoinesse de Valable, alors gouvernante, de sorte que l'unique entrée qui pût communiquer à la chambre des jeunes personnes soumises à la surveillance de cette dame se trouvait dans son appartement.

Rien de plus enchanteur que l'aspect de ce voluptueux gynécée, avec ses six couchettes à rideaux de damas gris perle rehaussé d'un passement incarnat ! Un épais et moelleux tapis de Turquie couvrait le plancher, et les murs disparaissaient sous une tenture de haute lisse représentant l'action d'une de ces délicieuses idylles de Segrais alors si à la mode. « Des bergers vêtus de satin, et des » bergères à étroit corsage garni de rubans, ayant con- » duit leurs blanches brebis au bord d'une eau limpide, » causaient amoureusement assis sous la verdure d'un hê- » tre touffu, pendant que de joyeux sylvains les épiaient, » cachés dans les roseaux. »

Éclairées de la sorte par la lueur douce et incertaine d'une lampe d'argent ciselé, à vitraux d'un bleu pâle, les gracieuses figures pastorales de ces bergères semblaient presque s'animer, et réaliser ainsi le rêve adorable de je ne sais quel âge d'or, poétique, fabuleux et impossible, mais charmant... comme tout ce qui est fabuleux, poétique et impossible.

Au fond de cette chambre, et en face des deux fenêtres grillées qui s'ouvraient sur le parc, on voyait un miroir de Venise, à bordure de cuivre doré, repoussée à jour sur un fond d'écaille noire ; mais ce miroir, au lieu d'être suspendu, selon la mode d'alors, s'enchâssait profondément dans le mur, à une assez grande hauteur, tandis que la teinte brune de l'écaille, sur laquelle les mille arabesques d'or se relevaient en bosse, empêchait de remarquer deux ou trois meurtrières, artistement pratiquées sous cette bordure, au moyen desquelles on pouvait voir et entendre tout ce qui se passait dans l'appartement, du fond d'une obscure logette prise sur l'épaisseur de la muraille, et communiquant par un secret degré avec le cabinet du roi.

Or, à cette heure, Louis XIV venait de se rendre dans cette logette, et s'y tenait, l'œil et l'oreille au guet, renouvelant ainsi, mais plus discrètement, la scène de Saint-Germain dont on a parlé, et dont l'issue fut si fâcheuse pour monsieur le duc et madame la duchesse de Navailles.

Sachant que les filles d'honneur demeuraient cette nuit-là sans leur sous-gouvernante, restée malade à Paris, et qui, couchant d'habitude dans leur chambre, empêchait par sa présence toute liberté de propos, le roi comptait, autant par curiosité libertine que par instinct d'orgueil et de fatuité royale, profiter de cette occasion, qui, mettant ces jeunes filles en confiance, devait naturellement amener les causeries intimes et secrètes ; confidences dont

Louis XIV s'attendait sans doute à être l'objet unique et adoré.

Il était donc environ quatre heures du matin ; les fenêtres de la chambre des filles d'honneur avaient été laissées entr'ouvertes pour atténuer le parfum de nombreux bouquets de roses et de violettes placés dans de grands vases de porcelaine de Chine. La nuit était encore profonde... le ciel magnifiquement étoilé, et une brise embaumée apportait çà et là du dehors, et comme par bouffées, la senteur suave et printanière des chèvrefeuilles et des jasmins du parc, alors si renommés, tandis que le chant doux et plaintif des rossignols accompagnait délicieusement le silence de la nuit.

Dans ce voyage du roi à Fontainebleau, un singulier hasard avait rassemblé cinq des plus jolies filles de la cour, dont la plus âgée n'avait pas vingt ans... C'étaient mesdemoiselles Maurice d'O, Marie de Chavigny, Thérèse de Gourville, Olympe de Montbrun, et Diane de Saint-André.

Quant à l'austère et glaciale sévérité de mœurs apparemment imposée à ces jeunes personnes par leur état de *filles d'honneur*, les envieux (ou les heureux), prétendaient que cette sauvagerie n'était que parure d'étiquette et costume de jour, affirmaient, avec une désolante assurance, que généralement des mains plus virginales, mais non plus belles ni plus douces, auraient pu tresser la blanche couronne de Marie, ou attiser le feu sacré de Vesta.

Enfin, si ces pauvres filles avaient, hélas ! failli, qui aurait le courage de ne pas absoudre ou du moins excuser la faute d'aussi charmantes pécheresses ?

Comment résister, entourées qu'elles étaient d'hommages et de séductions de toutes sortes, ayant d'abord à chaque heure, sous les yeux, le cynique exemple d'un roi jeune et vertement charnel, qui, dans son gros amour glouton et effronté, ne comprenant pas le charme du mystère, les délicates recherches du plaisir, ou la tendre et discrète volupté du demi-jour, ne ménageait rien, ne voilait rien, aimait tout haut, exilait bruyamment père ou mari fâcheux, et puis se prélassait au grand soleil entre ses deux maîtresses et son abondante progéniture adultère !

Que l'on songe encore que ces jeunes filles, malgré la contrainte apparente de la cour, étaient partout entourées des enivrans symboles de l'amour physique !

Le jour, c'était d'éclatans et hardis carrousels, où des chiffres étroitement enlacés enamouraient les bannières des cavaliers... Le soir, c'était le bal, avec ses muets rendez-vous, donnés secrètement aux yeux de tous par la couleur d'un bouquet ou le pli d'une écharpe ! Et puis, la nuit ! ! la nuit enfin ! c'était la sérénade espagnole, aux tendres et lointains accords, dont l'harmonie les berçait rêveuses, et qu'à l'aube naissante elles écoutaient encore !

Partout, on le répète, partout le culte de la beauté s'étalait à leur vue, partout se dessinait le marbre blanc de ses autels, dans l'ombre des jardins, sous les vertes charmilles, au sein des eaux limpides ! Ici, des satyres vigoureux caressaient des bacchantes, des faunes poursuivaient des dryades ; là, Mars et Vénus, Apollon et Diane, Érigone et Antinoüs ; que sais-je enfin ! ce que l'art antique avait pu créer d'élégant, de noble, de gracieux, de passionné pour diviniser la forme !... Et puis, au pied de ces groupes enchanteurs, à l'ombre épaisse de ces arbres séculaires, loin de la présence du maître, ces jeunes filles inquiètes ne surprenaient-elles pas souvent une conversation libertine, tenue à voix basse, où hommes ou femmes développaient, avec une incroyable licence de paroles et une rare autorité d'expérience, la théorie voluptueuse du plaisir, que la cour des Médicis, avait, depuis un demi-siècle, si luxurieusement pratiquée en France !

On le répète, comment les filles d'honneur de la reine, vivant sans cesse au cœur de cette atmosphère chaude et enivrante, qui les pénétrait par chaque sens, eussent-elles échappé à son influence amoureuse ?

Il était donc quatre heures du matin, et les cinq jeunes

personnes que l'on a nommées dormaient profondément.

Quiconque a observé, aura peut-être tiré de curieuses inductions des habitudes du sommeil, inductions qui prouvent l'analogie souvent frappante que ces attitudes naïves, irréfléchies et presque involontaires, offrent quelquefois avec le caractère naturel et véritable.

Ainsi, voyez dans l'appartement où reposent ces cinq jeunes filles, que de contrastes significatifs parmi ces poses si différemment expressives !

Ici, un sommeil calme, une respiration douce et mesurée, soulève un sein tranquille, sur lequel deux blanches mains sont modestement croisées ; aussi, à l'aspect de cette attitude de paix et de sérénité, en voyant ce jeune front poli comme de l'ivoire, qu'aucune émotion ne plisse, ne devine-t-on pas un caractère indifférent ou paresseux, que la tourmente des passions n'a jamais effleuré ? Telle est, en effet, l'insouciante Marie de Chavigny, dont le cou d'albâtre se distingue à peine du lin éblouissant qui l'entoure.

Mais quelle est cette jeune fille de vingt ans, à la taille impériale, aux traits mâles et réguliers, qui dort d'un sommeil si hardi, sa tête fièrement placée tout au haut de son chevet, sur son bras reployé ? Ses cheveux noirs, longs et épais, se déroulent à grands flots sur ses belles épaules brunes ; un léger pli sépare à peine ses sourcils de jais ; et, bien qu'elle dorme profondément, parfois ses joues se colorent, ses narines prononcées se dilatent, et sa lèvre supérieure, d'un rouge de corail, un peu saillante et ombrée d'un duvet velouté, se relève avec un orgueilleux sourire. Quelle puissante expression ne trouve-t-on pas dans cette pose vaillante, dans cette figure virile, surtout si on compare cette nature décidée à la physionomie timide et craintive, à l'attitude pour ainsi dire effarouchée de la jeune fille qui, reposant entre les bras de l'amazone, semble s'y être réfugiée !

Or, ces indices ne trompent pas, car la brune Diane de Saint-André est volontaire, passionnée, glorieuse, et rien n'est plus tendre, plus candide, que la blonde et charmante Thérèse de Gourville, qui pourtant a transgressé les ordres formels de la gouvernante en venant partager la couche de son amie, pour causer avec elle de ces riens, de ces projets sans fin, de ces espérances sans nom qui font tant rêver à seize ans !

Admirable opposition de ces deux natures, qui, par leurs contrastes mêmes, se faisaient si merveilleusement valoir ! L'une, délicate et svelte ; l'autre, noble et mâle ; celle-là, d'un coloris si vif, si chaud, si vermeil, qu'elle semble dorée à l'éclatant reflet du soleil d'Asie ; celle-ci, d'une blancheur si azurée, si vaporeuse, qu'on la dirait voilée des doux et pâles rayons de la lune !

Maintenant, quel tableau plus frappant de la sensualité que cette autre jeune fille, fraîche, épanouie, un peu grasse, au teint de neige et aux joues roses marquées de petites fossettes ? Des cheveux châtains dénoués, s'échappant d'un bonnet de dentelle tout dérangé, couvrent à demi les yeux de cette nonchalante, dont la pose abandonnée semble si délicieusement abattue... Sa respiration est paisible, et sa petite bouche, toujours souriante, humide et vermeille, laisse voir des dents de lait... Quoi de plus gracieux que ces deux bras ronds, blancs et potelés, qui, élevés au-dessus de sa jolie tête, l'encadrent comme les anses d'une amphore ?

Telle est Olympe de Montbrun, gaie, paresseuse, moqueuse, et surtout amoureuse.

Enfin, mademoiselle Renée-Maurice d'O occupait le cinquième lit de cette chambre, et tout en elle offrait un étrange contraste avec ses compagnes.

Elle ne s'était endormie sans doute qu'après avoir longtemps réfléchi et pleuré... car ses joues pâles portaient l'empreinte de larmes séchées, et sa tête semblait s'appuyer encore sur la main qui l'avait dû soutenir pendant ses méditations, main d'une rare beauté, dont les doigts effilés rappelaient l'exquis et pur dessin de Raphaël.

Sa figure, sans être extrêmement jolie, possédait néanmoins un grand charme, dû à son indéfinissable expression de bonté, de tristesse et de résolution ; sur son front saillant et bien uni, mais presque démesuré, se dessinaient des sourcils châtain foncé, extrêmement écartés l'un de l'autre, et si étroits qu'on les eût dit tracés par le pinceau d'un Indien, tandis que les cils soyeux qui voilaient ses paupières fermées étaient si longs, si longs... qu'ils sembiaient les entourer d'une brune auréole ; chose rare enfin, cette physionomie expressive n'avait pas un trait qui ne fût frappant, et, dès qu'on l'avait vue, il devenait impossible de l'oublier jamais. Ainsi, son teint, d'une blancheur mate, mais éblouissante, contrastait encore étrangement avec le noir foncé de ses prunelles, qui, lorsqu'elle ouvrait les yeux, donnait à son regard quelque chose de fixe et de saisissant. Et puis, c'étaient ses cheveux d'une finesse extrême, mais à peine bouclés, dont les longues mèches ondoyantes tombaient tristement comme un voile noir sur ses épaules et sur son sein, que l'agitation constante de son sommeil avait découvert ! Sommeil douloureux, convulsif, aux brusques tressaillements qui trahissaient les émotions poignantes de cette âme déjà profondément ulcérée par le chagrin ; car on verra par la suite de ce récit quelle fut la sublime résignation de cette jeune fille, dont la grande et fatale passion pour monsieur de Rohan semble digne des temps héroïques !

Mais le paisible silence qui régnait dans cet appartement ne dura pas ; car le jour parut bientôt, et, de même que son éclat éveille les oiseaux nichés sous les feuilles, dès que les premiers rayons du soleil eurent inondé cette chambre d'une lumière dorée, toutes ces paupières appesanties s'ouvrirent, d'abord joyeuses, tristes ou indifférentes, et se refermèrent aussitôt, éblouies de cette vive clarté ; car le réveil a ses pronostics comme le sommeil. Ainsi, parmi ces jeunes filles, l'une semblait sourire aux espérances qu'une nouvelle journée lui apportait ; l'autre paraissait regretter amèrement la solitude et le silence de la nuit, si chère aux affligés ! tandis que celles-ci accueillaient avec insouciance ce jour ajouté aux autres jours.

La première qui s'éveilla fut la joyeuse Olympe de Montbrun. Voyant ses compagnes encore endormies, elle ne voulut pas sans doute jouir seule du spectacle d'une belle matinée de printemps ; car à peine ses grands yeux bleus, gais et brillans furent-ils ouverts, que, d'une voix argentine et fraîche, elle appela les autres filles d'honneur.

— Allons, Diane la glorieuse ! Marie l'indolente ! Thérèse la timide ! et toi, taciturne et sauvage Maurice ; assez dormi, mes belles ! éveillez-vous, éveillez-vous ! Voyez, jamais plus joli soleil de mai n'a prédit plus charmante journée de printemps ! aussi la chasse d'aujourd'hui sera-t-elle magnifique avec un temps pareil ! Heureuses filles que nous sommes de ce que notre gouvernante n'ait pas couché ici cette nuit, car elle eût sûrement effarouché ce beau jour !

En satisfaisant enfin l'impatiente curiosité de Louis XIV, reclus dans sa cachette depuis une demi-heure, les éclats de cette voix jeune et sonore eurent bientôt éveillé tout à fait les jeunes filles, qui purent alors répondre diversement aux folies d'Olympe.

— Oh ! moi, — dit la blonde Thérèse d'une voix suave, en regardant timidement Diane de Saint-André, sa brune et hardie compagne, — j'espère bien, si l'on chasse, voir ce divertissement en calèche ; car ainsi on a tout le plaisir sans fatigue et sans crainte.

— Voulez-vous bien vous taire, petite peureuse ! — s'écria Diane en faisant à Thérèse une gracieuse menace ; — que vous êtes efféminée, préférer un lourd carrosse au plaisir de monter un vaillant cheval, et de vous sentir emportée par l'élan d'une course rapide !

— Oh ! quant à moi, — dit Marie de Gourville en étendant paresseusement ses jolis bras, — la cavalcade n'est pas mon fait ; j'aime bien mieux une promenade sur l'eau, dans la belle galère dorée qui est ici sur le canal. Est-il rien de préférable à ce délicieux balancement ! Vous allez

aussi vite qu'à cheval, et vous n'avez ni les secousses de la haquenée, ni le roulement insupportable du carrosse.

— Oh! que parlez-vous, — dit à son tour Olympe, — que parlez-vous de calèche, de chevaux, de galère, mon Dieu!..... Ce qui vaut mieux, selon moi, que tout cela..... c'est une amoureuse sérénade de violons et de hautbois, qu'on entend bien à son aise, étendue à l'ombre sur de moelleux coussins, tandis que les airs les plus galans et les plus tendres viennent vous plonger dans une adorable rêverie! Aussi, moi je dis : les sérénades avant tout !

— Avant tout, la promenade sur l'eau, — dit Marie de Gourville.

— La promenade en carrosse, — dit Thérèse.

— La promenade à cheval, — dit la brune Diane.

Ces goûts divers donnèrent lieu à mille folles discussions qu'Olympe résuma de la sorte :

— Tenez, mes amies, convenons d'une chose : on assure que tous les goûts sont dans la nature ; moi je prétends plutôt que notre amant est dans tous nos goûts : ainsi, je l'avoue, j'aime les sérénades avec passion, parce que le chevalier de Saint-Paul chante et joue du théorbe à ravir les anges. Toi, chère Marie, tu aimes la promenade sur l'eau, parce qu'un jeune capitaine que je sais conduit cette belle galère du canal dans les promenades du roi. Toi, douce Thérèse, tu aimes la promenade en calèche, parce que certain petit page de la grande écurie de Sa Majesté, aussi leste que joli, cavalcade aux portières en te regardant. Enfin, toi, Diane, ma fougueuse amazone, tu aimes à monter à cheval, parce que personne n'y a meilleur air que monsieur de Sommerville, le bel écuyer du roi.

Du fond de sa logette, Louis XIV commençait à trouver qu'on parlait, il est vrai, souvent de lui, mais furieusement en manière d'accessoire ; néanmoins il patienta...

— Et Maurice! et Maurice! — dirent les jeunes filles qui, demi nues, vinrent se grouper gracieusement sur le lit d'Olympe, pour témoigner sans doute de ce qu'elles ne lui gardaient pas rancune de la vérité de ses observations.

Malgré le regard triste et suppliant de Maurice, Olympe continua :

— Oh! le véritable nom de la passion de Maurice est un mystère que nul n'a pu pénétrer encore. On sait bien qu'elle aime la chasse à la folie... mais quel est l'heureux chasseur ? voilà ce qu'on ignore ; or, comme il y a une foule de charmans cavaliers dans la vénerie de Sa Majesté, depuis le grand veneur de France, monsieur le chevalier de Rohan, l'homme le mieux fait, le plus galant et le plus magnifique de la cour, jusqu'à mon joli cousin, le petit de Lignerolles, qui sort de page, il est bien difficile de porter quelque jugement certain, d'autant plus que Maurice est très secrète, très sauvage, et vit toujours fort esseulée.

Si la joyeuse Olympe eût attentivement observé Maurice, et que son regard eût aussi pu pénétrer derrière le miroir qui cachait le roi, le double effet produit par ses paroles l'aurait vivement frappée. Au nom du chevalier de Rohan, Louis XIV n'avait pu réprimer un mouvement d'impérieuse colère ; mais lorsque Olympe continua de parler de la passion cachée de Maurice, l'expression fâcheuse des traits du roi s'adoucit, car il pensa sans doute trouver au moins parmi ces jeunes filles un cœur occupé de sa majestueuse personne.

Quant à Maurice, ses joues pâles se colorèrent légèrement lorsque le nom du chevalier de Rohan fut prononcé. Mais, paraissant aussitôt refouler cette impression en elle-même avec un fière indignation, son visage reprit son caractère habituel de mélancolie taciturne ; alors, elle se replongea dans une profonde rêverie, où elle sembla demeurer absorbée pendant toute la scène suivante, bien que, de temps à autre, un tressaillement involontaire

prouvât qu'elle n'était pas indifférente au sujet de la conversation.

— Pauvre Maurice! — reprit Diane en riant, — veille bien aujourd'hui sur tes moindres actions ; car, je te l'avoue courtoisement d'avance, je m'attache à tes pas durant la chasse, et, par le nom païen de Diane ma patronne! je découvrirai ce mystère.

Maurice ne répondit rien, et sourit doucement en faisant un signe de tête négatif.

— Puisqu'on parle de chasse, — reprit Olympe, — on dit le grand veneur de plus en plus mal avec le roi, et si mal, que je tiens du *poli* Lavardin, pour parler à la mode des contre-vérités (1), que monsieur de Rohan n'avait pas même été prévenu de ce voyage de Fontainebleau, bien que sa charge lui fît un devoir d'y assister.

— Hélas! sans doute, monsieur de Rohan est en disgrâce, — reprit Diane... — Aussi, l'avais-je bien prévu !

— Mon Dieu! ma belle amazone, — dit Olympe, — voudrais-tu donc rivaliser avec les centuries de Nostradamus, le devin par excellence?

— Moque-toi si tu veux, Olympe ; mais rappelle-toi bien ce que je t'ai dit l'an passé, lors de l'horrible éclat de l'enlèvement de madame la duchesse de Mazarin par monsieur de Rohan, et dont le roi se montra si furieux.

— Ou si jaloux! — reprit Olympe en riant.

— Jaloux soit... Mais ne te disais-je pas alors : « Ce qui a perdu monsieur de Guiche, monsieur de Grammont, monsieur de Rabutin, monsieur de Lorraine, et surtout l'infortuné Fouquet, perdra monsieur de Rohan! »

— Mais sans doute, — reprit Olympe, — et, comme dit le noël de monsieur Saulx-Tavannes :

> Las! il blâmait, le compère,
> Sans raison,
> Ce qu'il ne pouvait pas faire,
> Nous dit-on.

Or, telle est, à mon avis comme au tien, la cause de la colère de Sa Majesté contre ces aimables cavaliers... ou plutôt, — ajouta la jeune fille en se croisant les mains d'un air malicieusement hypocrite, — ou plutôt non... c'est un effet de la grâce d'en haut ; car le roi s'intéresse si fort au salut de ses sujets, qu'il veut se charger de commettre pour eux tous le plus charmant et le plus couru des sept péchés capitaux... Aussi, tout gentilhomme qui, jaloux de sa pauvre part de faiblesse humaine, prétendra aider Sa Majesté à porter cette douce croix, sera-t-il certain d'encourir son indignation. Et, malheureusement pour monsieur de Rohan... il est furieusement de ces opiniâtres-là.

— Que j'aime cette pensée! — reprit Diane en riant de la plaisanterie d'Olympe sur la charité du roi. — C'est absolument comme le gros Louvois, qui semble vouloir aussi commettre à lui seul tous les péchés d'orgueil du royaume. Mais, à propos, Olympe, sais-tu pourquoi la haine de monsieur de Louvois est si violente contre monsieur de Rohan?

— Non, mais je plains le chevalier, car monsieur de

---

(1) On faisait à la cour beaucoup de chansons en contre-vérités, c'est-à-dire qu'on louait ou blâmait au rebours de ce qui était. En voici un couplet, extrait des chansons manuscrites dont on a parlé ; on est obligé d'en supprimer quelques mots trop cyniques.

> *Marcillac* est tendre,
> Menu monsieur d'*Ambre*
> *Conti* des dames mal traité.
> Pour le vieux *Laferté*,
> Il n'a point de.....
> *Marsan* est.....
> *Roannès* (*) a l'esprit un peu morne,
> *Beuvron* est lettré.

(*) Monsieur le duc de Lafouillade.

Louvois est tout-puissant sur la volonté du roi. Et d'où lui vient donc cette haine que tu dis?

— Du motif le plus puéril et le plus misérable du monde; en un mot, monsieur de Louvois exècre monsieur de Rohan... parce que, étudiant avec lui au collège *des Quatre-Nations* je crois, le chevalier, aussi leste, aussi hardi que Louvois était lourd et peureux, le battit plus d'une fois bel et bien. De là cette haine opiniâtre et envenimée du ministre, qui a percé dans tout, puisque c'est monsieur de Louvois qui jusqu'ici a empêché, dit-on, monsieur de Rohan d'obtenir aucun emploi militaire proportionné à sa naissance.

— Voyez pourtant à quoi tiennent les destinées! — s'écria la blonde Thérèse en ouvrant ses grands yeux bleus étonnés. Puis elle ajouta d'un air naïf, mais plein de finesse: — Il faut donc alors que ma grand'mère ait été, au couvent, compagne de madame de Vatable, notre gouvernante, et l'ait battue bien souvent, puisque la bonne dame me hait si fort!

Cette moquerie fit d'autant plus rire ces jeunes filles, que madame de Vatable affichait surtout de grandes et inadmissibles prétentions à la jeunesse. Aussi Diane, embrassant la jolie Thérèse pour la payer de sa malice, continua de la sorte:

— Mais, hélas! ce n'est pas tout; car, en vérité, ce pauvre chevalier semble avoir à combattre le présent et le passé, et devoir être la victime de ses plus nobles qualités: ne savez-vous pas, mes amies, ce qui lui arriva autrefois au jeu avec le roi?

En entendant ces mots, Louis XIV rougit d'indignation; car cette aventure rappelait à son souvenir une scène fâcheuse et humiliante, dans laquelle monsieur de Rohan avait eu sur lui tout l'avantage; mais ne pouvant alors qu'écouter, le roi se résigna.

— Raconte donc cette histoire, — dirent Thérèse et Marie.

— Je le veux bien, mes amies, car je tiens ceci de la pauvre duchesse de Mazarin elle-même, qui me le contait comme un trait du plus merveilleux à-propos. Cela se passait un peu avant la mort de feu monsieur le cardinal, dans le salon de la reine-mère. Le roi jouait à la bassette avec monsieur de Rohan, et Sa Majesté avait mis pour condition du jeu qu'on se payerait en or d'Espagne et non de France, l'or d'Espagne étant alors, disait-on, d'un meilleur alliage. Monsieur de Rohan perdit mille louis contre le roi, et, le lendemain, envoya la somme à Sa Majesté dans une bourse de brocart d'or, brodée aux armes de France, et merveilleusement enrichie de perles fines. Madame de Mazarin me disait que cette bourse avait dû coûter au moins cinquante louis.

— Mon Dieu! que cela est donc délicat! — dit Marie en joignant les mains avec admiration; — quelle charmante recherche! au lieu d'envoyer cet or dans un sac ou dans un coffre grossier.

— Le fait est que cela sent extrêmement son grand seigneur, — ajouta Olympe.

— Assurément; mais voilà qui ne sent pas autant son grand air, — ajouta Diane en baissant la voix et regardant autour d'elle avec une sorte de crainte involontaire.

— Sa Majesté reçoit donc la bourse et l'envoie à son épargne. Mais sur ce que le bonhomme Rose (1) lui fit observer que, des mille louis qu'elle contenait, quatre cents étaient d'or de France, Sa Majesté dit le lendemain à monsieur de Rohan, qui venait lui faire la révérence dans son cabinet: « Monsieur de Rohan, ces quatre cents louis sont « en or de France; veuillez me renvoyer de l'or d'Es- « pagne, car, vous le savez, c'est une condition de notre « jeu. »

— Est-ce donc bien possible? — s'écrièrent les jeunes filles.

— J'avais, en effet, entendu parler de ce trait, — dit

(1) Trésorier particulier du roi.

Olympe; — mais, bien que différemment raconté, je n'avais pu y croire.

— Je le tiens, te dis-je, de la pauvre duchesse de Mazarin elle-même, qui assistait à cette scène, ainsi que monsieur le cardinal, — reprit Diane; — mais ce n'est pas tout: le chevalier de Rohan, saluant alors le roi avec cette grâce charmante et cet air à la fois respectueux et fier qui n'appartient qu'à lui, prit les quatre cents louis, et, s'approchant d'une fenêtre ouverte sur le fossé (cela se passait à Vincennes), il les y jeta, puis dit au roi: « Sire, puisque » Votre Majesté a refusé cet or, il n'est plus bon à rien. » Une heure après, le roi reçut, dans une autre bourse magnifique, la somme en or d'Espagne, qu'il garda bel et bien.

— Qu'il garda? — demanda Marie.

— Qu'il garda, — reprit Diane. — Néanmoins, Sa Majesté se plaignit fort à feu monsieur le cardinal de la conduite irrévérente de monsieur de Rohan dans cette occasion; mais monsieur le cardinal répondit: « Sire, que voulez-vous! » monsieur de Rohan a perdu en roi, et vous avez gagné en » cadet de famille, » faisant allusion à ce que monsieur de Rohan était puîné de la maison de Guéménée.

Maintenant, qu'on songe à l'exaspération qui dut transporter Louis XIV, lorsque, du fond de sa cachette, il entendit faire le récit de cette aventure, à propos de laquelle Mazarin lui avait donné une si juste leçon, et où monsieur de Rohan s'était montré si fièrement magnifique; mais, malheureusement pour le chevalier, le roi devait s'entendre encore une autre fois comparer au grand veneur, et ne pas avoir l'avantage dans ce parallèle; aussi, bénissant pour le succès de sa vengeance le singulier hasard qui le mettait à même d'entendre de telles choses, le roi voulut demeurer là jusqu'au bout.

— J'avoue que la réponse de feu monsieur le cardinal est tout à fait pleine de sens et de justesse, — reprit Olympe; — et puisque nous parlons de monsieur de Rohan, moi aussi j'ai une histoire à vous conter; mais, à mon avis, le trait est encore plus beau, parce qu'à la magnificence et à la galanterie se joint je ne sais quel élan de bonté touchante qui honore à la fois la femme qui l'inspire et l'homme qui l'éprouve.

— Mais, mon Dieu! dis donc vite, — s'écrièrent les jeunes filles, dont la curiosité était vivement excitée par cet exorde.

— Eh bien! il y a de cela.... quelque temps, monsieur de Rohan s'occupait alors.... Mais, au fait, je ne sais si je dois...

— Olympe.... chère.... bonne.... gentille.... gracieuse Olympe! — dirent les jeunes filles suppliantes en se rapprochant de leur compagne avec des câlineries toutes féminines.

— Après tout, — reprit Olympe ensuite d'un moment de réflexion, — personne au monde ne nous peut entendre, et celle qui répéterait ceci serait aussi terriblement disgraciée et chassée que si elle avait elle-même inventé l'aventure. Or, je continue: Monsieur de Rohan s'occupait donc alors de certaine belle marquise,   e comme la neige, ayant la gorge et les bras admirables, les plus beaux yeux noirs qui se puissent voir, avec cela les cheveux d'un blond cendré magnifique, et douée enfin de l'esprit le plus moqueur et le plus plaisant du monde; seulement un peu trop grasse, et beaucoup trop mariée au plus fâcheux des marquis... N'y êtes-vous pas?

— J'y suis tout à fait, — dit Diane.

— J'y suis! s'écria Marie; — c'était la belle Athénaïs....

— De Montespan! — ajouta vivement Thérèse.

A ce nom, les jeunes filles se regardèrent presque avec effroi et se serrèrent encore plus près les unes des autres.

Aux premiers mots du récit d'Olympe, Louis XIV avait eu comme un secret pressentiment dont on allait citer... Après quelques mots il n'en douta plus. On l'a dit, l'étrange fatuité de ce prince jalousait cruellement le présent aussi bien que l'avenir et le passé; en sorte que toute allusion à un sentiment qui n'avait pas été inspiré par lui le mettait en fureur. Or, jusque-là madame de Montespan avait été assez adroite, ou la terreur des courtisans assez discrète, pour que le bruit de cette liaison de la marquise et du chevalier ne fût arrivé aux oreilles du roi que comme un de ces vagues propos du monde, sans fondement et sans vérité. Mais le récit d'Olympe semblant devoir préciser le fait et lui donner un grand air d'évidence et de réalité, on pense si le roi continua d'écouter avec une horrible anxiété d'orgueil.

Olympe reprit :

—Monsieur de Rohan s'occupait donc alors de madame de Montespan ; disons vite le nom pour n'y plus revenir : le roi, qui commençait à posséder la doucereuse, pleureuse, boiteuse et bayeuse Lavallière, ne trouvant pas en elle ce qui lui manquait totalement à soi-même, s'ennuyait nécessairement à périr.... Un jour il entendit la belle marquise dire un mal horrible de tous les gens de la cour, et cela avec cette gaieté satirique, cette moquerie acérée qui distinguera toujours l'esprit des Mortemart... Ces médisances réjouirent fort roi ; d'ailleurs la médisante était belle, accorte, d'une merveilleuse recherche de propreté : aussi Sa Majesté, désirant toujours naturellement chez les autres ce qu'il ne possédait pas, fit dire à la marquise que si elle voulait lui faire quelques avances, il les aurait pour agréables. Monsieur de Rohan, sachant cette rivalité royale, s'en piqua fièrement, se montra plus épris, plus passionné que jamais, enfin redoubla de soins et de belle galanterie ; de son côté, la marquise tint tendrement compte au chevalier d'une persistance aussi amoureuse que hardie, qui lui faisait ainsi braver le courroux d'un maître si implacable en de telles rencontres.

— Oh ! que je conçois ce sentiment ! — s'écria Diane, — et que j'aurais méprisé l'amant qui se serait lâchement éloigné par terreur de cette rivalité redoutable !

— En un mot, le chevalier fut tour à tour si triste et si tendre, si impérieux et si tremblant, si timide et surtout si pressant, qu'un soir, dans une promenade qui suivit un médianoche donné par la reine à Saint-Germain, la marquise fit à monsieur de Rohan le plus décisif et le plus charmant aveu... Alors le chevalier, ivre de joie, prenant une magnifique chaîne de diamans qu'il portait au cou, la rompit en morceaux, et jetant cette poignée de pierreries dans le parc, il s'écria : « Qu'aujourd'hui, du moins, ne soit pas pour moi seul un jour de bonheur ! »

— Ah ! que cela est donc passionné ! — s'écria Diane, — et que j'admire cette ivresse de l'âme après un aveu qui, gonflant le cœur d'une joie ineffable, le fait déborder ainsi de tendresse et de bonté ! Aussi, après avoir eu un pareil amant, comment encore aimer quelque chose au monde !

Ces détails avaient un cachet de vérité trop évident pour que le roi, déjà prévenu d'ailleurs par de vagues soupçons, pût douter un instant de la réalité de cette aventure ; aussi s'écria-t-il d'une voix étouffée par les mille émotions de la haine, de la colère et de l'orgueil outragé : « Athénaïs !.... Rohan !.... Oh ! Rohan !.... je me vengerai !.... »

Puis son abattement fut tel, qu'il s'appuya sur un des côtés de la logette, et pendant quelque temps, abîmé dans ses pensées, à peine il écouta la suite de cette conversation.

—Mais pensez donc au bonheur des pauvres jardiniers qui, le lendemain au point du jour, trouvèrent toutes ces pierreries dans le parc ! — reprit Marie.

— Et par qui donc a-t-on connu cette délicieuse galanterie ? — demanda Thérèse.

— La marquise n'y tint pas, — reprit Olympe ; — ravie, enchantée, elle rapporta ce trait charmant à sa sœur, madame de Thianges. Aussitôt voilà madame de Thianges qui se met à mourir d'amour pour monsieur de Rohan, tant et si bien, qu'elle vécut depuis avec lui dans la plus étroite intimité, au grand regret jaloux de madame de Montespan. A son tour, madame de Thianges conta la merveille à madame de Cœuvres, son amie intime. Or, la plus que fort tendre madame de Cœuvres, qui n'avait rien de caché pour

l'épée, la robe et l'église, et principalement pour messieurs de Béthune, le président Tambonneau et l'abbé Têtu, qui représentaient, à vrai dire, les états généraux de son peuple d'amans, madame de Cœuvres, donc, leur conta l'histoire ; aussi le moins discret des trois ordres, monsieur de Béthune, confia le tout au chevalier de Saint-Paul, qui me le dit à moi bien confidemment, comme vous voyez.

— Mais pourtant la marquise se montre à cette heure tout à fait des ennemies de monsieur de Rohan ? — dit Marie avec étonnement.

— Sans doute, — reprit Olympe, — d'abord par rage d'avoir été sacrifiée à sa sœur par le beau chevalier, et puis ensuite parce qu'elle sait l'effroyable jalousie du maître, et combien en amour il déteste les précédens : aussi veut-elle tout le mal possible à monsieur de Rohan, pour ôter de l'imagination du roi la pensée qu'elle ait jamais aimé le chevalier ; de sorte que s'il fallait, comme on dit, tendre une paille à monsieur de Rohan pour l'empêcher de se noyer, la marquise donnerait plutôt ce fétu à Lavallière pour faire des bulles de savon (1), passe-temps favori de cette sotte et maigre beauté.

— Pauvre chevalier de Rohan ! — dit tristement Thérèse ; — être ainsi haï par le roi et par la maîtresse et le ministre du roi !

— Et par sa mère, donc ! voilà ce qu'il y a de plus terrible ! — reprit Diane.

— Il est vrai, — dit Olympe, — que madame la princesse de Guémenée (2) se montre bien cruelle pour son fils et qu'elle le traite bien en véritable marâtre, lui retenant, dit-on, ses biens, et animant contre lui sans pitié les créanciers que sa magnificence lui fait.

— On dit d'ailleurs, — ajouta Diane, — que le chevalier s'endette fort. Quel dommage ! si grand ! si généreux ! Ah ! voilà de ces cavaliers qui devraient bien trouver le secret du grand œuvre ! la pierre philosophale !

— Monsieur de Rohan s'en est occupé en effet, — dit Olympe ; — mais il a laissé là tout l'attirail de la magie et de la soufflerie, par peur du diable, qui lui est, dit-on, véritablement apparu.

— Ah ! s'il eût découvert ce beau trésor, — dit Thérèse, — quelles merveilles on aurait vues à la cour !

— A propos, — reprit Marie, — avez-vous l'autre jour remarqué monsieur de Rohan, à ce gala chez madame la comtesse de Soissons ? comme il était merveilleusement bien ajusté, avec cette garniture de rubis d'Orient et de perles fines sur son justaucorps de tabis vert-tendre, orné de rubans couleur de feu ! Mon Dieu ! que cela était donc galant et éblouissant ! Rien que son nœud d'épée valait, dit-on, plus de dix mille écus !

— Et avez-vous admiré, — reprit Olympe, — le merveilleux point de ses dentelles ?

— Et sa canne d'ivoire entourée d'une vigne, dont le cep est en corail, les feuilles en émeraudes, et les grappes en saphirs ? dit Marie.

— Ce qui est certain, — ajouta Diane, — c'est qu'en entrant dans la galerie de l'hôtel de Soissons, il avait un port si fier et si majestueux, que tout le monde lui trouva un air véritablement royal !

— Comment, royal ! Tu trouves qu'il ressemble à Sa Majesté ? — demanda Olympe.

— Oh ! non ; je dis royal pour exprimer tout ce qu'il y a au monde d'imposant et de gracieux. Le roi est beau sans doute, mais d'une beauté bien différente de celle de monsieur de Rohan.

Ces mots tirèrent le roi de l'espèce de rêverie où il s'était plongé en songeant aux moyens de se venger de monsieur de Rohan. Entendant son nom encore accolé à celui du chevalier, il prêta de nouveau une attention inquiète et colère aux causeries des jeunes filles.

_____

(1) On sait que mademoiselle Lavallière aimait fort cette innocente distraction.

(1) Monsieur de Rohan était fils de Louis de Rohan, prince de Guémenée, duc de Montbazon.

— Voyons, mesdemoiselles, soyons franches. Qui préféreriez-vous du chevalier ou du roi? — demanda Olympe.

— Voilà de ces questions bien embarrassantes! — répondirent avec lenteur Thérèse et Marie.

— Enfin, dites toujours.

— Me demandes-tu si je préférerais avoir pour amant un roi ou un beau gentilhomme? — reprit Diane.

— Sans doute.

— Eh bien! chère Olympe, le gentilhomme fût-il un Adonis et le roi un monstre, vous allez, mes amies, me trouver la plus effrontée du monde, mais je préférerais d'abord le roi.

— Par vanité, par orgueil, ma belle amazone?

— Eh! mais sans doute; pas pour autre chose!

— Tu as raison, — reprit Olympe.

— Quelle horreur! — s'écria Marie.

— Voulez-vous bien vous taire, petite ignorante! — lui dit Olympe. — Apprenez que, sur cent femmes, il y en aura toujours au moins... au moins cent qui sacrifieront avec raison tous les gentilshommes Adonis du monde au plaisir de voir à leurs pieds celui aux pieds duquel tout le monde se prosterne.

Louis XIV croyait sa qualité de roi tellement liée, identifiée à lui-même, qu'elle ressortait enfin si évidemment de son propre mérite, qu'il ne vit pas d'abord tout ce que cette préférence avait d'offensant, en cela que c'était seulement adorer la couronne sans s'occuper du front qui la portait; mais la suite de la conversation lui en apprit davantage.

— Voyez un peu l'intéressée, — reprit Diane en répondant à Olympe. — J'avais cru d'abord, moi, que tu me demandais lequel je préférerais, de monsieur de Rohan ou de Sa Majesté, tous deux gentilshommes et sans couronne.

— Oh! ceci, Diane, est une autre question; et pour y répondre franchement, je t'avouerai que je préférerais alors mille fois monsieur de Rohan; mais toujours bien à condition que ni lui, ni le roi devenu simple gentilhomme, ne pourraient mettre dans la balance la moindre pauvre petite couronne, fût-ce même celle de Pologne ou de Portugal.

— Sans couronne? — reprit Diane; — mais je dirais aussi à l'instant que je préfère monsieur de Rohan?

— Moi aussi monsieur de Rohan, — dit Marie.

— Moi aussi, — ajouta Thérèse.

Louis XIV venait d'être cruellement éclairé par cette seconde phase de la question; alors, comprenant mieux la distinction de l'homme et du roi, sa rage s'en augmenta d'autant contre monsieur de Rohan et contre ces pauvres filles, qui payèrent plus tard et chèrement l'indiscrétion de leurs communes confidences (1).

— Tenez, — reprit Olympe, — le roi est beau de figure; sa taille, quoique petite, est bien prise; il a même une allure impérieuse si l'on veut, mais que je trouve, moi, raide à l'excès.

— Et puis, — ajouta Diane, — Sa Majesté mange tant, et si gloutonnement.... Aussi, vous direz peut-être que je suis précieuse, mais je hais cette voracité qui n'est pas du bel air, et qui fait que le roi est toujours si horriblement rouge et pesant après dîner.

— Moi, — dit Marie, — ce que je n'aime pas dans Sa Majesté, c'est qu'elle ne monte guère plus à cheval pour chasser. Suivre la chasse dans une petite calèche, comme le bonhomme Saint-Remi, cela n'est pas de l'âge du roi et sent trop la timidité.

— Moi, — dit Olympe, — ce que je me permettrai de reprocher à la royale personne de Sa Majesté, c'est qu'elle ne prend pas d'elle-même, ainsi que monsieur de Rohan, par exemple (en cela plus raffiné, plus coquet que la femme la plus difficile), tous ces soins délicats et recherchés sans lesquels un amant ne saurait me plaire. Ainsi, entre autres

(1) Elles furent supprimées, et la reine n'eut plus que des dames d'honneur.

choses, le roi ne se rase que tous les deux ou trois jours; or, je l'avoue, cette insouciance de la propreté me choque fort! Que d'honnêtes citadins, fidèles à leurs femmes, aient de ces manières de cynique, soit... ils achètent par leur maritale constance tous les droits possibles à se fort négliger... mais cela sent trop son Diogène pour un prince amoureux!

— Pour un roi galant, — dit Thérèse.

— Un monarque qui a pris le divin Phœbus pour emblème, — ajouta Diane, — devrait toujours, ce me semble, reluire et rayonner d'élégance. Mais à propos du Soleil, dit tout à coup la brune jeune fille, ne savez-vous pas le nouveau noël sur l'Attelage du Soleil?

— Non! non! — s'écrièrent toutes les voix.

— Eh bien! je vais vous le dire; monsieur de Noailles me l'apprit hier pendant le sermon du révérend père Mascaron; il est du dernier joli... Tenez, écoutez-le; il se chante sur le nouvel air du Traquenard (1).

L'attelage d'aujourd'hui
Qui mène ce Dieu qui luit,
Mais n'est pas mené par lui,
Est de quatre vieux chevaux,
Précédés de deux cavales,
De deux cavales royales;
Est de quatre vieux chevaux,
Bien meilleurs qu'ils ne sont beaux.

— C'est charmant, — dit Olympe; — les quatre secrétaires d'État et les deux maîtresses... Rien de plus clair.

— Voyons maintenant si vous reconnaîtrez les portraits, — reprit Diane:

On sait bien que le premier
Est un certain vieux routier,
Qui, connaissant son métier,
S'en va toujours par compas,
Et d'ambler à la manière (2);
Qui, fournissant sa carrière,
S'en va toujours par compas,
Et ne fait point de faux pas.

— Il est évident que c'est le vieux Letellier, — dit Olympe après une minute de réflexion. — Il rampe beaucoup trop près de terre pour jamais broncher.

Diane fit un signe affirmatif et continua :

Le second, quoique son fils,
Gros, courtaud, ragot, bouffi,
Est emporté comme six.
Visant au cheval de guerre,
Au Soleil qui vitupère
Le rétif n'obéit guère;
Et colère, furibond,
Va toujours par saut, par bond!

— C'est le gros Louvois, à n'en pas douter, — dit Marie.

— Le fait est qu'il se rebecque plus que grossièrement envers Sa Majesté, qui, dit-on, se laisse intimider par les emportemens de ce fier Artaban.

Diane continua :

Le troisième, cheval fin,
Dont on ne peut voir la fin,
Porta plus d'un faux Dauphin (3);
Et quoiqu'il soit fort goutteux,
Ne pensant qu'à sa pitance,
Pressé de boire, il s'avance (4):
Et quoiqu'il soit fort goutteux,
Il passe les autres deux!

(1) Cette chanson est extraite du Recueil déjà cité, vol. VI (1669). — Bibl. royale, manuscrits.

(2) Ambler, aller l'amble; embler, emporter, enlever.

(3) Allusion à ce que Colbert fut chargé des enfans de mademoiselle de Lavallière.

(4) On lui reprochait son ivrognerie.

— C'est monsieur de Lyonne, — dit Marie.

— Mais non, c'est Colbert, l'homme de marbre, — reprit Olympe ; — ne le reconnaissez-vous pas à cette ardeur de *boire*, bien que maintenant, dit-on, ce furieux goût d'ivrognerie lui soit passé ?

Diane continua :

> — Le quatrième est félon,
> Sournois, et cornard, dit-on ;
> Furieux comme un lion,
> On sait que d'un coup de pied
> Il a renversé Brienne (1)
> Au grand dam de la de Fienne !
> On sait que d'un coup de pied,
> Il l'a tout estropié.

— Voici pour cette fois monsieur de Lyonne, — dit Thérèse, — je le reconnais à madame de Fienne ; mais par quel hasard ne parle-t-on pas de cette pauvre madame de Lyonne, si habituée à figurer dans ces noëls ?

— Parce qu'on fait maintenant toutes les chansons nouvelles sur l'air du *Traquenard*, petite fille, dit Olympe ; — et que ce n'est pas en huit vers qu'on pourrait nommer tous les amans de *la grande louve*, comme on appelle cette chère dame.

Diane reprit :

— Maintenant, écoutez : voici qui devient du dernier intérêt.

> Les jumens sont de bon train,
> Et connaissent le terrain.
> Fouquet, Rohan, dans tout chemin,
> Les menaient à Saint-Germain :
> L'une boite, et marche en cane (2),
> L'autre est forte et rubicane (3) ;
> L'une est maigre au dernier point
> L'autre crève d'embonpoint.

— Ceci n'a pas besoin de commentaire, — dit Olympe, — et vous voyez que mon aventure de Saint-Germain s'y trouve confirmée.

— Quant à ce qui suit, petites filles, bouchez bien vos oreilles, — dit Diane en s'adressant à Thérèse et à Marie, qui les ouvrirent au contraire de toutes leurs forces :

> Mais le soleil radieux,
> Vain, trompé, disait : ô Dieu !
> Mes maîtresses me. . . . . .

A ce moment, madame de Vatable, sous-gouvernante, entrant dans l'appartement, interrompit Diane, qui de la sorte ne put terminer le dernier couplet de sa chanson.

Peu de temps après l'arrivée de la sous-gouvernante, les femmes des filles d'honneur vinrent les habiller ; aussi les confidences intimes cessèrent-elles bientôt, et ces jeunes personnes ne furent plus occupées que de leur toilette.

. . . .

Lorsque Diane de Saint-André eut chanté le couplet dans lequel les noms abhorrés de Fouquet et de Rohan vinrent encore si dangereusement irriter les poignans souvenirs de Louis XIV, ce roi se contenait à peine. Aussi ces imprudentes filles ne surent jamais quel ardent foyer de vengeance et de haine elles avaient allumé dans le cœur de ce prince !

Mais l'arrivée de la sous-gouvernante, en mettant fin à la conversation des jeunes personnes, rappela le roi à soi-même, et, sortant enfin de sa logette, il regagna son cabinet.

Là, il se jeta sur un sofa pour se reposer de tant d'horribles agitations et mûrir plus sûrement son projet de vengeance.

Après une heure de méditation, Louis XIV se leva rayonnant... on eût dit sa haine déjà satisfaite : aussi regagnat-il sa chambre à coucher et se mit au lit, afin que le service cérémonieux de son lever pût se faire comme d'habitude.

Seulement, lorsque le valet intérieur entra, le roi donna des ordres pour que son lever fût strictement le même qu'il était lors de ses jours de médecine, afin d'éviter sans doute la présence de monsieur de Rohan, qui, bien que pourvu d'une grande charge de la couronne, n'avait pas l'honneur de jouir des entrées particulières à ce jour, et absolument réservées aux princes du sang et aux ambassadeurs.

Puis le roi, réitérant lui-même au premier gentilhomme de sa chambre en service l'assurance qu'il chasserait ce jour-là, ordonna expressément d'en aller prévenir de nouveau le grand veneur, et fixa l'heure de l'assemblée pour midi précis au carrefour de la *Vente-au-Diable*.

Maintenant, dans les haineuses et menaçantes dispositions où se trouvait Louis XIV contre monsieur de Rohan, pourquoi donnait-il des ordres aussi formels pour cette chasse, dans laquelle, par ses fonctions obligées, le grand veneur de France, monsieur de Rohan, devait nécessairement avoir de fréquens et inévitables rapports avec le roi son maître ?

On tâchera, dans le chapitre suivant, d'expliquer le motif de cette apparente contradiction.

VI

LA MEUTE DES PETITS CHIENS DU CABINET.

> — Spumantemque dari, pecora inter inertia, votis
> Optat aprum, aut fulvum descendere monte leonem.
>   (VIRGIL., Æ., IV, 158.)
>
> Dédaignant les animaux timides, il voudrait qu'un sanglier écumant vînt s'offrir à lui, ou qu'un lion fauve descendît de la montagne.

Vers la partie méridionale de la forêt de *Bière* ou Fontainebleau, du côté de *Thomery*, est un large carrefour, auquel viennent aboutir six routes, formant les rayons d'une étoile, dont ce point fait le centre.

On appelait alors ce carrefour la *Vente-au-Diable*, une ancienne tradition voulant que le diable eût choisi cette partie de la forêt afin d'y apparaître plus particulièrement, et d'y *recevoir*, pour ainsi dire, ceux qu'un mystérieux et infernal commerce mettait en rapport avec lui.

Du reste, le site paraissait terriblement bien approprié à ces diaboliques rendez-vous ; rien de plus solitaire, de plus sauvage, de plus âpre ; à l'horizon, on voyait les immenses rochers gris et nus de la *Male-Montagne*, d'où s'élançaient quelques sapins au sombre et triste feuillage ; et puis, tout autour de la Vente-au-Diable, c'étaient des chênes séculaires à l'ombrage impénétrable, entourés de grands massifs de houx, d'où s'élançaient çà et là d'énormes blocs de grès, bizarrement taillés par la nature, et qui, vus de loin se détachant en blanc sur ces voûtes de sombre verdure, semblaient les statues gigantesques de quelques mauvais esprits.

Malgré son infernale réputation, la *Vente-au-Diable* avait donc été désignée pour le rendez-vous de la chasse qui se devait faire ce jour-là, d'après les ordres réitérés et apparemment si contradictoires et si inexplicables de Louis XIV.

Il était huit heures du matin. Assis au pied d'un poteau vert à six bras, sur chacun desquels se lisait le nom d'une

---

(1) Monsieur de Lyonne avait évincé monsieur de Brienne du ministère des affaires étrangères.

(2) Mademoiselle de Lavallière boitait.

(3) Madame de Montespan était blonde.

route, **un homme et un chien** semblaient faire l'accueil le plus empressé à un panier de provisions placé près d'eux.

L'homme paraissait âgé d'environ cinquante ans ; sa figure brune et hâlée respirait la santé, la force et la bonne humeur, jointes à cette espèce de gravité presque mélancolique particulière aux gens qui ont vécu longtemps dans la contemplation habituelle des grandes solitudes de la nature.

Cet homme, revêtu par-dessus son justaucorps d'une casaque de peau de chèvre dont les poils étaient tournés en dehors, portait des chausses de daim, et ses grandes guêtres de basane, encore toutes trempées de la rosée du matin, se laçaient étroitement sur ses souliers ferrés ; son feutre à larges bords laissait échapper quelques mèches de cheveux gris, et il avait déposé près de lui son couteau de chasse à manche de corne, ainsi que la laisse (ou *trait*) garnie de son collier (ou *botte*) de cuir, qui lui servait à conduire son limier.

En un mot, cet homme était Ivon Cloarec, dit *La Fanfare* (selon l'habitude des veneurs de ce temps-là, qui empruntaient généralement un surnom au vocabulaire de leur profession), maître valet de limier à l'équipage du cerf de la vénerie du roi, et venu des bruyères de Léon à la suite de feu monsieur le prince de Guéménée, qui s'était fort intéressé à cet homme, fils d'un de ses forestiers de Bretagne.

Quant au chien, compagnon fidèle de ce veneur, il se nommait fièrement *Rodomont* ; son pelage lisse et blanc se marquait çà et là de larges taches orangées, qui, déjà mélangées de gris, annonçaient que cet excellent limier commençait à vieillir ; il était de taille moyenne, mais ses reins hauts et larges, ses hanches grandement développées, son jarret court, sa tête carrée, ses yeux vifs, pleins de feu et bien sortis, annonçaient une vigueur et une intelligence peu communes. D'ailleurs, par les caresses et les attentions délicates que maître La Fanfare prodiguait à *Rodomont*, on jugeait qu'il en faisait grand cas ; or, on conçoit l'affectueuse et haute estime de tout veneur pour la sagacité de son limier, lorsqu'on songe que, selon cette sagacité, on chasse ou on fait *buisson creux*, en cela que le limier doit d'abord chercher et trouver l'animal destiné à être ensuite couru et forcé par la meute.

A ce propos, on doit entrer dans quelques détails de vénerie, extrêmement sommaires, mais indispensables à l'intelligence de la scène qui va suivre.

On sait que, pendant le printemps et l'été surtout, les cerfs ne sortent des forêts que la nuit ; alors ils vont paître en plaine, puis, à l'aube naissante, après avoir ainsi viandé, ils rentrent au fond des grands bois, dans l'épais taillis qu'ils ont choisi, pour se mettre à l'abri de la chaleur, et dormir durant le jour.

Les forêts bien disposées pour la chasse étant entourées de champs, et intérieurement divisées en une foule d'enceintes (ou massifs de futaie) coupées à angles droits ou aigus par de larges routes, on conçoit qu'un cerf ne peut rentrer en forêt sans laisser trace de ses pas dans la plaine ; et, une fois rembûché en forêt, sortir et changer d'enceintes sans laisser les mêmes traces de son passage sur le sol des chemins qui séparent les enceintes.

Or, la chasse repose absolument sur l'empreinte de cette trace qu'on appelle *voie*, puisque les valets de limiers, chargés d'explorer en tous sens la forêt au point du jour, doivent sûrement juger, seulement d'après cette *voie*, de la sorte, de l'âge, du sexe et de l'allure des animaux qui peuvent être rentrés dans les bois ; tandis que les limiers, par la subtile et merveilleuse délicatesse de leur nez, démêlent si cette *voie* est de la nuit ou de la veille, selon l'odeur plus ou moins chaude et forte qu'elle exhale, le pied des bêtes fauves et noires, telles que cerfs, daims, chevreuils, sangliers, etc., laissant après eux une senteur particulière.

C'est donc instruit par cette voie, et après des fatigues sans nombre, obligé de suivre pas à pas, de chemin en chemin, d'enceinte en enceinte, les milles rusés détours

faits par l'animal en se rembûchant, que le valet de limiers, guidé par son chien, qu'il tient en laisse, arrive enfin à l'endroit de la forêt choisi par un cerf (je suppose) pour se retirer durant le jour.

Une fois bien assuré, par des observations qu'il serait trop long de détailler ici, que cet animal repose seul dans l'enceinte, le valet de limier y brise une branche d'arbre, afin de signaler et de reconnaître l'endroit où le cerf demeure. Puis, revenant à l'assemblée faire son rapport, ce veneur dit au premier piqueux : Qu'il CROIT *avoir connaissance* d'un cerf de tel âge, et séparé ; car il est de règle en vénerie de ne rien affirmer qu'après avoir VU PAR CORPS, selon le vocabulaire de cette langue si expressive et si imagée.

Le maître de l'équipage se décide alors à laisser courre (ou chasser) ce cerf. On envoie les relais de chevaux et de chiens aux points reconnus pour être la passée habituelle des animaux, et les veneurs se rendent à la brisée que le valet de limier leur a indiquée comme désignant la retraite du cerf.

Arrivés à cet endroit, et laissant la meute d'attaque couplée proche de cette enceinte qu'ils vont fouler en tous sens, les piqueurs pénètrent à cheval au plus épais du taillis, suivis de cinq ou six vieux chiens expérimentés destinés à lancer l'animal, et qui, animés par les veneurs et les sons éclatans de la trompe, empaument presque à l'instant la voie du cerf..... D'abord, ils se récrient isolément, çà et là, sans accord, d'une voix brève, inquiète, entrecoupée ; puis, à mesure qu'ils rapprochent davantage l'animal, leurs cris deviennent de plus en plus fréquens, sonores et prolongés ; bientôt enfin tous ces cris se mettent à un farouche unisson ; ce n'est plus qu'un seul bruit acharné, retentissant, lorsque tout à coup le cerf surpris... bondit d'effroi devant les chiens, vide l'enceinte, et s'en va fuyant ainsi éperdu à travers la forêt.

S'il est vieux, il va trouver des biches ou de jeunes animaux pour s'en faire accompagner, et les laisser à sa place devant les chiens ; mais si les chiens expérimentés ne prennent pas ce change et continuent de le chasser, comptant sur sa vigueur, il en débuche en plaine et gagne d'autres bois ; s'il est très jeune, il ne quitte guère la forêt, s'y fait battre, et revient généralement se faire prendre vers l'endroit où il a été attaqué.

Le courre commence donc aussitôt que le cerf a fui de l'enceinte où il s'était retiré, et c'est à l'endroit de la route où il a sauté d'abord qu'on découple la vieille meute, dès que les chiens qui les premiers ont lancé l'animal sont passés après lui.

Cette meute, plus tard renforcée des relais, qui donnent à mesure que l'animal chassé paraît à leur portée, poursuit donc incessamment le cerf, collée, acharnée à sa voie... en forêt, sur les monts, dans les eaux, dans les plaines... gravissant où il a gravi, sautant où il a sauté, nageant où il a nagé... et cela pendant douze ou quinze lieues, jusqu'à ce qu'enfin, après trois ou quatre heures (1) de cette terrible agonie, le cerf forcé tombe mort de fatigue, se fasse noyer dans un étang, ou furieux, et tenant tête à la meute, se défende à coups d'andouillers, funestes abois qui presque toujours coûtent la vie aux meilleurs chiens, et dans lesquels souvent même des hommes et des chevaux sont cruellement blessés.

Quant aux cavaliers, les plus hardis ou les mieux montés, suivant de près la meute et les piqueux, s'enfoncent avec eux dans les taillis, franchissent les obstacles qui se présentent, afin de jouir pleinement de l'intelligent et admirable travail des chiens, d'écouter la sauvage et puissante harmonie de leurs voix retentir sous les futaies, et surtout d'arriver les premiers à l'hallali ou mort du cerf.

Telle est l'analyse sommaire de l'office de valet de limiers et des diverses phases qui suivent le laisser-courre.

_____

(1) A part les hasards de la chasse, le temps que l'on met à prendre un cerf dépend de la plus ou moins grande vitesse des chiens et des chevaux.

Ceci entendu, et pour simplifier l'explication par un exemple, on donnera maintenant le détail des préparatifs de la chasse que Louis XIV devait faire ce jour à Fontainebleau.

Cette forêt était divisée en sept grands cantons, dans lesquels le roi chassait alternativement.

Louis XIV voulant donc, ainsi qu'on a dit, chasser dans le canton dit *de Thomery*, le grand veneur avait la veille désigné le rendez-vous à la *Vente-au-Diable*, carrefour central de ce quartier de la forêt.

Dès le matin, La Fanfare avait confié à chacun des valets de limiers placés sous ses ordres une quête à faire, c'est-à-dire le parcours et l'examen d'un certain nombre d'enceintes; aussi, à neuf heures du matin, le maître valet devait-il savoir exactement, d'après le rapport des veneurs et le résultat de sa propre quête, le nombre, l'âge et la demeure des animaux alors rembûchés dans le canton de *Thomery*, puis en donner avis à qui de droit.

Or, maître La Fanfare ayant fini sa quête, s'était trouvé le premier au lieu de l'assemblée, et s'était, ainsi qu'on l'a vu, certain panier de provisions en compagnie de Rodomont.

Peu à peu, les autres valets de limiers se réunirent au carrefour; les uns joyeux, les autres mécontens du succès de leur quête: joie et mécontentement qui se révélaient surtout par la façon dont ils traitaient leurs chiens en arrivant au rendez-vous. Pour les uns, c'étaient des complimens sans cesse; c'était: « Mon beau, mon brave, mon fin limier! » épithètes flatteuses, accompagnées de quelques caresses; tandis que d'autres prodiguaient à leurs chiens d'outrageuses injures, telles que carogne, maudit mulotier (1), reproches navrans qu'un coup de houssine, ou une rude secousse du trait qui lui servait de laisse, rendaient surtout sensibles au pauvre animal.

Néanmoins, grâce à de nouveaux paniers de provisions, heureux ou non, les veneurs imitèrent bientôt à l'envi maître La Fanfare.

Il était neuf heures et demie du matin environ, et il y avait plaisir à voir ces hommes, généralement robustes, agiles et de joyeuse humeur, assis à l'ombre sur une herbe fleurie, partager avec leurs chiens intelligens, qui ne les quittaient pas du regard, quelque pièce de venaison froide, et faire preuve d'une de ces faims monstrueuses, de ces soifs desséchantes dues à un vigoureux exercice et à l'air vif et pur des forêts. Aussi qui n'a partagé un de ces repas, dans de pareilles conditions, ne saura jamais, hélas! jusqu'à quelle extase de plaisir sensuel peut s'élever l'appétit, bien qu'il n'ait pour s'assouvir que les mets les plus vulgaires.

Avant le déjeuner, les valets de limiers avaient fait leur rapport à maître La Fanfare, et on n'attendait plus que Jean Cloarec, dit L'Andouiller, chargé de la quête de la Vente-au-Diable, et fils aîné du vieux La Fanfare, qui l'avait élevé lui-même avec amour dans sa rude profession, qu'il faut embrasser dès l'enfance pour s'y plaire et la noblement exercer. Mais bientôt une voix sonore annonça l'arrivée du jeune veneur, dont la gaieté jouissait d'une réputation proverbiale dans la vénerie de Sa Majesté.

> Que la royale sonne,
> C'est un dix cors!
> Que l'hallali résonne,
> Le cerf est mort!!!

Tel était le refrain de la vieille chanson de chasse que chantait L'Andouiller; aussi lorsqu'il parut dans le carrefour, ce fut un murmure de joie général.

C'était un agile et vigoureux garçon de vingt-cinq ans environ, à la large poitrine, aux membres lestement découplés, aux traits francs et hardis, au teint brun et co-

(1) On appelle *mulotier* un limier qui met à chaque instant le nez à terre dans les coulées où il n'a passé aucun animal, ce qui perd ainsi un temps précieux.

loré, coiffé d'un feutre noir, et vêtu, comme ses compagnons, d'un justaucorps bleu doublé d'écarlate, à galons d'or et d'argent; ainsi que de chausses et de guêtres de daim bien serrées; enfin, au lieu de garder son couteau de chasse dans sa ceinture, il le portait en sautoir, afin de ne pas en être embarrassé dans sa marche, et il tenait en laisse son beau limier, d'un noir vif et luisant, marqué de feu.

— Eh bien! garçon? — lui dit La Fanfare d'un air interrogatif, du plus loin qu'il l'aperçut.

— Eh bien! mon père, le proverbe a encore une fois raison: *Si vous rencontrez un prêtre en allant à votre quête, vous ne connaîtrez pas de cerf...*

— Tu n'as rien détourné?

— Par saint Hubert et saint Eustache nos patrons! attendez donc, mon père, la fin du proverbe: *mais si vous rencontrez une fille, comptez sur un dix cors.* Aussi, ce matin, au petit jour, en m'en allant faire le bois, j'ai eu connaissance de Guillemette Goguelu qui débuchait lestement de la demeure du révérend père ermite de la Madeleine, qui l'avait daguée, c'est sûr, en l'honneur de la patronne de sa chapelle. Aussi, en rapprochant Guillemette, *Met-à-mort* a-t-il donné un tout petit coup de vo`, comme s'il s'était déjà senti sûr de son dix cors, le brave limier qu'il est! — ajouta L'Andouille en flattant son chien.

— Tu as un grand cerf dans ta quête? — dit La Fanfare avec une expression de jalousie involontaire; — est-il séparé? est-il bien dix cors? — ajouta le vieux veneur avec une inquiète curiosité.

— Je le donne au moins pour dix cors jeunement (1), bien qu'entre nous, mon père, je le croie beaucoup plus cerf que cela; d'ailleurs... tenez... voilà ce qu'il a laissé à mon adresse, — dit L'Andouiller en ôtant son feutre et montrant à son père les fumées de son cerf soigneusement enveloppées de deux couches d'herbe.

La Fanfare prit les fumées, les examina, les pesa, les analysa, les supputa, et répondit:

— Je crois aussi que ce cerf-là est plus que dix cors jeunement; mais il en est, mes garçons, de l'âge des cerfs au rebours de l'âge que les femmes se donnent: il faut toujours, au juger, donner à ceux-ci un ou deux ans de moins, pour être sûr de ne pas se tromper.

— C'est ce que j'ai fait, mon père, bien qu'en travaillant mon cerf avec *Met-à-mort*, qui sifflait sur la voie, tant il jouissait, j'en aie revu (2) en vingt endroits sur le sable, aussi bellement que sur la neige: c'est un fier pied, allez! la sole est large comme la bouche de Jean Hourdé que voilà... les côtés sont gros et usés comme les dents de Grégoire Boutevilain que voici... et enfin les pinces sont aussi rudement émoussées que le nez de Gilles Legras, mon compère.

Après avoir épuisé, aux dépens de ses camarades, les points de comparaison qu'il trouvait en rapport avec la description du pied de son cerf, le joyeux forestier se mit à déjeuner en compagnie de *Met-à-mort.*

— S'il en est ainsi, — dit La Fanfare après un moment de réflexion, — décidément je croirais ton cerf vraiment un vieux dix cors; mais voilà, mes garçons, — ajouta le vieillard en montrant son fils avec un mouvement d'orgueil, — voilà comme doit faire un brave et modeste valet de limiers, toujours dire moins au rapport, pour donner plus au laisser-courre (3), et non pas assurer impudemment

(1) Le cerf dix cors jeunement est celui qui entre dans le sixième année de son âge; dans la septième, il devient dix cors, et conserve toujours ce nom, ou prend celui de grand vieux cerf.

(2) *En revoir* signifie revoir la trace des pas de l'animal.

(3) On considère en vénerie le cerf dix-cors comme étant le plus beau, mais non le plus vigoureux, à laisser courre; or, plus un animal approche de cet âge, plus il est honorable à donner aux chiens. Aussi, pour ne pas faire éprouver de déception, le valet de limiers doit-il, dans le doute, généralement dire l'âge avancé.

des choses qui se découvrent menteries au lancer; car rappelez-vous bien de ceci, mes garçons : il faut toujours douter à la chasse tant qu'on n'a pas vu de ses yeux, et *par corps* ; aussi j'ai toujours eu une très grande et très respectueuse estime pour saint Thomas, parce que, bien qu'il ne soit pas un des patrons de la vénerie, il montrait, à mon avis, l'une des belles qualités du véritable **veneur**, lorsque, pour croire, il voulait *toucher et voir* **par corps** les blessures de Notre-Seigneur.

— Eh bien ! mon père, — dit L'Andouiller,—vous pouvez m'accorder aussi votre très respectueuse et très grande estime, car les filles de Moret disent que je suis, pour voir et toucher par corps, mille fois plus saint Thomas que saint Thomas lui-même !

Cette saillie fit rire les valets de limiers, et La Fanfare, prenant dans un panier une espèce de portefeuille, en tira du papier, une plume et de l'encre, afin d'écrire son rapport.

— Mais vous, mon père. — dit L'Andouiller, — est-ce que vous auriez rencontré un prêtre, que vous ne parlez pas de votre quête?

Le vieux veneur fit un sourire malicieux ; et débouchant son encrier, il dit à son fils :

— Tu verras tout à l'heure ma quête au bout de mon nom.—Puis s'adressant aux valets de limiers :—Répondez chacun, et dites ce que vous avez. *Quête du buisson des Sables; Claude Dupré*, qu'as-tu?

— Rien... J'ai rencontré un prêtre, — dit Claude Dupré en poussant un profond soupir et donnant un coup de pied à son chien.

La Fanfare écrivit *néant*, et continua son procès verbal.

—*Quête du fort de Thomery ; Jean Hourdé*, qu'as-tu ?

— Un haire, accompagné de bichaille (1).

— Ce qui fait un haire et rien de plus,—dit La Fanfare, — la bichaille ne pouvant compter au rapport.

— Ah ! si j'étais, comme ce haire au milieu de la jolie *fillaille* de Moret, je vous jure, moi, par les qualités de saint Thomas, que cela compterait au rapport, — dit L'Andouiller avec un vigoureux soupir d'envie et de regret.

La Fanfare continua :

— *Quête du Bois-Gautier et de la butte de Monceaux; Gilles Legras*, qu'as-tu?

— Une *seconde tête* (2), accompagnée d'une biche et de son faon.

La Fanfare inscrivit, et continua, en regardant son fils :

— *Quête de la Vente-au-Diable; L'Andouiller*, qu'as-tu?

— Un cerf *dix cors jeunement*, séparé, — dit le veneur avec orgueil ; —et vous mettrez s'il vous plaît, mon père, au bout de ceci, cette petite croix qui veut dire : Bon à laisser courre devant Sa Majesté.

— Nous verrons cela tout à l'heure,—répondit La Fanfare d'un certain air mystérieux qui étonna son fils.

Enfin, après quelques autres interrogations et réponses, la liste des quêtes étant épuisée, il ne restait à inscrire au rapport que la quête de maître La Fanfare ?

— Et vous, et vous... maître, — dirent les veneurs avec curiosité, — qu'avez-vous donc dans votre quête?

— Et pourquoi, mon père, vous mettez-vous toujours ainsi le dernier sur le rapport, vous qui êtes le premier de nous?

— Mon fils, est-ce que dans une harde (3) le plus vieux cerf ne reste pas ainsi toujours le dernier derrière les autres, faisant passer les plus jeunes devant lui? mais écoutez bien. — Et La Fanfare inscrivit sa quête en disant tout haut : — *Quête de la fontaine Nadon ; La Fanfare, maître valet de limiers*, une *troisième tête* séparée (4)

(1) Comme on ne chasse jamais les biches, de là vient l'épithète méprisante de *bichaille;* un *haire* est un cerf d'un an révolu ; jusque-là, il est *faon*. Après deux ans, il est *daguet*, puis *seconde tête*, etc., etc.

(2) *Cerf qui est dans sa troisième année.*

(3) *Harde*, rassemblement de plusieurs animaux.

(4) Une *troisième tête* est un cerf qui entre dans sa quatrième

— Vive Dieu ! À moi, *Met-à-mort;* c'est nous qui ferons courre pour le roi ! — s'écria L'Andouiller en apprenant que le cerf détourné par son père était moins âgé que le sien, et conséquemment moins avantageux à chasser; aussi, dans l'ivresse de sa joie, prenant son limier par les deux pattes de devant, et lui ouvrant la gueule (qu'on excuse cette horrible vulgarité traditionnelle dans la vénerie d'alors), il lui cracha dedans, sans que *Met-à mort*, il le faut bien dire, parût ajouter un très grand prix à cette superlative preuve de satisfaction de son maître.

Mais le pauvre L'Andouiller s'était trop hâté de prodiguer cette rare faveur à son chien, car maître La Fanfare lui dit gravement :

—Jean, tu as dans ta quête un *dix cors* et moi une *troisième tête;* or, à quelle époque le grand cerf aura-t-il mis sa tête bas (1) ?

—Au commencement d'avril au plus tard, l'hiver n'ayant pas été rude cette année.

— A quelle époque les *seconde* et *troisième tête* mettent-ils bas ?

— Vers la mi-mai.

— Eh bien! — dit La Fanfare d'un air triomphant, — nous sommes aujourd'hui le 1er mai, ma *troisième tête* a donc encore son bois, et ton *dix cors* ne l'a plus; or, maintenant, qui doit avoir l'honneur de courre devant le roi, si ce n'est mon cerf, encore paré de sa noble couronne, et non pas le tien, qui, dépouillé de son plus bel ornement, ressemble dans cette saison à une biche brehaigne de grand corsage (2) ?

—Par saint Hubert, saint Eustache et saint Thomas même si vous voulez ! mon père... qu'importe le bois ! c'est toujours le cerf le plus âgé qu'on doit laisser courre; or, selon la règle de la vénerie royale; je soutiens, — s'écria L'Andouiller, — je soutiens que c'est mon cerf qu'on doit donner aux chiens.

—Non, c'est le mien!—reprit La Fanfare;—c'est le mien ! qui par sa tête est autant au-dessus du tien, à cette heure, qu'un noble étalon est au-dessus d'un hongre honteux !

La discussion allait devenir des plus animées, lorsqu'on aperçut, dans une des allées qui aboutissaient au carrefour, un cavalier arrivant à toute bride.

—Tenez,—dit maître La Fanfare,—voici un de messieurs les gentilshommes de la vénerie qui vient chercher mon rapport ; il jugera, et je gage qu'il décide en ma faveur.

En effet, dans l'ordre des chasses du roi, le plus jeune des gentilshommes de sa vénerie venait à cheval recevoir le rapport du maître valet de limiers, puis allait transmettre ce renseignement au commandant de l'équipage au pied, qui en faisait part au grand veneur. Enfin ce dernier mettait ce rapport sous les yeux du roi, au moment de son arrivée à l'assemblée, pour que Sa Majesté pût désigner l'animal qu'elle voulait voir courre.

Mais à mesure que le cavalier s'approcha, et que ses habits se purent distinguer, les veneurs réunis semblèrent de plus en plus étonnés.

—Que diable est-ce là ?— dit La Fanfare.

—Par saint Eustache ! mon père, rien... ce n'est rien... rien du tout, qu'un de ces méchans justaucorps à galons de soie *des petits chiens du cabinet,* — dit L'Andouiller d'un air de dignité méprisante, après avoir attentivement examiné le nouvel arrivant.

Pour comprendre ceci, il faut savoir qu'en outre du service du grand veneur de France, Louis XIV avait encore ce qu'on appelait *la meute des petits chiens du cabinet,* sorte d'équipage particulier pour le lièvre et le chevreuil, com-

année. On a dit qu'un dix cors jeunement était un cerf qui entrait dans sa sixième année.

(1) On sait qu'à chaque printemps les bois du cerf tombent, et sont tout à fait repoussés vers la fin de juillet. Cette sorte de végétation animale s'augmente à chaque reproduction, jusqu'à ce que le cerf ait atteint sa septième année révolue. Le bois s'appelle *tête* dans cette acception.

(2) Vieille biche qui ne porte plus.

posé de soixante chiens, commandé par monsieur le marquis de Villarceaux-Mornay, qui prétendait ne relever en
rien de l'autorité du grand veneur, comme étant chef de
l'équipage particulier du roi.

Cette rivalité donnait continuellement lieu aux plus irritantes contestations entre le grand veneur et monsieur de
Villarceaux; contestations qui se terminèrent d'ailleurs dix
ans après (en 1680) par la suppression de la meute du cabinet, mais qui alors étaient dans toute leur furieuse aigreur.

Aussi cette rivalité haineuse, qui divisait monsieur de
Villarceaux et monsieur de Rohan, descendant jusque dans
les classes les plus infimes des deux équipages, exaspérait
de la même sorte officiers, gentilshommes, pages, piqueux,
valets, et quelquefois même, hélas! jusqu'aux chiens, qui,
excités par les veneurs, prirent souvent une part des plus
actives à ces dissensions.

On conçoit donc le dédain avec lequel maître La Fanfare et son fils accueillirent la venue du gentilhomme de
la meute des petits chiens du cabinet, et on comprendra de
reste la colère des veneurs lorsqu'ils apprirent l'étrange
mission de cet officier.

— Où est le maître valet de limiers de la vénerie de Sa
Majesté? — demanda donc le gentilhomme en arrêtant
son cheval blanc d'écume, et s'adressant au groupe rassemblé près du poteau. Personne ne répondit. — Est-ce
que je parle à des sourds? — reprit le cavalier surpris de
ce silence impertinent.

Alors L'Andouiller, s'avançant, dit à l'officier d'un air
passablement narquois :

— Si vous avez perdu votre chasse, mon gentilhomme,
je puis vous aider à la retrouver, car j'ai vu là-bas, dans
les bruyères de la Male-Montagne, cinq rats qui chassaient
une belette de fier corsage, ma foi! Mais, par saint Eustache! votre équipage est raide et du même pied, mon gentilhomme! aussi, menait-il si rudement la belette, qu'elle
avait tout au plus cinq minutes d'avance sur la meute;
prenez donc ce faux-fuyant à droite; donnez un temps de
galop, et, en arrivant au premier carrefour, vous aurez
fait les grands devans, et vous serez à la queue des chiens...
je voulais dire des rats...

Cette facétie fut accompagnée des éclats de rire des autres valets de limiers; mais le gentilhomme, qui avait é-
couté ces impertinences avec assez de sang-froid, poussant
son cheval, s'approcha de L'Andouiller d'un air menaçant,
et lui dit :

— Sais-tu bien à qui tu parles? sais-tu que je suis gentilhomme de l'équipage du cabinet commandé par monsieur le marquis de Villarceaux? drôle que tu es! sais-tu
enfin que je te ferai frotter les épaules avec de bonnes
gaules de bois vert à chaque carrefour de la forêt par le
prévôt des archers, si tu ne me réponds pas avec respect et
obéissance?

— Avec respect et obéissance! — répétèrent les valets de
limiers en murmurant, — est-ce que nous avons quelque
chose à voir avec les petits chiens du cabinet, nous autres?

— La vénerie n'a rien de commun avec le cabinet, entendez-vous, mon gentilhomme! — reprit L'Andouiller,—
pas plus que le brave lévrier qui coiffe un loup n'a quelque chose de commun avec le barbet qui grelotte dans le
manchon d'une femme!

— Le cabinet ressemble à la vénerie, — dit un autre,—
comme un écolier qui chasse aux papillons ressemble au
hardi veneur qui attaque, avec l'épieu ou le couteau, *le
solitaire*(1) qui tient aux chiens.

—Je vous demande le maître valet de limiers; répondez,
misérables! au nom du roi, répondez! — s'écria le gentilhomme, qui de plus en plus irrité de ces insolences.

Ces mots : *au nom du roi,* avaient toujours un effet
puissant et presque irrésistible; aussi maître La Fanfare

(1) *Solitaire,* grand vieux sanglier.

s'avança-t-il, en disant avec une sorte de hautaine résolution :

— Eh bien! le maître valet de limiers, c'est moi.

— Alors donne-moi ton rapport, — dit le cavalier.

La Fanfare ouvrit des yeux stupéfaits, regarda fixement
l'officier, et répéta machinalement :

— Mon rapport?

— Oui, ton rapport...

— Mon rapport! à vous! — répéta La Fanfare au milieu
des marques de l'étonnement général.

—Ah! que de lenteur!—s'écria le cavalier impatienté.—
Ton rapport! ou sinon, mordieu !...

— Mon rapport, à vous, mon gentilhomme? — dit encore La Fanfare. Puis, haussant les épaules, il ajouta : —
Ah çà! vous me prenez donc pour un faon, mon gentilhomme, de me sonner de ces requêtes-là?

— Tu oses te refuser à exécuter mes ordres?

— Assurément oui, par saint Hubert! je l'ose. Je ne
dois mon rapport qu'à un gentilhomme de la vénerie du
roi, entendez-vous! monsieur; et si je reconnais et res-
pecte le justaucorps bleu à galons d'or et d'argent, je n'ai
rien à démêler avec les galons de soie rouges et blancs (1).

Le cavalier sembla faire un effort sur lui-même pour
réprimer sa colère, et dit avec un calme apparent : — Tu
es, maître La Fanfare, un brave et digne homme, je le
sais; ainsi, écoute-moi bien : songe que, par ton opiniâtreté, tu peux te mettre dans une terrible position; songe
bien que je viens par ordre du roi... entends-tu bien!..
par ordre du roi, prendre ton rapport, parce que Sa Majesté a ordonné à monsieur de Villarceaux de frapper à vos
brisées avec nos chiens du cabinet, ne voulant pas chasser
avec les chiens du grand veneur... entends-tu bien! Allons,
maintenant, donne-moi ton rapport; ne te conduis pas
comme un vieux fou, et finissons-en!

L'officier avait pris pour une espèce de consentement
tacite l'effet écrasant produit sur La Fanfare par cette
étrange nouvelle; mais il vit qu'il s'était singulièrement
abusé, lorsqu'il entendit les violens murmures qui éclatèrent aussitôt parmi les veneurs.

— Frapper à nos brisées!... les chiens du cabinet!...
vous autres chasser tantôt les animaux que nous nous
sommes échinés à travailler et à détourner ce matin! laisser
faire cette injure à monseigneur le chevalier de Rohan,
lorsque moi et mes enfans avons toujours mangé le pain
de sa famille !... Nous laisser traiter de la sorte! Ah çà!
mais dites donc, vous voulez plaisanter, mon gentilhomme?
ne vous gênez pas, allez! nous sonnerons en partie avec
vous, car il y a de quoi, jarnibleu! faire rire aux éclats un
vieux sanglier dans sa bauge, — dit La Fanfare.

—Ah! de façon que les valets de limiers de la vénerie iront
en bons enfans faire le bois le matin, pour donner à courre
à messieurs du cabinet, qui eux autres dormiront en vrais
chanoines, pour s'éveiller à midi et venir manger, sous
notre nez, la soupe que nous aurons trempée? — dit un
valet de limiers.

— La rosée du matin est sans doute trop froide pour ces
fins veneurs du cabinet? — dit un autre.

— Mais est-ce que ça ne se voit pas rien qu'au nom! —
reprit L'Andouiller, — *les chiens du cabinet!* Mais ça chasse
avec des chaussons aux pattes. un masque et un justaucorps, de peur des ronces! Et puis, cette belle meute mi-
gnarde vient en carrosse à l'assemblée, vit de biscuit et de
lait sucré, et il y a même. au chenil des chiens savans
pour lui donner le bal et la comédie.

— Insolent! — dit le gentilhomme.

— Insolent tout de même; on ne dit pas non; — reprit
L'Andouiller avec impertinence; et il continua : —Ah! de
façon que nous autres, pauvres chiens de la vénerie, nous
chasserons au froid du matin, à l'ardeur du soleil; et puis
lorsque, au risque de nous faire éventrer, nous aurons

(1) Cette différence existait dans l'habit des deux équipages ;
celui du cabinet portait la livrée de la maison du roi.

bravement pris le cerf, lorsque l'hallali sera sonné, la curée faite et chaude, on nous fouaillera et on nous dira
arrière ! pour laisser ripailler à leur aise messieurs du
cabinet!

— Frapper à nos brisées! attaquer nos animaux! —
s'écria La Fanfare exaspéré et pâle de colère. — Mais le
premier qui oserait, voyez-vous, découpler sur mon cerf
d'autres chiens que ceux de la vénerie, c'est que je le enverrais un coup de carabine dans le corsage, ni plus ni
moins qu'à un braconnier, entendez-vous !

— Ah ! marauds que vous êtes, vous vous rebellez ! —
dit le gentilhomme.

— Oui ! et je vous dis, moi, pour la dernière fois, que
vous n'aurez pas mon rapport ! — ajouta La Fanfare en
s'avançant intrépidement vers le gentilhomme.

— Pas un mot de plus, ou je te coupe la figure ! — dit le
cavalier en se dressant sur ses étriers, et levant sa houssine
sur le vieillard.

— Ne touchez pas mon père ! — s'écria L'Andouiller en
saisissant le gentilhomme par sa botte.

— Ah ! que de bruit ! — dit impétueusement le cavalier.
Et d'un revers il fouetta la figure de L'Andouiller.

Aussitôt l'officier, désarçonné, roula sur l'herbe; et les
valets de limiers allaient peut-être se porter sur lui à de
graves violences, lorsque maître La Fanfare, se jetant au
devant d'eux, les arrêta.

— Ah ! vous payerez cher cette insulte! — dit le cavalier
en se relevant. — Je ne puis ni lutter ni me commettre avec
vous ! mais vous serez châtiés, mordieu ! vous le serez !...
Çà, mon cheval, misérables, mon cheval !...

— Votre cheval ? — dit La Fanfare, qui s'en était em-
paré, — vous le trouverez au chenil; je m'en vais l'enjam-
ber pour aller au plus tôt trouver monseigneur le grand
veneur et lui dire tout, vu que j'aime mieux prendre les
grands devans afin de n'être pas prévenu.

— Comment ! tu oserais ?...

— Oui, oui, j'oserai... Monseigneur le chevalier de Rohan
se chargera du reste; aussi bien, c'est son honneur que je
défends; après, ce sera à lui de défendre ma peau, et il
n'y manquera pas, j'en suis sûr !

— Tu te saisis de mon cheval ! prends bien garde ! —
dit le gentilhomme d'un air menaçant.

— Je ne le saisis pas, je l'enjambe; et, d'ailleurs, je l'ai
éperonné plus d'une fois, allez ! il connaît le fer de mes
molettes; c'est *Petit-Bon*, qui, si le ciel était juste, devrait s'appeler le *Grand-Mauvais*, car c'est une rosse, une
vraie carne, un rebut, un dégoût de la vénerie, mais encore trop fameux pour suivre les chiens du cabinet.
Après ce dernier sarcasme, La Fanfare se mit lestement en
selle, tandis que le gentilhomme, qui ne fait ne pouvait
opposer aucune résistance, disparut promptement par un
des sentiers de la forêt. — Quant à vous, mes enfans, si
d'ici à une heure vous ne me revoyez pas, rendez-vous
chacun à votre quête, et à son de trompe, à force de voix
et à trait de limiers, mettez-moi tous nos animaux sur pied!
car, par saint Hubert ! si les chiens du cabinet chassent
aujourd'hui, ce ne sera pas sur nos brisées !

Et ce disant, La Fanfare, excitant vigoureusement l'infortuné *Petit-Bon* du fouet et du talon, partit au galop
pour aller rendre compte à monsieur de Rohan de cette
prétention injurieuse des chiens du cabinet, offense inouïe
dans les fastes de la vénerie.

Mais avant de raconter l'entrevue du vieux valet de
limiers avec le grand veneur, on doit faire connaître davantage monsieur de Rohan, dont on a su déjà quelque
chose par la conversation des filles d'honneur de la reine,
conversation qui mit Louis XIV en une fureur si menaçante.

VII

LE GRAND VENEUR DE FRANCE.

> Quod petiit spernit ; repetit quod nuper omisit ;
> Æstuat, et vitæ disconvenit ordine toto.
> (HORACE, epist. 1, 98.)

> Il quitte ce qu'il voulait avoir ; il retourne à ce
> qu'il a quitté. Toujours flottant, il se contredit sans
> cesse lui-même.

Sans détailler ici la longe généalogie des *Porthoët-
Rohan*, on doit seulement donner la date des événemens
qui fondèrent ou branchèrent cette grande et illustre maison, une des plus anciennes de France, et qui porta si fièrement cette fière devise : « *Roy ne puis, — Prince ne daigne, — Rohan suis !* »

Alain Guéthenoc est le premier *vicomte de Porthoët* dont
on retrouve les traces. Vers 1026, il bâtissait un château
qu'il appela *Jocelyn* ou *Josselin*, du nom de son fils *Jocelyn,
vicomte de Rennes;* aussi ce dernier titre fait-il présumer
que *Guéthenoc* descendait de quelque puîné des comtes de
Rennes; mais ce fut *Alain, vicomte de Porthoët,* quatrième
fils d'*Eudon, vicomte de Rennes,* qui éleva, en 1127, le château de ROHAN, dont sa postérité devait porter le nom.

Vers 1372, *Jean I, vicomte de Rohan,* fils aîné d'*A-
lain VII,* épousa en secondes noces *Jeanne de Navarre,*
sœur de *Charles le Mauvais,* roi de Navarre.

De ce mariage, Jean Ier eut un fils unique, *Charles de
Rohan,* seigneur de *Guéménée,* qu'ensuite de son union
avec *Catherine Duguesclin* (10 mars 1405), brancha cette
famille par la naissance de *Louis I de Rohan-Guémenée.*
Ainsi cette maison se divisa en quatre tiges : 1° *celle des
ducs de Rohan;* — 2° *celle des princes de Rohan-Guéménée-
Montbazon-Soubise;* — 3° *celle des Gié;* — 4° enfin *celle
des Pouldue.*

Pour venir plus vite aux faits intéressant cette narration, on ne dira rien des princes de Rohan, *Louis II, III,
IV, V* et *VI,* afin d'arriver à *Louis VII de Rohan-Guémé-
née-Montbazon,* qui épousa sa cousine germaine, et en
eut deux fils, le *duc Charles de Montbazon* et le CHEVALIER
LOUIS DE ROHAN, grand veneur de France, dont il s'agit
ici.

Le chevalier Louis de Rohan, né en 1636, avait
alors (1669) trente-trois ans. Tous ses contemporains s'ac-
cordent unanimement sur ce point, que c'était un des
hommes les plus beaux et les mieux faits de son temps.
Deux portraits qui restent de lui viennent à l'appui de
ces assertions.

Rien de plus noble, de plus séduisant que ce visage,
d'un ovale parfait et d'une merveilleuse régularité; la
bouche est petite et purpurine ; le teint pâle et délicat; et
les yeux bleus, grands, bien fendus, sont à demi voilés
par un pli habituel des paupières, qui donne aux traits du
chevalier une expression de langueur presque féminine.
Aussi, n'était une légère moustache, à voir cette charmante figure si gracieusement posée sur un cou blanc et
rond, entourée des boucles soyeuses d'une longue chevelure qui flottent sur un col de dentelle de Venise attaché
par une magnifique agrafe de pierreries, on pourrait prendre ce masque enchanteur pour celui d'une des plus jolies
femmes de ce temps-là.

Une remarque assez singulière, c'est que parmi les cheveux, qui sont châtain clair, on distingue une petite mèche toute blanche, placée au sommet de la tête, un peu
au-dessus de la tempe droite ; cette mèche de cheveux, un
des traits caractéristiques de la physionomie des Rohan de
cette branche, s'appelait, dit-on, *le toupet des Rohan;* un

seul des portraits (d'ailleurs peint par Lebrun) a conservé cette particularité.

Quant au moral, jamais peut-être caractère n'a réuni plus de contrastes, n'a été moins conséquent avec soi; jamais homme enfin ne s'est pour ainsi dire moins ressemblé à lui-même que le chevalier de Rohan ne s'est ressemblé deux jours de suite: aujourd'hui glorieux, hautain, décidé, presque capitan, ne reculant devant aucun péril, et téméraire autant qu'homme du monde, ainsi qu'il le prouva aux lignes d'Arras et au siége de Landrecies; demain, indécis, craintif, et ne faisant rigoureusement que ce qu'il fallait pour ne pas encourir un reproche de faiblesse extrême... Veut-on un étrange exemple de l'incroyable incohérence de cette organisation versatile, impressionnable, exaltée comme celle de la femme la plus nerveuse? le voici. C'était dans le fort des édits contre les duels; le chevalier de Rohan, malgré les terribles défenses du roi, va appeler monsieur de Villarceaux pour monsieur d'Effiat, sert de second à ce dernier contre monsieur de Lude, se bat avec une bravoure admirable pour une insulte qui ne le touchait en rien, affronte la mort et l'exil pour servir la querelle d'autrui; puis, quinze jours après, venant, dans une discussion avec monsieur le chevalier de Lorraine, aux propos les plus piquans, monsieur de Rohan en souffre de rudement assenés, de cruellement personnels, ne dit mot, et se montre enfin de la plus inconcevable timidité, de la plus malheureuse indifférence, dans cette rencontre qui le touchait pourtant si fort!

Habituellement impie et débauché, s'étant montré un des coryphées de la monstrueuse orgie de Roucy, il croyait parfois en Dieu, et avait toujours une horrible terreur du diable. Superstitieux jusqu'à la folie, s'épouvantant des présages, croyant aux devins, aux alchimistes, aux secrets ténébreux des maîtres du grand-œuvre, il lui prenait pourtant çà et là des accès de dévotion tels, qu'il s'allait enfermer huit jours aux *Feuillans*, portant le cilice, se livrant aux plus cruelles austérités, et puis, une fois sorti de cette pieuse retraite, c'étaient encore de nouveaux et terribles débordemens!

Il en allait de même pour l'esprit, qu'il avait le plus naturel, le plus surprenant, le plus enchanteur du monde, bien que manquant de l'instruction commune aux derniers bourgeois, en cela qu'il ne savait pas un mot d'orthographe, et qu'il était d'une ignorance aussi complète, aussi universelle qu'on se la puisse imaginer.

Et cependant, cette ignorance même paraissait chez lui si naïvement curieuse, se montrait si intéressée et si gracieusement reconnaissante dès qu'on lui apprenait quelque chose d'inconnu; c'étaient alors des appréciations d'un tel bon sens, ou d'une moquerie si plaisante et si fine, qu'on ne savait véritablement pas s'il fallait le plaindre de ce suprême nou-savoir.

Et puis, sans vouloir faire ici l'apologie des ignorans, on doit songer enfin que, pour être aussi séduisant, aussi généralement recherché que l'était le chevalier de Rohan, et cela en demeurant absolument *soi*, sans apprêt ni culture, et sans pouvoir recourir à ces mille ressources d'une instruction même superficielle qui ornent et facilitent si grandement les entretiens, il faut avoir au moins un rare et inépuisable fonds d'esprit naturel.

Eh bien! souvent encore, la pesanteur, la tristesse, la timidité de son langage, venaient contraster étrangement avec la grâce, l'éclat ou la fierté de ses reparties, dont on a pu d'ailleurs juger par les deux exemples qu'on a cités.

Plus prodigue, disait-on, par insouciance que par sentiment raisonné, sa générosité était néanmoins extrême. Il y avait d'ailleurs, dans cette âme inexplicable, de sublimes élans de tendresse et de charité, qui contrastaient singulièrement avec le dur et froid égoïsme de quelques-unes de ses actions. Ainsi, l'aspect de l'infortune l'émouvait parfois jusqu'aux larmes; et à ce sujet on rapporte de lui une touchante réponse: monsieur le marquis de Grancey le voyant un jour vider sa bourse dans les mains d'un mendiant qui se plaignait de n'avoir pas mangé depuis

trois jours, lui dit: « *Mon Dieu! chevalier, comment peux-tu croire à de tels monsonges? — Hélas!* reprit monsieur de Rohan, *eût-il mangé ce matin, qui sait s'il mangera ce soir!* »

Malheureusement, ces sentimens nobles et pitoyables n'excluaient pas chez monsieur de Rohan un besoin effréné de folle magnificence, qu'il regardait comme une conséquence impérieuse de sa condition. Or, quoique les possessions de sa maison fussent considérables, l'habituelle et inégale répartition des héritages avait, lors de la mort de monsieur le prince de Guéménée, fait passer une grande partie de sa succession sur la tête de son fils aîné, et le chevalier de Rohan n'avait eu (joint à quelques héritages de la branche de sa mère) que la charge de grand veneur de France, à laquelle il fut reçu en survivance de monsieur son père en 1656, et qu'il n'exerça qu'en 1667, lors du décès de ce dernier.

Or, dans ce temps-là, rien n'était plus coûteux que l'exercice d'une grande charge de la couronne; et, bien que celle de monsieur de Rohan lui rapportât quarante mille livres environ, cette somme jointe à ses revenus était de beaucoup dépassée par l'état de maison princière qu'il s'opiniâtrait à tenir: aussi, ne pouvant y suffire, avait-il été réduit à aliéner des biens ou à contracter des emprunts onéreux, pour garder son rang à la cour. Or, à l'époque dont il s'agit, le chevalier était dans un de ces momens terribles et décisifs où un pas en arrière peut encore sauver une fortune de l'abîme, tandis qu'un pas de plus doit l'y engloutir à jamais.

Mais comment cet esprit si mobile et si faible eût-il pu prendre à ce sujet une de ces déterminations promptes, violentes, qui sont le propre des caractères fortement trempés?

Et puis, à travers tant d'égaremens, comment aussi ne pas plaindre monsieur de Rohan? Indifféremment laissé à lui-même dès sa plus tendre jeunesse, envoyé quelque temps au collége des Quatre-Nations, mais bientôt rappelé à l'hôtel de Guéménée, où sa mère et sa tante (madame la duchesse de Chevreuse), toutes deux belles, galantes, spirituelles, ne s'occupaient que de recevoir la plus grande et la plus joyeuse compagnie; fort peu connu de son père, qui ne songeait qu'au gros jeu et à la bonne chère, pris plus tard en singulière aversion par sa mère, femme d'un rare esprit, d'un prodigieux manége, et qui, toute-puissante à la cour d'Anne d'Autriche, aurait pu tant faire pour l'avenir et la fortune de son fils, au lieu de le laisser dans l'ignorance et dans l'abandon; le chevalier de Rohan vécut ainsi sans frein et sans conseil; aucune main sévère et paternelle n'émonda ce jeune arbre, qui se produisit donc comme il put, et se livra sans appui et au hasard à tous les orages, à tous les rayonnemens de la vie!

Alors, n'ayant d'autre enseignement que la voix de ses passions, d'autres remords que la lassitude du plaisir, monsieur de Rohan s'abandonna, sans nulle retenue, aux mille capricieux écarts de sa nature changeante.

Beau, jeune, séduisant comme on l'a dépeint, sa magnificence, son esprit naturel, sa fierté, son grand air, et jusqu'à ses contrastes même les plus fâcheux, tout chez lui devint charme, et plut irrésistiblement aux femmes, toujours si éprises de ce qui est inattendu, soudain, et généralement si éloignées de se plaire à ces caractères uniformes, prévus à l'avance, et qu'on devine entièrement dès l'abord, comme ces routes longues, droites et monotones qu'on peut embrasser d'un coup d'œil.

Alors commença pour le chevalier cette incroyable suite de grands et innombrables triomphes de toutes sortes auprès desquels les succès idéalisés de don Juan ne sont rien; une vie amoureuse, libertine et passionnée, coupée çà et là par ces guerres que l'on commençait d'ordinaire au printemps, de peur des glaces de l'hiver, et que l'on terminait avant l'été, de peur des chaleurs de la canicule, mais dans lesquelles, d'ailleurs, on se battait intrépidement, avec cette coquetterie de raffinés délicats préférant un gazon frais et fleuri à une fondrière boueuse, pour croiser leurs lames damasquinées d'or.

Dès longtemps, et surtout depuis la scène du jeu chez la reine, Louis XIV, encore aigri par les ressentimens de Louvois, témoignait à monsieur de Rohan la plus grande froideur ; il lui avait permis de le suivre à l'armée, mais comme simple volontaire, et sans lui donner aucun grade ni emploi militaire proportionné à sa naissance ; de son côté, le chevalier, au lieu de tâcher à vaincre cet éloignement du prince, n'étant conseillé sagement par personne des siens, se raidit, s'irrita, et ses éclatantes aventures avec madame de Montespan et la belle duchesse de Mazarin achevèrent de le perdre à jamais dans l'esprit du roi.

Or, Louis XIV en était déjà arrivé à ce point de haine contre monsieur de Rohan, lorsqu'un terrible hasard de curiosité le fit assister, ainsi qu'on sait, à la causerie des filles d'honneur de la reine ; qu'on pense maintenant aux sentimens que devait éprouver cet impérieux monarque, encore aiguillonné des mille piqûres envenimées de l'orgueil, de l'amour-propre offensé, de la jalousie et de la vengeance !

Ainsi qu'on a dit, le roi devait donc chasser ce jour-là, et avait ordonné son *très petit couvert* pour onze heures, au lieu d'une heure après midi, selon l'habitude de son dîner.

Monsieur le chevalier de Rohan, dans les voyages de la cour à Fontainebleau, habitait l'hôtel du Chenil, ainsi nommé parce que, sous François Ier, l'emplacement sur loquel était élevé cet hôtel avait servi de chenil pour sa vénerie. Ce vaste bâtiment se composait de quatre corps de logis, auxquels on arrivait par une des routes méridionales de la forêt de Fontainebleau.

La partie de l'hôtel réservée à l'habitation de monsieur de Rohan, comme grand veneur de France, se trouvait au fond de la cour, au-dessus d'une galerie qui occupait le rez-de-chaussée de cette demeure ; appartement vaste, orné de lambris peints et dorés représentant des sujets allégoriques de chasse, et, en tout, fort somptueusement meublé.

Bien qu'il fût dix heures du matin, les valets de chambre de monsieur de Rohan attendaient dans son cabinet qu'il les eût sonnés, et son baigneur-étuviste, posté dans l'étuve, entretenait à un égal degré de température le bain parfumé que le chevalier prenait chaque jour sans heure réglée, mais qu'il voulait trouver prêt à sa première demande.

Enfin, une sonnette tinta, le premier valet de chambre de monsieur de Rohan entra, ouvrit les volets, et tira les doubles rideaux de damas. Alors le chevalier lui demanda d'une voix dolente quel temps il faisait.

— Un temps magnifique, monseigneur.

— Fait-il du vent ?

— Non, monseigneur, l'air est très calme.

— Alors, sans aucun doute, le roi chassera aujourd'hui !... Allons !... — dit le chevalier en se levant avec effort, et trahissant ainsi, par une exclamation involontaire, cet ennui des grandes fonctions si enviées du vulgaire, et souvent si pesantes à ceux qui les exercent.

— Monseigneur veut-il prendre son bain à cette heure ? demanda Dupuis.

— Non, pas à présent.

Et le chevalier, avec l'aide de son valet, revêtit une magnifique robe de chambre de lampas bleu et argent, se fit chausser de petites mules de satin incarnat aussi brodées d'argent, se jeta négligemment dans un vaste fauteuil de bois doré, pour jouir d'un grand feu que les fraîches matinées du printemps rendaient encore nécessaire dans ces appartemens si élevés, et abandonna sa magnifique chevelure aux soins de ses deux valets de chambre coiffeurs.

Monsieur de Rohan, alors dans tout l'éclat de sa beauté, avait trente-trois ans à peine. Comme on a donné un crayon aussi exact que possible de son visage, on n'en dira rien de plus. On ajoutera seulement que sa jambe, son pied, et

surtout ses mains, passaient pour incomparables, et qu'il poussait à un tel point sa coquetterie pour ce dernier avantage, qu'il couchait avec de certains gants préparés par Martial (1), et empreints d'une sorte de composition onctueuse destinée à entretenir la blancheur et l'élasticité de la peau.

L'expression de la figure du chevalier, alors qu'il se leva, était triste, rêveuse, préoccupée ; il se sentait dans cette disposition si commune aux gens nerveux et mélancoliques, où rien ne plaît ni n'agrée, où tout irrite et contrarie ; ses beaux traits étaient pâles et fatigués, et de temps à autre un soupir profond ou un brusque mouvement d'impatience révélaient l'humeur chagrine qui l'aigrissait.

Jamais femme capricieuse ne fit, pour ainsi dire, plus de mines boudeuses, plus de petit soupirs, de hélas ! que le chevalier, pendant qu'on le coiffait et qu'on le rasait devant une magnifique toilette garnie de dentelles, relevées par des bouffettes de rubans ; car les habitudes efféminées des mignons de Henri III semblaient reprendre mode à la cour de Louis XIV, et les voix doucereuses, le parler traînant et inarticulé, étaient redevenus du bel air pour quelques seigneurs.

— Que dit-on de nouveau dans Fontainebleau ? — demanda monsieur de Rohan à Dupuis, qui présidait attentivement à la toilette de son maître.

— Une grande nouvelle, monseigneur ; mais je ne sais si je dois...

— Voyons, parle...

— Mais, monseigneur...

— Parleras-tu ?

— Eh bien ! monseigneur, *le Chasseur noir* a erré toute la nuit dans la forêt, on a entendu le son de sa trompe, et cela présage toujours, dit-on, quelque grand malheur.

— Quel chasseur noir ?

— Comment ! monseigneur n'a pas entendu parler du Chasseur noir, qui n'avait pas reparu dans les bois depuis près de cinquante ans !

— Depuis cinquante ans ! — dit monsieur de Rohan avec une insouciance railleuse ; — il doit être alors d'un âge vénérable, et les archers de la vénerie n'ont guère à redouter la rencontre d'un pareil braconnier dans leurs rondes de nuit.

— Un braconnier ? le Chasseur noir ! — s'écria Dupuis avec une sorte de terreur. — Au fait, monseigneur a raison... oui, c'est un braconnier... mais un terrible braconnier d'âmes !!! qu'il prend dans les piéges infernaux !

— Explique-toi... explique-toi ! — dit vivement monsieur de Rohan, que ces mots ramenaient à ses idées superstitieuses.

— Le Chasseur noir... c'est le malin esprit, monseigneur, — dit Dupuis en se signant.

— Le malin esprit ! quelle idée ! — reprit monsieur de Rohan préoccupé malgré lui. — Tu es fou, Dupuis... mais raconte-moi toujours ce que tu sais à ce sujet, cela me distraira... Voyons ?

— Or donc, monseigneur, mon père, qui a bientôt quatre-vingts ans, était page de monsieur le comte de Soissons, celui-là même qui eut le dernier équipage de chiens gris d'Écosse. Comme page, mon père m'a-t-il raconté, vers le commencement du moi de mai 1599, le roi Henri IV, courant le cerf du côté de la Vente-au-Diable, avait perdu la chasse, lorsqu'il entendit tout à coup derrière lui un bruit de cors et de chiens effrayant à ouïr. Alors le roi envoya monsieur le comte de Soissons voir si c'était bien l'équipage ; mon père suivit monsieur le comte, lorsque soudain un grand homme noir, d'une taille gigantesque, ayant à la main une trompe d'airain toute rougie comme si elle sortait de la fournaise, parut à travers le taillis, et cria d'une voix effroyable, selon monsieur le comte de Soissons : « *M'entendez-vous ?* » Mais mon père, qui avait vu et entendu l'homme noir aussi bien que monsieur le comte

(1) Fameux parfumeur du temps.

de Soissons, m'a dit que le spectre avait crié : « *Amendez-vous,* » ou « *Qu'attendez-vous ?* » mais pas assurément : « *M'entendez-vous ?* »

—Comment! ton père a tout vu, tout entendu ?—demanda le chevalier de Rohan, que ce récit saisissait malgré lui.

— Si bien, monseigneur, que lui et monsieur le comte de Soissons piquèrent des deux, tout épouvantés, et allèrent conter cela au roi, qui revint au château effrayé comme eux, sans avoir retrouvé la chasse ; car, après l'apparition de l'homme noir on n'avait plus rien entendu. (1) Or, remarquez bien ceci, monseigneur, c'est que monsieur le duc de Sully, qui était à écrire dans son cabinet proche le jardin, entendit ce même bruit tout près, tandis que la véritable chasse de veneurs, de chevaux et de chiens humains, et non pas infernaux, avait au contraire pris le parti d'aller vers Massouri, de l'autre côté de la rivière.

Ainsi, dans le même jour, cette chasse mystérieuse du Chasseur noir avait été entendue en deux et probablement en mille endroits à la fois !

— Voilà qui est bien étrange, en effet, —dit monsieur de Rohan tout pensif ; puis il ajouta d'un air d'incrédulité évidemment affectée : — Mais cela est-il véritable... et ne t'a-t-on pas abusé, mon pauvre garçon ?

— Mais, monseigneur, bien que cela soit effrayant, j'en conviens, il n'y a rien que de fort croyable dans cette apparition surnaturelle, car on a vu souvent des spectres pareils dans plusieurs pays. Un de mes grands-oncles, qui était garde-forestier du roi Charles IX, a dit autrefois à mon père qu'il avait vu, pour son malheur, dans la forêt de Lyon, *le spectre fouetteur,* lequel, afin de punir mondit oncle d'avoir tué un braconnier sans lui donner le temps de faire sa prière, l'avait fouetté sur le front d'un coup de sa houssine infernale ; or, monseigneur, ce qui est horrible à penser, c'est que la marque de ce coup, que mon pauvre oncle garda toujours depuis, était, lorsqu'il mourut, aussi vive, aussi saignante que le premier jour où il le reçut de la main damnée du spectre !

Pendant cette narration, monsieur de Rohan était resté rêveur et troublé ; aussi, quand Dupuis eut fini de parler, lui demanda-t-il avec intérêt où on avait entendu *le Chasseur noir* cette nuit.

—Monseigneur, c'est Le Lorrain, un de vos palefreniers de bât, qui, revenant ce matin de Melun, au point du jour, passait, m'a-t-il dit, du côté des bruyères de la Male-Montagne, lorsqu'il entendit un grand bruit de trompe, comme si dix veneurs eussent sonné ensemble, et puis, tout à coup, il vit devant lui un homme vêtu de noir ou de brun, mais haut de dix pieds au moins, monté sur un énorme cheval noir aussi ; alors le Chasseur noir, car ce ne pouvait être que lui, dit au Lorrain d'une voix terrible : « *M'as-tu entendu ?* » Vous le voyez, monseigneur... à peu près les mêmes paroles que le spectre avait dites cinquante ans auparavant à monsieur le comte de Soissons. Le Lorrain se signa et répondit tout en tremblant : « *Oui, monseigneur.* » Alors le spectre noir reprit de sa voix terrible, en fixant sur Le Lorrain des yeux flamboyants : « *Eh bien ! monte en croupe avec moi, conduis-moi chez...* » Vous sentez, monseigneur, que le pauvre Lorrain s'est bien donné de garde d'attendre la fin de cette demande ; les cheveux lui dressaient sur la tête ; heureusement il a eu le courage de sauter une enceinte, en laissant là son mulet, dont il était descendu, puis, se sauvant à travers bois, il est arrivé ce matin dans un état à faire pitié ; mais le plus horrible de cette apparition, monseigneur... c'est que...

A ce moment, Dupuis fut interrompu dans sa narra-

(1) Cette apparition est traditionnelle à Fontainebleau. Tout porte à croire qu'elle est due en partie aux singuliers effets d'acoustique produits par les échos des rochers, qui se renvoient souvent, avec éclat, des sons fort éloignés. Il est aussi probable que quelque hardi braconnier aura exploité la superstition générale afin de faire impunément son métier. Voir l'*Histoire de Fontainebleau,* in-folio, 1656.

tion ; car un valet, ayant gratté à la porte et obtenu la permission d'entrer, dit au chevalier :

— Monseigneur, c'est maître La Fanfare... son cheval est tout blanc d'écume. Il supplie monseigneur de le recevoir, ayant absolument besoin de lui parler pour le service de Sa Majesté.

— La Fanfare ? eh ! que vient-il faire ici au lieu de donner son rapport au gentilhomme de la vénerie ? — dit monsieur de Rohan surpris. Puis il ajouta : — Qu'il entre.

Et La Fanfare, qui se tenait sur les talons du valet de chambre, se présenta aussitôt devant monsieur de Rohan.

Grâce à la vélocité du *Petit-Bon,* dûment encouragée par de fréquens coups de fouet, l'habillement du vieux veneur était dans un étrange désordre ; sa casaque de peau de chèvre semblait se hérisser sur ses épaules ; l'agitation fiévreuse d'une course rapide, les mille réflexions désolantes pour son amour-propre qu'il s'était faites en chemin, avaient exaspéré sa colère au dernier période ; aussi, lorsqu'il se présenta devant monsieur de Rohan, oubliant que celui-ci ignorait la cause de son emportement, ses premiers mots furent :

— Voyez-vous, monseigneur, si la vénerie souffre cette injure du cabinet, elle est déshonorée, tout à fait déshonorée ! ...

Monsieur de Rohan, ne comprenant rien à la fureur de La Fanfare, sourit malgré lui de la figure grotesquement bouleversée de cet ancien serviteur de sa maison, auquel il était fort attaché, et qui avait d'ailleurs cette espèce de liberté de paroles qu'on accorde généralement aux gens de cette condition, les mille événemens et hasards de la chasse amenant une sorte de familiarité inévitable entre le veneur et son maître ; aussi le chevalier dit à La Fanfare :

— Voyons, explique-toi ; de quelle injure veux-tu parler ?

— Ah ! ce ne sera pas long à vous expliquer, monseigneur ; il paraît qu'à l'avenir ce seront les gens de la vénerie qui détourneront les animaux, et que les gens du cabinet les feront courre. Voilà tout ! ...

— Que veux-tu dire ? — s'écria monsieur de Rohan sérieusement étonné.

Et La Fanfare lui raconta la scène du carrefour de la Vente-au-Diable.

— C'est impossible ! — s'écria monsieur de Rohan ; le roi ne le voudrait pas... A la vue de toute la cour... me faire ce sanglant affront ! se servir de son équipage du cabinet pour frapper aux brisées des gens du grand veneur de France ! rabaisser, avilir ainsi une des grandes charges de sa couronne ! Non, non, encore une fois, cela est impossible, cela ne se peut pas ! Et d'ailleurs, pour quelle raison me ferait-il cette mortelle injure ?

— Monsieur le commandant de la vénerie demande si monseigneur peut le recevoir à l'instant même ; il est porteur d'un ordre du roi, — dit Dupuis.

— Qu'il entre à l'instant, — reprit monsieur de Rohan de plus en plus stupéfait.

Le commandant de la vénerie, confirmant le tout à monsieur de Rohan, lui remit une lettre de Colbert, alors chargé du détail de la maison du roi.

Cette lettre était ainsi conçue :

« A monsieur le chevalier de Rohan, grandveneur de » France.

» Monsieur, le roi m'ordonne de vous écrire pour vous » dire qu'il veut qu'on laisse courre aujourd'hui, devant » la meute des chiens de son cabinet, un des animaux dé-» tournés par les gens de sa vénerie.

» Je suis votre affectionné serviteur,

» COLBERT. »

Le chevalier de Rohan froissa ce billet, pâlit extrêmement et ne dit mot. La première expression qui se put lire sur ses traits fut un accablement douloureux ; il courba la tête, et ses yeux humides s'attachèrent machinalement sur la lettre qu'il tenait dans ses mains ; puis, peu à peu, le ressentiment de cette offense si éclatante et véritablement si peu méritée anima son visage, le colora d'indignation ; il se redressa fièrement, se leva, et cette noble figure, rayonnant de colère et d'orgueil, perdant ce qu'elle avait d'efféminé, devint d'un magnifique caractère.

— Monseigneur, quels sont vos ordres ? — demanda le commandant de la vénerie.

— Mes ordres, monsieur ! — s'écria monsieur de Rohan d'une voix ferme et retentissante, bien que légèrement agitée par la colère. — Mes ordres !... les voici ! Que tous les officiers, pages et gentilshommes de la vénerie de Sa Majesté se mettent en grand habit de gala, et montent à cheval ! que tous les veneurs, depuis les premiers piqueurs jusqu'aux derniers, soient en grande livrée et montent à cheval ! que les équipages des toiles et du vautraict (1) s'y joignent ! que tout ce qui m'obéit, enfin, sorte de l'hôtel, se rende en cortége d'apparat au carrefour de la Vente-au-Diable, et m'y attende ! Voilà mes ordres, monsieur, faites-les exécuter à l'instant !

— Mais, monseigneur, — dit en hésitant le commandant de la vénerie, — les ordres du roi sont justement contraires... et sa colère...

— L'honneur d'avoir à redouter la colère de Sa Majesté n'appartient qu'à moi seul, monsieur... votre emploi est de m'obéir.

— Il sera donc fait ainsi que vous l'ordonnez, monseigneur, — dit le commandant, qui sortit suivi de La Fanfare enthousiasmé de l'audace de monsieur de Rohan.

— Allons, maintenant, vous autres ! — dit monsieur de Rohan à ses valets, — çà, mordieu! qu'on m'habille avec magnificence! qu'on sorte mes diamans, mes rubis, mes dentelles de Venise et mes écharpes d'Orient ! Qu'on aille dire à mon écuyer de faire mettre mes pages et mes gentilshommes en habit de cérémonie pour me suivre! Qu'on selle mon cheval barbe, qu'on tresse sa crinière de rubans incarnat, qu'on lui mette ses housses brodées de pierreries et ses rênes d'or... allez !

Puis, saisissant la lettre de Colbert, le chevalier la déchira, la foula aux pieds, et altérant l'ancienne devise de sa maison, il s'écria, avec un geste de menace et de hauteur d'une expression effrayante : « Ah! Roi, prends garde !... ROHAN SUIS ! »

VIII

L'ESTORTUAIRE.

Néron vous écoutait, madame !...
. . . .
(RACINE. — Britannicus, act. III, sc. 8.)

Ce jour-là même, après avoir copieusement dîné de viandes et de pâtisseries selon son habitude, vidé un dernier verre de vin de Champagne glacé, le seul qu'il bût alors, Louis XIV se leva de table et se couvrit; car une bizarre étiquette voulait que, pendant ses repas, lui seul demeurât tête nue, tous les gens de sa cour gardant leur chapeau sur leur tête.

— Mesdames, partons ! — dit-il à madame la duchesse de Lavallière et à madame la marquise de Montespan, qui, en grand habit et fort parées, ainsi que le roi l'exigeait toujours, attendaient la fin de son repas pour accompagner ce prince à la chasse.

Et tout le monde descendit l'escalier tournant du châ-

(1) Équipage du sanglier.

teau qui conduit à la cour, afin d'y prendre les voitures et de se rendre au lieu de l'assemblée.

Madame de Montespan, alors grosse de son premier enfant adultérin, eût fort désiré de ne pas suivre la chasse ; car, bien que placée, ainsi que madame de Lavallière, dans une petite calèche conduite par le roi, cet exercice était très fatigant pour une femme dans sa position ; mais les ordres de Louis XIV étaient formels ; et grosse, souffrante ou malade, il fallait absolument obéir, sa volonté étant implacable à ce sujet; féroce égoïsme qui d'ailleurs ne ménageait pas davantage sa royale famille, car on sait avec quelle insistance cruelle il força plus tard madame la duchesse de Bourgogne de faire deux ou trois voyages de Marly, qui faillirent à tuer cette jeune princesse.

Louis XIV avait alors trente et un ans, l'incomparable et divine beauté de son visage, ainsi que l'inexprimable grandeur et majesté de sa taille, sont choses tellement admises et regardées comme incontestables, qu'on aura sans doute beaucoup de peine à humaniser quelque peu le portrait de ce demi-dieu.

Pourtant, qu'on observe avec attention cette figure régulièrement bellâtre : les yeux sont grands, bien fendus, mais gros et à fleur de tête, ce qui donne au regard une expression fixe et morne ; le front, fort étroit, est fuyant et déprimé, le nez saillant est d'une noble forme, mais les joues sont pleines et rebondies, la mâchoire lourde et empâtée; le menton, légèrement rentré, descend à triple étage sur un cou trop court, tandis que la bouche, assez éloignée du nez, petite, et, comme on dit vulgairement, faite en cœur, donne surtout aux traits de ce prince un grand air de fatuité niaise, prétentieuse et rengorgée.

Enfin, que l'on ôte à ce visage large et coloré l'immense perruque brune, qui véritablement donnait un certain aspect, sinon imposant, au moins sévère et dur, même aux figures les plus communes, et augmentait la taille de deux ou trois pouces ; qu'on abaisse de deux ou t ois autres pouces les talons que Louis XIV portait très hauts, et l'on aura la mesure exacte de la personne du grand roi, qui dépassait à peine cinq pieds.

Évidemment, grâce à la flatterie cynique et effrontée qui n'a pas craint d'affubler ce prince du sobriquet de Grand, on a confondu la perruque, la taille, les talons et le mérite ; aussi demeure-t-il généralement avéré que Louis XIV était un grand monarque, et de grande stature.

Le roi sortit donc le premier de la cour du château. Depuis une heure qu'il avait faite en courant le cerf, il avait peur à cheval, et suivait la chasse dans une manière de soufflet, petite calèche très légère, attelée de deux vigoureux chevaux percherons de taille moyenne et de poil blanc truité de bai, robe bizarre que Colbert, d'après les ordres du roi, tâchait de conserver pure dans les haras, dont il avait la surintendance.

Cette voiture découverte, à caisse dorée et à train rouge, que Louis XIV menait lui-même du haut du siége, ne contenait que deux places, alors occupées par mesdames de Lavallière et de Montespan ; à l'entour, mais assez éloignés, se tenaient le capitaine des gardes en service auprès du roi, le premier écuyer, ordinairement le grand veneur; puis des pages, des gentilshommes : enfin venait le gros des courtisans, ainsi que les voitures de suite ; le tout escorté de gardes du corps, de mousquetaires, et d'archers de la vénerie vêtus de bleu et d'écarlate.

Louis XIV était d'une humeur des plus fâcheuses ; il n'avait pas dormi, ayant passé une partie de la nuit dans la logette que l'on sait ; aussi ses yeux à fleur de tête étaient-ils rouges et gros, son teint marbré, ses traits soucieux; enfin sa barbe, qui depuis la veille pointait drue et bien fournie, donnait à son visage un air messéant de malpropreté ; tandis que la digestion laborieuse de l'abondant repas qu'il venait de faire le plongeait dans une sorte de torpeur irritable et hargneuse qui, lui ôtant toute envie de causer avec ses maîtresses, ne lui laissait que les facultés nécessaires pour conduire ses deux chevaux, et les fouailler rudement lorsqu'ils n'allaient pas à sa guise. Il portait une perruque courte, un chapeau bordé de point d'Espagne, et son habit de chasse ou d'*équipage* (1) bleu doublé d'écarlate, avec un galon d'or entre deux galons d'argent courant sur les tailles.

D'après les ordres du roi, mesdames de Lavallière et de Montespan occupaient le fond de sa voiture, et en vérité ce fait seul suffirait à prouver que si les lâches méchancetés de Louis XIV n'étaient pas calculées, il fallait qu'il fût alors d'une rare stupidité ou d'une inconcevable sécheresse de cœur pour ne pas comprendre tout ce qu'un pareil rapprochement devait avoir d'odieux et de navrant pour ces deux femmes, surtout pour la malheureuse Lavallière, qui, résignée, douce, inoffensive et sans aucune repartie, non-seulement voyait son règne finir, mais était encore obligée de supporter les hauteurs et les sarcasmes amers d'une rivale altière, insolente, et douée surtout de l'esprit le plus cruellement satirique et moqueur.

Louis XIV avait si peu l'habitude de déguiser son irritation aux yeux de ceux qui étaient obligés d'en supporter les conséquences, qu'en montant en voiture ses deux maîtresses s'aperçurent facilement qu'il était d'une effroyable humeur. Selon son habitude, madame de Montespan sembla ne pas s'en douter, tandis que madame de Lavallière, prévoyant que toutes les suites de la mauvaise disposition du roi retomberaient sur elle, était d'une grande tristesse; aussi quel étrange contraste entre l'aspect de ces deux femmes!

Madame de Montespan, fort parée, épanouie, rayonnante, ses beaux cheveux blonds frisés à la hurluberlu, les joues roses et animées, le regard noir, vif et hardi, vêtue d'une robe de tabis bleu céleste, à crevés de satin blanc qui laissaient lutter avec la neige éblouissante de ses larges épaules; madame de Montespan occupait fièrement la droite de la voiture, et son embonpoint, encore augmenté par sa grossesse, ne laissait que bien peu de place à la pauvre mademoiselle de Lavallière, qui, se tenant modestement à gauche, se serrait le plus possible contre la paroi de la voiture pour ne pas gêner sa compagne et échapper à ses aigres et mordantes récriminations. La maigreur de cette malheureuse femme, que la sombre couleur de sa robe feuille-morte garnie de rubans soucis faisait ressortir davantage, était effrayante. Enfin, sa pâleur, ses traits fatigués et flétris par les larmes solitaires qu'elle versait en pensant aux temps qui n'étaient plus, disaient assez l'orgueilleux triomphe de sa rivale et l'incroyable dureté de Louis XIV à son égard.

Le lieu de l'assemblée étant assez éloigné du château, la route qui y conduisait, bien que fort belle et sablonneuse comme tous les chemins de la forêt, si sillonnait quelquefois de profondes ornières. La calèche, que le roi conduisait fort vite, très mal suspendue, comme toutes les voitures d'alors, était d'une horrible dureté; aussi, recevant la secousse d'un violent cahot, madame de Montespan s'écria : « Ah! de grâce, sire, n'allez pas si vite! »

Un coup de fouet, vigoureusement appliqué à l'un des chevaux, fut toute la réponse du roi.

Madame de Montespan ne put réprimer un mouvement de douleur et de colère, son front se plissa quelque peu... Mais sentant que paraître affectée de cette brutalité, devant mademoiselle de Lavallière, serait y voir une intention qu'il n'était pas de son amour-propre de supposer au roi, l'impérieuse marquise reprit aussitôt son air souriant et radieux.

Mademoiselle de Lavallière, bonne et naïve, sentant tout ce que madame de Montespan avait dû souffrir de ce choc, lui dit timidement, en levant sur elle ses beaux yeux bleus, encore agrandis par la maigreur de son visage et par la crainte : « Puisque ces secousses vous font tant de mal, madame, voulez-vous vous appuyer sur moi, je tâcherai de vous les éviter ou de vous les rendre moins douloureuses? »

(1) Les seules personnes invitées par le roi à ses chasses pouvaient porter cet habit.

Mais l'altière marquise avait trop ressenti le cruel procédé du roi pour ne pas saisir l'occasion de faire supporter à sa rivale la réaction d'une colère jusque-là contrainte; aussi répondit-elle aigrement à la douce Lavallière : « Je vous rends grâce de votre appui, mademoiselle, bien qu'à cette heure il boite terriblement, dit-on! »

Cette double et cruelle injure à une infirmité naturelle et à une affreuse douleur de l'âme arracha une larme silencieuse à mademoiselle de Lavallière, larme amère et brûlante qu'elle dévora en mettant aussitôt sur son visage le masque de velours qu'elle tenait à la main.

On arrivait enfin au lieu de l'assemblée; malgré lui, Louis XIV redoutait quelque scène inattendue de la part de monsieur de Rohan, dont il connaissait le caractère irritable et emporté, car il n'avait reçu aucune plainte, aucune réclamation du chevalier à propos du nouvel ordre qu'il lui avait fait signifier par Colbert, ordre aussi outrageux qu'humiliant, en cela que, sans aucune raison apparente, Louis XIV faisait commencer la chasse et en remplir, pour ainsi dire, les fonctions les plus pénibles et les plus laborieuses par le grand veneur, un des plus grands seigneurs de France, exerçant une des plus hautes charges de la couronne, et puis, qu'à la face de toute la cour, il réservait l'honneur de l'emploi à un gentilhomme titré, mais seulement chef d'un équipage particulier, fondé pour récompenser les services d'un valet de chambre de Louis XIII.

A ce propos, quelques réflexions sont nécessaires. Généralement on rit fort dédaigneusement de la grave importance attachée à des *riens* par l'étiquette ou les gens de cour. Ce superbe mépris est véritablement déraisonnable, parce que, pour connaître sainement ces choses, il faut se mettre au point de vue des gens desquels on se pose le juge. Or, ces riens dont on parle sont toujours un symbole d'autorité, de privilège ou de préséance : partant, résument et représentent ce qu'il y a de plus vivace et de plus irritable dans le cœur de l'homme, *l'orgueil* et *l'égoïsme*. Or, lorsqu'il s'agit de ces sentiments et de leur implacable réaction, on doit plutôt trembler, si l'on songe aux suites effrayantes que peuvent avoir cet orgueil et cet égoïsme une fois blessés ou exaltés outre mesure; encore une fois, c'est le point de vue moral, humain, qu'il faut admettre avant tout.

Ainsi, dans la scène suivante, sait-on bien ce qui va presque décider de l'avenir de monsieur de Rohan? ce qui, pendant quelques minutes, va épouvanter la cour de France et tenir Louis XIV.... Louis XIV, le roi despote et absolu, dans une cruelle perplexité? Sait-on ce qui peut commencer entre une lutte violente entre le roi et son sujet révolté?... le sait-on?... c'est l'acceptation ou le refus, de la part du roi, d'une misérable baguette de coudrier.

En un mot, dès que la cour arrivait au lieu de l'assemblée, le grand veneur s'approchait du roi, et, selon le privilège de sa charge, au moment du *laisser-courre*, lui remettait une baguette de coudrier de deux pieds de long, destinée à écarter les branches d'arbres pendant la chasse. Cette baguette s'appelait L'ESTORTUAIRE. De même aussi, lors de la mort du cerf, le devoir du grand veneur était d'en offrir le pied au roi.

Sans doute, rien de plus puéril, dès l'abord, que l'offre de cette baguette et de ce pied, et pourtant, selon les règles du cérémonial de la vénerie, le droit de remettre directement au prince ces espèces de symboles des deux actes qui ouvrent et terminent une chasse (le laisser-courre et la mort), était une marque de suprématie d'emploi aussi significative pour le grand veneur que le peut être une épaulette pour un militaire, ou le droit de se couvrir pour un président de cour suprême.

Ainsi, dans l'hypothèse où monsieur de Rohan verrait le roi, à la face de toute la cour, refusant l'estortuaire qu'il lui présenterait, en accepter un des mains d'un officier subalterne, le grand veneur ne devait-il pas se trouver mortellement insulté? Et sans comparer ici la position des offensés, mais seulement l'offense en elle-même, monsieur de Rohan, traité de la sorte, n'était-il pas dans la position du général d'armée qui, ayant tout disposé pour l'attaque, s'approcherait du roi pour lui demander ses derniers ordres, et verrait le prince, sans lui répondre, ordonner à un officier inférieur de prendre le commandement des troupes !

Enfin, la calèche du roi, tournant à gauche de la route de Thomery, prit un des chemins qui aboutissaient au carrefour de la Vente-au-Diable.

En voyant de loin la foule qui encombrait le carrefour, la figure du roi se rembrunit encore, car il pressentait, avec une anxiété colère, quelque scène imprévue ; un des traits prononcés du caractère de ce prince, tout d'emprunt et d'apparat, étant, ainsi qu'il le disait lui-même, d'*abhorrer d'entendre ce à quoi il n'était pas préparé à répondre.*

Lorsque la calèche fut à vingt pas du carrefour, Louis XIV frémit.... car il aperçut, au contraire de ses ordres, tous les équipages de sa vénerie en grand habit de gala, occupant un des côtés de ce large rond-point ; un moment il diminua l'allure de ses chevaux, comme s'il eût pensé à éviter l'entrevue qu'il redoutait ; mais paraissant bientôt prendre une détermination plus entière, il fouetta son attelage d'un air résolu, arriva rapidement au milieu du carrefour, et rangea sa voiture au pied du poteau.

Pour les spectateurs, l'apparition de Louis XIV fut loin d'être triomphante et pompeuse ; ce roi, pourpre de colère, peu soigné, aux yeux alourdis par une laborieuse digestion, entrant au trot de deux petits chevaux qu'il menait lui-même, et traînant dans sa calèche ses deux maîtresses, dont l'une était maigre, pâle et boiteuse, tandis que l'autre était grosse et d'un extrême embonpoint ; ce grand roi, vu de la sorte, en pareil équipage, sentait alors, il faut le dire, fort peu *son demi-dieu*, et offrait de plus un étrange contraste avec l'attitude et la magnificence de monsieur de Rohan.... comme si un hasard fatal avait voulu pousser à l'extrême ce parallèle si outrageant pour l'orgueil du roi, et d'un triomphe si funeste pour le grand veneur.

On conçoit quelle dut être l'émotion profonde et l'effrayant silence qui régna tout à coup dans la foule des courtisans, instruits des ordres donnés par le roi pour substituer le service de monsieur de Villarceaux à celui de monsieur de Rohan, lorsqu'on vit s'approcher enfin le dénoûment de cette scène extraordinaire.

Au pied du poteau était donc Louis XIV en calèche, et derrière lui les gens de sa cour. A gauche, dans le carrefour, monsieur de Villarceaux-Mornay, à la tête des chiens du cabinet, et à droite monsieur de Rohan, à cheval, à la tête de l'immense personnel de la vénerie en équipage d'apparat.

Le carrefour étant fort large, il restait une belle pelouse verte inondée de soleil, et d'environ cinquante pas, entre la calèche du roi et monsieur de Rohan.

Voyant la calèche arrêtée, le grand veneur s'avança.

Jamais peut-être monsieur de Rohan n'avait été plus beau : la haine, la colère, l'orgueil, l'émotion involontaire qu'il éprouvait en pensant à l'effrayante gravité de la démarche où il s'était engagé, et qui allait peut-être le jeter dans un abîme de malheurs incalculables, tout donnait à ses traits enchanteurs, légèrement colorés, une rare expression de tristesse, d'audace et de fierté. Sur son front éclatait enfin, aussi effrayante qu'admirable à voir, cette résolution suprême et fatale de l'homme qui, d'un mot, va jouer son avenir et sa vie.

Il s'avança donc à cheval dans cette zone de lumière éblouissante qui le séparait du roi. Il était coiffé d'un large feutre noir à galons d'or et à longues plumes blanches ; ses beaux cheveux cachaient à demi son col de point de Venise, élégamment rabattu sur son habit d'équipage bleu clair, doublé d'écarlate, avec une dentelle d'or mêlée d'argent courant sur toutes les coutures. Rien de plus splendide que ce costume d'apparat, car les boutons du justaucorps, l'agrafe du ceinturon brodé qui serrait la délicieuse taille du chevalier, et jusqu'à la poignée d'or de

son couteau de chasse à fourreau de velours bleu, tout étincelait de rubis et de diamans qui resplendissaient à l'ardent soleil de midi.

Mais ce qui paraissait non moins incomparable que la grâce avec laquelle le grand veneur maniait son cheval, qu'il approchait lentement de la calèche du roi par de souples courbettes, c'était le liant et la beauté de ce superbe animal.

Il s'appelait Selim, était barbe de race et d'une blancheur éblouissante ; seulement, le tour de ses grands yeux noirs, saillans et hardis, ainsi que ses naseaux bien ouverts, étant d'un gris bleu très foncé, marquaient admirablement sa petite tête blanche, mutine, carrée, pleine de caractère et de feu, fièrement attachée à son col plat et veiné, qui s'élançait élégamment d'un garrot aussi prononcé que l'épaule était sèche, nerveuse, et la poitrine profonde ; contours enchanteurs, tracés d'ailleurs par le ruban incarnat qui, serrant en tresse la crinière à sa naissance, dessinait ainsi une partie de cette ligne, d'une pureté si rare, qui commence au col et finit aux hanches, et est aux chevaux ce que la ligne serpentine est aux femmes ! Quant à ses reins courts et larges, on devinait leur robuste élasticité sous les broderies d'or de la housse de velours écarlate qui les cachait, tandis que le soleil miroitait çà et là de vifs reflets d'argent sur la robe satinée de ce bel animal.

Et Selim, secouant la tête, aspirant l'air avec une fiévreuse impatience, courbant son col comme le col d'un cygne, jetant au vent le blanc panache de sa queue, dont l'extrémité était teinte de pourpre (1) et qu'il déployait fièrement comme une enseigne orientale, comprimant à peine l'impétueux ressort de ses hanches, semblait frémir et bondir sous lui, pour se soumettre à l'allure lente et cadencée que lui imposait son cavalier.

Rassemblant dans sa main gauche, couverte d'un gant de daim brodé, les rênes d'or que son cheval couvrait d'écume en mâchant l'acier de son mors damasquiné, monsieur de Rohan s'avançait donc, tenant de sa main droite, qui parmi des flots de dentelles sortait nue, petite et blanche, d'un large parement d'or et d'incarnat ; tenant, dis-je, de sa main respectueusement dégantée, l'*estortuaire* qu'il devait offrir au roi, le grand veneur s'avançait, appuyant le manche de cette baguette sur sa cuisse droite, dont l'élégant et fin contour se dessinait sous l'écarlate de son haut-de-chausses ; enfin, approchant sa botte noire et luisante du flanc intelligent de son cheval, et l'effleurant de ses éperons d'or, le grand veneur lui fit faire une dernière courbette qui le mit à la portière du carrosse de Louis XIV.

Une espèce de frémissement sourd parcourut alors la foule inquiète, qui, depuis quelques instans, admirait la grâce majestueuse avec laquelle le chevalier avait traversé l'espace qui le séparait du roi.

Par un mouvement involontaire, Louis XIV serra dans sa main le manche de son fouet, se raffermit sur son siége, et, plissant ses sourcils, attendit le grand veneur avec assez de fermeté, pendant que mesdames de Montespan et de Lavallière, afin de cacher aux regards curieux des courtisans l'expression de leurs traits pendant cette scène, mirent leurs masques de velours noir, semblant ainsi vouloir se préserver de l'ardeur du soleil.

Monsieur de Rohan, calme et pâle, prenant donc l'*estortuaire* par le bout, en offrit respectueusement la poignée au roi, après l'avoir profondément salué, et lui dit :

— Sire, j'attends les ordres de Votre Majesté pour le laisser-courre.

Le roi ne prit pas l'*estortuaire*, et répondit d'une voix altérée par l'embarras et le courroux :

— Monsieur de Rohan, j'avais ordonné à monsieur de Colbert de vous faire savoir ma volonté... je le blâmerai sévèrement de ne m'avoir pas obéi.

_____

(1) Les Arabes teignaient alors, ainsi qu'ils le font encore quelquefois, l'extrémité de la queue de leurs chevaux, soit de noir, seit de pourpre, à une hauteur de six pouces environ.

— Il vous a obéi, sire ; mais c'est moi qui, sûr de n'avoir jamais démérité de Votre Majesté depuis que j'ai l'honneur de la servir, n'ai pas cru que telle fût votre suprême volonté, sire ! car, j'osa l'espérer encore, Votre Majesté ne voudra pas flétrir d'un pareil affront un des grands officiers de sa couronne.

— Monsieur de Rohan, apprenez que je ne dois compte de mes volontés à personne, et que le devoir de mes sujets, et surtout des serviteurs de ma maison, est de s'y soumettre aveuglément.

Bien qu'aux yeux de la cour attentive ce dialogue entre Louis XIV et le grand veneur semblât calme en apparence, on y sentait sourdre une âpre colère, comprimée chez le roi par la dignité théâtrale de son rang, à laquelle il ne faillit que rarement, et chez le chevalier par le respect inné de la majesté royale et la conscience de l'effrayante témérité de sa démarche.

— Sire, — reprit le grand veneur avec un sentiment d'irritation et de fierté causé par les derniers mots de Louis XIV, — la *maison de Rohan*, qui compte tant d'alliances souveraines, s'est toujours tenue profondément heureuse et honorée de pouvoir servir la *maison de Bourbon*, et c'est au nom des services rendus par *ma maison à la vôtre*, sire, que j'ose venir réclamer de Votre Majesté la justice qui m'est due, et qu'elle ne voudra pas, sans doute, me refuser.

— Monsieur de Rohan, je ne vous comprends pas, — répondit le roi d'un air distrait, en agitant machinalement son fouet, et paraissant combattre un mouvement d'hésitation.

— Eh bien ! sire, — dit le chevalier en élevant la voix, mais se contenant encore, — je vais tâcher de me faire comprendre de Votre Majesté : hier, sire, moi grand veneur de France, j'ai reçu les ordres de Votre Majesté pour la chasse d'aujourd'hui. Je me suis occupé d'assurer les plaisirs de Votre Majesté, et maintenant, sire, vous m'ordonnez d'abandonner mes droits les plus précieux à l'un de vos officiers particuliers ; eh bien ! sire, c'est de ceci que je demande justice à Votre Majesté, justice qu'elle me fera en acceptant l'*estortuaire* que j'ai l'honneur de lui présenter, et en me commandant de faire courre la meute de la vénerie royale. Maintenant, sire, oserai-je croire que Votre Majesté a daigné me comprendre ?

Il était difficile d'éluder une question posée de la sorte ; aussi Louis XIV voulant, sans y répondre directement, terminer cette scène embarrassante, dit à haute voix à monsieur de Villarceaux, qui s'était peu à peu rapproché, et tenait à la main l'*estortuaire* :

— Monsieur de Villarceaux, faites rentrer les équipages de ma vénerie à l'hôtel du Chenil, et donnez-moi ce bâton. Je verrai courre avec la meute du cabinet. — Puis, ce disant, le roi prit l'*estortuaire* des mains de monsieur de Villarceaux, et ajouta : — Allons, messieurs, partons!

Cette réponse indirecte à sa réclamation était si offensante et tellement significative pour monsieur de Rohan, que, perdant toute mesure, sans arrêter précisément le carrosse du roi, le grand veneur s'en rapprocha tellement, que Louis XIV n'aurait pu faire un pas de plus sans le blesser ; laissant alors tomber ses rênes sur le col de son cheval, monsieur de Rohan s'écria d'une voix éclatante, en prenant l'*estortuaire* par les deux bouts :

— Sire ! puisque Votre Majesté refuse ici la justice qui m'est due ; puisque j'ai le malheur de déplaire assez à Votre Majesté pour qu'elle me traite aussi cruellement à la face de tous, moi gentilhomme qui ne puis souffrir cet affront et me taire.... eh bien ! sire, que de ce jour tout lien entre ma maison et la vôtre soit à jamais rompu comme je brise ce bâton!.... — Et le grand veneur, cassant l'*estortuaire* sur sa cuisse, jeta fièrement ses débris sous les roues de la calèche du roi ; puis, tournant son cheval du côté des équipages de la vénerie, il prit à l'arçon de sa selle une bourse d'or, qu'il lança à ses gens, en leur disant : — Adieu, mes amis.... Voici pour boire à la santé de Sa Majesté!

— Monsieur ! — s'écria Louis XIV en se levant à demi,

d'un air menaçant ; mais réfléchissant bientôt qu'après tout cette sortie du chevalier comblait ses vœux, le roi ajouta avec sang-froid, en se rengorgeant sur son siége :

— Monsieur de Rohan, votre démission de la charge de grand veneur de France est et demeure acceptée. — Puis, donnant un coup de fouet à ses chevaux, Louis XIV dit à monsieur de Villarceaux : — Partons, monsieur.

Et la cour, suivant la calèche royale, passa presque tout entière sous les yeux du chevalier de Rohan, qui, restant enfin seul dans le carrefour, éperonna *Selim*, et disparut bientôt dans une des sombres allées de la forêt.

Bien que cachées sous leur masque, mesdames de Lavallière et de Montespan n'étaient pas restées sans prendre part à la scène qu'on vient de décrire, et cela pour deux motifs bien différens. La première, malgré son opiniâtre douceur de caractère et son excessive humilité, qui lui faisait endurer si patiemment les sarcasmes amers dont l'accablait sans pitié son impérieuse rivale, madame de Lavallière, dis-je, ne pouvait s'empêcher d'être intérieurement satisfaite de cette explosion de la colère du roi contre monsieur de Rohan, qu'on savait avoir été l'amant de la marquise ; car madame de Lavallière connaissait par expérience avec quelle dureté Louis XIV la traitait lorsque le hasard amenait à la pensée de ce prince le souvenir du malheureux Fouquet, qui paya si cher ses tentatives auprès d'elle ; ou bien encore l'irritation du roi à propos d'un certain Bragelonne que la pauvre femme avait aussi aimé, alors qu'elle était fille d'honneur de madame la duchesse d'Orléans.

Quant à madame de Montespan, quoiqu'elle ne comprît pas la signification des regards irrités qu'involontairement Louis XIV avait jetés parfois sur elle pendant son entretien avec monsieur de Rohan, elle était néanmoins sérieusement affectée de cette scène, parce qu'elle prévoyait une longue suite de jours maussades, tristes et fâcheux, qui devaient durer jusqu'à ce que la fureur du roi contre monsieur de Rohan fût calmée, fureur dont elle ne pouvait d'ailleurs s'expliquer la recrudescence.

La chasse commença donc ; heureusement pour les plaisirs du roi, les ordres donnés par La Fanfare n'avaient pas été remplis, et *son cerf*, ainsi qu'il disait, fut attaqué par la meute du cabinet ; on le laissa courre, et Louis XIV, qui suivait la chasse en voiture, allait, dirigé par monsieur de Saint-Herem, capitaine de la forêt, de carrefour en carrefour, pour voir le cerf sauter les enceintes et traverser les allées.

Arrivé au carrefour des *Bruyères noires*, le roi arrêta sa calèche, et les officiers ou gentilshommes qui l'entouraient reculèrent assez leurs chevaux pour que le roi eût la liberté de s'entretenir avec les femmes qui étaient dans son carrosse, sans être entendu.

Aux mouvemens d'impatience que Louis XIV ne pouvait contenir, on voyait qu'il avait une rude envie de quereller ses maîtresses, mais qu'il ne savait trop comment engager la discussion, ne pouvant ni ne voulant leur laisser pénétrer que sa colère venait surtout des confidences qu'il avait surprises dans la chambre des filles d'honneur, et que sa haine et sa jalousie contre monsieur de Rohan étaient le premier mobile de cette humeur si furieusement chagrine.

De leur côté, mesdames de Lavallière et de Montespan, voyant Louis XIV dans une disposition aussi irritable, ne disaient mot, regardaient les arbres ou la route, et attendaient opiniâtrement que le roi rompît le premier silence.

— Il faut avouer, — dit enfin Louis XIV en se retournant sur le siége de sa calèche de façon à pouvoir regarder ses deux maîtresses, mais sans s'adresser directement à aucune d'elles, et abattant machinalement quelques feuilles avec la mèche de son fouet ; — il faut avouer que si quelque chose peut faire oublier la rare impertinence de l'action de monsieur de Rohan... que je devrais d'ailleurs châtier comme il le mérite !... c'est la pensée que je suis enfin délivré de ses services, qui m'étaient devenus si odieux et si pesans ! — Les deux femmes se turent et répondirent seulement par un signe de tête presque affirmatif. Le roi fit un geste d'impatience, et continua avec une expression d'aigreur jalouse mal dissimulée :—Cette disgrâce va sans doute coûter bien des larmes aux maîtresses de ce magnifique et galant mignon ?... Car il n'a, dit-on, qu'à paraître et à parler pour réduire les plus cruelles par ses airs de muguet et de femmelette, ou par son précieux phébus (1) ! — Comme ses maîtresses s'opiniâtraient de plus en plus dans leur mutisme, sans plus longtemps déguiser sa colère, Louis XIV dit durement, s'adressant toujours aux deux femmes.—Et voilà pourtant où mènent l'orgueil, l'insolence et la présomption jointes à la débauche et à l'impiété ! Mais, bon Dieu ! — ajouta-t-il avec une fureur toujours croissante, — bon Dieu ! à qui la faute ? qui exaspère ainsi la superbe de ces glorieux ? les femmes !... Oui, mesdames, les femmes !... les femmes sans vergogne, qui, par de honteuses faiblesses, exaltent l'amour-propre de ces insolens-là ! leur font oublier qu'ils ne sont ni ne doivent être autre chose que des serviteurs soumis !... Entendez-vous, mesdames ?... Je vous le répète, ce sont les femmes qui, par ces sottes et basses adulations, les conduisent ainsi à leur perte... à leur perte, tel que cet impudent Fouquet... entendez-vous, mademoiselle de Lavallière ! à leur perte... comme ira sûrement ce débauché, cet impie de monsieur de Rohan... entendez-vous, madame la marquise de Montespan !...

A ces mots, qui prouvaient évidemment que le roi perdait toute mesure, la douce Lavallière répondit par une larme silencieuse ; mais madame de Montespan, sentant le naturel taquin et impérieux de son caractère se révolter en elle, reprit à dessein, d'un air à la fois railleur et dégagé qui exaspéra Louis XIV.

— Ah ! sire !... Votre Majesté croit-elle donc que nous autres pauvres femmes nous puissions pervertir les hommes à ce point-là ? En vérité, Votre Majesté me permettra de ne pas être le moins du monde de son avis, car je trouve au contraire, moi, que les louanges des femmes exaltent le cœur, et qu'une conséquence de la belle galanterie est de rendre plus désireux de la vraie gloire ; aussi, si je ne craignais d'accorder trop à notre sexe, sire, aux dépens du vôtre, je dirais au contraire à Votre Majesté que les hommes nous doivent leurs plus éclatans triomphes et leurs plus magnifiques inspirations.

— Et puis, sire, — hasarda timidement madame de Lavallière, — il est si doux d'admirer celui qu'on aime !

Louis XIV ne se possédait pas, car se trouvant dans une aigre disposition d'esprit, il était furieux de s'entendre répondre avec autant de calme aux duretés qu'il avait dites ; aussi, secouant sa perruque d'un air menaçant, il reprit, en s'animant de plus en plus :

— Et je vous dis, moi, mesdames, puisqu'il faut parler net, que les femmes conduisent souvent les hommes à leur perte, parce que certaines femmes, assez éhontées pour accorder les mêmes faveurs aux valets qu'aux maîtres, amènent naturellement les valets à se mettre, à se croire au rang de leur maître, mais aussi qu'arrive-t-il ? que fait-on ? on chasse les valets insolens ! on les enferme, on les châtie, comme j'ai châtié monsieur Fouquet, et comme je châtierai monsieur de Rohan, s'il n'y prend garde.

Et les traits du roi, ordinairement d'une expression assez insignifiante, prirent un rare caractère de méchanceté en examinant avec attention le visage des deux femmes, pour surprendre quelques-unes de leurs émotions.

Mademoiselle de Lavallière rabaissa sa coiffe et continua de pleurer, tandis que madame de Montespan, de l'air le plus calme et le plus dédaigneux, ôta négligemment un de ses gants parfumés, et de sa belle main blanche prit dans une boîte d'or quelques pastilles qu'elle mangea, en disant toute riante :

— Mais savez-vous bien, sire, que ce serait accorder beaucoup à notre pauvre sexe de perdition, que de lui reconnaître cette merveilleuse puissance ? Comment ! sire, nous pourrions égaliser tellement les états par nos bontés,

(1) Langage affecté.

que le maître en viendrait à élever le valet jusqu'à soi, et même au-dessus de soi, en le punissant d'un bonheur qu'il jalouserait, lui, le maître omnipotent ?

— Je ne me paye pas de ce jargon précieux ! — s'écria Louis XIV en interrompant madame de Montespan ; — et puisque les ménagemens que j'emploie ne me servent de rien, et qu'il faut, comme on dit, *mettre les points sur les i*, je vous ordonne de me dire, madame, ce que vous pensez de la conduite de monsieur de Rohan ?

— Ah ! sire, — dit avec tout plein de grâce madame de Montespan, qui persistait à ne point vouloir s'apercevoir du courroux de son royal amant ; — ah ! sire, comment descendez-vous à ordonner, lorsque vous pouvez prier ?

— Encore une fois, cela n'est pas répondre, madame ! — dit Louis XIV, outré d'impatience et de colère. — Je vous demande, moi, si, malgré tout le mal apparent que vous m'avez dit de monsieur de Rohan pour éloigner mes soupçons, je vous demande, madame, si votre tendre cœur ne se saigne pas cruellement de voir ce fin cavalier sans aucune charge maintenant, et plus qu'à moitié ruiné, vous qui l'avez si tendrement aimé, madame ; vous, —ajouta le roi en accentuant ce qui suit avec une lenteur étudiée : —vous, madame, qui lors du premier aveu que vous fîtes à monsieur de Rohan... après certain médianoche au château de Saint-Germain, avez inspiré à ce glorieux je ne sais quelle fadeur qu'il vous dit impertinemment en jetant au vent une poignée de pierreries ! Me comprenez-vous, à cette heure, madame ?... me comprenez-vous ?

Madame de Montespan, outrée de s'entendre faire un tel reproche devant sa rivale, et un moment stupéfaite de voir le roi aussi bien instruit, reprit bientôt, avec cette hauteur et ce sang-froid ironique qui l'abandonnaient rarement :

— Il m'est pénible de vous avouer, sire, que je ne comprends pas absolument le sens des paroles de Votre Majesté ; je sais que monsieur le chevalier de Rohan, malheureusement pour lui, a jeté, dit-on, au vent beaucoup de richesses... et si l'allusion de Votre Majesté se rapporte à cette folle prodigalité, je la trouve la plus jolie du monde ; mais quant à l'amour qu'on me suppose avoir eu pour monsieur de Rohan, quant à ces belles imaginations de médianoches, d'aveu, que sais-je encore ! ce sont des fables dont je ne saisis point la moralité, sire... Mais ne dit-on pas aussi, —ajouta madame de Montespan en jetant sur madame de Lavallière un regard acéré où brillait une malice infernale, —ne dit-on pas aussi qu'on a trouvé dans la cassette de monsieur de Rohan quelques-unes de mes lettres, ou bien le détail du prix dont il voulait payer ma défaite !... Ne parle-t-on pas aussi d'une écharpe que je lui aurais autrefois amoureusement brodée de mes propres mains ? Mon Dieu ! sire, ces détails sont si piquans et si nouveaux, qu'on ne saurait s'en être fait faute ; car il n'importe à ces bonnes âmes que tant de calomnies soient mensongères, pourvu qu'elles soient outrageusement scandaleuses et offensantes pour Votre Majesté !

Par une ruse aussi odieuse qu'habile, madame de Montespan avait tâché de déplacer de la sorte le courroux de Louis XIV, et d'en faire tomber tout le poids sur mademoiselle de Lavallière, en rappelant ainsi méchamment à la mémoire du roi les lettres trouvées dans la cassette de Fouquet, et une malencontreuse écharpe autrefois donnée par mademoiselle de Lavallière à ce Bragelonne dont on a déjà parlé.

Comme ces faits avaient été matériellement et publiquement avérés, l'adroite marquise pensait, non sans raison, que leur souvenir devait être au moins aussi poignant pour Louis XIV que le ressentiment des soupçons qu'il venait d'avoir contre monsieur de Rohan ; car la scène de Saint-Germain s'étant passée secrètement entre le chevalier et madame de Montespan, cette dernière pouvait opiniâtrement tout nier, sans crainte d'être jamais démentie, tandis qu'au contraire mademoiselle de Lavallière, ayant été évidemment convaincue de ces terribles antécédens, n'avait pas le même avantage.

Ce calcul ne trompa pas madame de Montespan, car, le roi, charmé de pouvoir épancher sa colère sans avoir à redouter la hauteur ou l'indifférence moqueuse de la marquise, se tourna vers mademoiselle de Lavallière, et lui dit durement en la regardant en face :

— De fait, si certaines fautes sont sinon excusables, du moins malheureusement concevables chez des personnes que le feu et la vivacité de leur esprit peuvent entraîner, il n'en va pas ainsi pour d'autres personnes... Celles-là, n'ayant pas les mêmes excuses, devraient au moins tâcher de faire oublier la pesanteur et l'ennui qu'elles causent par une conduite irréprochable ; mais non ! on fait apparemment la doucereuse, la pleureuse ; et puis, secrètement, ce sont des amours obscures, des dons amoureux faits sans rougir à des gens de peu ou de rien ; des tentatives honteuses que l'on supporte, si toutefois encore... on ne les a pas provoquées.

— Ah ! sire, mon Dieu ! quel beau cerf ! — s'écria tout à coup madame de Montespan, qui, ravie d'avoir ainsi détourné l'humeur du roi sur sa rivale, voulait intéresser Louis XIV à la chasse, pour rompre un fâcheux cours d'idées qui pouvaient bien porter ce prince à de nouvelles récriminations contre elle-même, lorsqu'il aurait épuisé ses reproches à mademoiselle de Lavallière.

A l'exclamation de madame de Montespan, Louis XIV tourna la tête et observa la route, laissant en paix mademoiselle de Lavallière, qui, sans répondre un mot aux cruelles paroles qu'elle venait d'entendre, n'avait pu que pâlir et étouffer ses sanglots sous son masque et son mouchoir.

En effet, le cerf, qui s'en allait fuyant d'une enceinte dans une autre, venait de sauter la route, d'une pente assez rapide en cet endroit ; il avait beaucoup d'avance sur la meute, car quelque temps se passa avant que la tête des chiens ne parût sur sa voie, bien qu'on entendît au loin leurs cris répétés et retentissans, tantôt appuyés par une trompe d'une marche peu commune, qui sonnait des *Bien-allez* (1), tantôt par ce cri de chasse qu'une voix de stentor aussi pleine que perçante accentuait savamment : « *Il va là haut ! ha haut ! d... ô... coute à la voie, valais, d... ô... coute* (2) ! »

Enfin, les premiers chiens de tête parurent sur le revers du fossé, le descendirent suivis du reste de la meute, traversèrent la route, et, redoublant de cris en se collant à la voie, ils disparurent bientôt dans l'enceinte opposée.

— Vos chiens chassent à merveille... monsieur de Villarceaux ; un manteau les couvrirait tant ils sont bien ensemble, — dit le roi au commandant de la meute du cabinet ; car voyant Louis XIV attentif à la chasse, ce gentilhomme s'était rapproché peu à peu de la calèche. — Mais, — ajouta le roi, — vous, monsieur, qui connaissez toutes les trompes de mes équipages, dites-moi donc quel est le hardi veneur qui suit les chiens de si près, et les appuie d'une trompe si sonore et d'une voix si perçante ?

— Sire, — répondit monsieur de Villarceaux, — je suis désolé de ne pouvoir l'apprendre à Votre Majesté, car je suis presque sûr que ce veneur n'appartient ni à l'équipage des chiens de votre cabinet ni à la vénerie de Votre Majesté, sire.

— Mais qui se permet donc alors d'appuyer mes chiens s'il ne m'appartient pas ? — dit Louis XIV étrangement surpris.

La réponse que s'apprêtait à faire monsieur de Villarceaux devint inutile, car cinq minutes après que les chiens eurent passé, le bruit de trompe se rapprocha, et on entendit de nouveau retentir le cri de : « *Cer-va d... ô, mes beaux ! Cerca d... ô* (1) ! »

Au même instant, monté sur un robuste et vaillant courtaud (2) bai brun, plein d'ardeur et de feu, un cavalier, d'une taille énorme et tout vêtu de noir, sortant du taillis, parut sur le revers du fossé, tenant sa trompe d'une main ; puis ayant intrépidement franchi ce large obstacle qui bordait la route, il arrêta un moment son cheval, se courba sur sa selle pour interroger du regard le sable du chemin, et y ayant reconnu sans doute les traces du pied du cerf, il cria : « *Vol-ce-l'est ! Vol-ce-l'est ! perce, perce, mes beaux, perce.* » Alors, embouchant sa trompe, il sonna le *Vol-ce-l'est* (3). Puis, enlevant encore vigoureusement son brave courtaud sur le fossé opposé à celui qu'il avait déjà franchi, il disparut sous la sombre futaie, où sa voix vibrante et les éclats sonores de sa trompe résonnèrent quelque temps encore, puis s'éteignirent peu à peu.

Il n'y avait sans doute rien de merveilleux dans ce fait, car il semblait assez naturel qu'un étranger, emporté par cette ivresse de la chasse qu'il faut avoir éprouvée pour la comprendre, s'étant mis à la suite des chiens, les appuyât de la trompe et de la voix ; cela pouvait être considéré comme un grave manque de respect et de convenances envers le roi, mais ne devait pas interdire outre mesure les spectateurs de cette scène ; pourtant, la taille gigantesque de ce cavalier, qui, ayant traversé ce chemin montueux à son point le plus culminant, avait paru plus colossale encore en se détachant ainsi sur l'horizon ; le son prodigieux de sa trompe, sa voix tonnante, la hardiesse et la vigueur extraordinaire avec laquelle il venait de franchir les obstacles que les veneurs de l'équipage du cabinet n'osèrent affronter : car, arrivant peu de temps après au même endroit, ils mirent pied à terre, et, attachant le bout de leurs rênes à leurs fouets, firent ainsi passer aux chevaux ces deux larges fossés, tout enfin chez cet inconnu était si étrange, que le roi et sa suite ne purent retenir un mouvement de stupéfaction et presque de crainte.

— Quel est cet homme ?... quel est cet homme... monsieur de Villarceaux ? — s'écria Louis XIV.

— Sire, je l'ignore.

— Quelqu'un de vous connaît-il cet homme, messieurs ? — demanda encore le roi aux gentilshommes qui l'entouraient.

— Non, sire, — fut-il répondu tout d'une voix.

— Monsieur de Villarceaux, ordonnez alors qu'on l'arrête et qu'on me l'amène... qu'on courre à la première route où passera la chasse, et si cet insolent la suit toujours d'aussi près, il sera facile de le saisir.

A l'instant, monsieur de Saint-Hérem, capitaine de la forêt, partit au galop à la tête de quelques archers de la vénerie, et Louis XIV, continuant sa route, se dirigea vers un autre carrefour où il espérait le voir l'arrestation de cet impertinent chasseur.

Après un quart d'heure de marche, arrivant à un vaste rond-point où aboutissaient cinq routes, le roi arrêta sa calèche, et madame de Montespan, craignant sans doute de voir se renouveler la dernière scène, se hâta aussitôt d'engager la conversation par quelques allusions ironiques et moqueuses, qui d'ordinaire amusaient le roi.

— Mon Dieu ! sire, — dit la marquise, — permettez-moi de faire observer à Votre Majesté qu'elle a négligé le meilleur et le plus sûr moyen d'arrêter ce mystérieux chasseur.

— Comment cela, madame ? — demanda le roi, dont le front s'éclaircit un peu.

---

(1) Air de chasse que l'on sonne lorsque les chiens sont bien dans la voie.

(2) On écrit *au coute a la voie* ; mais on prononce et on accentue *à ô coute* pour rendre le mot plus perçant ; quand on appuie les chiens, on les appelle *valais*, et le veneur crie *il va là-haut*, quand le cerf monte une colline.

(1) On écrit *cer-va-haut* ; mais on prononce ainsi qu'il a été dit.

(2) On appelait alors ainsi les chevaux vigoureux, doublés, bien membrés et près de terre, dont on se servait pour la chasse et la guerre.

(3) On sonne la fanfare du *vol-ce-l'est* quand on a revu l'empreinte du pied du cerf chassé par les chiens.

— Mais, sire, en disant aux filles d'honneur de Sa Majesté, qui suivent la chasse à cheval, que cet inconnu était un riche mari qui appartiendrait à la première qui le pourrait saisir. Oh! alors, sire, vous eussiez vu ces belles impatientes s'acharner à la poursuite de l'inconnu, franchir haies et fossés, et laisser bien loin derrière elles tous les archers du monde!

Madame de Montespan attendait confiante le sourire royal qui devait répondre à cette plaisanterie, lorsqu'au contraire elle vit tout à coup les traits de Louis XIV se rembrunir, ses sourcils se froncer, et qu'elle l'entendit s'écrier, se contenant à peine :

— Les filles d'honneur de la reine sont des péronnelles! qui, au lieu de se conduire avec modestie et honnêteté, donnent à gloser à toute la cour, ont des amans, et ne gardent aucune retenue! Les filles d'honneur de la reine sont des impertinentes enfin! dont je ferai bientôt bonne et prompte justice, en les chassant comme elles le méritent, entendez-vous, madame!

Madame de Montespan, qui ignorait complètement la scène de la nuit, demeura un instant interdite, ne comprenant pas le motif de cette furieuse sortie du roi ; mais comme, après tout, elle pouvait heureusement exercer sa malice et sa méchanceté sur ce sujet, mademoiselle de Lavallière ayant été fille d'honneur de Madame, elle reprit, joignant les mains de l'air du monde le plus étonné :

— Cette immodestie des filles d'honneur de Sa Majesté serait-elle donc avérée, aussi apparente, sire? Et moi qui pensais, au contraire, que nulles mieux qu'elles ne savaient adroitement dissimuler une faiblesse ou cacher leur bonheur ; et voilà maintenant que ces pauvres fleurs timides, qui ne s'épanouissaient qu'à l'ombre discrète de la nuit, ne redoutent plus le tout l'éclat du grand jour!

— Non, madame, non! elles ne redoutent pas plus l'éclat du grand jour... que d'autres ne redoutent l'obscurité des médianoches de Saint-Germain! — reprit Louis XIV, dont toute la colère était revenue.

— Ah! sire, — reprit madame de Montespan en revenant aussi à son rôle d'ignorance affectée, — le grand jour est quelquefois plus à craindre que l'obscurité... pour les teints pâles et décolorés, par exemple.

— Vous ne voulez pas me comprendre, madame, soit! — dit Louis XIV ; — mais les filles d'honneur ne comprendront que trop pour elles l'ordre qui les chassera pour les punir de leur inconduite.

— Mais, sire, — dit timidement mademoiselle de Lavallière, — avant de punir aussi cruellement ces infortunées, Votre Majesté ne pourrait-elle pas s'assurer de la vérité des bruits répandus contre elles! La cour est si médisante!...

— En vérité, c'est bien à vous, mademoiselle, d'oser parler de la vertu des filles d'honneur! — lui répondit durement Louis XIV.

Comme toujours, mademoiselle de Lavallière dévora l'injure et pleura. Un assez long silence suivit cet entretien, et il allait peut-être reprendre son caractère d'aigreur, lorsque, fort heureusement pour ces femmes, le ciel, qui depuis une heure se couvrait de nuages épais, prit une teinte de plus en plus sombre, et quelques larges gouttes d'eau annoncèrent bientôt un de ces orages de printemps aussi furieux qu'ils sont soudains.

Après avoir examiné le temps avec attention, le roi ôta de dessus sa tête son beau chapeau à plumes blanches, bordé d'un magnifique galon d'or, et dit à madame de Montespan :

— Veuillez, madame, s'il vous plaît, me donner mon chapeau plat, qui est dans le coffre à vos pieds, et remettre celui-ci que la pluie pourrait gâter (1). — La marquise fit ce que le roi lui disait, non sans sourire de cette velléité d'économie ; puis, Louis XIV s'étant recoiffé d'un

(1) Lettres de Loste, 1670.

petit chapeau noir plat et sans galons, fouetta ses chevaux, et dit d'une voix haute au gros des courtisans restés en arrière : — Rentrons à Fontainebleau, messieurs, car l'orage menace fort.

Et le prince, abandonnant cette malencontreuse chasse, regagna le château en grande hâte, afin d'y arriver avant que l'orage, d'ailleurs annoncé par de vifs éclairs et quelques coups de tonnerre lointains, ne fût dans toute sa force.

Maintenant on doit dire quel était ce mystérieux et gigantesque chasseur que la foudre n'effrayait pas, et qui, échappant aux archers de la vénerie, continuait d'appuyer insolemment les chiens du roi

IX

L'ORAGE.

Hic motus animorum, atque hæc certamina tanta
Pulveris exigui jactu compressa quiescent.

(VIRGILE. — *Géorgiques*, IV.)

Et tout ce fier courroux, tout ce grand mouvement,
Qu'on jette un peu de sable, il cesse en un moment,

(DELILLE. — Traduction des *Géorgiques*.)

L'ouragan fut bientôt dans toute sa violence ; le tonnerre roulait avec fracas, les grands arbres de la forêt se courbaient sous les efforts du vent, tandis que l'écho des rochers répétait et se renvoyait à grand bruit les éclats de la foudre ; la pluie tombait en gouttes larges et pesantes ; l'air était lourd, l'atmosphère brûlante et l'obscurité profonde, bien qu'il ne fût que cinq heures du soir environ.

Vers le milieu de ce canton se trouvait ce qu'on appelait le *Puits-aux-Biches*, sorte de marais aux abords boueux, situé au fond d'une des parties les plus épaisses et les plus sauvages de la forêt.

Malgré la tourmente qui augmentait de fureur, un homme, ayant attaché son cheval à un arbre, paraissait insensible à cet effroyable ouragan, et se promenait sur le bord du marais dont on a parlé, tantôt à pas lents, tantôt à pas précipités.

Cet homme était le chevalier de Rohan.

Autant il venait de se montrer fier et impérieux dans sa scène avec Louis XIV, autant à cette heure il se trouvait triste et découragé. Cet homme si mobile et si changeant en était alors presque à se repentir de sa témérité de sa démarche, et à regretter la splendeur de cette charge qu'il avait résignée avec tant de superbe ; enfin, soit sentiment juste et raisonné des choses, soit instinct de prévision, il se voyait dès lors, avec une terreur involontaire, abandonné à lui-même, sans lien qui pût le retenir, lui imposer, ou le rattacher à quelque chose.

En effet, grand veneur de France, un des premiers officiers de la couronne, monsieur de Rohan comptait parmi les sommités de la cour, et l'importance de cet emploi héréditaire était telle, que malgré son aversion bien connue contre le chevalier, Louis XIV n'avait osé, jusque-là, lui commander de se démettre de sa charge. Enfin, si monsieur de Rohan eût patiemment souffert la véritable et criante injustice du roi, peut-être ce prince, que la complète résignation apaisait quelquefois, lui eût-il, sinon accordé ses bonnes grâces, du moins rendu ses fonctions moins désagréables.

Mais, après le scandaleux éclat qu'il venait de faire, le chevalier n'avait plus qu'à trouver un acquéreur pour sa charge, et à rentrer dans la classe inoccupée des gentilshommes puînés de grandes maisons

Le prix de la charge pouvait s'élever à cinq ou six cent mille livres, mais les dettes du chevalier étaient nombreuses, et si ses créanciers, retenus jusqu'alors par la considération qu'inspirait encore un des grands officiers de la couronne de France, ne s'étaient pas montrés fort exigeans, cette considération disparaissant avec l'emploi, ces créanciers, dis-je, sachant d'ailleurs que le chevalier n'avait aucune faveur à attendre de la cour, allaient sans doute mettre une tout autre âpreté dans leurs poursuites.

Ce sont donc les désastreuses conséquences de sa position actuelle qui frappaient si douloureusement monsieur de Rohan, car cet esprit, naturellement droit et sagace, apercevait toujours le vrai côté des choses; mais l'inconstance et la faiblesse de son caractère lui rendaient malheureusement inutile cette juste et saine appréciation des réalités.

Monsieur de Rohan était donc absorbé dans ces tristes pensées, lorsqu'un coup de tonnerre d'un épouvantable retentissement le tira de sa profonde rêverie; l'orage redoublait de violence, les éclats de la foudre se succédaient avec une effrayante rapidité, tandis que de vifs et fréquens éclairs illuminaient de leurs feux éblouissans un ciel noir et bitumineux.

Se trouvant seul au milieu de cette lugubre forêt, pendant une si effroyable tourmente, et cédant à un sentiment de terreur insurmontable, assez concevable d'ailleurs chez un homme aussi superstitieux et aussi faible que l'était parfois monsieur de Rohan; ce dernier, voulant retourner à Fontainebleau, fit quelques pas pour aller détacher son cheval, qui hennissait et se cabrait d'impatience et de frayeur.

À ce moment, monsieur de Rohan entendit un bruit lointain de trompe et de chiens; rassuré pour ainsi dire par ce bruit, et sachant que généralement les animaux chassés se venaient faire prendre dans l'étang qu'il côtoyait, le chevalier rattacha Selim à un arbre, et attendit avec une insouciante curiosité.

Bien que souvent étouffées par le fracas de la foudre, les clameurs de la chasse devenaient de plus en plus distinctes, lorsque tout à coup le chevalier vit le cerf, épuisé de fatigue, haletant, la tête basse, l'œil sanglant, sortir d'un épais taillis, descendre précipitamment la pente escarpée d'un roc qui ceignait les bords de l'étang, et, s'arrêtant une minute, entrer dans l'eau avec précaution..... puis là, redressant la tête, prêtant l'oreille, le noble animal parut écouter encore, avec une effroyable inquiétude, s'il entendrait toujours cette incessante clameur qui, le poursuivant avec acharnement depuis quatre heures, lui annonçait une mort prochaine... Mais, au même instant, la voix perçante des chiens lui apprit qu'il était de plus en plus rapproché de lui; aussi, à peine avait-il fait un dernier bond pour gagner à la nage le milieu de l'étang, que la tête de la meute, bientôt suivie du reste de l'équipage, arriva sur le haut du rocher; alors, voyant le cerf à l'eau, les chiens, redoublant de cris et de vitesse, coururent rapidement au bord du lac, et s'y précipitèrent bravement pour atteindre enfin leur proie.

Poussé par le vent, le cerf nageait avec une vigueur désespérée vers un massif de houx qui lui cachait monsieur de Rohan, tandis que celui-ci, oubliant pour un moment ses tristes préoccupations, attendait l'animal avec cet intérêt naturel à ceux qui pratiquent la chasse depuis longtemps, et s'avançait prudemment vers l'endroit où le cerf, épuisé, semblait vouloir aborder.

Tout à coup, le son éclatant d'une trompe retentit; monsieur de Rohan, surpris, écoute, regarde, et voit un homme colossal, tout vêtu de noir, monté sur un cheval noir aussi et non moins gigantesque, apparaître à travers les grès bizarrement taillés qui s'élevaient au nord de l'étang.

Alors la fureur de l'ouragan était à son comble, les éclairs éblouissans enflammaient le sombre horizon; les grands arbres gémissaient sous les efforts redoublés de la tempête, les élémens enfin semblaient bouleversés par un horrible chaos; à ce terrible et imposant spectacle, monsieur de Rohan se sentit frémir malgré lui, tandis que ses idées superstitieuses, récemment mises en émoi par la tradition du *Veneur noir*, lui revinrent plus effrayantes que jamais à l'aspect de cet homme étrange, qui, pour gagner plus tôt le bord du marais, s'aventura parmi des escarpemens et des blocs de rocher, avec une intrépidité qui eût fait pâlir les plus téméraires.

À ce moment, le cerf abordait près du chevalier; mais le dernier effort que le vaillant animal venait de faire pour traverser l'étang l'avait tellement épuisé, qu'il tomba sur ses genoux en sortant de l'eau. Aussitôt monsieur de Rohan tira son couteau de chasse pour lui couper le jarret; mais ayant la tête troublée par l'apparition, qu'il croyait surnaturelle, sa main hésite, tremble, il appuie mal le coup; le cerf, se sentant blessé, se retourne, se relève furieux, et, baissant la tête, charge si vigoureusement le chevalier, que celui-ci, gêné par ses bottes fortes, et embarrassé d'ailleurs dans les boues glaiseuses du bord de l'étang, encore détrempées par la pluie, glisse, tombe, et laisse échapper son arme.

Alors le cerf redouble ses coups d'andouillers... le chevalier, cherchant à les parer, veut le saisir par les bois, mais en vain; les chiens, nageant moins vite, n'arrivaient pas, et déjà monsieur de Rohan avait reçu une dangereuse et profonde atteinte au côté, lorsqu'un coup de feu part; l'animal, frappé à l'épaule, fait un bond prodigieux, et va tomber mort à quelques pas du chevalier.

À ce bruit, monsieur de Rohan, stupéfait, regarde... et voit de l'autre côté de l'étang, fort resserré à cet endroit, l'Homme noir, à cheval, immobile, et tenant à la main sa carabine fumante encore...

— *Hallali! hallali!* — cria cet homme d'une voix tonnante; puis, se courbant sur sa selle et tournant le marais au galop de son cheval, il emboucha sa trompe et sonna la fanfare de la mort du cerf.

L'émotion causée par le péril auquel il venait d'échapper si miraculeusement, jointe à ses terreurs superstitieuses, avait tellement accablé monsieur de Rohan, que lorsque Latréaumont (car l'Homme noir et gigantesque, c'était lui) arriva près du chevalier, il le trouva complétement évanoui.

S'occupant d'abord de ce dernier, et laissant les chiens piller le cerf à leur sortie de l'eau, Latréaumont, descendant de cheval, retira monsieur de Rohan de la vase où il était engagé, et le porta près d'un chêne sur la bruyère.

Le colonel s'occupait de dégrafer le justaucorps du chevalier, lorsqu'il entendit le galop d'un palefroi, et vit bientôt accourir une femme ruisselante de pluie, vêtue de brun, et montant une haquenée blanche; mais cette amazone, apercevant le chevalier étendu presque sans sentiment, arrêta sa monture, et, sans pouvoir cacher l'intérêt et l'effroi que lui causait ce spectacle, elle s'écria :

— Que vois-je? monsieur de Rohan!... Au nom du ciel, que lui est-il donc arrivé, monsieur?

— Monsieur de Rohan! — dit Latréaumont avec un étonnement qu'il ne put dissimuler; — comment, madame, je viens de sauver la vie à monsieur de Rohan, grand veneur de France?

— Sauver la vie! mon Dieu!... Quel danger a-t-il donc couru? Est-il blessé? qu'a-t-il?

Et sans attendre la réponse ni le secours de Latréaumont pour descendre de cheval, mademoiselle Maurice d'O sauta à bas de sa haquenée pour s'assurer par elle-même de l'état où se trouvait monsieur de Rohan.

Cependant Latréaumont, toujours extrêmement muni de spiritueux, tira d'une de ses fontes une grande gourde pleine d'eau-de-vie, en mit quelques gouttes sur les lèvres du chevalier, qui ouvrit bientôt les yeux; mais voyant Latréaumont penché sur lui, il ne put retenir un mouvement de surprise involontaire; aussi, ayant reconnu Maurice, il lui dit d'un air égaré, en attachant toujours un regard effrayé sur le gigantesque colonel :

—Au nom du ciel ! mademoiselle, où suis-je ? que m'est-il arrivé ? quel est cet homme ?...

— Il ne vous est presque rien arrivé, monsieur, — dit Latréaumont en avalant à son tour une large gorgée d'eau-de-vie avant que de reboucher sa gourde ; — il ne vous est presque rien arrivé. Le cerf vous a chargé, et moi, mordieu ! je me suis trouvé là très à temps pour le bien ajuster et lui galamment adresser une balle dans le corsage au moment où il me semblait causer d'un peu trop près avec vous... Mais, du reste, honneur à votre équipage, monsieur le grand veneur ! car l'animal était bien et dûment forcé sans l'intercession de saint Mousquet ! Cinq minutes de plus, et ces braves chiens le portaient bas en sortant de l'eau.

— Ah ! monsieur, mille grâces vous soient rendues ! Mais pourtant quelle horrible imprudence !— s'écria Maurice en joignant les mains avec effroi ; — car si vous aviez manqué le cerf... monsieur de Rohan si près... Ah ! cette pensée est affreuse !...

— Quant à l'imprudence, rassurez-vous, madame, car j'ai là dans mon porte-crosse certaine vieille carabine magique, qui, pardieu ! commande aussi sûrement à ses balles que vous pouvez commander à vos chambrières, madame !— dit Latréaumont en riant de son gros rire.

— Une carabine magique !— répéta machinalement monsieur de Rohan, qui se remettait peu à peu de son effroi, mais se trouvait encore sous l'obsession de sa terreur ; — mais qui donc êtes-vous, monsieur ?... vous à qui je dois la vie !

— Si cela vous intéresse, monsieur, je suis Jules Duhamel de Latréaumont, gentilhomme de Normandie, et de plus, fort votre serviteur.

— Ah ! monsieur, croyez que je n'oublierai de ma vie le service que vous m'avez rendu ; veuillez aussi pardonner à l'étrangeté de quelques-unes de mes paroles, qui ont dû vous sembler bien folles ; mais mon émotion... ma surprise... ma fatigue... étaient telles, qu'elles serviront, j'espère, d'excuse à l'incohérence des imaginations de tout à l'heure... Et vous, mademoiselle, — ajouta monsieur de Rohan en se tournant vers Maurice, — et vous que je suis assez heureux pour connaître déjà, veuillez aussi agréer tous mes remercîments pour l'intérêt que vous voulez bien me témoigner ; mais par quel hasard, mademoiselle, vous retrouvé-je ici ?

— Je suivais la chasse du roi, — répondit Maurice en rougissant ; — aux premiers coups de tonnerre, mon cheval épouvanté s'est emporté à travers la forêt. Je venais à peine de m'en rendre maîtresse, après une heure de lutte et de course, lorsque, entendant sonner de la trompe et croyant avoir retrouvé la chasse, je me dirigeai de ce côté... Mais votre blessure, monsieur ? votre blessure ?...

— Est légère, je crois, mademoiselle ; mon écharpe et mon habit ont amorti l'atteinte, et je n'y pense plus que pour me souvenir qu'elle m'a valu une marque bien précieuse de votre bienveillance, — dit le chevalier. Puis s'adressant à Latréaumont, il ajouta, en souriant d'un air triste et mélancolique : — Je regrette extrêmement, monsieur, qu'au lieu du grand veneur de France, ce ne soit plus que le chevalier de Rohan qui puisse vous exprimer ici toute sa reconnaissance.

Mais voyant l'air étonné de Latréaumont, qui ne comprenait pas le sens de ces paroles, Maurice ajouta :

— De ce jour, monsieur le chevalier de Rohan a remis sa charge de grand veneur de France entre les mains de Sa Majesté, monsieur.

— Oui, monsieur, — reprit le chevalier avec une amère ironie, — depuis midi je ne suis plus compté parmi les serviteurs du plus grand monarque qui soit au monde ; je ne suis plus un des satellites du rayonnant soleil qui resplendit sur le trône de France !

En apprenant cette circonstance qu'il ignorait, et qui par un singulier hasard venait peut-être si merveilleusement seconder ses vues, Latréaumont, ne laissant pas pénétrer les sentimens qui l'agitaient, répondit avec sa rudesse habituelle :

— Mordieu ! monsieur, je vous jure que je suis à cette heure au moins aussi satisfait de vous avoir rendu ce léger service que si vous étiez encore un des joyaux de la couronne du grand monarque que vous dîtes ! car entre nous, monsieur le chevalier, telle dorée que soit une chaîne, c'est toujours une chaîne ; tandis que, pardieu ! vive l'indépendance d'un cavalier libre, qui a devant lui jeunesse et fortune !... Mordieu ! si j'étais roi, je troquerais mille fois mon sceptre pour une pareille vie. Allons ! allons ! remettez-vous, monsieur le chevalier, et, si vous m'en croyez, — ajouta Latréaumont en montrant à monsieur de Rohan les chiens qui pillaient le cerf, — nous ne laisserons pas cette brave meute sans récompense. Si vous voulez, je m'en vais lui faire une bonne curée chaude et gai l'hallali du vaillant veneur.

Le ton jovial et délibéré de Latréaumont réagit puissamment sur l'esprit du chevalier, qui, de même que les personnes d'une nature nerveuse ou impressionnable, ou d'un esprit faible et indécis, éprouvait, à son insu peut-être, le besoin de se sentir rassurer par l'ascendant d'un caractère mâle et entier. Aussi, les dernières traces de la terreur superstitieuse que le colonel lui avait involontairement inspirée s'évanouissant tout à fait, le chevalier lui répondit avec une sorte de gaieté cordiale :

— Je crois inutile, monsieur, de vous donner la peine de faire ici la curée ; et puis d'ailleurs, vous allez me trouver le plus ridicule du monde, mais ces chiens-là sont de la meute du cabinet du roi, et, je vous l'avoue, bien que la vénerie de Sa Majesté ne m'appartienne plus, j'ai toujours malgré moi une sorte de jalousie involontaire contre cet équipage, qui fut longtemps le rival du mien. Aussi, monsieur, laissez les chiens faire la curée ; ils préféreront, j'en suis certain, ce repas sans façon aux apprêts plus cérémonieux qui leur ôteraient les trois quarts de la venaison. Quant à leur retour au chenil, leur instinct les guidera, si les piqueurs n'arrivent pas bientôt.

— Soit, monsieur ; et bien qu'il me peine de voir, contre les nobles règles de la vénerie, ces braves chiens se jeter pêle-mêle sur le cerf, comme une bande de loups sur un cheval mort, je crois qu'en effet ils aimeront mieux dîner ainsi plus largement, en se passant de la sérénade de trompe que leur sonnerait l'hallali, et des coups de fouet qui modéreraient leur impatiente gloutonnerie ; mais au moins, monsieur, vous trouverez bon que je lève le pied de l'animal pour l'offrir à madame ou le garder pour moi comme souvenir de ma bonne fortune !

— Quoique ce cerf appartienne au roi, monsieur, — dit le chevalier en riant, — je vous engage fort à en garder le pied ; car madame, comme moi, n'y prétend nullement, et cet honneur appartient de fait, sinon de droit, à l'intrépide veneur qui, après avoir suivi et maintenu la chasse comme vous l'avez fait, monsieur, est arrivé le premier à la mort en mettant bas l'animal.

— Je vais donc faire l'office de piqueur, — dit Latréaumont, qui, écartant les chiens à coups de fouet s'occupa de lever le pied droit de devant du cerf avec une dextérité peu commune.

Depuis quelques minutes, Maurice attachait, à la dérobée, sur Latréaumont un profond regard, car elle éprouvait pour cet homme un sentiment de répulsion dont elle ne pouvait se rendre compte, avec cette superlative délicatesse de tact et cette haute sagacité d'affection si exclusivement particulière aux femmes, et qui est, pour ainsi dire, une seconde vue du cœur ; peut-être elle pressentait tout ce qu'il y avait d'entreprenant, de hardi, d'absolu dans le caractère de cet homme grossier, et conséquemment aussi elle redoutait que, par l'inexplicable et puissante attraction des contrastes, monsieur de Rohan, déjà lié à cet étranger par la reconnaissance, en vînt peut-être à aller au-devant de sa domination fatale.

Aussi, distraite et absorbée par cette pensée, elle répondit à peine aux banalités polies que lui adressa monsieur de

Rohan pendant que Latréaumont levait le pied du cerf, qu'il vint bientôt offrir à Maurice et au chevalier par pure cérémonie ; après quoi, le colonel, selon la coutume, suspendit ce pied au manche de corne ds son couteau de chasse, en disant :

— Maintenant, monsieur, si vous m'en croyez, nous regagnerons Fontainebleau, car voici le temps un peu calmé, et nous avons tous besoin, je pense, d'un bon feu et d'une solide collation, digne conclusion d'une telle chasse.

— Mademoiselle, — dit Rohan à Maurice, — me permettez-vous de vous offrir mon aide pour remonter sur votre haquenée ?

Maurice ayant accepté fut bientôt à cheval, ainsi qui Rohan et Latréaumont, puis tous trois gagnèrent une des larges routes de la forêt.

— Monsieur, — dit le chevalier au colonel, — si vous n'aviez pas de gîte à Fontainebleau, et que vous voulussiez en accepter un à l'hôtel du Chenil, dont je ne suis pas encore dépossédé, je le suppose du moins, je serais heureux de vous y recevoir.

— Mordieu ! monsieur, cela n'est pas de refus ; car, entre nous, j'avoue avec le plus profond appétit du monde que j'ai une verte et robuste faim, étant ce matin parti à jeûn de Melun ; et bien que je connaisse cette forêt-ci mieux que pas un braconnier, y ayant longtemps chassé du temps de la Fronde, alors que je tenais la campagne du côté de Moret, ce matin, au point du jour, je me suis égaré dans un faux-fuyant et je n'ai pas déjeuné.

— Partons donc, monsieur, — dit Rohan.

Pendant quelques momens, ces trois personnages, cheminant en silence, purent admirer le majestueux tableau d'un beau couchant à travers les percées de la forêt, qui semblait l'encadrer dans une bordure de feuillage. En effet, cet orage de printemps avait cessé, et le soleil, sur le point de disparaître à l'horizon, enflammait l'occident de teintes pourpres et vermeilles, qui changeaient en autant de perles d'or et de cristal les gouttes de pluie suspendues aux feuilles des arbres, ou brillantes sur la bruyère, tandis que l'air était embaumé d'une suave et bonne odeur de mousse mouillée, jointe à la senteur des plantes, qui, ravivées par cette pluie passagère, exhalaient encore des parfums plus aromatiques et plus pénétrans.

Belle et calme soirée d'été, que monsieur de Rohan, avec sa versatilité ordinaire, prit pour un heureux présage. Aussi ce fut dans une disposition d'esprit presque satisfaite et sereine qu'il regagna Fontainebleau, ayant à sa droite Maurice et à sa gauche Latréaumont, deux êtres qui à cette heure lui étaient pour ainsi dire indifférens, et qui devaient pourtant avoir bientôt une si fatale et si puissante influence sur sa vie.

Ce fut donc en cette compagnie que monsieur de Rohan arrivait à son hôtel ; et, si l'on voulait se servir d'expressions ou de comparaisons fantastiques, qu'il avait à sa droite son bon ange, et à sa gauche son mauvais génie : la jeune fille montée sur sa haquenée blanche, le géant sur son grand cheval noir.

X

RÉFLEXIONS.

— Allons, tout ceci me plaît ; et si cela réussit, au moins pourrons-nous aller enfin en avant.
(SCHILLER. — *Piccolomini*, acte III, sc. 1.)

On doit maintenant raconter par quelle succession d'évènemens, fort simple d'ailleurs, Latréaumont, ayant quitté maître van den Enden à Amsterdam, au mois de janvier, se trouvait alors à Fontainebleau.

En revenant en France, l'ancien partisan comptait surtout, on le répète, y découvrir un grand seigneur mécontent qui pût prêter son nom au soulèvement que le colonel espérait fomenter en Normandie avec l'aide du baron de L'Isola.

Quant aux moyens de s'introduire auprès de ce futur seigneur mécontent, et de le décider à s'engager dans une aussi téméraire entreprise, ils auraient pu embarrasser tout autre que l'effronté partisan, qui, grâce à son audace, avait assez d'antécédens pour ne douter de rien ; aussi ne songea-t-il pas un moment aux difficultés que semblait présenter ce dessein.

S'arrêtant seulement quelques jours à la frontière, Latréaumont écrivit à monsieur de Brissac, qui l'avait déjà sauvé du courroux de Louvois, et dans sa lettre lui protesta de sa détermination de vivre en paix, si le ministre voulait l'autoriser à rentrer en France, et lui promettre de ne pas l'inquiéter. Monsieur de Brissac sollicita vivement cette faveur, qui, après de nombreuses hésitations, fut accordée par Louvois à l'ancien compagnon d'armes du major des gardes.

Le colonel, grâce au secours de van den Enden, arriva donc à Paris, alla voir monsieur de Brissac, qui lui prêta quelque argent, et lui recommanda de nouveau et fort expressément de demeurer en repos, s'il ne voulait pas cette fois être bien et dûment enfermé à la Bastille pour le restant de ses jours.

— Une fois dans la *grand'ville*, ainsi qu'il l'avait dit à maître van den Enden, le colonel s'inquiétait fort peu de son avenir, car son imperturbable indiscrétion et son adresse au jeu lui assuraient une existence, sinon honorable, au moins selon ses habitudes de débauche et d'oisiveté. En effet, des gains assez nombreux, dus en grande partie à l'efficace intercession de *sainte Friponne*, la patronne des joueurs de bassette et de pharaon, comme il disait, lui permirent d'acheter un cheval, de prendre un laquais, et de quitter les grosses bottes de basane, le buffle et le vieux feutre gris pour la perruque étalée, les bas de soie, le plumet et, le justaucorps de drap d'Espagne ; puis d'aller enfin faire admirer ses airs de capitan sous les arceaux de la place Royale, ou s'enivrer parfois au jardin de *Renard* (1).

Souvent aussi, il visitait monsieur de Brissac, auquel il rendit fidèlement l'argent qu'il en avait reçu, afin de lui en emprunter sans doute impunément davantage à la première occasion ; d'ailleurs, l'esprit cynique et moqueur de Latréaumont, ses inépuisables qualités de bon et jovial convive, amusaient fort le brave major des gardes, qui, connaissant de longue date l'entreprenante familiarité du compagnon, tout en lui interdisant aucune habituelle et indiscrète privance, le retenait néanmoins assez souvent à souper au cabaret, pour causer avec lui de leurs anciennes guerres, et deviser gaiement en vieux soldats.

Cependant Latréaumont ne perdait pas de vue son projet de complot. Aussi, dès qu'il sut le voyage de la cour à Fontainebleau, loua-t-il deux chambres chez un journalier de Moret, afin de pouvoir suivre les chasses du roi, étant comme autrefois passionné pour cet exercice, et aussi pour être à même d'utiliser les renseignemens que lui donnait indifféremment çà et là monsieur de Brissac sur le personnel de la cour, et sur les grands seigneurs mécontens.

Or, ces derniers étaient assez nombreux, à en juger du moins par la froideur ou l'aversion avec laquelle le roi en accueillait plusieurs, et entre autres (sans compter monsieur de Rohan), monsieur le prince de Conti, monsieur le duc de Bourbon, monsieur de Vendôme, monsieur le comte de Louvigny (second fils de monsieur le duc de Grammont), monsieur le chevalier d'Effiat, monsieur de Soissons, etc. ; mais enfin, aucune disgrâce nette et tranchée n'avait encore paru devoir donner le moindre espoir à Latréaumont, lorsque l'éclatante aventure de monsieur de

(1) Cabaret depuis longtemps en vogue.

Rohan vint par le hasard le plus fatal, ouvrir un vaste champ aux imaginations du colonel.

En effet, connaissant à l'étranger l'influence et le retentissement de certains noms, le partisan aurait pu choisir pour chef ou représentant de sédition un des seigneurs mécontens qu'on vient de citer, qu'il se fût sans doute arrêté à monsieur de Rohan.

C'est aussi que ce vieux et illustre nom avait brillé d'une magnifique splendeur de révolte, alors qu'HENRI DUC DE ROHAN (1), oncle du chevalier, et l'un des plus grands capitaines des temps modernes, chef indomptable du parti protestant, se déclarant en insurrection ouverte contre Marie de Médicis, Louis XIII et Richelieu, combattait partout et toujours pour le maintien de l'édit de Nantes, cette garantie des droits de ses coreligionnaires.

Ainsi, après la mort de Henri IV, son maître et son ami, le duc de Rohan promet loyalement fidélité à la reine, mais sous la condition expresse que les traités en faveur des calvinistes seront scrupuleusement exécutés. Aussi, voyant en 1615 que l'on ne tenait déjà plus compte des promesses jurées, il ne tient pas davantage compte de son serment, tire l'épée contre sa souveraine, et se joint au parti du prince de Condé.

Puis, la reine, effrayée par ces premiers symptômes de guerre civile, se ravisant, jure au duc que les protestans ne seront point inquiétés. Aussitôt le duc de remettre et de garder son épée dans le fourreau jusqu'au moment où Louis XIII, monté sur le trône, veut rétablir l'unité de la religion catholique en Béarn, et y écraser les calvinistes.

Alors, conséquent à ce principe de toute sa vie d'être fidèle à la foi jurée, quand on était fidèle à la foi promise, SINON NON, Rohan, abandonnant le calme des champs, ses habitudes studieuses et paisibles, reprend le casque, vient de nouveau se charger des intérêts du parti protestant, et faire peser sur lui la terrible responsabilité d'une révolte à main armée.

Au seul nom de Rohan, la Guyenne, le Languedoc, le Dauphiné se soulèvent, et le duc, puissamment aidé de son frère, monsieur le prince de Soubise, organise et discipline les troupes de milice avec une incroyable activité, l'armée puis, par l'habileté vaillante de la stratégie, repoussant royale de Tarbes à Montauban, il refuse d'écouter les propositions de Lesdiguières; et, retranché dans Montpellier, paraît enfin un chef de parti si puissant et si formidable, que Louis XIII lui offre, non son pardon, mais la paix, que le duc, traitant de puissance à puissance, de Rohan à roi, ainsi qu'il le disait, accepte et scelle des armes de sa maison, le 29 février 1622.

Comme toujours, la principale, la seule condition de ce traité imposé par Rohan, qui ne voulut jamais entendre à une proposition particulière ou personnelle, et s'isoler en rien de ses coreligionnaires, la seule condition de ce traité fut le maintien de l'édit de Nantes. Puis, par un mouvement d'une grandeur toute féodale, le duc ayant ainsi reconquis les droits des siens, s'agenouille aux pieds du roi son maître pour lui demander pardon de sa rébellion et le supplier humblement de « ne plus l'exposer au » chagrin d'avoir encore à choisir entre son roi et sa foi. »

Pourtant, quatre années après, Louis XIII, malgré le traité, recommence de persécuter les calvinistes; et Rohan, aussi infatigable à vouloir l'exécution des promesses faites aux siens que la cour se montre opiniâtre à les parjurer, recommence aussi la guerre civile. En vain Richelieu lui fait les offres les plus considérables s'il veut abandonner les calvinistes; Rohan ne répond même pas à ces ouvertures, se remet de nouveau en armes sans faillir ni faiblir, combat avec avantage le maréchal de Thémines en

(1) Né au château de Blein, en Bretagne, le 2 août 1579, fils de René II, vicomte de Rohan, arrière-petit-fils du maréchal de Gié. Il épousa, le 7 février 1605, Marguerite de Béthune, fille de Sully.

Languedoc, et le refoule victorieusement dans le comté de Foix, pendant que sa femme, l'héroïque duchesse de Rohan, défend Castres contre les troupes du roi.

Enfin Richelieu, tremblant devant ce grand révolté, respectant malgré lui cette tête si fière et si indépendante qui n'avait pas voulu se courber sous son sanglant niveau, conclut un second traité de paix avec le duc, le 6 février 1626, toujours aux mêmes conditions.

Que dire de plus? Ce qui était déjà arrivé deux fois se renouvela, le parti protestant est encore inquiété. Aussi, pendant qu'il résiste imprudemment à La Rochelle, faiblement soutenu par la flotte anglaise, si imprudemment confiée au duc de Buckingham, Rohan soulève de nouveau le Vivarais, reprend le commandement des révoltés, et tenant la campagne dans ces rochers impraticables, fait une guerre aussi savante qu'acharnée, tout en liant les plus habiles négociations avec l'Espagne, l'Angleterre et les protestans de l'Empire; enfin, confiant dans l'appui étranger, il organise déjà les plans les plus vastes et les mieux ourdis, lorsque soudainement tout lui manque et tout l'accable à la fois; car, ainsi qu'il le dit dans ses admirables mémoires: « Dieu, qui en avait autrement disposé, « souffla sur tous ces projets. »

En effet, Louis XIII, au retour de l'heureuse expédition de Savoie, met aussitôt son armée victorieuse en marche contre l'intrépide Rohan, et joint à ces troupes d'autres forces si imposantes, que les calvinistes, plutôt lassés d'être défendus que Rohan n'est lassé de les défendre, l'abandonnent peu à peu.

« Alors, » dit-il dans ses mémoires déjà cités, « six armées, » qui faisaient plus de cinquante mille hommes, fondent » sur nous en même temps, avec cinquante canons; ce » fut dans ce temps-là que les émissaires de la cour reprirent courage, et proposèrent des accommodemens sé- » parés, afin d'empêcher une paix générale. Plusieurs » consentirent et ne songèrent qu'à sauver leurs personnes » et leurs biens, aucun ne se mit en peine de l'intérêt gé- » néral de l'Église. »

Enfin Rohan, réduit aux dernières extrémités, obligé de se tenir caché dans les retraites les plus inaccessibles du Vivarais, à la tête d'une poignée de gens fidèles et déterminés, refuse néanmoins tout arrangement particulier. Si Richelieu lui fait dire que la majorité de ses coreligionnaires se sont soumis, le sublime opiniâtre répond: « Qu'ils ont cédé à la terreur, et que leur soumission n'a » pas plus de valeur morale qu'un aveu arraché par la » torture, et que, quant à lui, il veut, comme toujours, » une paix générale, le rétablissement de l'édit de Nantes, » et la restitution des temples aux réformés. »

Enfin, telle était pourtant la terreur que le duc de Rohan, désarmé, inspirait encore à Richelieu, qu'un troisième traité de paix fut conclu le 30 juillet 1630 à ces conditions.

Seulement monsieur de Rohan demanda de plus et obtint une indemnité de 100,000 écus, dont 240,000 livres furent généreusement distribuées par lui à ceux de son parti qui avaient le plus souffert, de sorte qu'il lui resta environ 60,000 livres pour rétablir ses châteaux dévastés, et le dédommager de l'abandon où étaient demeurés ses domaines pendant les troubles civils.

Après cette troisième et terrible lutte, il se retira à Venise, craignant davantage, disait-il, le cardinal comme ami que comme ennemi.

Alors le duc de Rohan reprit ses habitudes laborieuses et ses occupations littéraires; il termina ses mémoires, ses Discours politiques sur les affaires d'État, le Parfait Capitaine, suivi de longues et solides annotations sur les Commentaires de César, et enfin son excellent traité de la Milice ancienne.

Pendant son séjour à Venise, monsieur de Rohan eut aussi un noble et grand projet, c'était d'accepter les offres du sultan, qui, moyennant une redevance annuelle, lui offrait la souveraineté de l'île de Chypre. Or, en agréant cette proposition, le duc de Rohan pensait attirer dans ce royaume les familles calvinistes de France, si de nouvelles persécutions les venaient menacer.

Malheureusement ce grand homme, engagé à défendre les droits de la république helvétique, ne donna pas de suite à ce vaste plan, dont les conséquences pouvaient être immenses.

Enfin, après les longues guerres de la Valteline, dans lesquelles il avait si glorieusement combattu contre l'Empire, le duc de Rohan vivait paisiblement à Genève, lorsque Louis XIII, craignant qu'il n'y fomentât quelque intelligence avec les protestans, que l'on allait inquiéter de nouveau, lui ordonna de quitter la Suisse; Rohan obéit, et alla demander asile au duc de Saxe-Veimar son ami. Ce prince était alors en armes contre l'Empire, et assiégeait Rhinfeld. Rohan lui offre son épée, digne prix de cette hospitalité guerrière. Le héros saxon accepte, mais veut lui remettre le commandement de ses troupes; Rohan refuse, demandant à combattre comme volontaire dans le régiment de Nassau, « las, dit-il gaiement, d'ordonner en gé- « néral, et désirant un peu servir en soldat. »

En effet, il servit en soldat dans ce régiment; et si fort en soldat, que, le 28 février de l'année 1638, il reçut une blessure dont il mourut quelques jours après.

On ne s'est étendu aussi longuement, quoique d'une manière imparfaite, sur l'une des existences les plus brillantes et les plus extraordinaires au dix-septième siècle, que pour faire comprendre l'extrême importance que Latréaumont attachait justement à pouvoir donner un tel nom pour drapeau à la révolte qu'il espérait voir appuyer à l'étranger.

Sans doute il eût été hors de sens de comparer le chevalier de Rohan, brave et même doué de quelques louables qualités, mais glorieux, faible, indécis, débauché, frivole, et n'ayant aucune racine, aucune clientèle, aucune influence, de le comparer, dis-je, au duc Henri de Rohan, à cette grave et imposante figure toujours couverte de buffle et d'acier, à cet homme de Plutarque, à la fois grand capitaine, habile publiciste et profond politique, qui pouvait disposer d'un parti considérable, riche, nombreux, et aveuglément dévoué à son chef, dont la renommée était européenne.

Mais enfin le chevalier de Rohan était Rohan, et alors surtout le prestige d'un nom si glorieusement famé dans la révolte ne manquait pas à l'étranger d'une certaine créance, et devait être avidement acceptée par l'Isola.

Aussi Latréaumont, qui ne connaissait pas le grand veneur, crut sans doute, malgré les bruits contradictoires qui couraient sur lui, qu'il y aurait toujours assez d'étoffe dans le chevalier pour être l'enseigne d'une sédition, dont lui, Latréaumont, entendait bien être le bras et la tête.

Seulement, dès que le colonel eut jugé par lui-même la position du chevalier de Rohan, ses imaginations relatives à la révolte de Normandie furent, sinon changées, du moins indéfiniment ajournées; car ce que voulait avant tout et surtout Latréaumont, c'était vivre le plus sensuellement possible: or, il n'avait songé à cette rébellion qu'en désespoir de cause et afin de trouver dans une aussi hasardeuse entreprise le moyen de subvenir plus amplement à ses goûts de débauche et de prodigalités, les agitations de la vie de séditieux n'étant pour lui qu'un pis-aller auquel il se résignait faute de mieux.

Aussi, après sa liaison fortuite avec monsieur de Rohan, fit-il ce calcul odieux mais logique. « Il restera au cheva- « lier 4 ou 500,000 liv. après la vente de sa charge de « grand veneur; je dois donc d'abord encourager et aider « le chevalier à dissiper cette somme, profiter ainsi de sa « ruine, et le mettre au plus vite dans la nécessité de cons- « pirer, afin de m'assurer de son nom pour le soulèvement « de la Normandie, qui alors deviendra ma seconde res- « source. »

Certes il fallait que Latréaumont eût, comme toujours, une étrange confiance dans son étoile et dans son audace pour croire à la réussite de pareils projets; et pourtant cette fois encore son détestable instinct ne le trompa pas

lorsqu'il pensa que monsieur de Rohan lui serait une proie facile et sûre.

On avouera d'ailleurs que la singulière réunion de circonstances imprévues qui rapprochèrent le chevalier du colonel explique assez le sort de cette liaison.

Ainsi, Latréaumont sauve la vie de monsieur de Rohan... Cette action sans doute mérite déjà une éternelle gratitude; mais ce ne fut pas à ce trait seulement que le colonel dut l'influence presque subite qu'il prit sur son nouvel ami, ce fut surtout au solitaire abandon dans lequel il trouva monsieur de Rohan après la scène de Fontainebleau; car la réaction des ressentimens du roi était alors si puissante sur l'esprit des courtisans, qu'ils recherchaient ou repoussaient avec une égale fureur celui qu'ils savaient l'objet de l'affection ou de la haine du maître; aussi le peu d'amis que la splendeur et la galanterie enviées de monsieur de Rohan lui avaient laissés, s'éloignèrent-ils de lui presque saisis de terreur, dès qu'ils le virent tombé dans une aussi profonde disgrâce. Une femme même dont on doit taire le grand nom, une femme alors sa maîtresse, imitant ces lâchetés, rompit aussitôt avec lui.

Or, dans de telles circonstances, le rôle de Latréaumont n'était-il pas merveilleusement tracé? Quel immense avantage le partisan ne pouvait-il pas tirer du délaissement général et honteux où demeurait monsieur de Rohan, si cruellement sacrifié au courroux du roi par sa maîtresse, par ses amis, par sa famille? Avec quelle confiance hardie le colonel venait alors offrir au chevalier une amitié solide, franche et apparemment irréprochable de tout motif bas ou cupide, puisqu'elle se montrait au jour du malheur, et que, de plus, celui qui tendait si généreusement la main à monsieur de Rohan ne lui devait rien, tandis qu'au contraire monsieur de Rohan lui devait déjà la vie!

On le répète, Latréaumont était trop habile pour ne pas profiter très heureusement d'une telle chance, pouvant, grâce aux hasards du jeu, vivre quelque temps sans mettre à l'épreuve la facilité de son nouvel ami. Il sembla donc vouer à ce dernier un attachement soudain et brutal, mais vrai, pur et désintéressé, allant même jusqu'à gourmander le chevalier sur l'indécision de son caractère, tout en s'exaltant la noble fierté de sa rupture avec Louis XIV. Il s'insinua ainsi peu à peu dans son esprit, tantôt par la flatterie, tantôt par la rudesse ou la raillerie. Que dire de plus? Tout enfin servit à souhait le partisan: depuis cette bizarre mais irrécusable puissance des contraires, qui veut et fait qu'une nature timide et irrésolue recherche presque toujours l'affection ou l'appui d'un caractère énergique et décidé; tout le servit, dis-je, jusqu'aux idées superstitieuses de monsieur de Rohan, qui, sans croire positivement Latréaumont dans une étroite et intime familiarité avec Satan, ne pouvait cependant se défendre d'un certain saisissement en rapprochant les circonstances étranges qui avaient amené ou précédé leur liaison.

Ainsi, la veille de cette chasse fatale dont le rendez-vous avait été fixé à la Vente-au-Diable, l'infernal Chasseur noir s'était fait voir dans la forêt (Latréaumont n'ayant pas dit que lui-même, égaré pendant la nuit, avait, le matin, causé une si horrible peur au pauvre Lorrain). Enfin, c'est au milieu des éclats de la foudre et d'un épouvantable ouragan, que pour la première fois, Latréaumont avait apparu au chevalier. En un mot, ne le répète, jusqu'à ces folles visions, tout servit singulièrement l'effronté colonel, qui, encourageant fort les penchans superstitieux de monsieur de Rohan, sans paraître vouloir cependant laisser planer sur soi-même aucun soupçon diabolique, affirmait néanmoins religieusement qu'un sien ami avait vu le diable dans un vieux château de Hongrie: de là des suppositions sans fin de la part du chevalier: qui, grâce aux adroites réticences de Latréaumont, en vint plus tard à croire parfois que ce dernier était beaucoup plus instruit qu'il ne voulait le paraître sur les rapports directs et possibles entre Satan et l'humaine espèce. Imaginations absurdes, mais qui ne furent que trop puissantes, ainsi qu'on le verra dans la suite, sur l'esprit faible et nerveux de monsieur de Rohan.

Maintenant que, d'après les caractères connus de Latréaumont et de monsieur de Rohan, on s'attend avec raison à voir le colonel, prenant chaque jour un empire plus assuré dans l'esprit et dans la maison du chevalier, finir par le traiter en maître et en despote, on doit présenter au lecteur deux autres personnages : le chevalier Auguste des Préaux et madame la marquise de Vilars, qui, avec Latréaumont, van den Enden, monsieur de Rohan et mademoiselle Maurice d'Q, complètent le nombre des principaux acteurs de ce drame étrange et terrible.

XI

LE FIEF DES PRÉAUX.

Noble cœur... noble esprit !
(BURKE. — *La femme morte.*)

Entre Évreux et Danville on voyait alors, situé à mi-côte, un agreste manoir bâti de briques rouges, recouvert en tuiles et flanqué de deux tourelles de pierres grises ; un bois de vieux chênes, s'élevant en amphithéâtre jusqu'au sommet de la colline qui abritait cette demeure, se dessinait au loin en sombres masses de verdure ; enfin, au pied de la maison, s'abaissait une vaste prairie traversée par une allée de pommiers en fleur, qui conduisait de la porte d'habitation à un pont de bois rustique, solidement jeté sur un petit bras de rivière dont le courant limpide servait de limite à ce *chef-moy* (1) du fief des *Préaux.*

Or, à la fin du mois de mai de cette même année 1669, vers les deux heures de relevée, un cavalier, vigoureux vieillard de haute taille et de grande mine, portant un large feutre gris, un justaucorps de ratine brune et des guêtres de toile blanche qui lui montaient au-dessus du genou, passa sur le pont, qui résonna sous les pas assurés de sa lourde jument normande bai cerise, dont l'embonpoint et le poil vif annonçaient la santé, et qu'un poulain d'un an suivait en faisant mille bonds et caracoles.

Ralentissant la marche de sa cavale qui, tournant la tête de temps à autre, cherchait d'un regard inquiet et maternel sa folle progéniture, le vieillard, aspirant avec délices l'odeur forte et parfumée de la fenaison, entra dans l'allée de pommiers, et gravit lentement la route montueuse qu'elle ombrageait, en jetant sur les arbres, couverts de fleurs roses et blanches, un coup d'œil de superbe et de satisfaction qui décelait évidemment le propriétaire.

En effet, tel était monsieur Barthélemy *Duchesne, sieur de Saint-Marc et des* PRÉAUX, gentilhomme normand de si ancienne noblesse, qu'on trouve en 1236, sur le rôle des chevaliers et écuyers bannerets convoqués pour le service du roi (1), le nom d'un de ses ancêtres, *Guilhelmus de Pratellis, Guillaume, sire des* PRÉAUX.

Monsieur de Saint-Marc, après avoir servi comme capitaine dans *Heudicourt-cavalerie*, et quelque peu frondé, était revenu habiter Préaux, pauvre fief qu'il faisait valoir.

Lorsque le noble campagnard fut près de son logis, sans doute avertie par les hennissemens de la jument, une robuste paysanne aux bras bruns et musculeux, coiffée d'un haut bonnet blanc, et vêtue d'une jupe rayée de rouge,

descendit lestement les trois marches de grès du perron, afin de remplir les fonctions de palefrenier, qu'elle exerçait concurremment avec celles de maître d'hôtel et de femme de chambre du vieux gentilhomme.

— La *Bergère* n'a pas bronché, monsieur ? — demanda cette fille en tenant l'étrier de son maître, pendant que le poulain la venait caresser avec une confiance qui témoignait de leurs relations amicales.

— Non, Jeanne... non, car elle a, jarnibleu! le pied plus sûr qu'une mule, malgré les crevasses et les pierres de nos routes, — dit monsieur de Saint-Marc en flattant l'épaisse encolure de sa jument, et l'admirant encore avec cet inépuisable orgueil de propriétaire dont il avait déjà donné quelques preuves dans l'avenue de pommiers. — Puis se retournant sur le seuil lézardé de sa modeste demeure, le noble campagnard ajouta : — Jeanne, tu attelleras la *Bergère*, à cinq heures, à la carriole.

— Ah ! doux Jésus! monsieur, est-il possible ? c'te pauvre mère! — s'écria Jeanne d'un air de reproche ;—mieux vaudrait pour elle être ahurie du *gobelin* (1).

— Allons, va... va... — reprit le vieillard en souriant avec bonté ;— ce n'est que pour aller au château d'Eudredreville. Ainsi, elle n'en mourra pas.

— Nous allons à Eudreville ce soir, mon père ? — dit tout à coup une voix sonore et douce, avec une délicieuse expression de surprise et de bonheur.

Monsieur de Saint-Marc, se retournant brusquement vers son fils aîné, car c'était lui, répondit :

— Sans doute ; et qu'y a-t-il donc là d'étonnant, s'il vous plaît, monsieur l'invisible, qui êtes sur mes épaules avant que je vous aperçoive seulement?

— Il n'y a rien d'étonnant sans doute, mon père, — dit le chevalier des Préaux en baisant respectueusement la main du vieux gentilhomme ; car la noblesse de province exigeait encore à cette époque une profonde soumission de la part de ses enfans, ne les tutoyait jamais, et ne les embrassait même que dans les occasions solennelles. — Il n'y a rien d'étonnant, sans doute, — répéta donc le chevalier des Préaux ; — mais comme vous aviez dit hier à monsieur le marquis de Vilars que vous ne le reverriez que demain, je n'espérais pas...

— Eh bien ! chevalier, j'ai changé d'avis ; et s'il vous semble fâcheux de m'accompagner à Eudreville, restez ici à faire un cent de piquet avec monsieur le curé.

— Ah ! mon père, — s'écria le pauvre jeune homme,— que me proposez-vous là ? Je serai au contraire ravi de vous accompagner!

— Alors, avant de m'accompagner à Eudreville, suivez-moi d'abord à table. car j'ai une faim de tous les diables ! — Mais se rappelant que Jeanne cumulait avec ses autres fonctions celle de maître d'hôtel en posant sur la table les mets préparés par une vieille cuisinière sourde, autrefois nourrice de Latréaumont, monsieur de Saint-Marc ajouta : — Mais non, il faut attendre jusqu'à ce que Jeanne en ait fini avec la Bergère... Venez donc faire un tour de parterre pour patienter, chevalier.

Or, ce que l'audacieux gentilhomme appelait glorieusement son *parterre* était une étroite plate-bande de rosiers noueux et de poiriers nains, entourée de pieds d'alouette et de maigres giroflées, le tout placé sur la lisière du grand bois de chêne qui s'étendait derrière la maison ; toujours est-il que ce fut autour de ce prétendu *parterre* que le père et le fils se promenèrent en attendant l'heure du repas.

Guillaume-Auguste Duchesne de Saint-Marc, chevalier des PRÉAUX (car, selon son droit d'aînesse , il prenait le nom du fief), avait dix-neuf ans à peine ; sa mère, sœur de Latréaumont, était morte en 1661 , et, depuis l'âge de quatorze ans, à de rares interruptions près, le chevalier naviguait comme novice profès de l'ordre de Malte, ayant

---

(1) Les anciens seigneurs normands appelaient ainsi *chef-moy* la principale habitation de leur seigneurie. A cette époque, le terme était encore usité.

(1) *Recueil des ordonnances de nos rois* sur la conduite et convocation *du ban et arrière-ban.* M. DC. XCIII. Paris.

(1) Démon familier qui venait, dit-on, tourmenter les animaux domestiques pendant la nuit, sorte de trilby.

témoigné à son père un vif désir de servir dans la marine.

Par un hasard favorable à cette vocation, le cousin germain de monsieur de *Saint-Marc*, monsieur de *Témérïcourt*, chevalier de Saint-Jean de Jérusalem (1), de la *vénérable langue de France et du grand prieuré d'Aquitaine*, commandait une des galères de la religion.

Homme triste, sombre, inflexible, mais d'une piété fervente, d'un rare courage et d'une exaltation tout ascétique, ce soldat anachorète, avide de réforme, s'était, contre les habitudes d'alors, résolûment voué à la sérieuse et rude observance des austères statuts de son ordre à la fois militaire et hospitalier; aussi le monastère le mieux ordonné n'eût pas été plus inexorablement discipliné ni soumis que l'était sa vaillante et religieuse galère, sorte de couvent nomade et militaire, monté de moines guerriers qui, en mer, laissaient le rosaire pour le glaive, et à terre versaient l'huile et le baume sur la plaie de leurs frères malades.

Aussi les sentimens purs, honorables et pieux auxquels des Préaux avait été façonné par sa mère et monsieur de Saint-Marc, au lieu de s'altérer dans la licence habituelle de l'état militaire, s'étaient encore affermis par la vie dure, sévère et périlleuse qu'on menait à bord de la sainte galère de monsieur de Témérïcourt.

Mais, malgré sa rigidité de principes, le chevalier n'avait rien d'hypocrite ni de faux dans le caractère; il était naïvement de son âge, jouissant bravement des plaisirs et des distractions qu'il pouvait rencontrer aux environs de la modeste demeure de son père, lorsqu'il revenait à Préaux, et, s'il commettait quelque faute, l'avouant sans honte et sans détour, car cette nature, toute décidée, toute franche, était incapable de mensonge. Ardent et généreux, on trouvait encore en lui une mansuétude de caractère aussi inaltérable que son dédain pour le péril, intrépidité dont, tout jeune encore, il avait déjà donné de nobles preuves, entre autres lors d'un combat acharné contre les Turcs, dans lequel, grièvement blessé, il dut la vie à monsieur de Témérïcourt, obligé cette fois de retirer presque de force ce courageux enfant d'une mêlée où il s'était aveuglément jeté.

Joignez à cela un esprit peut-être non pas éclatant ou profond, mais un naturel charmant, et surtout précieux par une exquise délicatesse de cœur, par un tact merveilleux d'à-propos et de bonté, qui donnait une grâce enchanteresse à ses moindres actions; tendres instincts, doux et suaves penchans, qui, chez Auguste des Préaux, semblaient héritage de mère pieuse et aimante, comme aussi sa valeur téméraire semblait héritage de père impétueux et hardi.

Quant à l'extérieur du chevalier, c'était une jolie figure ovale, quelque peu hâlée, brunie à la bise de mer et au soleil d'Afrique, mais animée par l'éclat de deux grands yeux noirs et par un franc sourire, qui laissait toujours voir des dents bien blanches et des lèvres bien roses; c'était encore un front large et saillant, au haut duquel se séparaient avec grâce de beaux cheveux bruns. Enfin, grand et svelte, agile et adroit à tous les exercices, quand *des Préaux*, bouclant le ceinturon de buffle qui supportait son épée, avait serré autour de sa taille flexible et élégante son simple justaucorps de drap bleu à boutons d'argent; quand il avait chaussé sa jambe fine et cambrée d'un bas de soie orange, sur lequel le maroquin luisant de ses souliers tranchait vivement; quand il avait enfin à demi caché sa belle chevelure sous les larges bords d'un feutre noir surmonté d'une longue plume orange, et noué né-

gligemment sa cravate de dentelle à la cavalière par un ruban de même couleur, certes monsieur de Saint-Marc, en contemplant cet enfant adoré, commettait dix fois plus le péché d'orgueil qu'il ne l'avait encore commis en admirant outre mesure son pont, sa rivière, ses pommiers, sa prairie, son parterre et sa jument bai cerise.

Seulement, en pensant à l'avenir de ce fils chéri, tout le regret du brave gentilhomme était de se voir pauvre; car le revenu de trois ou quatre mille livres qu'il retirait de son petit domaine ne pouvait passer pour une fortune, d'autant plus qu'il avait à pourvoir encore à l'éducation de ses deux autres fils, élevés chez les R. P. Jésuites de Rouen, et destinés à être d'Église; mais enfin, bon an, mal an, vivant avec l'économie la plus stricte, monsieur de Saint-Marc trouvait encore le moyen de mettre une vingtaine de louis de côté, afin de pouvoir faire l'équipage du chevalier lorsqu'il remettait en mer. On doit dire aussi que le vieux gentilhomme préférait de beaucoup des Préaux à ses autres enfans, d'abord, par cette pensée, qui avait alors pour ainsi dire force d'affection, *que le fils aîné représentait seul la famille*, puis parce que, des deux frères du chevalier, l'un était stupide, et l'autre annonçait les penchans les plus pervers. On conçoit donc que monsieur de Saint-Marc attendît avec une tendre impatience les rares instans que le chevalier venait passer à Préaux dans l'intervalle de ses campagnes, sorte de congés qui rompaient si délicieusement alors la monotonie de l'existence solitaire du brave campagnard.

Cette parenthèse nécessaire épuisée, revenons à monsieur de Saint-Marc, qui cherchait dans la *circumambulation* de son parterre une creuse distraction à son furieux appétit; enfin Jeanne, ayant terminé son office auprès de la *Bergère*, s'occupa du service culinaire, et annonça bientôt le dîner, à la grande joie de l'ancien capitaine au régiment d'Heudicourt.

Rien de plus simple, mais aussi de plus net que l'ameublement de la salle à manger de cette modeste demeure; les rideaux, de vieux blou d'Abbeville rouge et vert, étaient soigneusement brossés, tandis que le bois des escabeaux et de la table de noyer à pieds torses reluisait tellement qu'il semblait verni; quant au dressoir, il n'était rempli que de vaisselle d'étain et de faïence commune, mais l'étain étincelait comme de l'argent, et les fleurs roses et bleues de la faïence brillaient des plus vives couleurs.

Après la bénédicité, dit par le chevalier, prière que le vieux gentilhomme écouta respectueusement debout et découvert, le père et le fils se mirent à table, et firent honneur au repas sain et abondant que Jeanne plaça sur une nappe de toile bien blanche, un peu rude il est vrai, mais embaumant le thym et la verveine.

Une volaille, des œufs et du beurre de la métairie des Préaux, des truites fraîchement pêchées dans la petite rivière qui baignait la prairie, des légumes du jardin, du pain bis fait avec le blé du fief, enfin un pot de cidre de deux ans, jaune comme de l'ambre et mousseux comme du vin d'Aï, dû aux magnifiques pommiers de l'avenue si admirée par monsieur de Saint-Marc : tel fut le menu de ce dîner, qui satisfit complètement le franc appétit des deux convives.

Lorsque Jeanne, après avoir posé sur la table des fruits secs et une galette de fine fleur de froment, se fut discrètement retirée, le vieux gentilhomme, prenant un trousseau de clefs dans sa poche, le donna à des Préaux, qui, sans doute fort au fait de ce que son père désirait, alla ouvrir la partie inférieure du dressoir, et en tira une bouteille poudreuse de vétusté, qu'il plaça près de monsieur de Saint-Marc avec de louables et attentives précautions.

— Voilà, chevalier, — dit joyeusement le vieillard dont l'œil brillant, et qui commençait d'avoir les joues et les oreilles légèrement empourprées, — voilà avec quels égards j'aime que l'on traite ce respectable vin de Bordeaux, qui, vu son grand âge, se trouble et perd ses *esprits* si on le brutalise. — Puis, souriant orgueilleusement encore de cette espèce de jeu de mots, le campagnard ajouta d'un

(1) Les chevaliers de cet ordre s'appelèrent, à sa fondation, chevaliers hospitaliers de Saint-Jean de Jérusalem, depuis chevaliers de Rhodes, et enfin chevaliers de Malte; on divisait l'ordre en catégories nationales, ou *langues de Provence, de France, d'Allemagne*, etc., et chaque langue se subdivisait en prieurés : *la langue de France*, en prieurés *de Champagne, d'Aquitaine*, etc.

air étonné en regardant son fils : — Eh bien ! chevalier, à quoi pensez-vous donc?

— Comment ! mon père?

— Comment ?... Est-ce que ce vieil ami couleur de rubis me rend ingrat envers mon autre vieille amie couleur de suie?

— Ah ! pardon, mon père... — Et des Préaux alla prendre sur une table un pot de grès rempli de tabac à fumer, ainsi qu'une longue pipe, vénérable d'ancienneté, puis posa le tout près de son père, qui commença de battre le briquet.

Mais les oublis du pauvre chevalier n'étaient pas à leur fin, car monsieur de Saint-Marc, tout en tâchant d'allumer sa pipe, cherchait des yeux sur la table un autre objet qui ne s'y trouvait pas.

— Ah çà ! par saint Guillaume, notre patron ! — s'écria l'ancien capitaine d'Heudicourt en exhalant un épais tourbillon de fumée. — vous perdez donc tout à fait la tête aujourd'hui, chevalier ? Voulez-vous pas que je fasse l'injure à ce vin généreux de le boire dans un gobelet d'étain ? Et notre argenterie est-elle donc assez nombreuse pour que vous y cherchiez longtemps la tasse de mon grand-père.

Des Préaux se frappa le front, alla de nouveau vers le dressoir, en tira un étui de chagrin noir, où il prit une large et profonde tasse d'argent, aux armes de sa famille, assez précieusement ciselée, seule pièce d'argenterie que possédât cette pauvre maison ; puis, après l'avoir soigneusement essuyée, il la vint mettre devant son père.

— Allons donc, sur ma foi ! vous êtes aujourd'hui un oublieux échanson ; mais je vous pardonne en faveur de mon vieil ami couleur de rubis, qui va devenir vermeil par la magie de la tasse de mon grand-père.

Et le bon gentilhomme, après avoir soigneusement versé presque goutte à goutte le précieux nectar, qui, en effet, se colora des teintes les plus riches, grâce aux reflets de l'or dont l'intérieur de la tasse était bruni, reposa la bouteille avec les mêmes précautions.

Puis, commodement appuyé sur le dossier de son grand fauteuil, tantôt fumant avec une sorte de recueillement, tantôt couvant des yeux sa coupe pleine, qu'il n'avait pas encore portée à ses lèvres, afin sans doute de se ménager longuement ce plaisir, le noble campagnard sembla jouir pleinement de l'espèce de béatitude tour à tour muette et expansive qui suit d'ordinaire un bon repas.

— Me permettez-vous, mon père, — demanda alors des Préaux, — de travailler à cette petite galère que je finis pour Gabriel ?

— A votre aise, monsieur le constructeur, à votre aise, bien que vous ayez le temps, jarnibleu ! de terminer ce bel ouvrage avant votre nouvelle campagne de mer ; mais, après tout, nos voisins d'Eudreville sont si fort nos amis, que je suis ravi que vous songiez à leur être agréable ; or, penser au gentil Gabriel de notre charmante marquise, c'est les prendre par leur faible le plus attaquable !

Et des Préaux, qui avait extrêmement rougi au nom de la marquise, allant aussitôt querir une galère en miniature presque terminée, se mit à travailler avec une adresse parfaite à ce petit chef-d'œuvre, pendant que le bon campagnard le suivait des yeux avec intérêt.

— Je n'ai jamais compris, — dit ce dernier, — comment cinq malheureux forçats peuvent coucher dans ces sortes de bancs, où ils sont enchaînés jour et nuit, n'est-ce pas ?

— Jour et nuit, mon père, pendant le calme et pendant la tempête, pendant la manœuvre et pendant le combat.

— A propos de combat, montrez-moi donc encore ce que vous appelez la.... la rambade, je crois ?

— C'est ceci, mon père, cette espèce de bastion élevé sur l'avant de la galère.

— Donnez ! que je voie bien, — dit monsieur de Saint-Marc.... Et le vieux gentilhomme, déposant sa pipe, prit la petite galère ; puis, après l'avoir considérée en silence, et du doigt montrant la rambade à son fils, il lui dit, les yeux humides, avec une expression de tendresse impossible à rendre : — Et c'est pourtant là que *tu as* été blessé, mon pauvre enfant !

— Oui, mon père, mon bon père, — répondit le chevalier, profondément touché de ce tutoiement inaccoutumé, qui disait si naïvement tout l'attachement de son père pour lui ; puis, allant s'asseoir près de monsieur de Saint-Marc sur un escabeau, il prit sa main qu'il baisa, et continua de travailler.

— Ah ! la guerre ! la guerre ! — dit le vieillard, accompagnant cette exclamation d'un soupir douloureux qui révélait l'amertume de ses craintes et de ses angoisses paternelles. Mais paraissant presque honteux de ce mouvement de faiblesse, il ajouta, en faisant coup sur coup tourbillonner de sa pipe, qu'il reprit, cinq ou six épaisses bouffées de fumée, afin de cacher sans doute son émotion involontaire sous ce nuage improvisé, il ajouta : — La guerre est un rude et noble métier, chevalier ! un métier qui convient surtout à de pauvres gentilshommes comme nous, mon enfant, qui n'avons que la cape et l'épée ; car une action d'éclat peut faire votre fortune militaire. Et puis d'ailleurs, à votre âge, il faut bien avoir de l'ambition ; ce n'est plus comme au mien, où après avoir servi le roi, on se trouve heureux de revenir vivre en paix dans l'antique manoir de ses pères, de cultiver le champ qu'ils vous ont laissé, et d'attendre ainsi sans crainte ni r proche le moment suprême où l'on doit serrer pour la dernière fois la main de son fils ! — Puis, après un moment de silence, le vieux gentilhomme ajouta : — Ah ! fasse le ciel que j'aie au moins cette joie dernière, et que *tu sois là....* mon enfant, *toi ! toi surtout !*

— Mon père.... mon père.... mais quelles funestes pensées ! — s'écria le chevalier.

— Vous avez raison, — dit le vieillard en surmontant de nouveau cet accès de tristesse singulière, — vous avez raison ; et je ne sais pas pourquoi ces idées me viennent aujourd'hui plutôt qu'un autre jour !... Vous avez raison, car, sur ma parole, je parle là en véritable insensé. Est-ce que vous ne me restez pas encore au moins deux ou trois mois, selon ce que nous a écrit dernièrement Téméricourt? Ainsi donc, puisque vous êtes là, ne songeons pas à ces imaginations fâcheuses, dont, par le ciel ! j'aurais à rougir. Ne pensons qu'à notre visite de tantôt à Eudreville.... Aussi, dussiez-vous me faire raison avec un verre de cidre, puisque vous ne voulez pas boire de vin, je vais vous proposer une santé que vous accepterez, jarnibleu ! — dit monsieur de Saint-Marc en levant sa tasse. — A la santé de madame.... — Mais Jeanne ouvrit tout à coup si brusquement la porte, que le vieillard s'arrêta au moment de porter son toast. — Qu'y a-t-il donc? La *Bergère* est-elle ahurie du gobelin, comme tu dis, ou le poulain a-t-il bu de travers, que tu entres ici en véritable ouragan ? — s'écria gaiement le vieillard, qui reposa sa tasse pleine sur la table.

— Dieu merci, non, monsieur ! c'est le messager de Rouen, qui ne boit pas de travers, lui, qui vient d'apporter cette lettre.

— Allons, va faire rafraîchir ce garçon, et n'entre pas ici que je ne l'appelle, — dit monsieur de Saint-Marc; puis, donnant la lettre à son fils, il ajouta : — Voyez un peu ce que c'est.

Aux armoiries, à l'écriture et à la couleur des fils de soie qui, selon la coutume d'alors, unissaient la cire des deux cachets, le chevalier avait déjà reconnu une lettre de son ancien capitaine ; aussi, troublé malgré lui, il dit à monsieur de Saint-Marc :

— Cette lettre est de notre cousin, de monsieur de Téméricourt, mon père.

— Lisez-la donc bien vite! — s'écria le vieux gentilhomme, ému d'une curiosité non moins inquiète.

Des Préaux commença de lire d'une voix altérée, en rougissant et pâlissant tour à tour.

Monsieur de Téméricourt apprenait à monsieur de Saint-Marc que, depuis sa dernière missive, de grands change-

mens étaient survenus ; que, contre son attente, il repar-
tait de Paris dans huit jours pour Malte, afin d'y aller
prendre le commandement d'une galère destinée à agir
contre Candie ; aussi proposait-il à monsieur de Saint-
Marc de lui envoyer au plus tôt le chevalier pour faire encore cette campagne, après laquelle monsieur de Témé-
court se disait sûr, ou d'obtenir pour son jeune parent le
grade de lieutenant de galère, ou de pouvoir le faire recevoir chevalier de l'ordre, s'il se sentait assez de vocation
pour prononcer ses vœux.

Quoique cette proposition de monsieur de Téméricourt
fût des plus considérables et dût combler les espérances
de des Préaux et de son père, cette lettre inattendue venait dans un moment si inopportun, qu'au lieu de réjouir
les habitans du pauvre manoir, elle les attrista profondément.

Après avoir lu, Auguste des Préaux ne dit mot, baissa
la tête, et ses beaux traits révélèrent tout à coup une douloureuse expression de chagrin morne et écrasant.

Monsieur de Saint-Marc prit la lettre à son tour, la relut
avec une minutieuse et navrante attention, et sa figure
vénérable trahit aussi l'accablement le plus cruel ; néanmoins, ensuite de quelques minutes d'un pénible silence,
le vieillard dit d'un ton ferme et apparemment résolu :

— Téméricourt agit là en bon et loyal parent.... c'est à
nous, mon fils, de montrer que nous sommes dignes de
son intérêt... Voyons, Téméricourt part de Paris dans huit
jours, il en faut au moins quatre ou cinq pour s'y rendre
par le coche.... c'est donc demain ou après-demain qu'il *te
faut* partir, mon enfant!!! — dit le vieillard en frappant
machinalement de sa pipe éteinte le pied de sa coupe encore remplie du vin généreux qu'il désirait naguère, mais
qui à cette heure lui eût semblé plus amer que du fiel.

— Partir! — murmura des Préaux avec un accent désespéré... — Partir !

— Allons, allons ! du courage, mon enfant, — reprit le
vieux gentilhomme d'un air décidé, bien que son regard
continuât d'être triste et abattu, — du courage ! songez
que, la campagne finie, vous serez lieutenant de galère...
Eh bien ! c'est donc au plus une année de résignation ; et
puis après vous me reviendrez ici en congé, voir encore
nos travaux des champs, me donner votre bras dans nos
promenades ; et le soir, au coin de notre foyer, quand par
hasard nous n'irons pas à Eudreville, vous me raconterez
vos nouveaux voyages en mer, n'est-ce pas !... Et puis, moi
je vous redirai, comme toujours, mes vieilles campagnes,
que vous ne vous lassez jamais d'entendre, assurez-vous.

— Oui, mon père; mais partir! partir !... Dieu du ciel,
partir ! — répéta le chevalier en attachant sur son père un
regard fixe, si poignant et si désolé, que le bon gentilhomme, ne le pouvant supporter, reprit avec son indifférence affectée :

— Bah! ce n'est qu'un an ; et un an, c'est bientôt fini
après tout ! car ces quatre derniers mois que nous venons
de passer ensemble m'ont paru un jour.... Il est vrai que
tu étais là, mon pauvre cher enfant!... mais enfin... puisque cela ne saurait être autrement, il faut bien prendre
son parti, n'est-ce pas ? se faire une raison... Et d'ailleurs
ne suis-je pas resté seul, vingt-sept mois d'une part, et
de l'autre dix-neuf mois et cinq jours, sans te voir, lors de
tes deux premières campagnes de Malte? Eh bien, jarnibleu ! je n'en suis pas mort!... et, Dieu aidant, cette fois-ci,
je n'en mourrai pas non plus ! seulement, nos amis d'Eudreville ne vont pas te prendre, j'en suis sûr, cette séparation subite aussi philosophiquement que nous deux, — ajouta
le bon gentilhomme, en s'essuyant furtivement le coin de
l'œil, et sifflant bien vite et bien haut une ancienne marche des trompettes du régiment d'Heudicourt.

Ces derniers mots de monsieur de Saint-Marc, *nos amis
d'Eudreville*, tout en semblant porter à son paroxysme la
douleur de son fils, arrachèrent Auguste à la stupeur ac-
cablante où il était plongé ; il se leva vivement, et, le cœur
gonflé, dit à son père :

— Pardon, pardon, mon père... mais l'étonnement, et
puis ce départ si subit... ce départ...

— Ah ! jarnibleu ! a bien de quoi te chagriner, — dit le
vieillard en l'interrompant ; — mais faut aller tout de suite
dire à Jeanne d'atteler la *Bergère*, afin de perdre le moins
possible du temps qu'il nous reste pour faire nos adieux
à nos amis ; montez vous habiller, chevalier, et revenez
vite !

Une demi-heure après ceci, le père et le fils étaient tristement en route pour Eudreville.

Or, ce sont les hôtes de ce château, monsieur le marquis
et madame la marquise de Vilars, que l'on va maintenant
faire connaître au lecteur.

———

MADAME LA MARQUISE DE VILARS.

XII

MADAME LA MARQUISE DE VILARS.

> Sire, il est quelque chose dans l'âme d'une
> femme qui s'élève au-dessus de toutes les ap-
> parences, de toutes les calomnies... C'est la
> pudeur des femmes !
> (SCHILLER. — *Don Carlos*, acte III, sc. 2.)

Louise-Anne de SARRAU, alors marquise de VILARS, était
fille du fameux *Claude* de SARRAU, si répandu parmi les
érudits du dix-septième siècle sous le nom latinisé de SAR-
ROVIUS, selon l'habitude presque générale des lettrés de
ces temps-là, qui poussaient leur admiration pour une des
plus belles langues de l'antiquité jusqu'à faire ce singulier
abus de sa forme.

Né en Guyenne vers la fin de 1598, d'une ancienne et
noble famille protestante de ce pays, bien connue par son
zèle ardent à toujours soutenir et professer les principes
de la religion réformée, monsieur de Sarrau, après de
longues et solides études, s'occupa assidûment de philosophie, d'histoire, de législation de jurisprudence, et com-
pléta ces connaissances, si étendues et si variées, par une
pratique approfondie des langues et des littératures con-
temporaines ; aussi entretint-il bientôt une féconde et
nombreuse correspondance avec tous les savans distingués
d'Allemagne, de France, d'Italie et des Pays-Bas, au nombre desquels on cite surtout Freinsheim, Casaubon, Érasme,
Heinsius, Scaliger, Saumaise, Balzac, Samuel Petit, le cardinal Bemba, Vossius, et enfin monsieur de Groot (Gro-
tius), lequel monsieur de Sarrau écrivit la préface
du livre intitulé *Epistolæ ad Gallos*.

Grand homme de bien, laborieux, appliqué, monsieur
de Sarrau, pourvu jeune encore d'une charge de conseiller au parlement de Rouen, en exerça les sérieuses fonctions avec cette sorte de gravité puritaine, intègre et sévère, qui distinguait alors les mœurs de tous les membres
influens de la religion réformée.

Appelé à la cour de Paris en 1639, il fut, peu de temps
après, au nombre des magistrats envoyés à Rouen afin d'y
remplir l'*interim* causé par l'exil du parlement de Normandie, cette compagnie ayant été cassée pour avoir opiniâtrément refusé l'enregistrement de plusieurs édits. Monsieur
de Sarrau montra, dans cette conjoncture difficile et délicate, un esprit de conciliation à la fois si digne, si bienveillant et si impartial, qu'il parvint à négocier et à assurer le retour de la magistrature exilée ; faisant ainsi révo-

quer par le roi un ordre inconsidéré, sans compromettre en rien les priviléges et l'indépendance du parlement de Normandie.

Cette mission heureusement remplie, monsieur de Sarrau revint à Paris, et à cette époque, sa réputation de prodigieux savoir et de haute vertu avait déjà une autorité si retentissante, que beaucoup de philosophes ou de légistes étrangers le consultaient sur de nombreux points de droit, d'histoire ou de jurisprudence en litige, et s'en rapportaient religieusement à son arbitrage. Christine de Suède, enfin, supplia monsieur de Sarrau de vouloir bien être son correspondant, distinction enviée que le protestant rigide accueillit d'abord avec une extrême froideur, cet esprit fier et rigoriste se ployant difficilement à la pensée de lier un commerce aussi fréquent avec cette reine cruelle, vindicative et débauchée ; mais, vaincu par les instances de Christine, et surtout réfléchissant, avec raison, qu'usant de cette *suprême influence de l'homme de bien*, que l'amazone couronnée lui reconnaissait, il pourrait faire quelque bonne œuvre, ou empêcher quelque mal, monsieur de Sarrau accepta ; or, la plupart des secours ou encouragemens accordés par Christine à des savans malheureux où méconnus, le furent à la recommandation sage et éclairée de ce vertueux savant, qui mourut le 30 mai 1651, laissant un fils âgé de dix-sept ans, une fille de onze ans, et une femme qui ne lui survécut que d'une année.

Le fils prit le nom d'un fief, *Saint-Brie*, et entra dans un régiment de cavalerie ; quand à sa fille, mademoiselle Louise-Anne de Sarrau, dont il s'agit ici, après la mort de sa mère, elle s'en alla habiter Rouen avec une de ses tantes.

« A dix-sept ans, mademoiselle Louise de Sarrau pas-
« sait à bon droit pour une des personnes les plus parfai-
« tement accomplies de la province ; sa beauté était véri-
« tablement peu commune, son esprit supérieur, résolu
« et singulier en tout, ses vertus solides et sa grâce en-
« chanteresse ; malheureusement, tant et de si rares qua-
« lités ne pouvaient faire oublier qu'elle était demeurée
« fidèle à la monstrueuse hérésie dont sa famille avait tou-
« jours été infestée.

Telles sont les paroles d'un contemporain de Louise, catholique exalté, qui, malgré la dissidence de sa foi religieuse, en donne ce portrait.

La tante de mademoiselle de Sarrau, femme grondeuse et chagrine, lui fit sans doute regretter souvent la calme sérénité de la maison paternelle ; mais déjà fière et silencieuse, Louise ne se permit pas un mot de plainte ou de reproche. Lorsqu'elle eut atteint sa dix-huitième année, sa tante lui présenta plusieurs brillans partis, car Louise possédait une terre d'environ vingt mille livres de revenu.

Entre autres prétendans à sa main, on distinguait monsieur de Quévremont, seigneur d'Eudreville et Boudeville, gentilhomme de la baronnie de Châteauneuf en Thimerais.

Jeune et riche, élevé dans son château par une mère faible et facile, n'étant jamais sorti de sa province, monsieur d'Eudreville avait les qualités et les défauts naturels à cette éducation campagnarde. S'il se montrait ignorant, infatué de sa noblesse, joueur, grossier, et plus que bon convive, il était d'ailleurs, franc et généreux.

Or, soit penchant, irréflexion, indifférence de l'avenir ou désir d'échapper aux ennuis inséparables d'un plus long séjour chez sa tante, Louise à dix-huit ans épousa monsieur d'Eudreville.

Au bout de six mois à peine, Louise se vit la plus malheureuse des femmes.

Ainsi que cela arrive assez communément, monsieur d'Eudreville s'était marié sans trop savoir pourquoi il se mariait ; ç'avait été peut-être un peu par le penchant que devait inspirer une aussi jolie femme que l'était Louise ; un peu pour plaire à madame la douairière d'Eudreville, qui mourait d'envie d'être grand'mère ; un peu par intérêt, et enfin un peu aussi parce que ce jeune gentilhomme se croyait las de cette existence vide et bruyante que

menaient alors dans leurs terres les nobles campagnards. Mais il est apparent qu'en cédant aux vagues modifs qui le décidèrent à cette union, monsieur d'Eudreville avait agi de prime-saut, sans éprouver aucun ressentiment réel et profond qui eût pu lui faire de ce mariage une sorte de nécessité d'avenir ; car, incapable de mener longtemps une vie intérieure et tranquille, il en vint bientôt à regretter les tumultueux plaisirs de son existence de garçon, et à l'avouer assez brutalement à Louise. (1).

Celle-ci endura tout, souffrit tout, versa des larmes amères et secrètes sur la faute qu'elle avait commise en choisissant si mal ; mais, aux yeux du monde et de son mari, parut toujours sinon heureuse, du moins calme et résignée.

La voyant ainsi délaissée, la fleur des gentilshommes de Normandie l'entoura de soins et d'hommages. Mais telle fut la convenance chaste et réservée quoique bienveillante et polie de la conduite de Louise, que l'inaltérable pureté des principes de cette jeune femme ne fut jamais attaquée et ne lui fit pas un ennemi. Enfin, après deux ans et demi de cette existence malheureuse, elle vit mourir son mari des suites d'un coup dangereux reçu dans une orgie, de sorte que monsieur d'Eudreville laissa Louise, à vingt et un ans, veuve et mère de deux enfans.

On pense si le caractère ferme et réfléchi de cette jeune femme mit à profit la terrible leçon qu'elle avait reçue ; aussi lui arriva-t-il, par une inconséquence assez concevable d'ailleurs, de ne voir ou d'espérer désormais le bonheur que dans des conditions justement opposées à celles dont elle venait de souffrir si cruellement, et de vouer pour ainsi dire d'avance à un refus inexorable tout jeune gentilhomme campagnard assez fou pour demander sa main ; or, on verra si elle a suivi cette idée avec la résolution habituelle de son esprit absolu.

A ce propos, on doit dire qu'un des traits les plus saillans et les plus organiques du grand caractère de cette jeune femme était sa volonté inébranlable d'accomplir opiniâtrément toute promesse faite librement ; d'ailleurs, cette indomptable puissance de vouloir, ce saint dévouement à la foi jurée, semblent si profondément innés chez elle, que monsieur de Sarrau, écrivant à Grootius en 1649 (10 juin), s'exprimait ainsi, en parlant de Louise alors âgée de neuf ans.

« Il y a trois jours qu'un malheureux docteur m'épou-
« vanta plus que vous ne sauriez le croire, et béni soit
« Dieu de ce que je n'ai pas perdu ma fille ; elle a neuf
« ans à peine, et ce docteur lui enseigne l'histoire romaine.
« A propos du dévouement de Régulus, trait que le doc-
« teur exaltait beaucoup, ma pauvre petite Louise de dire
« fièrement *qu'elle s'exposerait au même sort pour accom-
« plir une promesse faite.* Son maître, en façon de badinage,
« lui dit : « Eh bien ! je suis sûr, moi, que si vous me pro-
« mettiez de demeurer deux jours sans manger, vous ne
« tiendriez pas cette promesse. — *Peut-on rester ainsi sans
« mourir ?* demanda d'abord l'enfant... — Assurément, dit
« l'insensé. —*Eh bien ! donc, monsieur*, dit ma pauvre petite
« résolue, *je vous promets de ne pas manger pendant deux
« jours.* Vous qui savez, mon ami, l'incroyable franchise
« et fermeté de ma fille, si connues chez moi, que, pour
« dernier TERME de preuve ou d'affirmation, on dit géné-
« ralement MADEMOISELLE LOUISE L'A DIT, OU MADEMOI-
« SELLE LOUISE L'A VU, vous concevez ma terreur, car je

(1) On trouve (vol. XVI du manuscrit déjà cité) ce couplet significatif sur monsieur d'Eudreville :

Air : *A ta santé, camarade.*

D'Eudreville et Panilleuse,
Parmi les verres et les pots,
Ivrognes d'humeur joyeuse
Se disaient à tout propos :
A ta santé, camarade,
De ma femme je n'ai garde ;
Tope et tinc, Dieu merci,
Je n'en ai pas grand souci.

« connaissais trop l'invincible opiniâtreté du caractère de
« l'enfant pour douter qu'elle tînt jusqu'au bout... En effet,
« mon ami, prières, menaces, larmes de sa mère et de
« moi, rien ne l'a pu détourner de cette fatale imagina-
« tion, et il a véritablement fallu la force de santé et la vi-
« gueur de l'esprit de Louise pour que, dans un âge aussi
« tendre, elle ait pu résister à une aussi terrible épreuve,
« épreuve qu'elle a subie d'ailleurs avec un admirable stoï-
« cisme, dont je suis fier maintenant, je l'avoue à ma honte,
« mais qui m'a rendu bien affreusement malheureux pen-
« dant deux jours ! »

On n'a voulu rapporter ce trait enfantin que parce qu'il
semble extrêmement caractéristique et annoncer l'inaltérable sûreté de tout serment fait plus tard par cette jeune
femme ; car, à bien dire, sa haute et souveraine vertu fut
toujours l'expression la plus ample et la plus solennelle
du rigoureux accomplissement de la promesse. Ainsi, s'é-
tant librement mariée à monsieur d'Eudreville, et lui ayant
librement juré fidélité, telle affreuse que dût être l'existence de Louise, aucune puissance humaine ne lui eût fait
parjurer cette foi tant que son mari eût vécu ; elle le pensait du moins, et l'avenir va prouver évidemment qu'une
aussi rare puissance de volonté était bien en elle. Maintenant revenons aux événemens qui succédèrent à la mort
de monsieur d'Eudreville.

Un ami de monsieur de Sarrau, qui avait vu Louise enfant, monsieur Honoré de Mallorties, marquis de Vilars,
homme de qualité, était revenu habiter Rouen après avoir
bravement servi comme brigadier de mousquetaires. C'é-
tait dans le fort des chagrins de Louise, environ un an
avant la mort de monsieur d'Eudreville ; monsieur de Vilars avait alors quarante-huit ans ; ses anciennes et intimes relations avec monsieur de Sarrau, sa bonté, sa parfaite noblesse et élévation de caractère, engagèrent la pauvre jeune femme à s'ouvrir à lui seul, pour en implorer
pitié, secours et conseil. Or, elle avait trouvé chez monsieur de Vilars une tendresse si paternelle et si grave, des
avis si sages, et des consolations si bienfaisantes ; enfin ce
gentilhomme avait su, en deux rencontres, par la franchise
digne et imposante de ses observations, agir si efficacement sur monsieur d'Eudreville, et le ramener, passagèrement il est vrai, à de meilleurs procédés envers sa femme, que Louise était restée pénétrée de la plus inaltérable
reconnaissance pour cet ami, aussi solide que dévoué.

Or, pour abréger, on saura que la riche et jolie veuve,
après avoir vainement cherché pendant deux années parmi la foule empressée des prétendans à sa main quelqu'un
qu'elle pût aimer d'amour, et n'ayant trouvé personne digne d'elle, Louise sentant plus que jamais, l'embarras de
sa position, ayant une fille et un fils à élever, une fortune
considérable à régir, et ne voulait pourtant se remarier
qu'avec une chance de bonheur presque certaine, proposa
un jour tout brusquement sa main à monsieur de Vilars.

On pense à la surprise de ce dernier, qui depuis deux ans
recevait toutes les confidences de Louise à propos de la vanité
de ses recherches et de ses espérances; aussi refusa-t-il d'a-
bord, objectant son âge, le sérieux de son esprit, son goût
prononcé pour la retraite, toutes choses enfin certainement
peu faites pour assurer le bonheur d'une jeune femme,
qu'un triste et douloureux passé devait rendre si exigeante
pour l'avenir ; en un mot, il avoua décidément à Louise
qu'il avait été assez l'ami de sa famille et qu'il était beaucoup trop véritablement le sien pour se rendre jamais
complice d'une telle folie.

A cela, Louise répondit avec cette noble franchise dont
on la verra donner encore tant de preuves :

— Jusqu'à présent je n'ai éprouvé pour personne ce
qu'on appelle de l'*amour;* sans doute suis-je destinée à ne
jamais ressentir cette passion ; j'ai commis la faute de me
marier une première fois, presque sans réflexion, à un
jeune gentilhomme doué de ce *mezzo-termine* de bonnes
et mauvaises qualités qui pouvaient me faire croire à un
bonheur sinon vif, du moins négatif ; j'ai été cruellement
abusée. Depuis, je me suis vue entourée de gens qui

m'ont paru tous ressembler plus ou moins à mon premier
mari; peut-être me trompé-je selon leur mérite ou selon
la vérité, mais je suis bien certaine de ne pas me tromper
selon mon cœur, impression qui me guidera seule et toujours ; en un mot, ma position est telle à cette heure, que
je veux me remarier, et ma confiance et mon attachement
pour vous, mon ami, sont tels aussi que je vous propose
ma main. Je n'ai jamais aimé d'amour, *je ne vous aime
pas d'amour,* je ne sais pas si j'aimerai jamais d'amour ;
mais ce que je sais, mais ce que je vous affirme sans serment, sûre que vous me croirez, parce que *Louise vous
l'aura dit,* ainsi que disait mon pauvre père, c'est que de
ma vie je ne faillirai au moindre des devoirs auxquels je
m'engagerai si vous m'acceptez pour votre femme; c'est
qu'à jamais reconnaissante de ce que vous venez ainsi à
moi, quand je vous demande votre appui, mes sentimens
pour vous seront au dernier jour de ma vie ce qu'ils sont
aujourd'hui; c'est qu'enfin mon seul but et mon unique
volonté sera de vous rendre heureux.

Telle étrange que paraisse cette proposition, tel singulier qu'en semble l'agrément après un pareil aveu, monsieur de Vilars, riche lui-même, épousa la jeune veuve ;
depuis ce moment, Louise fut la plus heureuse des femmes, et monsieur de Vilars se félicita chaque jour de la
détermination qu'il avait prise.

On l'a dit, monsieur et madame de Vilars habitaient le
château d'Eudreville, n'allant à Rouen que rarement et
pour affaires. Monsieur de Vilars avait autrefois connu
monsieur de Saint-Marc, père de des Préaux ; ils avaient
fait ensemble les guerres des Pays-Bas et d'Italie; aussi
lorsqu'après son mariage avec Louise monsieur de Vilars vint demeurer dans le voisinage du fief des Préaux,
des relations amicales et fréquentes se rétablirent entre les
deux anciens compagnons d'armes.

Peu à peu, ces relations devinrent pour ainsi dire habituelles et indispensables aux habitans des Préaux et d'Eudreville, ces deux habitations n'étant qu'à une lieue l'une
de l'autre ; enfin madame de Vilars, appréciant de plus en
plus les bonnes et franches qualités de monsieur de Saint-
Marc, et le charmant naturel de son fils, s'attacha extrêmement à cet enfant, qui, lors du mariage de Louise avec
monsieur de Vilars, avait environ douze ans, et qu'elle aimait avec cette sorte d'attachement presque maternel
qu'une femme de vingt-trois ans peut avoir pour un enfant de cet âge.

Quelque temps après, Auguste, chevalier des Préaux,
partit pour Malte et y resta près de trois années. Lorsqu'il
revint au manoir paternel, ce n'était plus un écolier, mais
un bel adolescent dont une vie ordonnée, rigide et périlleuse avait largement développé les nobles instincts.

Aussi, Louise revit d'abord Auguste avec plaisir, puis
avec un vif intérêt ; l'affection que la jeune femme lui
portait s'augmentant pour ainsi dire à mesure qu'elle reconnaissait l'injustice tacite de ses préventions, car elle
s'était attendue à trouver dans son jeune protégé, au retour de ses campagnes lointaines, cet air quelque peu glorieux et délibéré qu'à cet âge on pourrait prétendre d'affi-
cher, lorsque, si jeune, on s'est battu bel et bien, et que
pour preuve on peut fièrement citer une honorable blessure.

Mais non ; ainsi qu'on a dit, Auguste revint ce qu'il était
parti, simple, naturel et bon, ne parlant que comme malgré lui, et à regret, des occasions où il s'était si fort distingué, mais racontant avec la grâce naïve ou le feu de la
jeunesse ses impressions si variées, si neuves à l'aspect
des pays inconnus pour lui, sa désolation amère lorsqu'il
voyait de pauvres esclaves turcs pleurer sous le bâton des
comites de la galère, et aussi ses rêveries tendres et mélancoliques, lorsque, par une belle nuit d'Orient, assis sur
la poupe dorée de la capitane, il regardait tristement la
ciel étoilé en songeant à son père et aux amis qu'il avait
laissés à Eudreville.

Au retour de sa première campagne, Auguste des Préaux

vit donc Louise presque chaque jour; souvent madame de Vilars lui faisait redire ses voyages, trouvant un plaisir enchanteur à écouter en silence cette voix douce et candide raconter si ingénument de sombres naufrages ou de sanglantes mêlées; puis, quelquefois rêveuse, la jeune femme, fermant ses beaux yeux, s'imaginait à plaisir qu'elle était châtelaine, et que son page assis à ses pieds lui lisait quelque ancienne et vaillante chronique, écrite avec une naïveté touchante et chevaleresque!

D'autres fois, Louise éprouvait une émotion inexprimable, lorsqu'elle venait à penser que, si jeune encore, cet enfant avait partagé tous ces périls, qu'il était aussi doux qu'intrépide, aussi beau que généreux et bon; et que pourtant le hasard payait mal tant de rares qualités; que monsieur de Saint-Marc était pauvre, et que son fils devait souvent ressentir d'amères et cruelles mortifications d'amour-propre, lorsqu'il se trouvait au service avec de jeunes volontaires riches et magnifiques.

Aussi lorsque Auguste partit pour sa seconde campagne, Louise, usant selon son cœur de cette merveilleuse subtilité, de cette exquise dissimulation dont les femmes semblent douées par le génie de la délicatesse, afin de pouvoir impunément se livrer à toutes leurs touchantes et généreuses inspirations, Louise, prenant pour complice et confident monsieur de Vilars, qui portait aussi l'intérêt le plus affectueux au jeune chevalier, avait prié monsieur de Saint-Marc de le laisser se charger d'une foule de détails relatifs à l'équipage d'Auguste.

Une fois les emplettes finies, madame de Vilars, aidée de son mari, avait facilement persuadé monsieur de Saint-Marc qu'il avait dû être jusque-là outrageusement volé par ses fournisseurs, puisque cette fois les cravates de dentelles, les pièces de tabis, les aiguillettes et les rubans destinés à rehausser la charmante figure de son fils absorbaient à peine la modique somme que le bon vieillard économisait à grand'peine chaque année pour l'équipage du chevalier; enfin c'étaient encore tantôt de riches et excellentes armes que monsieur de Vilars offrait à Auguste comme souvenir de son amitié, tantôt une belle écharpe que Louise avait brodée de ses couleurs, et qu'elle lui ordonnait de porter, ainsi que l'aurait fait un chevalier des anciens fabliaux.

Il faut dire, en un mot, que ces dons étaient offerts avec tant de cordialité, de charme et d'à-propos, que le caractère le plus susceptible n'aurait pu y trouver le motif d'un refus, et que d'ailleurs Auguste des Préaux était une de ces natures rares et élevées qui n'ont jamais honte d'accepter un bienfait, parce qu'elles se sentent capables de le noblement reconnaître.

Auguste partit donc de nouveau pour Malte.

Cette fois Louise ressentit profondément son absence; elle crut d'abord que cette impression venait du changement laissé dans ses habitudes d'Eudreville par le départ du chevalier; mais bientôt elle s'aperçut du contraire, car peu à peu elle en vint à songer presque continuellement à Auguste, sans néanmoins regretter sa présence.

Avec sa franchise et sa loyauté connues, Louise alors s'écouta pour ainsi dire sentir, s'interrogea bien en face, et se demanda si son religieux attachement pour monsieur de Vilars avait subi la moindre altération; mais elle s'aperçut sans étonnement qu'une affection aussi sainte et aussi sacrée était immuable comme la vérité... qu'elle n'avait ni faibli ni surtout augmenté, car Louise eût peut-être pris ce dernier symptôme pour une tendance involontaire à la fausseté.

Madame de Vilars reconnut donc pour la première fois qu'elle aimait d'amour... Cette découverte, terrible et fatale pour toute autre peut-être, ne l'épouvanta pas, et elle continua de regarder l'avenir avec calme, confiance et sérénité.

Et pourquoi d'ailleurs Louise eût-elle tremblé? sa toute-puissante résolution de ne jamais mentir à la foi promise était au-dessus de toute séduction, de toute ivresse, de toute volonté humaine; aussi ne rougissait-elle pas de son amour pour Auguste, parce qu'elle savait toujours devoir être digne de monsieur de Vilars; car, chez les âmes élevées, le remords naît presque toujours de la douloureuse comparaison de ce qui a été avec ce qui n'est plus... ou de ce qui est avec ce qui devrait être. Or, dans la vie de Louise, dans son vif attachement à son mari, rien n'était, rien ne serait changé; son intérêt pour Auguste enfant était devenu de l'amour; mais l'objet de ce pur et chaste amour l'ignorerait constamment, une habitude prise depuis longues années permettant à Louise d'attribuer à une tendresse presque maternelle les marques de bonté touchante qu'elle continuerait de donner à Auguste. Son secret serait donc à elle seule, et l'ineffable conscience de ce secret suffirait à son bonheur. Qu'aurait-elle d'ailleurs désiré de plus, elle si sérieusement convaincue que *plus* était impossible, parce que *Louise l'avait juré?*

On le répète, la jeune femme se livra donc à cet amour avec bonheur, innocence et sécurité, se rappelant d'ailleurs la maxime suivante que son père lui citait souvent dans son enfance : « Lorsqu'on a la tête assez forte pour braver le vertige, on ose regarder de bien haut, et on trouve alors de splendides jouissances dans ce qui étourdit et perd le vulgaire. »

Que le raisonnement qu'on peut déduire de cette maxime, ait trompé bien des femmes qui se croyaient sûres d'elles-mêmes; qu'il eût été mieux à madame de Vilars de chasser l'amour de son cœur, ou du moins d'éviter toute occasion capable de l'y aviver encore; que ces tempéramens ménagés entre la fidélité conjugale et un penchant coupable, prouvent un calcul de concessions, et que l'amour ardent et véritable, non plus que l'austère et rigoureuse vertu, n'en admettent d'aucune sorte, soit; c'est un fait et non une discussion qu'il s'agit d'établir ici; seulement, quant à prouver que la passion de Louise pour Auguste fut vaillante et chaste et vraie, la suite de cette histoire ne le dira que trop.

On pourrait peut-être objecter aussi qu'il eût été plus digne de la franchise de Louise d'avouer son amour à monsieur de Vilars; soit encore, mais elle ne le fit pas, et on excusera ou on concevra sa conduite, en songeant que, dans tout caractère humain, on retrouve toujours la condition *humaine*, c'est-à-dire imparfaite; et puis d'ailleurs, cette jeune femme d'un esprit juste et réfléchi, à jamais sûre de ne pas se parjurer ses la foi, n'estimait pas sans doute à propos de faire à son mari une confidence au moins superflue, et toujours blessante pour qui la reçoit, quelque sage et peu glorieux qu'il puisse être.

Louise, pendant la seconde campagne d'Auguste, vécut donc de souvenir et d'espoir, redoubla de soins et de prévenances pour le bon monsieur de Saint-Marc, et attendit avec une tendre et inquiète curiosité le retour du chevalier, dont elle avait d'ailleurs suivi la carrière pas à pas, car Auguste écrivait souvent à son père, et ce dernier s'était fait une loi de toujours décacheter les lettres de son fils en compagnie de ses amis d'Eudreville.

Aussi, Louise, douée de ce tact si fin et si pénétrant, de cette suprême sagacité qui distingue singulièrement les femmes, avait successivement démêlé dans ces lettres, qui ne parlaient pourtant des hôtes d'Eudreville qu'avec les formes de la gratitude et de la vénération la plus grande, avait démêlé depuis les premiers tressaillemens jusqu'aux sentimens de plus en plus passionnés que son souvenir avait fait naître au cœur d'Auguste.

Ainsi, parmi les doux et mélancoliques épanchemens de cette naïve correspondance, elle avait saisi mille allusions indirectes, peut-être même involontaires, mais toujours tendres et frappantes, à propos de sites, de lectures, de fleurs, de certains airs de téorbe, qui lui avaient assez démontré que chaque impression reçue à Eudreville retentissait après bien profondément et bien longtemps encore dans l'âme du chevalier; puis, ç'avait été aussi de sa part de fréquens envois de petits présens pour les enfans de madame de Vilars; dons de peu, mais offerts avec tant de charme, qu'on oubliait leur valeur pour ne penser qu'à leur bonne grâce ; attentions touchantes et délicates, dans lesquelles Louise avait deviné avec ravissement de nouvelles preuves de l'amour d'Auguste, cette perle de son cœur, ce trésor solitaire et caché dont elle vivait si heureuse.

Car madame de Vilars ne désirait plus rien, depuis qu'elle se sentait sûr de l'amour de celui pour lequel autrefois elle avait été une mère : *l'aimant seule*, la vertueuse ot bienfaisante influence qu'elle voulait si fort exercer sur lui eût été bien limitée, ou peut-être nulle ; *lui l'aimant*, l'espoir de Louise n'avait plus de bornes ; en cela qu'elle savait assez la noblesse et la pureté du caractère de des Préaux pour être certaine que lui aussi vivrait reconnaissant, fier et satisfait d'une passion aussi dévouée, aussi inaltérable que sérieuse et chaste.

Or, l'instinct de Louise ne la trompa pas ; car, au retour de sa seconde campagne, les vaillantes et rares qualités d'Auguste s'étaient plus largement développées encore ; et puis le profond amour qu'il éprouvait pour Louise, bien qu'il le crût ignoré d'elle, en absorbant toujours des Préaux dans une ineffable rêverie, aurait d'ailleurs suffi pour le défendre des folies misérables ou des amours si précoces et flétrissantes amours si funestes à son âge, lors même que les habitudes austères imposées par monsieur de Témérioourt à tous ceux qui servaient sous ses ordres ne l'en eussent pas garanti.

Lorsqu'Auguste revint à Préaux, au commencement de 1669, il avait donc dix-huit ans, et Louise en avait vingt-neuf environ.

C'était l'hiver, les longues veillées du soir se passaient délicieusement au coin du feu dans le vaste salon du château d'Eudreville. Auguste, son père, Louise, monsieur de Vilars, rarement un voisin de terre, composaient seuls ce petit cercle, intime et cordial, où régnait toujours la confiance expansive et la joie sereine des âmes paisibles et contentes ; souvent on faisait quelque lecture en commun. Tantôt monsieur de Vilars empruntait une instruction solide et édifiante aux sévères écrivains de Port-Royal, car le mari de Louise se piquait fort de jansénisme, et correspondait avec Nicole, Arnauld, de Sacy, hommes d'une mâle vertu, d'un prodigieux savoir et d'une antique simplicité. Tantôt, au contraire, c'était une satire de Boileau, une lettre de Pascal, ou une nouvelle comédie de Molière, que le bon monsieur de Saint-Marc lisait avec une gaieté franche et comique, de même aussi qu'il brusquait avec rudesse les vers hautains et cavaliers du grand Corneille. D'autres fois, Louise et Auguste lisaient tour à tour *Andromaque, Britannicus*, que Racine venait de dédier cette année même à monsieur le duc de Chevreuse ; et jamais la divine harmonie du plus tendre et du plus religieux des poètes n'eut de plus tendre et de plus religieux interprètes. Souvent on posait le livre, puis, à propos d'un mot, d'une image ou d'un souvenir, venaient les longs commentaires, les conversations interminables, et même les vives et entraînantes discussions. Alors la sérieuse raison, l'expression sobre et réfléchie de monsieur de Vilars, contrastaient vivement avec l'impétueux langage du brave monsieur de Saint-Marc, ou avec la chaleureuse parole de Louise ; esprit brillant, hardi, naturel, étendu, mais qui devenait paradoxal et faux dès qu'il s'agissait de déterminer sagement dans quelles conditions le rigoureux accomplissement d'une promesse pouvait devenir d'une funeste exagération ; car Louise était toujours demeurée l'enfant inflexible qui, au risque de mourir de faim et de désespérer son père, restait deux jours sans manger, parce qu'elle *l'avait promis*. Quant à Auguste, tout en lui, pensées, langage, convictions, croyances, révélait l'âme la plus limpide et la plus pure, magnifiquement éclairée aux rayonnemens splendides d'un amour immense.

Souvent aussi, se mettant au clavecin devant un fragment d'opéra de Lulli, Louise unissait son chant doux et frais à la voix jeune et sonore d'Auguste, ou bien prenait son téorbe pour accompagner les sons graves et harmonieux que monsieur de Vilars, excellent musicien, tirait savamment de la basse ; enfin, on s'égayait encore aux plaisans et grotesques portraits que des Préaux retraçait d'un crayon malin, ou on parcourait avec intérêt et curiosité les collections de sites et de costumes qu'il avait rassemblées dans ses campagnes pour madame de Vilars, qui dessinait elle-même à ravir.

Telle était la vie heureuse et paisible qu'on menait chaque soir à Eudreville, en attendant un souper délicat ; seulement, si la neige tombait trop épaisse, ou si la gelée rendait les chemins dangereux, monsieur de Saint-Marc et Auguste, au lieu de s'en retourner à Préaux, passaient la nuit à Eudreville, et le lendemain repartaient à grand'peine en disant : « *A ce soir!* »

Or, c'est une aussi délicieuse existence, si doublement heureuse pour Auguste, que la lettre de monsieur de Témérioourt venait de cruellement troubler ; aussi, conçoit-on la douleur qu'éprouva le chevalier en partant avec son père pour venir faire ses adieux à ses amis d'Eudreville.

XIII

LE CHATEAU D'EUDREVILLE.

> Ah ! puisqu'il faut partir, partons sans lui déplaire :
> Je me suis tu longtemps, je puis encore me taire.
> (RACINE. — *Bérénice*, f. 11, vol. XIII (*variantes*).

Sept heures du soir venaient de sonner à l'horloge du château d'Eudreville ; le ciel était pur, et les rayons du soleil, déjà plus obliques, coloraient de tons chauds et dorés, çà et là régulièrement coupés par de grandes ombres, le sable jaune d'une longue avenue d'épaisse et verte charmille au faîte recourbé en voûte impénétrable, et dont les côtés, symétriquement taillés en arcades, simulaient, pour ainsi dire, les murs et les fenêtres de cette fraîche galerie de feuillage ; puis, de profonds vases du Japon, en porcelaine blanche à fleurs rouges et bleues, d'une forme simple mais élégante, et contenant de beaux orangers arrondis en sphère, s'élevaient sur leur piédestal de granit brun, au milieu de chacun de ces arceaux de verdure.

Enfin, au bout de cette immense allée, d'un aspect véritablement grandiose, on voyait, lui servant de perspective, une grotte de rochers, d'où s'échappait une cascade de marbre blanc, reçue d'abord dans une large conque de marbre blanc, que soutenaient quatre tritons de même matière ; mais bientôt ce courant limpide, débordant de cette sorte de réservoir, allait mêler sa nappe argentée à l'onde paisible et bleue d'un vaste bassin circulaire, aux bords revêtus de gazon et de fleurs, et du milieu duquel un impétueux jet d'eau jaillissait à une grande hauteur.

Dans cette avenue, monsieur et madame de Vilars se promenaient à pas lents.

Tout en causant avec Louise, monsieur de Vilars tenait à la main un livre entr'ouvert ; il portait le justaucorps et le manteau cours de velours noir ; une chaîne d'or à médaillon lui pendait au cou, et son feutre était surmonté d'une plume rouge cramoisi, comme ses bas de soie et le ruban de sa cravate de dentelles ; la figure calme et grave de ce gentilhomme, alors âgé de cinquante-six ans, avait un très grand caractère de bienveillance, de réflexion et de fermeté ; ses yeux étaient bruns, sa moustache et sa chevelure grises, sa démarche imposante, et sa taille haute, libre et dégagée, car il avait peu d'embonpoint ; enfin, sauf quelques modifications de costume, on eût dit le noble original d'un majestueux portrait de van Dyck ; et, comme si le hasard eût voulu compléter cette ressemblance jusque dans les accessoires, un de ces magnifiques épagneuls à longues soies blanches et orangées, que l'on voit si souvent dans les tableaux de l'illustre peintre, venait de temps à autre lécher timidement une des belles mains de monsieur de Vilars.

Louise marchait à côté de son mari ; elle avait, on l'a dit, vingt-neuf ans, et était de moyenne stature ; une robe traînante de taffetas changeant, gris perlé, à reflets roses, garnie de points de Venise et de nœuds de rubans vert tendre, faisait encore valoir la grâce de ses épaules de neige, et dessinait sa taille enchanteresse, si mince et si flexible, que, bien qu'emprisonnée dans un des durs corsages qu'on portait alors, elle y paraissait souple et à l'aise. Chose remarquable, par une singularité qu'elle partageait avec madame de Montespan, Louise, dont les cheveux étaient du plus beau blond cendré qui se pût voir, avait les cils et les sourcils très-noirs et très-fournis ; quant à ses grands yeux, ils étaient de ce bleu sombre, foncé, limpide, qui selon certains accidens de lumière semble parfois s'iriser ; puis, à l'inverse de la beauté chinoise, l'arc de ses blanches paupières, au lieu de se relever vers les tempes, s'abaissait au contraire dans toute la noble pureté des lignes antiques ; enfin, femme de race et d'extrême distinction, bien que ses formes fussent voluptueusement arrondies, Louise avait le col svelte et élégant, le front haut, le menton fermement accusé, l'ovale du visage un peu long ; et sa petite bouche, du plus vif incarnat, et d'une coupe sévère, étant assez rapprochée de son nez mince et aquilin, donnait surtout à ses traits un grand air de résolution.

Tout enfin dans ce noble visage révélait l'énergie de volonté, le puissant empire de soi, que madame de Vilars possédait à un si rare degré, de même que son regard calme et assuré annonçait la parfaite quiétude d'une âme pure.

Par ce beau soir d'été, monsieur et madame de Vilars se promenaient donc à pas lents et mesurés dans cette longue avenue dont on a tâché de retracer l'imposante régularité ; leur paisible entretien respirait cette bienfaisante sécurité, cette mutuelle croyance au milieu desquelles l'âme peut se livrer à ses plus tendres épanchemens, s'épanouir à ses impressions les plus radieuses, ou se bercer à la fantaisie de tous ses rêves ; momens de suprême confiance enfin, où l'on peut tout dire, sans crainte de se heurter jamais à un doute ou à un soupçon.

— Mon ami, — dit Louise, — arrêtons-nous donc un peu pour écouter ce calme... Quel silence ! quelle belle soirée ! ne sentez-vous pas aussi la délicieuse odeur des rosiers, des lilas et des ébéniers en fleur ? Mon Dieu ! quel suave concert de parfums ! Voyez donc aussi quel magnifique couchant ! là, si encore bleu, mais plus loin, il s'enflamme déjà des derniers feux du jour. quelle sublime harmonie de couleurs parmi ces masses tour à tour sombres et éclatantes, noyées de lumière, ou noyées dans une brume ardente ! Voyez aussi comme les rayons du soleil se jouent à travers le feuillage des arbres qu'on voit là-bas, et au pied du vieux château de Tournebu, dont les noirs créneaux sont seuls dorés ! voyez comme le lac profond réfléchit le pourpre des cieux, dans ses eaux argentées, çà et là brunies par l'ombre verte des roseaux ! et enfin, tout au loin, à l'extrême horizon, voyez donc quelle vapeur chaude et vermeille change en violet transparent l'azur foncé des collines ! Ah, mon Dieu ! que voilà un merveilleux *Claude Lorrain*, généreusement coloré pour nous par le créateur et le peintre éternel de toutes choses ! — dit Louise. Puis après avoir un moment regardé en silence l'admirable paysage déroulé à sa vue, elle continua, en s'accoudant avec grâce sur l'un des vases de porcelaine qui ornaient l'allée : — Ne trouvez-vous pas, mon ami, que l'aspect d'une aussi puissante nature agrandit et élève l'âme ? Aussi, moi je ne croirais jamais une méchante action possible en face d'un pareil tableau, — ajouta la jeune femme en retournant vers le soleil demi couché son beau visage, déjà tout rayonnant de bonheur et de sérénité, mais qui de la sorte paraissait divinement

resplendir au milieu d'une de ces auréoles d'or dont les peintres italiens du seizième siècle entouraient les pâles et douces figures de leurs anges.

Monsieur de Vilars, qui s'était arrêté au même instant que Louise, et l'avait écoutée et contemplée avec une sorte de religieuse admiration, lui répondit après un moment de silence expressif :

— Vous ne savez pas, Louise, à qui je pense, moi, en vous admirant, vous si belle, au milieu de cette nature si belle aussi ?

— Non ; dites-le-moi.

— Hélas ! — dit monsieur de Vilars en souriant doucement, — j'avoue mon détestable égoïsme, mais je pense à moi ; oui, car j'éprouve une de ces extases de cœur, un de ces étourdissemens de bonheur pendant lesquels Dieu devrait nous rappeler à lui... car, en vérité, Louise, ce qui est donné à l'homme de félicité ne peut aller au delà ! et pourtant, depuis sept ans, je devrais avoir appris à ne plus m'étonner, car, en fait de bonheur, grâce à vous, je crois maintenant toutes les exagérations non-seulement possibles, mais probables.

— Et moi donc, pouvais-je jamais rêver un ami plus sûr, plus vrai, plus solide, plus sérieusement occupé de moi ?

— Soit, mais ce sérieux, cette solidité, cette sûreté que vous dites, tout cela n'est après tout que la triste conséquence de l'expérience et de la vieillesse... tandis qu'à votre âge, Louise, mais à votre âge ! chaque vertu est un charme, chaque qualité une grâce de plus ! Aussi, êtes-vous en vérité l'enchanteresse la plus dangereuse du monde, malgré la parfaite droiture et la franchise de votre caractère !

— Et comment cela ? vous m'effrayez presque, — dit Louise gaiement.

— Sans doute ; tenez, je vais vous faire un aveu de la plus rare naïveté : Vous m'avez, en un mot, rendu le plus glorieux des hommes ; car, à force de paraître heureuse, vous m'avez si bien persuader que mon âge, que ma gravité, que mon éloignement pour les plaisirs du monde, cadraient si fort avec vos goûts, que vous n'aviez pu faire mieux que me choisir : n'admirez-vous pas, je vous prie, la superbe de cette persuasion impertinente ?

— Ce dont je suis fière d'abord, mon ami, c'est d'avoir pu, non pour *persuader* cela, mais vous le *prouver*, et surtout, — dit Louise avec enjouement, — de vous avoir amené à ne pas regretter votre jeunesse,

— Oh ! quant à cela, Louise, ne me faites pas plus philosophe que je ne le suis : je regrette fort ma jeunesse au contraire ; seulement, je vous dois de ne pas envier celle des autres, et c'est beaucoup.

— Et cela, mon ami, parce que vous avez la sagesse suprême de vous croire, ou plutôt de vous faire heureux !

— Ah ! prenez garde, Louise, prenez garde ! en me louant ainsi, vous vous louez vous-même plus que vous ne pensez, car, je l'ai souvent remarqué, c'est un des traits frappans de votre esprit, de savoir mieux que personne, non-seulement, si cela se peut dire, vous arranger dans votre position et vous y trouver à ravir ; mais encore, amener les autres à partager, quant à eux, la même conviction.

— C'est que je crois en effet, mon ami, que tant qu'elle est honorable, il n'est pas de position dans laquelle, avec de la raison et de la persévérance, on ne puisse s'arranger... comme vous le dites.

— Ainsi, que de fois, Louise, je vous ai entendue raffermir le courage de notre digne voisin, le consoler, le rassurer, lui opposer toujours une espérance en un chagrin, et quand, je suppose, il se plaignait de l'éloignement de son fils, lui parler de son retour !

— C'est qu'aussi, ce pauvre monsieur de Saint-Marc me déchirait l'âme... car savez-vous, mon ami, que cela doit être bien cruel pour lui ; avoir trois fils, ne pouvoir en chérir qu'un seul, et le voir si souvent partir avec tant de chances de ne plus le revoir !

— Et que je conçois bien ses craintes et ses angoisses à chaque campagne, Louise ! car, avouez-le, jamais la tendresse d'un père n'a tremblé pour un plus brave et plus digne enfant !

— Oh ! jamais !... jamais !... si noble, si fier, si hardi, et avec cela si candide et si bon! Aussi, qui ne s'intéresserait à ce rare et précieux naturel ? qui n'aimerait Auguste ? — dit vivement Louise, sans que la moindre rougeur lui vînt au front, sans ressentir la moindre confusion intérieure ; et de ce même ton libre et confiant qui avait présidé au reste de sa conversation avec monsieur de Vilars.

— Mais aussi, Louise, quels sages et généreux conseils ne lui avez-vous pas donnés, vous ? quelle sincère affection ne lui avez-vous pas témoignée depuis son enfance ? avec quelle tendre et maternelle sollicitude ne lui avez-vous pas tracé la route qu'il devait tenir ? et, il faut le dire aussi, avec quel religieux scrupule, avec quelle ardeur, avec quelle résolution ce pauvre enfant n'a-t-il pas suivi vos inspirations ? Ah ! tenez, Louise, c'est qu'il y a, voyez-vous, dans la protection éclairée, dans le bienveillant appui d'une femme belle et sérieuse, une influence irrésistible qui exalte, agrandit l'âme, et la peut élever aux plus sublimes actions !

Et de même que Louise avait parlé d'Auguste sans feinte et sans détour, disant franchement ce qu'elle pensait de lui ; de même aussi, chez monsieur de Vilars, en parlant du jeune chevalier, et de l'affection que lui portait Louise, il n'y eut ni assentiment hypocrite, ni allusion détournée, ni arrière-pensée jalouse, ni réticence perfide.

— Mais tenez, — ajouta monsieur de Vilars en entendant les cris joyeux des deux enfans de Louise, — à ces éclats de gaieté de votre Gabriel, je parierais que voilà nos bons voisins qui arrivent.

En effet, bientôt monsieur de Saint-Marc et son fils parurent à l'extrémité de l'allée, Auguste donnait le bras à son père, tandis que Gabriel et Clara se disputaient l'autre main du chevalier.

Dès que les enfans eurent aperçu leur mère, Gabriel, laissant sa sœur en possession de la main d'Auguste, accourut tout triomphant montrer à madame de Vilars la petite galère que le jeune marin lui avait faite.

— Eh bien ! madame la marquise, voilà du nouveau, — s'écria brusquement monsieur de Saint-Marc, dès qu'il put être entendu de ses amis, — nous partons !

— Vous partez ! — s'écria Louise avec un étonnement douloureux, — vous partez ! — et son regard interrogeait Auguste, qui détournait la tête pour cacher son angoisse.

— Nous... c'est-à-dire ce pauvre garçon, qui vous vient faire ses adieux, — dit monsieur de Saint-Marc en soupirant.

— Comment ! il part ?... Voyons, Saint-Marc, expliquez-nous donc cette résolution subite, — dit monsieur de Vilars, aussi tristement ému.

— J'avoue, voisin, que je vous ai appris cela un peu brusquement peut-être, — dit le brave gentilhomme ; — mais, entre nous, voyez-vous, je crois qu'il vaut mieux dire ces choses-là tout de suite ; on a du moins ainsi, pour se consoler, le temps qu'on perdrait aux circonlocutions préparatoires ; en un mot, Téméricourt m'a écrit tantôt, pour me prier de lui renvoyer cet enfant, afin de l'emmener avec lui à Malte et de là en Candie... Auguste part donc demain et vient vous faire ses adieux.

Après avoir dit ces mots d'une voix rapide et oppressée, le vieillard, soulevant son large feutre gris, s'essuya le front et poussa un profond soupir.

Il y eut un moment de cruel silence, que la marquise interrompit en se baissant pour dire à son fils, dont elle essuyait les yeux :

— Allons, Gabriel, ne pleurez pas de la sorte, Auguste reviendra ; — puis, se relevant, et souriant à travers deux larmes qui coulaient sur ses joues, elle ajouta, en regardant monsieur de Vilars, avec une admirable expression de naïveté : — En vérité, c'est bien à moi de reprocher ses pleurs à ce pauvre enfant !

— Et nous qui croyions l'avoir encore au moins deux mois, — dit monsieur de Vilars en prenant la main d'Auguste, et remarquant, avec un étonnement qui le rendit pensif, combien la figure du chevalier était bouleversée.

— Et moi donc ! — s'écria monsieur de Saint-Marc, — moi donc, qui ce matin encore lui parlais de mille choses que nous devions faire cette semaine.... et l'autre, et l'autre encore... tandis que maintenant !... Ah bath ! au diable soit Téméricourt, et sa galère, et toutes les îles de Malte et de Candie du monde ! — s'écria impétueusement le vieux gentilhomme ; mais, réfléchissant à ce que cette exclamation avait de peu séant, il dit à Louise : — Pardonnez-moi, madame la marquise... mais quand il faut quitter si brusquement son enfant....

— Quant il faut quitter son enfant, mon bon et cher monsieur de Saint-Marc, — dit Louise avec douceur et fermeté, — il faut se résigner, et ne pas lui faire perdre le peu de courage qui lui reste. Allons, monsieur de Saint-Marc, donnez-moi votre bras ; et Louise, tenant Gabriel par la main, regagna le château, suivie d'Auguste et de monsieur de Vilars.

Lorsque des Préaux était arrivé dans l'avenue, le marquis avait été vivement frappé, ainsi qu'on l'a dit, de la pâleur excessive des traits du chevalier et de leur expression morne et désespérée. Or, aux yeux d'un homme aussi pénétrant et aussi réfléchi que l'était monsieur de Vilars, il demeurait évident qu'une raison beaucoup plus saisissante que le départ en lui-même causait la profonde affliction d'Auguste. Lors de ses autres campagnes, ce dernier avait bien été triste et chagrin en quittant son père et ses amis d'Eudreville, mais jamais son visage ni son maintien n'avaient trahi une peine si amère et si écrasante ; et pourtant, cette fois, madame de Téméricourt laissait entrevoir et espérer à des Préaux l'avenir le plus fait pour le consoler d'une séparation, sans doute plus rapprochée par les circonstances, mais qui, néanmoins, devait toujours avoir lieu.

En un mot, monsieur de Vilars eut pour la première fois de sa vie un soupçon qu'il se promit d'éclaircir; aussi, pendant la conversation qui va suivre, parle-t-il fort peu et observe-t-il beaucoup.

On rentra donc au château.

Le château d'Eudreville, bâti de briques rouges séparées de loin en loin par de larges assises de pierres blanches, paraissait remonter par sa construction au seizième siècle. Cette vaste et belle habitation se composait d'un principal corps de logis et de deux ailes en retour, dont l'une formait une galerie servant de salon d'été ; ce fut là que les personnages dont on vient de parler entrèrent bien tristement.

Cinq fenêtres, ouvrant sur une grande pièce d'eau et sur une partie du parc plantée d'arbres verts, éclairaient cette galerie ; un grand nombre de portraits de famille appartenant au seizième et au dix-septième siècle, garnissaient tout le côté de la muraille opposé aux croisées. Parmi ces tableaux, et située tout au long de cette longue pièce, en face d'une immense cheminée de pierre sculptée qui occupait l'autre extrémité, on voyait, dans un magnifique cadre de bois doré, la figure austère et grave de *Claude de Sarrau*, père de Louise, peint par Lebrun et vêtu de l'imposant costume des magistrats de ce temps-là. L'épaisseur des murs du château était telle, que l'embrasure de chaque croisée formait une sorte de petit cabinet, et dans chacun de ces renfoncemens on trouvait les diverses preuves des talens variés et des studieuses occupations de Louise : ici un métier à tapisserie recouvert d'une broderie commencée ; là, une table chargée de couleurs, un chevalet supportant un tableau, ou des fleurs naturelles dans un vase de cristal, disposées pour servir de modèles ; ailleurs, c'était une téorbe, un clavecin, un luth, une basse, et plusieurs pupitres chargés de musique ; enfin, dans un autre, on remarquait les livres de prédilection de

Louise, sorte de petite bibliothèque servant de succursale à la grande bibliothèque du château, aussi nombreuse que complète. Quant au dernier de ces cinq petits cabinets, qui se trouvait le plus rapproché de l'immense cheminée, il servait, pour ainsi dire, d'oratoire à Louise; sa fenêtre, au lieu d'être carrée, s'allongeait en ogive, garnie de vitraux coloriés; puis, du côté du salon, il y avait de doubles rideaux de damas rouge, que Louise fermait à volonté quand elle désirait être seule dans cette sorte de petite cellule, dont les meubles étaient de bois précieusement sculpté; on y voyait entre autres un prie-Dieu recouvert de velours rouge, placé au-dessous d'un christ d'ivoire d'un merveilleux travail; enfin une petite armoire de Boule, garnie des plus beaux bronzes dorés, et merveilleusement incrustée de cuivre, d'étain et de corail, renfermant les œuvres littéraires du père de Louise, *monsieur de Sarrau*, et quelques-uns des sermons de son oncle, *monsieur Isaac de Sarrau*, ministre protestant d'une grande réputation, et qui alors habitait Bordeaux: tel était l'ameublement de ce petit cabinet.

La nuit était tout à fait venue, et, en attendant l'heure du souper, les valets de chambre avaient apporté des bougies de cire jaune dans de grands cylindres de cristal montés sur des pieds de bronze doré, et ouverts seulement par le haut, afin que l'air arrivant par les croisées ouvertes n'éteignît pas les lumières qu'ils renfermaient.

Sachant que les vifs chagrins sont taciturnes, et que, sans rechercher des distractions frivoles, les gens véritablement affligés aiment quelquefois à rencontrer une occupation presque machinale, qui, leur servant pour ainsi dire de contenance, leur épargne au moins l'embarras de soutenir une conversation réglée, la marquise avait fait préparer un échiquier, auprès duquel monsieur de Vilars s'assit avec monsieur de Saint-Marc; et leur partie commença, lente et silencieuse.

Cette table de jeu, placée près de l'espèce d'oratoire de Louise, permettait à la jeune femme, qui s'y tenait assise, de regarder à la fois le jeu, et de s'entretenir avec le chevalier.

— Que vous voilà donc triste et pensif, Auguste! — lui dit Louise.

— Je pars demain... madame...

Il y avait dans ces quatre mots tant d'angoisse et de désespoir, que Louise en fut navrée, et que monsieur de Vilars tressaillit.

La marquise se remit, et répondit avec calme et douceur:

— Allons, puisque ce départ est chose convenue, regardons-la comme faite... et ne songeons donc plus qu'au retour, la seule question intéressante à cette heure. — Puis, s'adressant à monsieur de Saint-Marc: — Et quand monsieur de Téméricourt nous rendra-t-il Auguste, mon bon monsieur de Saint-Marc?

Le vieux gentilhomme, qui, depuis quelques minutes, avec l'air de la plus sérieuse attention, appuyait le bout de son index sur une des pièces de l'échiquier, et semblait méditer quelque coup savant, mais qui dans le fait ne songeait qu'à son fils, répondit à Louise:

— Hélas! madame, je l'ignore, et c'est à cette ignorance-là même que je pensais dans le moment. — Puis levant les yeux sur monsieur de Vilars, il ajouta: — Pardon, voisin, de vous faire attendre si longtemps. — Et il poussa son échec au hasard.

— Oh! je vous excuse, mon ami... car je ne songe pas non plus beaucoup au jeu, — reprit gravement monsieur de Vilars.

Et le jeu continua, muet et taciturne, entre monsieur de Saint-Marc et son ami.

Auguste, assis près de madame de Vilars, semblait atterré; son regard fixe, sec, était attaché sur le parquet... bien rarement il levait les yeux sur Louise.

Mais celle-ci, voulant lui faire rompre ce silence, dont elle souffrait, reprit avec tendresse:

— Voyons, raisonnons un peu, mon pauvre découragé!

depuis cinq mois environ vous vivez ici, heureux, entre votre père et vos amis; rien de plus doux que cette existence. J'en conviens; mais voilà qu'il se présente une occasion de mériter assurément un grade inespéré, et pour cela il vous faut faire une campagne d'un an, peut-être moins, peut-être plus; ce départ inattendu est cruel, j'en conviens encore.

— Oui, bien cruel, madame... bien cruel! — dit Auguste, dont la douleur parut se détendre un peu à la voix de Louise.

— Oui, — reprit-elle, — il est affreux pour vous de quitter vos amis; mais est-ce que ces amis ne vous restent pas... ne vous regrettent pas? est-ce que vous ne savez pas bien qu'au retour vous les retrouverez plus affectueux encore, parce qu'ils sauront ce que vous avez souffert en vous séparant d'eux?.. Allez, allez, croyez-moi, Auguste, tel seul que vous soyez au milieu des mers, vous pourrez vous dire à toute heure: Il est un endroit où mon souvenir est toujours présent, où mon nom n'est prononcé qu'avec attendrissement par un père et de fidèles amis; et avec une telle pensée on ne peut se dire tout à fait malheureux!

— Oh! non, madame... aussi je ne me plains pas... seulement je souffre à mourir! — ajouta-t-il à voix basse.

A ce moment, le maître d'hôtel de madame de Vilars vint annoncer que le souper était servi.

Le souper fut court et triste, les hôtes du château d'Eudreville rentrèrent au salon... monsieur de Saint-Marc s'assit tristement dans un grand fauteuil, en attendant, pour partir avec son fils, que le marquis eût écrit quelques lettres pour Auguste, qu'il voulut recommander très instamment à messieurs les ducs de Vivonne et de Navailles, officiers généraux de ses amis, chargés de l'expédition de Candie sous les ordres de monsieur le duc de Beaufort.

La nuit était belle et pure, Louise fit mettre des sièges en dehors du salon pour respirer le frais du soir, et engagea Auguste à s'asseoir en attendant; car elle avait, lui dit-elle, quelques ordres à donner pour les enfans.

Auguste s'assit donc en dehors de la galerie; bientôt la lune se leva brillante, derrière un bois de chênes séculaires situé à gauche du château; sa douce lumière argentait au loin les masses sombres et régulières du parc; les étoiles brillaient sur l'azur foncé du ciel, l'air était calme et embaumé par la senteur des orangers; seulement, de temps à autre, un faible souffle de brise, agitant légèrement le sommet des grands arbres, bruissait dans le feuillage, et quand ce vague murmure avait cessé, tout retombait dans le silence le plus profond.

Louise revint par le jardin, ses pas étaient si légers, qu'elle put s'approcher d'Auguste et le contempler sans que celui-ci, absorbé dans sa rêverie, s'aperçut de la présence de la marquise.

Auguste, accoudé sur un des bras du fauteuil, appuyait son menton sur une de ses mains, et son visage, qui se regardait le ciel, se trouvait entièrement éclairé par la lune. Sur cette douce et charmante figure, on lisait un chagrin profond, ingénu, et surtout pur de tout ressentiment égoïste, haineux ou méchant; il savait qu'il devait souffrir, et il souffrait: il savait qu'il devait quitter Louise, son père, ce beau château où il avait passé de si longues et de si douces soirées d'hiver, de si riantes journées de printemps; ces petits enfans qui l'aimaient tant; le pauvre manoir des Préaux, où il rêvait si heureusement à Eudreville, il savait qu'il lui fallait quitter tout cela... pour une vie rude, triste et austère; et il quittait tout cela, avec une pieuse et angélique résignation.

— Auguste, — dit la jeune femme, qui ne put considérer plus longtemps cette pauvre figure souffrante, — voilà une écharpe que j'ai brodée pour vous... Courage... courage, noble cœur!... ces larmes ne seront pas stériles!.. Adieu, Auguste, adieu, encore adieu!... songez bien qu'on vous aime ici!...

A cette voix... à cet accent... Auguste porta la main à

ses yeux, essuya ses larmes, et, souriant à travers ses pleurs, prit vivement l'écharpe et la baisa.

A ce moment, monsieur de Vilars descendit et remit les lettres de recommandation pour Auguste à monsieur de Saint-Marc.

Onze heures sonnèrent au château.

Le marquis embrassa cordialement Auguste, et Louise lui donna sa main à baiser.

— A après-demain seulement, — dit le bon Saint-Marc en s'adressant à monsieur et madame de Vilars, — car demain matin j'irai conduire cet enfant à Rouen.

— Ne manquez pas de nous revenir, au moins, — dit Louise,

— Y manquer !... non, non, madame... Préaux sera trop désert maintenant pour que je ne m'en échappe pas le plus souvent possible !

— Allons, encore adieu... bon voyage, et à bientôt, notre jeune capitaine ! — dit monsieur de Vilars.

— Adieu, Auguste... encore adieu ; vous ne serez pas oublié ici, — dit Louise.

— Adieu, madame, adieu, monsieur... adieu !...

Et Auguste, presque étouffé par les sanglots qu'il comprimait, prit le bras de son père. Leur modeste voiture les attendait, ils y montèrent, la grille du château cria sur ses gonds, se referma, et bientôt on n'entendit plus rien... rien !!.

. . . .

Après le départ d'Auguste, Louise demeura longtemps silencieuse et pensive, assise dans un fauteuil qu'il avait occupé ; en abaissant sa main sur un des bras de ce siége, elle trouva un mouchoir mouillé de larmes... C'était celui d'Auguste.

La jeune femme le prit avec un battement de cœur inexprimable, et puis, par un mouvement soudain, presque involontaire et honteux, elle le serra vite dans une des poches de sa robe, en devenant tour à tour pourpre et pâle, comme si elle eût commis pour la première fois de sa vie une action mauvaise.

Au bout d'une heure elle rentra au salon.... Le marquis y était, rêvant aussi.

Quand il vit Louise, il se leva, et lui prenant la main avec sa tendresse habituelle, il lui dit d'une voix presque solennelle :

— Louise, je crois qu'Auguste vous aime...

— Je le crois aussi, — répondit Louise en lui serrant la main.

— Malheureux enfant ! — dit tristement monsieur de Vilars, avec un accent de pitié profonde, qui prouvait l'inaltérable confiance qu'il avait en madame de Vilars.

. . . .
. . . .
. . . .

Telle est la longue et peut-être trop minutieuse exposition qu'on a fait de faire des caractères principaux de ce ce drame : LATRÉAUMONT, — VAN DEN ENDEN, — LE CHEVALIER DE ROHAN. — AUGUSTE DES PRÉAUX, — madame la MARQUISE DE VILARS, — et mademoiselle RENÉE-MAURICE D'O.

Maintenant, bien que la péripétie et le dénoûment de cette aventure, qu'on emprunte absolument d'ailleurs à la réalité, soient séparés de l'exposition par un intervalle de cinq années, on a cru que cette dernière et si bizarre circonstance, à part même de la nécessité historique (telle du moins qu'on a estimé devoir l'accepter) qui en impose l'adoption rigoureuse, ne serait peut-être pas sans intérêt, à cause de son étrangeté.

N'est-il pas curieux, en effet, de pénétrer dans sa source obscure, et de suivre parmi toutes ses phases imprévues la pensée première d'un de ces projets dont l'exécution pouvait bouleverser une monarchie et changer la face de l'Europe ?

Ainsi, un obscur gentilhomme normand, monsieur Jules Duhamel de Latréaumont, ruiné par ses vices et ses débauches, aussi nécessiteux qu'effronté, se fait chasser de France, et va chercher des dupes en Hollande : à Amsterdam il rencontre van den Enden, abuse de sa confiance, en reçoit des lettres et des secours destinés à favoriser une rébellion incertaine, mais possible ; revient à Paris dans l'espoir de trouver un grand seigneur mécontent ; par un hasard singulier, il trouve ces conditions réunies dans monsieur le chevalier de Rohan. Or, ce soulèvement peut être exécutable alors ; aura-t-il lieu ? la guerre civile déchirera-t-elle de nouveau la France ?... Non, pas encore, parce que Latréaumont préfère partager la molle oisiveté de l'opulence de monsieur de Rohan, au lieu d'affronter les hasards de la vie de séditieux.

De sorte que, selon le caprice et la paresseuse sensualité d'un partisan brutal, cette révolte, tout à l'heure si menaçante, s'ajourne indéfiniment. Ainsi est-il de ces villes qui, vues du haut d'une montagne, en paraissent très proches et en sont pourtant extrêmement éloignées, grâce aux mille et invisibles circuits de la route.

Or, c'est l'aridité de ces détours, dont la monotonie embrasse d'ailleurs une période de cinq années, que l'on veut maintenant épargner au lecteur, afin de le conduire plus vite au terme de cette narration.

Enfin, si cette comparaison ne semblait pas ambitieuse (non quant aux faits matériels, qui sont absolument tels qu'on a essayé de les retracer, mais à propos même des procédés dont on s'est servi pour tenter cette œuvre si difficile et si au-dessus de la portée de celui qui écrit ces lignes)... on comparerait cette première partie du récit qu'on a lu à une rivière limpide, dont les eaux indifférentes réfléchissent çà et là les sites divers qu'elles baignent dans leur cours vagabond : pauvres cités et palais splendides, agrestes manoirs et tours féodales, les fraîches et vertes prairies trempées de la rosée du matin, comme aussi les grands bois voilés par la brume du soir ; tantôt les nuages roses et argentés qui courent à l'aube sur le bleu pâle du levant, tantôt les rayons d'or qui étincellent sur l'azur empourpré du couchant... courant paisible qui réfléchit tout en un mot, depuis la douce clarté de la lune... depuis le rayonnement silencieux des étoiles, jusqu'au feu de l'éclair qui déchire la nuée d'orage bitumineuse et noire...

Et puis, selon cette même comparaison, la seconde partie du récit qu'on va lire serait cette même rivière, qui, après des détours sans nombre, de plus en plus rapide et resserrée, creusant profondément son lit à travers des bords sauvages, arides et désolés, se changerait bientôt en un torrent impétueux, qui, bondissant avec fureur parmi les roches, les débris et les ruines de toutes sortes, s'engloutirait enfin dans un abîme sans fond...

LA LOGETTE-AU-DIABLE.

XIV

LE CABARET DES TROIS CUILLÈRES.

On parle d'une région (la cour) où les vieillards sont galans, polis et civils ; les jeunes gens, au contraire, durs, féroces, sans mœurs ni politesse ; ils se trouvent affranchis de la passion des femmes dans un âge où l'on commence ailleurs à la sentir ; ils leur préfèrent des repas, des viandes, et des amours ridicules et infâmes. Celui-là, chez eux, est sobre et modéré, qui ne s'enivre que de vin ; l'usage immodéré qu'ils en ont fait le leur a rendu insipide.

(LA BRUYÈRE. — De la Cour de Louis XIV.)

Le 26 avril 1674, cinq ans environ s'étaient passés entre

les faits dont on a parlé (en 1669) et ceux que l'on va raconter.

De grands événemens avaient eu lieu. La France, en guerre contre presque toute l'Europe, ne comptait plus pour alliée que l'Angleterre, grâce aux subsides onéreux dont le cabinet de Versailles gageait secrètement Charles II. Ce joyeux, insouciant et besogneux monarque, vendant ainsi à beaux louis d'or l'avantageuse et suprême influence que la Grande-Bretagne aurait pu exercer sur les affaires de ce temps-là, restait sourd aux nationales et sévères remontrances des communes, indignées de la trahison de Louis XIV, qui, lors des batailles navales de 1672 et 1673, malgré la foi des traités et l'obligation expresse de ses engagemens, avait ordonné à ses amiraux de ne pas prendre part au combat que les Anglais, ses alliés, livrèrent aux Hollandais. Aussi, dans cette rencontre, les flottes de la Grande-Bretagne et de la république des *sept Provinces-Unies*, se battant avec une rare intrépidité, se ruinèrent-elles mutuellement au profit de la marine française, laquelle, selon les vues de Colbert, plus fin politique qu'aveugle partisan du point d'honneur, devait profiter de la destruction des deux puissances maritimes ses rivales.

Mais il n'en allait pas de même sur terre. La farouche omnipotence de Louvois se révélait alors dans toute sa belliqueuse et fatale splendeur : trois grandes armées étaient sur pied pour soutenir une guerre aussi folle que criminelle et désastreuse, contre l'Empire, l'Espagne, les sept Provinces-Unies, et presque tous les Electorats, que la profonde et sourde habileté du jeune prince d'Orange avait peu à peu détachés de l'alliance française. L'indignation générale était à son comble, et les épouvantables ravages de la Hollande, et du Palatinat complètement incendié, exaspéraient encore la haine de l'Europe contre l'implacable Louvois, qui avait ordonné ces sanglantes dévastations, et contre le roi son maître, qui subissait si honteusement la féroce volonté de cet impérieux ministre.

Les finances étaient en outre dans un tel état d'épuisement, que déjà Colbert se voyait réduit aux impôts les plus écrasans pour subvenir aux frais énormes de la guerre et aux monstrueuses profusions de Louis XIV. Louvois était forcé de convoquer l'*arrière-ban*, afin d'assurer à l'intérieur la tranquillité du pays, que trois grandes armées avaient complétement dégarni de troupes. Or, cette convocation de la milice nationale semblait d'autant plus nécessaire, que des symptômes alarmans de rébellion commençant à se manifester en Dauphiné, en Languedoc et en Bretagne, les gouverneurs et intendans des provinces étaient obligés d'avoir recours à la plus extrême sévérité pour effrayer les mécontens, et tâchaient de masquer ainsi, par le terrible appareil des échafauds, la véritable faiblesse du gouvernement.

Puis, le luxe effréné que Louis XIV voulait voir déployer à ses courtisans faisant affluer la haute noblesse à la cour de France, cet abîme éblouissant avait englouti les plus grandes fortunes. Les traitans, enrichis dans les maltôtes, prêtaient sur les terres à de gros intérêts, et souvent même en devenaient maîtres ; aussi, ce noble et fécond patronage qui attachait les seigneurs au sol et aux habitans de leurs domaines n'existant plus, leurs vassaux ne les voyant jamais et ayant à supporter les exactions d'avides intendans ou de propriétaires inconnus et sans clientèle, l'action salutaire que l'aristocratie aurait pu exercer pour le service du roi dans les provinces où elle comptait tant de possessions s'effaçant peu à peu, chaque jour se rompait une ces mille racines par lesquelles l'ancien édifice féodal et monarchique tenait autrefois si profondément au sol.

Pourtant, malgré les taxes énormes, cet épuisement d'hommes et d'argent, ce mécontentement général, et même ces élémens de désordre qu'on a dits, le souvenir récent des guerres civiles de la minorité étaient encore si présent à la mémoire et aux intérêts du plus grand nombre, que la crainte de voir se renouveler les malheurs passés l'emportait de beaucoup sur les velléités qu'on avait

pourtant çà et là de réclamer violemment la réunion des états-généraux (promis d'ailleurs par le roi en 1658), assemblée dans laquelle on eût avisé aux moyens de limiter le despotisme ruineux et exorbitant de Louis XIV.

En un mot, la nation, guidée par cette espèce de bon sens égoïste, de sagesse toute personnelle, que les masses conservent toujours aussi longtemps qu'elles ressentent l'action cuisante des désastres qui les ont frappées naguère, la nation, dis-je, voyait clairement que de nouveaux troubles profiteraient seulement, comme lors de la Fronde, aux ambitieux et aux habiles, tandis que, selon l'habitude des révolutions, *Jacques Bonhomme* (ainsi qu'on nommait encore le tiers état), rarement *partisan*, mais fort *mitigé* (1) de sa nature, serait encore obligé de solder la façon des bannières, ou plutôt, qu'on permette cette exquise vulgarité, *de payer les pots cassés*.

Ainsi donc, au commencement de l'année 1674, le mécontentement en France se montrait plus universel et plus profond qu'il ne l'était en 1669 ; il s'exprimait même quelquefois assez haut ; mais il eût fallu, pour lui mettre les armes à la main et le pousser à une révolte ouverte, il eût fallu, soit l'influence d'un génie considéré, puissant et hardi, soit un de ces hasards aussi imprévus que l'étincelle qui fait sauter une poudrière.

Or, si la province s'agitait et murmurait à propos des taxes et des recrues, Paris demeurait à ce sujet dans une parfaite quiétude, et les joies de toutes sortes y abondaient comme d'habitude.

Parmi les endroits de plaisir renommés de ce temps-là, aucun ne jouissait alors d'une vogue plus méritée que le cabaret *des Trois-Cuillères*, situé près le cimetière Saint-Jean, et tenu par la *Guerbois*, rôtisseuse ; on y vendait le meilleur vin de Bourgogne qu'il y eût dans tout Paris ; à ce point que monsieur le marquis de Villarceaux, en ayant bu à souper, le trouva si bon, qu'il se fit aussitôt remplir devant lui cinq cents bouteilles de ce nectar, craignant qu'on ne trompât ses gens s'il n'assistait à cette opération.

Ce n'était pourtant pas qu'on pût faire une chère grande, délicate, ni surtout très variée, dans ces sortes de cabarets, car le *menu* se bornait généralement à la volaille ou à du gibier, qu'on mettait à la broche selon la demande des consommateurs. Mais il faut dire aussi que jamais rôti ne fut cuit plus à point et plus au goût des habitués.

Le cabaret *des Trois-Cuillères* était donc souvent le rendez-vous de la jeunesse dorée du temps, qui venait y faire la débauche ; et presque toujours les vastes salles et les petits salons retirés de l'hôtellerie se remplissaient de monde depuis midi jusqu'au soir.

Au dehors, ce n'était que chaises, chevaux et carrosses ; pages, laquais ou porteurs de flambeaux, dont les cris assourdissans et les fréquentes disputes ne témoignaient pas un grand respect pour les trépassés qui reposaient tout près, dans le cimetière Saint-Jean ; sans compter que, souvent, quelques querelles de table ou de jeu ayant pris naissance au cabaret entre jeunes seigneurs, le tout se terminait à l'instant, l'épée à la main, soit dans une salle *des Trois-Cuillères*, soit dans une petite ruelle longeant le *champ du repos*.

Lors de ces occasions solennelles, les laquais et pages des habitués du cabaret se serraient à chaque bout de la ruelle en masses compactes, afin d'empêcher le guet d'approcher, pendant que leurs maîtres s'escrimaient bravement sous les yeux d'un assez grand nombre de témoins, et cela, malgré ou à cause de la sévérité excessive des *édits* contre les duels.

Généralement aussi, les seigneurs qui hantaient *les Trois-Cuillères*, au lieu de se retirer dans une chambre

(1) On sait que, du temps de la Fronde, les gens qui demeuraient neutres entre les frondeurs et les royalistes (*ou mazarins*), c'est-à-dire la majorité exploitée par les deux parties, se nommaient les *mitigés*.

particulière, préféraient de se tenir dans la salle commune du cabaret, autant pour jouir du coup d'œil vivant et animé qu'elle offrait, que pour s'amuser de l'embarras ou de la tournure grotesque d'honnêtes citadins, qui, attirés par la renommée de la taverne, y venaient quelquefois afin de voir de près la figure et les manières des courtisans habitués de cette rôtisserie, et de contempler ainsi, *inter pocula*, ces astres resplendissans qui rayonnaient d'ordinaire dans une sphère si élevée.

Or, ce jour-là même, grâce à une singulière bonne fortune, la curiosité de ces dignes bourgeois pouvait être des mieux satisfaite, car *la fleur des gens du bel air* de l'époque dînait dans la grand'salle du cabaret : monsieur le marquis de Châteauvillain (1), fils aîné de monsieur le duc de Vitry, payant un pari qu'il avait perdu contre monsieur le vicomte de Dreux, et ayant prié plusieurs de ses amis, parmi lesquels étaient le comte de Roquefeuille, l'abbé de Barfleur, le comte de Marcilly, le chevalier de Lusignan, et d'autres seigneurs des plus comptés.

Placée en face de la porte, la table où trônaient ces gentilshommes semblait une sorte de tribunal railleur, devant lequel comparaissaient les airs gauches de ceux qui entraient ou sortaient du cabaret ; mais il faut dire que les gens de cour imposaient encore assez pour que les vastes perruques parfumées, les plumes flottantes, les justaucorps de soie et les écharpes brodées de ces maîtres en impertinences, enfin jusqu'à leur air suprêmement *débraillé*, alors de la plus parfaite élégance, leur assurassent une sorte d'impunité ; aussi, les sarcasmes et les quolibets dits tout haut, avec cette voix flûtée et ce grasseyement alors à la mode, ne manquaient jamais à chaque nouveau venu.

Heureux donc les citadins, qu'on reconnaissait à leurs habits et à leurs manteaux bruns, noirs ou de couleurs sombres, à leur petite perruque à calotte proprement renouée d'un ruban de fil, et à leurs chapeaux *ambigus*, comme on disait à cette époque ; heureux donc ceux qui, déjà arrivés et placés modestement à leur écot, n'avaient pas à subir l'inspection ironique de la table redoutée ; mais, d'un autre côté, leur repas terminé, il leur fallait sortir du cabaret ; or, pour ce faire, leur timidité devenait aussi grande pour y entrer.

Quelquefois pourtant, un hardi citadin, voulant braver le terrible tribunal, se drapait avec majesté dans son manteau, assurait son feutre sur la tête, et passait intrépidement ; mais souvent son embarras, jusque-là dissimulé sous cette digne apparence, se révélait, hélas ! tout à coup, soit par la chute d'une table maladroitement heurtée, soit encore par une brusque et insolite invasion dans une espèce de comptoir que d'autres, intimidés, confondaient avec la porte ; alors c'était, de la part des seigneurs, d'inépuisables plaisanteries, auxquelles les bourgeois restans applaudissaient avec une barbare et hypocrite lâcheté.

A ce moment même, un malheureux citadin venait de provoquer une explosion de rires immodérés en entraînant, sous les plis de son large manteau, tout ce qui s'était trouvé sur une table placée près de lui. A ce bruit de vaisselle cassée, le pauvre diable avait pris éperdument la fuite, et on entendait encore les huées des pages et laquais rassemblés dans la cour qui les poursuivaient de leurs cris.

— Pardieu ! — dit le chevalier de Lusignan à monsieur de Châteauvillain, — as-tu vu, marquis, ce petit ragot, grassouillet et rond comme une pomme, qui, de même que la comète furibonde dont nous menace Nostradamus, entraînait à la queue de son manteau tous ces mondes de verres et de bouteilles ?

— A le voir rouler tout effaré, renversant ainsi les chai-

(1) On voit dans les lettres manuscrites de Colbert (Bib. roy.), que monsieur de Châteauvillain fut tué trois mois plus tard, d'un coup de pistolet, dans un duel qui eut lieu *la nuit*, sous les arceaux de la place Royale.

ses et les escabeaux, on eût dit, mon Dieu ! une boule égarée dans un jeu de mail, — reprit l'abbé.

— Mais par l'âme, ou plutôt par l'estomac sacré de Lucullus ! — s'écria le marquis en voyant entrer un garçon qui portait sur un plat une écuelle de soupe à la bière, — quel est l'Allemand ou le cheval qui peut impunément braver l'empifrerie d'une pareille galimafrée ?

— Comment la Guerbois souffre-t-elle qu'une telle peste infecte son cabaret ? — reprit l'abbé.

— Voyons un peu, que j'en mortifie la délicatesse sensuelle de mon odorat, en manière de discipline infligée à ma furieuse gourmandise, — ajouta le marquis dans le jargon précieux du vieux temps.

Cependant, deux ou trois *hem ! hem !* assez secs avaient suffisamment trahi le malheureux amateur de cette malheureuse soupe.

C'était un gros homme vêtu de gris, à figure rubiconde, et qui devint pourpre de mauvaise honte en entendant ces sarcasmes ; aussi, lorsque le garçon se mit à mettre dedans, sur la table, le gros homme leva-t-il les yeux en l'air, chantonnant entre ses dents de l'air le plus indifférent du monde.

— Voilà votre soupe à la bière, maître Bernard ! — dit le garçon en élevant malicieusement sa voix glapissante.

— Que voulez-vous dire avec votre soupe à la bière ? butor que vous êtes ! Qui vous a demandé une soupe à la bière ? — reprit le gros homme à voix basse ; — est-ce que je mange de pareilles choses ?... Emportez donc cela au plus vite, drôle ! — ajouta-t-il en regardant le garçon d'un air courroucé, et repoussant l'écuelle.

— Comment ! maître Bernard, vous ne m'avez pas demandé votre soupe à la bière, selon votre accoutumée ? Comment ! vous ne m'avez pas dit de mettre dedans, comme toujours, une bonne pincée de safran ? — reprenait le garçon d'un ton d'autant plus criard que le gros homme avait parlé d'un ton plus bas et d'un air plus confus, de sorte que l'attention générale se porta de ce côté, au grand embarras de maître Bernard.

— Comment ! c'est une coutume ! — s'écria l'abbé.

— Cette potagère monstruosité est d'habitude ! — ajouta le marquis.

— Quelle terrible infirmité !

— Quelle horrible difformité !

— Il n'est pas baptisé.

— C'est un Turc !

— Un juif !

— Un Maure de Mauritanie !

— Un nègre blanc !

— C'est le diable enfin ! car il n'y a que le pied fourchu qui puisse nager dans un tel potage.

— *Vade retro, Satanas !* — s'écria enfin l'abbé en exorcisant maître Bernard avec sa fourchette.

Mais le citadin, poussé à bout par ces moqueries, et perdant patience, saisit l'écuelle, la plaça intrépidement devant lui, et regardant les gentilshommes bien en face, comme pour les narguer, il plongea bravement sa cuillère dans le potage, ouvrit une bouche énorme, et, tout en continuant de jeter un superbe regard sur les rieurs, il engloutit fièrement une cuillerée de cette damnée soupe, qui malheureusement se trouva bouillante.

A l'épouvantable grimace que fit maître Bernard en rejetant la cuillère et repoussant le potage, on pense quels rires éclatèrent.

Aussi, maître Bernard ne pouvant résister, soit à la douleur de la brûlure, soit aux quolibets dont on l'accablait, paya son écot et sortit d'un air furieux.

On a omis de dire que, depuis le commencement de cette scène, un des garçons de la Guerbois, descendant de l'étage supérieur du cabaret, était venu huit ou dix fois demander à son camarade de la grande salle « si le messa- » ger n'avait pas encore apporté la *Gazette de Hollande*, » car le *grand gentilhomme* d'en haut l'attendait impa- » tiemment. »

Maître Bernard venait donc à peine de sortir parmi les huées, que la porte s'ouvrit de nouveau, et le garçon vint

faire sa même question : « La *Gazette de Hollande* est-elle
» arrivée? le grand gentilhomme d'en haut la demande
» avec une terrible impatience. »

Fatigué d'entendre continuellement cette même requête,
ou voulant s'amuser aux dépens du valet, le marquis saisit le demandeur de gazette à la cravate, l'attira près de la
table, et lui dit :

— Ah çà! maraud, auras-tu bientôt fini de venir ici
marquer tous les demi-quarts d'heure , comme l'insipide
mécanique d'une horloge, par ton cri monotone de : *La
Gazette de Hollande est-elle arrivée* (1) ?

— Monseigneur, c'est le grand gentilhomme d'en haut
qui m'envoie ; il est comme un déchaîné pour avoir cette
gazette, et il m'a même dit que, dans le cas où quelqu'un
voudrait la prendre... de le nommer.

— Comment ! de le nommer ?.et pourquoi faire ? — reprit le marquis stupéfait.

— Mais, monseigneur, parce que ce grand gentilhomme dit comme ça que, si on s'avisait de vouloir retenir la
gazette qu'il demande, son nom ferait perdre l'envie de
la garder une minute.

En entendant cet étrange discours, les éclats de rire re-
doublèrent.

— C'est monsieur de Pourceaugnac, — dit l'abbé, — tout
frais débarqué de sa province !

— Ou monsieur de Sotenville ! — reprit le vicomte.

— Mais voyons donc le nom merveilleux, mirifique, formidable et écrasant de ce fier Artaban, amateur de gazette ! — demanda le marquis.

— C'est monsieur de Latréaumont, — dit naïvement le
garçon ; — un gentilhomme gros et grand comme la tour
Saint-Jacques, et qui boit toujours dans un verre qui
tient deux pintes.

— Latréaumont !... — fit le marquis d'un air aussi
étonné que méprisant, puis regardant ses amis. — Concevez-vous l'audace d'un pareil impudent ? cela ne mérite-
t-il pas une rude leçon ?

— Bah !... — dit l'abbé, — à quoi bon ?

— Si ; le sort de ce pauvre Rohan me fait pitié, et,
morbleu ! je veux châtier ce matamore.

A ce moment, on entendit un vacarme effroyable au-dessus de la salle commune, et un autre garçon, ouvrant précipitamment la porte, s'écria :

— Eh bien! Petit-Pierre, la gazette ? la gazette ?... monsieur de Latréaumont s'impatiente et va tout briser là-
haut : vous savez son humeur.

— Mais je ne puis rien y faire, moi, — dit Petit-Pierre ;
puis, avant de remonter auprès de Latréaumont, il recommanda, de nouveau et très expressément, au valet restant
de le prévenir aussitôt l'arrivée de la gazette.

— Et moi, drôle, — dit le marquis, — je t'ordonne au
contraire de me l'apporter à moi, la gazette !

— Mais, monseigneur ?

— Mais... deux louis pour boire ou vingt coups de bâton, choisis ?

Le choix n'étant pas douteux, le garçon alla près de la
porte guetter l'arrivée du journal, pour le remettre à monsieur de Châteauvillain, malgré les contraires et terribles
recommandations de Latréaumont.

Maintenant, on va retrouver ce dernier dans une des
chambres du cabaret des *Trois-Cuillères*.

(1) Les numéros de ce journal étranger venaient directement
de Hollande dans cette taverne, qui en était le dépôt.

XV

UN COMPLICE.

Udum et molle lutum est; nunc, nunc properandus et acri
Flugendus sine fine rota. . . . . . .
(PERSE, III, 23.)

L'argile est encore molle et humide; vite, vite, hâtons-
nous! et sans perdre un instant façonnons-la sur la roue.

Alors que la scène que l'on vient de décrire se passait
dans la grand'salle des *Trois-Cuillères*, deux cavaliers, re-
tranchés au fond d'un des cabinets de la Guerbois, s'ap-
prêtaient à faire le plus vif accueil au gibier de la rôtisserie ; par cette journée pluvieuse, un bon feu brillait dans
la cheminée, la nappe était fine et blanche, l'argenterie
bien brillante, les cristaux bien limpides ; enfin, pour compléter ces apprêts de sensualité, la Guerbois avait complai-
samment cédé les deux larges et excellens fauteuils de sa
chambre à coucher aux sybarites, qui ne s'étaient pas con-
tentés des chaises de noyer de l'appartement.

En attendant leur rôti, les deux convives, les pieds sur
les chenets, devisaient donc assez paisiblement, soit en vidant une bouteille de ce vin de Bourgogne pur, vermeil
et généreux, si glorieusement apprécié par monsieur de
Villarceaux, soit en mangeant quelques olives au gingembre.

Enfin, Petit-Pierre, un des aides de la Guerbois, entra
et posa gravement sur la table, à travers un nuage de fumée odorante, deux appétissans canards sauvages et un
succulent dindonneau de Bresse, le tout sortant de la broche et d'un beau jaune doré ; le gibier un peu saignant, la
volaille bien cuite et baignant dans un jus savoureux et
moiré, relevé par deux ou trois brins d'estragon et quelques rouelles de citron ; enfin, comme accessoires obligés,
l'aide ajouta d'un côté une ample salade de cresson frais
et vert, et de l'autre des tranches de jambon sur une couche de céleri cru, avec une sauce à la moutarde.

— Bravo ! triple Dieu !... cela vient à son heure, — dit
une grosse voix railleuse que l'on connaît déjà. — Un instant plus tard, tu ne trouvais plus que nos épées et nos
boucles de ceinturon ! car nous nous serions dévorés tout
vivans sans nous peler, tant la faim nous aiguisait les
dents... Ah ça ! maintenant, ne montre plus ton visage de
rôti manqué avant que je ne te sonne, et songe bien, mille
diables ! à m'apporter la *Gazette de Hollande* aussitôt
qu'elle sera arrivée... et, pour la dixième fois je te le répète, si quelque fâcheux la demande, tu n'auras qu'à lui
dire, vois-tu, que c'est moi... moi, qui l'attends et la
veux ! et, par le saint ventre du pape ! qui n'es pas si creux
que le mien, je le jure, cet avertissement suffira ! Maintenant, laisse-nous, et quand tu entendras casser les bouteilles.... ça sera signe qu'elles sont vides et qu'il faut en
remonter de pleines !... Allons, marche.

Et le valet sortit à reculons en saluant le colonel (car
c'était lui) d'un air respectueux et craintif.

Latréaumont avait alors quarante-six ans ; son air matamore, ses habitudes brutales, son ton soldatesque, étaient
les mêmes ; seulement, il avait considérablement engraissé ; mais sa taille colossale pouvait néanmoins, sans s'a-
lourdir outre mesure, supporter ce surcroît d'embonpoint,
qui eût écrasé un homme d'une stature ordinaire. Latréaumont était splendidement vêtu de neuf, depuis son feutre jusqu'à ses bas de soie vert-pomme, qui pouvaient à
peine contenir ses mollets énormes et de proportions her-
culéennes ; son justaucorps écarlate, garni de rubans verts
comme ses bas, laissait voir une belle veste de drap d'argent, qui, bien qu'aux trois quarts déboutonnée, crevait

presque sous la puissante rotondité de l'abdomen du partisan ; enfin, son cou de taureau s'enveloppait galamment d'une magnifique cravate de dentelles, rattachée par un ruban vert aussi ; mais ce qui donnait uu air étrange à la figure du colonel, beaucoup moins caractérisée qu'autrefois, d'abord parce qu'il avait de moins ses longues moustaches brunes, et de plus trois ou quatre mentons lisses, replets et vermeils, c'était son immense perruque noire, qui, joignant brusquement sa tête à ses épaules presque cachées par cette forêt de cheveux d'emprunt, faisait ressembler le partisan à un lion sous sa crinière.

Aussi, en comparant le Latréaumont de 1669, géant osseux, hâlé, mal vêtu, fatigué par les privations de toutes sortes et les incertitudes d'une vie de hasard, au Latréaumont de 1674, on pouvait présumer que ce dernier devait cet énorme embonpoint, ce visage gras et fleuri, à l'existence calme et abondante qu'il menait depuis cinq ans.

Le convive du colonel formait avec lui un étrange contraste : c'était un petit homme de trente ans, maigre et anguleux, vêtu d'un justaucorps et d'un manteau noirs ; il portait une courte perruque blonde et une cravate de fine batiste ; sa physionomie, repoussante, blafarde, effacée, terreuse et sans jeunesse, tant elle semblait dure et froide, n'avait de remarquable que l'éclat de deux yeux fauves, ronds, perçans et d'une extrême mobilité, qui, placés fort près de son nez long, pointu et profondément marqué de petite vérole, imprimaient à sa physionomie fine et sagace, à son visage effilé, un caractère frappant de ressemblance avec la fouine ou la belette ; du reste, le laisser-aller de son attitude révélait une complète assurance ; il semblait fort à l'aise avec Latréaumont, lui rendait raillerie pour raillerie, et il eût été difficile de voir lequel de ces deux personnages avait sur l'autre le plus d'empire !

Pendant que le colonel s'occupait de découper artistement le rôti, son compagnon, que nous nommerons Jérôme du Cansé, sieur de Nazelles, avocat au parlement de Paris, remplit son verre et celui du partisan ; mais avant de porter ce vin à ses lèvres, il lui dit :

— Au bon succès de vos affaires de Bruxelles, mon gros titan !

— Que le diable et surtout Monterey vous entendent ! — répondit Latréaumont en faisant raison du toast de son convive. — Aussi, triple Dieu ! je donnerais tout à l'heure cent coups de pieds dans le ventre du premier maltôtier venu, pour que cette *Gazette de Hollande* fût arrivée.

— Patientez, compère ! elle viendra sûrement, puisqu'elle arrive ici d'abord et directement de Hollande. Mais que pouvez-vous avoir ainsi à toujours maugréer contre les maltôtiers ? On ne vous ruine plus, vous ! car, en homme avisé, il y a longtemps que vous vous êtes chargé de ce soin, afin que le tout fût fait selon votre goût.

— Mais, sang-Dieu ! compère, et mes amis donc ? est-ce que leur ruine m'est indifférente ? est-ce que je ne considère pas leurs biens comme les miens.

— Sagement pensé ! Minerve parlant par la bouche d'Hercule n'aurait pas mieux dit.

— Est-ce que vous croyez, par exemple, que lorsque je vois Berryer, sous je ne sais quel misérable prétexte de droits et frais de succession, nous retenir presque en entier les dernières huit mille livres qui nous devaient revenir, à nous deux Rohan, de la succession du papa Guéménée, cela, mille tonnerres ! ne m'exaspère pas !

— Comment, magnifique bedaine ! vous en êtes réduits là ?... à compter sur des reliquats de créances, comme on vit des restes du souper de la veille ?

— Comme vous dites, compère, nous rongeons nos derniers os, car c'est tout au plus si, à force de menaces, j'ai pu tirer de Berryer quatre cents méchantes pistoles, qui sont, dit le drôle, le fond du sac, et grâce à une partie desquelles vous me voyez, j'espère, assez galamment troussé, car cette garniture est de Régnier (1), mon très-

(1) Tailleur fort à la mode.

cher ! — dit le géant en s'examinant avec complaisance.

— Le fait est que vous êtes merveilleusement ajusté !... mais ce doit être coûteux, car on tapisserait une chambre entière avec l'étoffe qu'il faut pour draper *Votre Énormité...* et, en vérité, monsieur de Rohan habillerait dix amis comme moi, contre un tel que vous !

— Mais précisément ! vous ne voyez pas j'ai engraissé exprès pour ruiner plus vite mon Oreste ! et que j'augmente chaque jour l'intéressante rotondité de cet autre Pylade, — dit le colosse en frappant sur son ventre énorme, — afin de compter par toises d'étoffe au lieu d'aunes.

— Ainsi, les ressources de votre chevalier sont aussi étiques que vous êtes apoplectique.

— Pardieu ! est-ce que sans cela j'aurais écrit à Monterey pour cette révolte de Normandie, que je gardais comme ma poire pour la soif !... Oui, digne compère, nous sommes ruinés à fond, ruinés à plat, ruinés sans sou ni maille, libres comme l'air, enfin ! de vrais bohèmes ! qui pouvons aller planter notre tente sous tous les soleils, en laissant pour une centaine de mille livres de souvenirs à nos créanciers, nous qui étions riches de cinq cent mille livres quand nous nous connûmes !... Comme le temps passe pourtant ! !

— Et cette ruine... en deux ans, trois ans, colonel ?

— Ah ! fi ! vous nous jugez mal, compère ; nous avons de l'ordre, et nous nous piquons d'une certaine économie. Voyons... quand j'ai pris Rohan, c'était en 1669 ; ainsi... 70, 71, 72, 73, 74... cela fait presque cinq ans. Or, vous vous croyez que lorsqu'on a vécu comme nous avons vécu pendant ce temps-là, faisant gros jeu, grande chère, tenant maison princière enfin, en voyage et partout, on peut se plaindre lorsqu'on en est quitte pour cinq cent méchantes mille livres ?

— Non, certes ! surtout lorsqu'on les a mangées en compagnie de *Votre Énormité ;* mais ces cinq cent mille livres n'étaient-elle pas le prix de sa charge de grand veneur ? la dernière ressource de monsieur de Rohan après que son patrimoine eût rendu le dernier souffle.

— Justement ! Le lendemain du jour où je lui sauvai la vie à Fontainebleau en mettant bas une *troisième tête,* qui commençait à travailler rudement notre chevalier, il vendit sa charge au *grand* Soyecourt, comme dit la chanson que vous savez :

> Enfin Soyecourt,
> Le brave et grand Soyecourt,
> A la cour
> Tant en estime,
> Toujours sert de rime
> A l'Amour (1).

— Un humble bourgeois comme moi, mon gentilhomme, n'entend rien à ces malices... Mais, pour revenir au prédécesseur de monsieur de Soyecourt, ce fut avec une résolution et une fierté tout à fait dignes du feu duc de Rohan lui-même, que le chevalier, dit-on, donna sa démission au roi.

— Qui ça ? lui, Rohan, un homme résolu ? — reprit Latréaumont avec un éclat de rire, — Rohan un homme énergique ! Ah çà ! où diable *Votre Exiguïté* a-t-elle mis ses lunettes ? Rohan est colère quelquefois quand la haine, l'orgueil ou l'envie le grisent ; alors il s'exalte et se furibonde un moment ; mais presque aussitôt il retombe dans la mollesse et l'indécision... Tenez !... Rohan... c'est un enfant égoïste, irritable et pleurard, qui me craint comme le feu, et qui pourtant ne peut pas se passer de moi ; il est souvent odieux, et qui ne quittera jamais ses lisières ; enfin il ressemble

(1) Cette chanson, qu'on ne peut donner en entier, est extraite du manuscrit déjà cité, qui en referme une grande quantité sur le même acteur et sur ses mêmes prouesses ; elle se chante sur l'air *du grand Soyecourt,* et est intitulée : Chanson sur le marquis de Soyecourt, grand veneur de France, d'une grande réputation pour ses exploits... (Note du manuscrit, p. 113, vol. 24.(

encore, si vous le voulez, à ces femmes qui sont battues, ruinées par leur amant, et qui ne peuvent ni n'osent le quitter.

—Et vous ne craignez pas, vénérable ruffian, qu'un beau jour la malheureuse irritée n'égratigne ?

—Lui ?... il m'a cent fois dit... « *Ce serait une lâcheté de ta part de m'insulter, parce que, je le sens, contre toi* L'É-PÉE ME MANQUERAIT ! ! ! ».Cela vient aussi de ce qu'il me croit un peu le cousin de Satan, et cette alliance lui impose fort.

— Alors, je vois que c'est de la fascination toute pure, mon gros serpent !... et que cet oiseau babillard et doré ne vous échappera pas, — dit Nazelles en souriant d'un air incrédule et goguenard.

— Vous riez, compère, et vous avez tort ; d'abord parce que vous montrez quatre vilaines dents noires en grandissime deuil de toutes leurs sœurs (ce qui était vrai : Nazelles avait une affreuse dentition), et puis, — ajouta le géant en affectant une pitié bouffonne, — parce qu'il n'y a rien de risible dans le sort du puîné de la maison de *Rohan-Montbazon-Guéménée-Soubise*... qui a juste autant de noms que vous avez de quenottes.

—Ne vous moquez pas de mes dents, mon gros molosse; la vipère muette n'en a que deux vilaines aussi... et sa morsure est pourtant plus terrible que la large mâchoire du dogue aboyeur, — dit monsieur de Nazelles d'un imperturbable sang-froid.

— Mille tonnerres ! *Votre Exiguité* a raison : un venin subtil est cent fois pire qu'un hardi coup de gueule , je m'en rapporte à vous... Mais, sérieusement, Rohan ne peut m'échapper... car, voyez-vous, compère... c'est une terrible chose que l'habitude et la faiblesse; or, Rohan est un de ces êtres qui ne sont jamais bruit, mais écho; et puis je l'amuse, je le fais rire, je le remonte, je lui donne du cœur; et il m'a dit cent fois que, lorsqu'il m'avait au bras, il se sentait plus fort et plus résolu, et puis, entre nous, mordieu ! ne lui ai-je pas sauvé la vie deux fois, à Fontainebleau d'abord, et dernièrement au siège de Maëstricht, où je l'ai dégagé d'un parti de hulans de Spurzheim, qui lui avaient déjà prêté deux bons coups de sabre qu'il ne paraissait guère disposé à leur rendre.

—Excellent et digne ami ! qui ne voulait pas laisser son espoir de complot sur son champ de bataille, — dit monsieur de Nazelles avec ironie.

—Triple Dieu ! croyez-vous pas que sans cela je me serais soucié de la peau de Rohan, et que je me serais donné avec lui de grands airs de pélican ! les uhlans se seraient trouvés par hasard sous mon sabre que je n'en aurais pas frustré ma lame... mais, à mon âge, je n'aurai pas été, pardieu ! faire exprès pour ce damoiseau-là... cette campagne de 73.

—Mais, à ce propos, comment, après la démission si fièrement donnée à Fontainebleau, il y a cinq ans, monsieur de Rohan a-t-il fait la guerre comme volontaire dans l'armée du roi ? comment, *Votre Enormité* ne l'en a-t-elle pas empêché ? ne craignait-elle pas un rapprochement ? un remords ? un repentir ? et alors... au diable les projets de révolte déjà une fois si compromis par les uhlans de Spurzheim !

— D'abord, vous saurez que la girouette la plus folle n'est pas plus vacillante que les volontés du chevalier ; ainsi, je l'ai entendu vingt fois s'écrier : « *Ah ! je mourrais content si je pouvais tirer l'épée contre le roi dans une bonne révolte !* » et le lendemain, me dire : « *Ah ! si je pouvais avoir seulement une année de faveur, comme Lauzun, je mourrais heureux !* »

— Mais, encore une fois, compère... vous ne redoutez pas cette versatilité... ce désir de faveur ?

—Eh, mille dieux ! que m'importait ce désir de faveur ?... puisque c'était une chimère ! Au contraire, je voulais l'en faire revenir une bonne fois? Est-ce que vous ne connaissais pas le grand roi! est-ce que Brissac ne m'avait pas dit cent fois qu'il était, dans sa haine, d'une invincible opiniâtreté! est-ce qu'alors je n'étais pas sûr que, plus Rohan s'humilierait devant le monarque, plus il demanderait pardon de

la scène de Fontainebleau, comme il a eu le lâcheté de le faire, en attribuant ses emportements de ce jour-là au chagrin furieux qu'il avait eu de se voir odieux à Sa Majesté, « *pour laquelle il éprouvait* disait-il, *un amour aussi violent, aussi fort qu'un amant pour sa maîtresse ?* » est-ce que je ne savais pas enfin que, plus Rohan se mettrait sur le ventre, plus notre royal danseur de ballets lui sauterait intrépidement sur le dos ! ! ! et c'est ce qui est arrivé... Lorsque Rohan lui a fait demander, par la princesse de Soubise, sa cousine, pardon de la scène de Fontainebleau, le roi a dit qu'il avait été ravi de cette scène, qui le débarrassait de son grand veneur; quand Rohan a fait demander par Colbert, son parent, l'honneur de suivre Sa rayonnante Majesté dans ses armées pour expier ses torts, le roi a répondu que tout gentilhomme pouvait se battre comme volontaire, mais que jamais l'ex-grand veneur n'aurait de charge militaire. Enfin, quand Rohan, ayant à Maëstricht reçu ce horion dont il n'est pas encore guéri, se présenta sur le passage du roi, et qu'étalant bien son bras en écharpe il lui dit : « Sire ! c'est le plus humble de vos soldats qui « vient demander à Votre Majesté pardon de ne s'être pas « encore fait tuer à son service, » le roi le regarda en face, haussa les épaules, et lui tourna le dos sans répondre une seule parole.

— Et en se voyant si profondément méprisé du roi, Rohan devint furieux, j'espère!... et le feu prit à vos poudres, digne ingénieur de sapes souterraines !

—Juste ! la mine éclata... Rohan, ne se possédant plus, me parla le premier de l'insurrection de Normandie, dont je le berçais depuis que nous étions à moitié ruinés... Mille tonnerres ! il ne rêvait alors que vengeance, révolte et massacre, et ne parlait plus du grand roi qu'avec des grincements de dents pour virgules et des blasphèmes pour exclamations.

— Et dans cette belle accentuation d'enfer que Votre Enormité enseigne si bien, *gain* et *pillage* ne servaient-ils jamais de points d'interrogation ?

— Rarement !... Sa haine d'abord , oh ! sa haine, car il voyait clairement que c'était fini de lui avec son monarque ; oh ! je l'avais deviné. Aussi le chevalier revint-il à moi ; vite je dépêchai le marchand portugais à Bruxelles, et si on accepte le nom de Rohan pour enseigne de la révolte de Normandie, le chevalier est à moi, triple Dieu ! comme le patient au bourreau.

— Et il n'hésitera pas à pousser les choses ?

— Que peut-il faire ? Il est ruiné, sans un sou ; de nos deux dernières mille livres, mon habit payé, ce repas payé, il ne nous restera pas vingt pistoles ; de plus, il n'a pas un ami qui ose l'approcher, depuis que le courroux du roi se montre aussi persistant contre lui... Il est à moi, vous dis-je !

— Mais sa mère, madame la princesse de Guéménée ?

—Ah çà ! *Votre Exiguité* veut rire ? Ne sait-elle pas que, lorsque j'ai amené Rohan à forcer l'hôtel de Guéménée, pour y enlever violemment, l'épée à la main, des titres et des papiers de famille, par là je mettais le chevalier dans la position de ne jamais pouvoir se présenter devant cette marâtre, qui le haïssait déjà de toutes ses forces.

— Que *Votre Enormité* me pardonne! on peut oublier quelques saints dans la légende du paradis; mais cette mademoiselle Maurice d'O, qui depuis cinq ans l'aime, dit-on, éperdument, d'un amour sans pareil ?

— Ah ! par Vénus bégueule ! ce fut là mon chef-d'œuvre; du moment où je vis cette pécore, le jour de la chasse de Fontainebleau, je l'ai détestée, et redouté son influence. Or, vipère que vous êtes ! c'est j'imaginai d'abord de pousser Rohan à toutes sortes d'infidélités éclatantes, en exaspérant sa vanité, et récemment encore en lui faisant faire ce voyage de Bavière, dans lequel l'Electrice s'éprit si amoureusement du chevalier que l'Electeur nous a chassés, bien qu'il n'en fût pas à sa première tête, comme on dit en vénerie, mais au moins à sa quatrième, s'il n'était pas dix cors...

— Eh bien ! l'amour de cette Maurice résista malgré tant d'infidélités ?

— C'était l'enfer, mordieu ! une vraie sainte ! souffrant tout, et aimant d'autant son infidèle, qui, parfois, s'y laissait prendre et toucher. Alors j'imaginai, pour ruiner ces velléités de confiance, d'empoisonner la source de ce pur et frais ruisseau de croyance, comme dirait Scudéri, en y jetant quelques noirs soupçons de jalousie; en un mot, je donnai à Rohan des doutes sur la fidélité de Maurice ; et, qui mieux est, je fis planer ces soupçons sur d'Effiat et de Lorraine, ennemis implacables de Rohan.

— Mais on dit que mademoiselle d'O vit en recluse..... Comment alors le chevalier croit-il à vos calomnies ?

— Il y croit, chère vipère, parce que, comme toutes les âmes petites et faibles, il est aussi orgueilleux que jaloux et défiant; aussi n'a-t-il pas de certitude ; mais ce qui est bien pis, mordieu! il doute !!! Aujourd'hui, il la croit fidèle et dévouée; demain, au contraire, elle est un vrai monstre de perfidie ; en un mot, toute influence durable est ruinée de ce côté.

— Diable ! Votre Énormité sait son monde ; mais, maintenant, ne craignez-vous pas que Rohan n'aille découvrir le complot au roi, pour obtenir son pardon et se remettre bien en cour ?

Latréaumont resta un moment pensif, et reprit avec assurance et conviction :

— Non, jamais ! malgré tous ses vices, toute son irrésolution, sa faiblesse, il y a en lui un vieux levain de grande et noble race... qui dans ces extrêmes ne faillira pas.

— Ainsi, voilà Rohan, grâce à vous, sans argent, sans parens, sans ami, sans maîtresse, et, par-dessus tout, compromis dans un crime de lèse majesté, mon gros compère !

— Compromis ! — s'écria Latréaumont, — compromis ! Dieu le veuille !... si Monterey accepte; — puis il dit en frappant du pied. — Ah ! cette gazette, cette gazette!!

— Mais vous l'aurez assurément, compère, et des premiers.

— A propos de cette gazette, — reprit Latréaumont en partant d'un bruyant éclat de rire,— ne trouvez-vous pas, mordieu ! du dernier plaisant, que ce soit justement les messagers du roi qui se donnent la peine de venir apporter ici, en pleine taverne, la réponse de Monterey, la réponse d'un ennemi de la France, à une proposition de révolte en France ? N'y a-t-il pas de quoi rire jusque sous la roue, en songeant que si j'ai le bonheur de lire dans la *Gazette de Hollande* qui arrivera aujourd'hui à Paris, ces mots apparemment si insignifians pour tout autre que pour moi, inscrits à l'article de France, Primo : « On dit à Paris que » Sa Majesté partira pour se rendre à Compiègne le 29 ou » 30, et qu'elle fera deux maréchaux de France; secundo : » On dit qu'il arrive un courrier extraordinaire d'Es- » pagne ; » n'y a-t-il pas, encore une fois, de quoi crever en songeant que ces mots-là, que notre potentat et ses ministres liront assurément sans s'y appesantir, signifieront pourtant : « Monsieur de Monterey, gouverneur général » des Pays-Bas, consent aujourd'hui, comme y consentait » il y a cinq ans le baron de L'Isola, à appuyer de l'argent et » des armes de la Hollande et de l'Espagne une rébellion » en Normandie, tendante à établir la république en France, » rébellion à la tête de laquelle sera le chevalier de Rohan. » Le fait est, compère, que rien n'est plus commode et plus sûr pour échapper à l'inquisition qui s'étend sur la poste, les lettres étant habituellement toutes décachetées; et je trouve la plus jolie au monde cette façon de correspondre avec les ennemis de l'État. Sans compter, chère vipère, que si cette bienheureuse nouvelle se trouve dans la gazette, le marchand portugais recevra en même temps l'ordre de nous compter cinquante bonnes mille livres, afin d'être en fonds pour travailler activement à notre rébellion, la révolte ouverte étant cette année hors de prix.

— Ah çà ! pourriez-vous me dire si réellement Votre Énormité prend autant de peine pour assurer la suprématie de monsieur de Rohan sur cette future république

normande? Pourriez-vous me dire enfin ce que deviendra ce seigneur, dans le cas où la révolte irait à bien ?.... — demanda Nazelles d'un air ironique.

— Pourriez-vous me dire, compère, ce qu'on fait d'un drapeau après le combat ?... pourriez-vous me dire quelle part prend au gouvernement des affaires ce flasque brin d'étoffe brodée d'or et de soie perché au bout d'un bâton... et qu'on appelle une enseigne? — répondit le géant d'un air significatif.

— Je comprends... je comprends... Ainsi, j'ai l'honneur d'avoir devant les yeux le véritable et futur chef de la libre république normande ? — Latréaumont fit, d'un air bouffon, un signe de tête affirmatif. — Et comment se gouverne-t-on dans vos futures possessions, monseigneur ? — dit Nazelles avec ironie ; — comment vont les esprits en Normandie ?

— On y est exaspéré, mille dieux ! les impôts irritent en diable, la noblesse aboie, le parlement grogne, et le peuple gémit comme la broussaille sous l'ouragan.

— Soit ; mais aboyer, grogner, gémir, ce n'est pas mordre, et souvent le fouet a raison de ces impertinens murmures.

— Aussi, mordieu ! je compte sur la promulgation du nouvel impôt *du tiers et danger*, ainsi que sur la convocation de *l'arrière-ban*, dont on menace la province, pour faire enfin montrer les dents à ces timides aboyeurs.

— Ah çà ! ce nouvel impôt est donc fort pesant ?

— Le *tiers et danger* ! pesant ? non non, mille tonnerres ! il est des plus allégeans, au contraire, vu qu'il ôtera des lourdes sacoches de nos buveurs de cidre à peu près la moitié de leur revenu.

— La moitié ?... c'est impossible !...

— Très possible, trop possible, car la proportion du droit à payer est de *treize livres* sur *trente* que vous possédez... Or, vous croyez que lorsque nos hobereaux, faisant le total du revenu de leurs biens, diront : *Je pose trente*, et que le fisc viendra dire : *Et moi je retiens treize*, on ne répondra pas au fisc par treize millions de milliards de coups de bâton, accompagnés d'autant de milliards de coups de fusil , si les troupes du grand monarque étaient en goût de soutenir le fisc !

— Le fait est, qu'heureusement pour le complot, cet impôt me paraît exorbitant; aussi la Normandie serait-elle digne de porter une quenouille dans son écusson si elle souffrait cette royale pillerie.

— Mais ce qu'il y a de mieux, — reprit Latréaumont en riant aux éclats, — c'est que notre roi de carrousel se charge, mordieu ! de rassembler et d'armer lui-même la noblesse! Ainsi, ce qui ordinairement éveille toujours l'attention.... les grandes réunions d'hommes armés, se trouve justement ordonné par l'édit du roi sur la convocation de *l'arrière-ban*. Or, une fois nos hobereaux à cheval, c'est bien le diable si je ne mets la peur au ventre de ces campagnards, déjà si mécontents, en leur disant qu'on les envoie à la boucherie, et qu'au lieu de quitter leur pays pour aller se faire hacher en Allemagne, il vaut bien mieux rester dans leur province pour défendre leurs droits et leur argent contre Sultan XIV ! S'ils mordent à l'hameçon, je leur prouve alors l'appui de la Hollande et de l'Espagne.... je leur apporte notre grand flandrin de Rohan comme drapeau, et nous marchons droit sur Quillebœuf, où mes intelligences nous ménagent le débarquement de l'ennemi.

— Eh ! eh !... votre plan de campagne n'est pas si maladroit, mon gros titan. Mais, parmi vos gentillâtres... qui ouvrira le bal le premier? qui attachera le grelot de la rébellion ?.... C'est là l'important... car vous savez que si, dans les campagnes, dès qu'un clocher a sonné le tocsin, tous les autres lui répondent sans trop savoir pourquoi, il faut au moins que quelqu'un donne le branle.

— Eh bien ! ce clocher, ce tocsin de révolte, ce sera mon neveu ! — dit le colonel en se renversant sur son fauteuil d'un air triomphant.

— Auguste Des Préaux ?.... vous êtes fou.... comment ! Auguste Des Préaux ?... Des Préaux, votre neveu ?

— Oui... Des Préaux, mon propre neveu, ou, si vous l'aimez mieux, le fils de ma sœur.

— Allons donc ! Auguste Des Préaux..... qui, m'avez-vous dit, va épouser cette riche et jolie veuve, madame la marquise de Vilars ? Il se mêlerait de votre affaire !

— Il s'en mêlera, vous dis-je ! et c'est justement parce qu'il va épouser madame la marquise de Vilars, cette jeune et jolie veuve, qu'il faut qu'il soit non-seulement du complot, mais encore qu'il en soit le grelot, le tocsin, comme vous dites, et il le sera.

— Il le sera ?...

— Il le sera...

— Et pourquoi ?

— Parce que *je le veux !!*

Il y eut, dans la manière dont Latréaumont prononça ces derniers mots, un accent de conviction si ferme, si impérative et si profonde, que Nazelles ne put s'empêcher de la partager un moment ; aussi le partisan, fier de l'impression qu'il avait causée, et voulant sans doute l'augmenter encore, ajouta négligemment :

— Vous sentez bien, compère, que madame de Vilars, ayant au moins quarante ou cinquante mille livres de revenu en biens-fonds, et pouvant, par ses mouvances et les droits de ses terres, nous mettre une cinquantaine d'hommes à cheval ; étant de plus femme d'une grande et solide vertu, d'un magnifique caractère, une telle, infiniment comptée et respectée en Normandie..... vous sentez bien, dis-je, qu'il est de la dernière importance pour notre rébellion que cette belle veuve y soit fourrée jusqu'à son joli petit menton, afin d'encourager et de décider par son exemple nos grossiers hobereaux, pour la plupart encore timides et irrésolus ; aussi, jamais plus charmante fauvette n'aura pipé autour d'elle autant de buses, de hiboux et de butors ! au profit de l'oiseleur, lequel oiseleur est fort votre serviteur.

Mais un instant de réflexion semblant démontrer à monsieur de Nazelles l'impossibilité morale de ce qu'affirmait Latréaumont, il dit d'un ton ironique :

— Mais vous sentez bien aussi, mon digne oiseleur, que par cela même que madame de Vilars est jeune, belle, riche, veuve, et surtout amoureuse de votre neveu Des Préaux, qui lui-même, m'avez-vous dit, adore vertueusement cette vertueuse femme, du fond du cœur le plus noble et le plus pur qui soit au monde, vous sentez bien, dis-je, que ni lui, ni celle qu'il doit épouser bientôt, ne voudront se fourrer dans votre guêpier.

— Par la langue dorée de Cicéron ! mon futur Démosthènes, — dit le géant en éclatant de rire, — vous concluez comme un cuistre. C'est justement parce que la jolie veuve est riche et amoureuse qu'elle conspirera ; c'est justement parce que mon noble neveu est vertueux et amoureux qu'il conspirera, et que tous deux, comme vous dites, se fourreront dans mon guêpier !

— Ah ça ! — dit de Nazelles en haussant les épaules avec une impatience qu'il ne put dissimuler, — vous me supposez assez stupide pour croire une minute que votre neveu, sur le point d'épouser cette jolie madame de Vilars, va s'embarquer de gaieté de cœur dans une affaire où il y a de son cou et de celui de sa maîtresse ! Allons, allons, compère, le vin généreux de la Guerbois est encore plus capiteux que je ne le pensais ; et, pour avoir tenu tête aux plus intrépides buveurs d'Allemagne et de Hollande, Votre Énormité me paraît facilement voir ce qu'elle désire à travers le fond de la bouteille.

— Enfant ! — dit le colosse d'un air dédaigneux, — qui ne sait pas encore que pour Jules Duhamel de Latréaumont, vouloir et pouvoir... c'est tout un ! Mais, pour terminer, je vous dis, moi, que mon neveu et madame de Vilars conspireront avec moi *parce que je le veux*. Maintenant, parlons d'autre chose : c'est bien assez que vous m'ayez déjà surpris un secret, mordieu ! sans que j'aille vous en confier un autre...

Nazelles ne parut pas avoir entendu les derniers mots du partisan et continua :

— Vous avez raison, respectable magicien, parlons d'autre chose ; je ne crois pas ce que ma raison me démontre impossible ; — car, tout en regardant comme une fable ce qu'affirmait Latréaumont, Nazelles ne pouvait pourtant s'empêcher d'être frappé de l'assurance extraordinaire avec laquelle le colonel répondait de la future participation de son neveu et de madame de Vilars à ce dangereux complot ; puis l'avocat reprit : — Et si Monterey accepte, qui envoyez-vous en Hollande pour terminer et prendre les derniers arrangemens ?

— Comment, mordieu ! votre tendre cœur ne vous le dit pas ?... eh ! mais, le vieux de Piquepuce, le père de votre infante, votre hôte, enfin !

— Van den Enden ?

— Certes, maître Affinius van den Enden lui-même. Mais, à propos, et votre amour, beau Cupidon si traîtreusement masqué en vilain monstre ? et Clara-Maria, votre idole, vous méprise-t-elle toujours bien profondément ?

Malgré son impassibilité habituelle, Nazelles ne put retenir un geste de dépit et de colère en entendant le colonel le narguer encore sur sa laideur, qui en effet était extrême ; aussi répondit-il au géant d'une voix aigre :

— Quand le lourd mâtin aura l'élégance du noble lévrier, nous pourrons tous deux oublier la laideur de notre visage, monsieur de Latréaumont.

— Ah ! ah ! nous nous fâchons, notre beau sang-froid s'évapore, monsieur du Cansé, sieur de Nazelles ! — dit le colosse en riant aux éclats de la colère de l'avocat. Puis il reprit imperturbablement : — Pourquoi, diable ! aussi Votre Exiguïté va-t-elle justement s'affoler de Clara-Maria, cette statue de neige, cette femme pâle aux yeux clairs et glacés ?... Mille tonnerres ! il y a cinq ans, à Amsterdam, je ne sais par quel malentendu je lui ai baisé la main... brrr !... c'est froid comme du marbre par une nuit de décembre, et... il m'a fallu boire au moins vingt verres d'eau-de-vie pour me réchauffer les lèvres.

Nazelles voulant mettre fin aux sarcasmes de Latréaumont, et sachant que lui répondre avec impatience serait exciter encore l'insupportable taquinerie du maroufle, Nazelles parut se résigner de bonne grâce, et lui dit en soupirant :

— Que voulez-vous ! digne colonel, est-on maître de son cœur et de sa figure ? Je suis laid et j'aime Clara-Maria ; elle est insensible et me méprise ; en vain je me suis mis en pension dans l'école que son père est venu tenir en France, mon amour n'y gagne rien : tout cela est vrai, je l'avoue encore... aussi n'est-il pas généreux à vous, heureux Céladon, de vous moquer ainsi.

— Moi ! heureux Céladon ! — s'écria le colonel, — avec cela que j'en ai l'encolure ! Non, non, je céladonne pour mes pistolets... et si les pistoles me manquent, ou si j'aime mieux les garder pour acheter des angles le teneur le curé, comme on dit, eh bien ! par Hercule ! quoiqu'il n'y ait jamais de Lucrèces parmi mes amours, mordieu ! moi je tarquinise ! Allez, allez ! faites comme moi, c'est le plus sûr ! Remplacez la *carte du Tendre* par la carte du brutal, petits soins et billets doux par ordres et menaces ; au lieu de supplier à genoux, commandez la canne haute ; on ne frémit pas de plaisir, on frémira de peur, et, si on ne vous donne pas, vous ravissez, triple Dieu ! !

— Je suis loin de nier l'efficacité de vos procédés en amour, mon vaillant Tarquin ; seulement, comme je suis dans des conditions différentes avec Clara-Maria, je m'en abstiendrai, et continuerai d'aimer sans espoir. Mais, pour revenir à votre affaire, croyez-vous que van den Enden voudra se charger de cette nouvelle mission auprès de Monterey ?

— S'il voudra ?... D'abord, *on veut toujours avec moi*, compère ; mais, quant au docteur, il sera aux anges, car il verra la possibilité de réaliser ainsi un projet qu'il regardait presque comme une chimère il y a cinq ans, lorsque je le connus à Amsterdam, et que j'allai de sa part voir ce faquin de L'Isola et le pauvre Jean de Witt !... Jean de Witt... indignement massacré comme son frère par

ces brutes de Hollandais, qui ont dépecé et attaché au pi-
lori les membres de ces deux grands hommes, comme on
accroche des quartiers de bœuf à l'étal d'un boucher,—dit
Latréaumont en fronçant ses noirs sourcils, comme s'il eût
été affecté passagèrement par un souvenir pénible.

—Avouez pourtant, colonel,—reprit l'avocat,—que rien
n'est plus étrangement fatal que l'arrivée de van den Enden en France ; n'est-ce pas un jeu singulier de la destinée que l'établissement de ce vieux docteur à Paris ? ne
dirait-on pas qu'il vient juste à point pour vous donner
les moyens de renouer des projets de rébellion rompus depuis cinq ans ? Et ce, grâce aux intelligences que, malgré
sa proscription, van den Enden a conservées avec des gens
considérables de Hollande ! sans compter encore qu'il faut
qu'il soit doué d'une rare énergie pour aller, à soixante-
quatorze ans, traverser à cette heure deux armées, afin de
rencontrer monsieur de Monterey à Bruxelles.

— Mais le vieux forcené irait au diable, et sur la tête,
pour trouver matière à expliquer ses rêvasseries de liberté,
soit en Hollande, soit ici ; ç'a toujours été sa marotte...
et depuis que nous avons reparlé de ce projet, que vous
soyez roué vif, compère ! s'il ne m'a pas montré dix plans
de gouvernemens républicains, tous applicables à cette
grasse Normandie, une fois que nous l'aurosn arrachée
aux griffes de Sultan XIV, et tous plus admirablement libres les uns que les autres ; un véritable âge d'or, tout
sucre et miel, des lois tout embaumées de charité, de bonté,
d'égalité, de fraternité, que sais-je, moi ! une manière de
régénération sociale enfin, comme il appelle cette imagination d'estomac creux grâce à laquelle les bas Normands
d'abord, et le reste des hommes ensuite, iront tout droit
au paradis... dès que les ailes leur seront poussées.

— De fait, le père de mon infante, comme vous dites,
est un digne rêveur de l'école de cette pécore de Jean de
Witt ! — reprit dédaigneusement Nazelles.

Pour la seconde fois depuis le commencement de la conversation, au nom de Jean de Witt, la physionomie de Latréaumont perdit son expression habituellement insolente
et railleuse, et prit un caractère sérieux.

— *Je ne veux pas,* — dit le colosse en appuyant sur ces
mots, — je ne veux pas qu'on parle mal de Jean de Witt
devant moi !

— Voilà qui devient du dernier piquant ! — s'écria Nazelles, — Latréaumont défendant la mémoire de Jean de
Witt ce candide imbécile !

— Tonnerre et sang ! je vous dis que *je ne veux pas*
qu'on parle mal de Jean de Witt devant moi, — répéta Latréaumont irrité ; — honneur et respect à ce nom-là !

— Et pourquoi plutôt à celui-là qu'à tout autre ? — dit
négligemment Nazelles.

— Parce que ce nom-là est celui du seul homme devant
lequel Duhamel de Latréaumont se soit jamais trouvé triste
et interdit !

—Triste !... interdit !... vous !.. devant Jean de Witt !—
dit Nazelles en scindant pour ainsi dire chaque mot par un
éclat de rire dédaigneux.

Le géant, furieux, se leva à demi, et, serrant ses deux
poings énormes attacha un regard étincelant sur le maigre
avocat, dont le blème visage se calma une seconde ; mais
bientôt, reprenant son sang-froid, le colonel ajouta :

— Mordieu ! j'avais bien envie de vous rosser d'importance, et ensuite de vous tirer une pinte de sang, pour
voir si vous avez dans les veines autre chose que du venin.

— Telle soif que vous ayez de cette rouge liqueur, mon
brave spadassin, il y quelquefois loin de la coupe aux lèvres, — dit froidement Nazelles en jetant un coup d'œil
significatif sur son épée pendue à la muraille.

— J'entends... j'entends,—dit Latréaumont avec insouciance.—Oui.. je sais que vous maniez bien une rapière et
que vous êtes en état de vous défendre, même contre moi !..
c'est pour cela que je vous parlais de cette pinte de sang
jouée à *pointe-pointe;* mais comme j'aurais d'abord com-

mencé par vous briser les os, la partie de *pointe-pointe*
n'eût plus été égale ; aussi j'y renonce.

— Vous n'auriez pas commis cette lâcheté ! —s'écria de
Nazelles, effrayé malgré lui en songeant à la force colossale
de son adversaire.

— Non, vous dis-je, vous le savez bien... Mais, voyez-
vous, complice, nous sommes tous deux bons à pendre,
mais pas à dépendre ; nous sommes deux sacripans sans foi
ni loi, capables ou coupables de tous les crimes ; mais, mille
tonnerres ! je ne sais pourquoi je suis aise que vous ne
compreniez pas ce que j'ai éprouvé, moi, à la vue de Jean
de Witt ! et ce dont je suis plus aise encore, c'est de n'a-
voir vu ce grand homme qu'une seule fois.

— Et pourquoi, compère ?

— Parce qu'à la seconde fois je me serais peut-être familiarisé, et qu'à la troisième je l'aurais sans doute tu-
toyé !

A ce moment, la conversation du partisan et de l'avocat
fut interrompue, car on ouvrit la porte de la salle inoccupée qui précédait leur cabinet (prudente précaution qui
permettait aux deux convives de parler aussi confidemment), et un valet de la Guerbois vint gratter timidement
à la serrure.

— Mille triples dieux ! — s'écria Latréaumont en se
levant avec vivacité,—enfin ! voici la *Gazette de Hollande,*
qui va nous dire si Monterey accepte... ou s'il n'accepte
pas ! ! !

LA GAZETTE DE HOLLANDE.

Ocior et cœli flammis et tigride feta.
(LUCAIN, V. 405.)
Plus rapide que l'éclair, plus prompt que le tigre
à qui on vient d'enlever ses petits.

En effet, un garçon entra.

— Eh bien ! mordieu ! et cette gazette ? — dit Latréaumont.

Mais le garçon, pâle comme comme un mort, tenant son
bonnet à la main, et tendant les bras d'un air suppliant,
répondit au colonel d'une voix tremblante.

— Par le martyre des Saints-Innocens ! mon gentilhomme, ce n'est pas faute de lui avoir répété vingt fois, je
vous le jure !

— Répété quoi ?—demanda brusquement Latréaumont.

— Mon gentilhomme, lui avoir bien répété que vous
l'attendiez, et que c'était pour vous !

— Mais quoi, triple butor ?

— La gazette ! mon gentilhomme...

— La gazette est ici et je ne l'ai pas ! — s'écria le colonel furieux ; et saisissant le malheureux par sa cravate, il
le secoua rudement.

— Grâce, mon gentilhomme ! — disait celui-ci, — ce
n'est pas ma faute, c'est monseigneur le marquis de Châteauvillain qui l'a prise, bien malgré moi, je vous le
jure !

— Misérable ! — continua Latréaumont exaspéré.

— Compère ! compère ! — s'écria Nazelles , — songez
donc que cet imbécile ne s'appelle pas le marquis de Châteauvillain !

— C'est juste... mon épée ! ... mon épée !... dit le colosse en repoussant vigoureusement le pauvre valet, qui
courut à la muraille décrocher l'épée de Châteauvillain, et
la lui présenta, encore tout tremblant, mais fort aise de
voir une aussi terrible colère prendre un autre cours.

Le colonel, sifflant entre ses dents, sans dire un mot,
saisit sa rapière, la tira du fourreau, examina sa lame, la

fit ployer en appuyant son extrémité sur le bout de son soulier, craignant sans doute que, en se servant du carreau pour cette essai, la pointe du fer ne s'émoussât; puis, maniant son arme par la poignée pour sentir si elle lui était bien en main, il la remit au fourreau, toujours dans le plus grand silence, pendant que Nazelles, qui s'attendait probablement à être le second du colonel, se livrait aux mêmes expériences sur la souplesse et l'acuité de sa lame.

— Maintenant, — dit Latréaumont en s'adressant au laquais,—parle vite, dis ce qui est arrivé, et n'aie pas peur, car il ne s'agit pas ici de ta maigre échine ?

— Mon gentilhomme, vous allez tout savoir, — reprit le pauvre hère, qui, la gorge desséchée par la crainte, semblait après chaque mot avaler une gorgée de breuvage. — Mon gentilhomme, le messager a donc apporté la gazette... Petit-Pierre, que j'avais placé là exprès, la prend, la donne à Jacques en lui disant : « Va tout de suite por- « ter cette gazette à monsieur de Latréaumont, au nu- « méro 6... tu sais ! le grand gentilhomme qui n'aime pas « à attendre... » Mais alors, Dieu du paradis!.. voilà... que monsieur le marquis de Châteauvillain, entendant cela, arrache la gazette à Petit-Pierre et lui dit : « Maintenant va « dire à ce monsieur qui n'aime pas à attendre, et qui veut « qu'on le nomme, que tu l'as nommé, et que, malgré ça, « moi, j'ai gardé la gazette. » Alors, par les saints martyrs ! je...

— Assez !... mène-moi vite à ce marquis, —dit Latréaumont en interrompant le garçon, puis il ajouta : — Nazelles, vous en êtes ?

Tels furent les seuls mots que prononça Latréaumont, en se précipitant vers la porte avec une rage froide, plus terrible à voir qu'aucun emportement.

Nazelles, qui avait répondu d'un signe affirmatif à la question de Latréaumont, le suivit, et tous deux descendirent précédés du garçon, qui, ne se souciant pas sans doute de servir d'introducteur à Latréaumont, fit un détour en arrivant au bas de l'escalier, et disparut par un obscur passage.

Mais Latréaumont, qui connaissait parfaitement la maison, traversant un couloir, arriva bientôt à la porte de la grand'salle des *Trois-Cuillères*, où se tenaient alors monsieur de Châteauvillain et ses amis.

Le colonel ouvrit violemment cette porte... et, suivi de Nazelles, entra, tenant son épée sous son bras.

— Où est le marquis de Châteauvillain ? — demanda Latréaumont de sa grosse voix, en jetant un regard circulaire et hautain autour de la salle.

A cette interrogation, faite d'un ton si provoquant, et en prévoyant sans doute les suites, la Guerbois, vieille hôtesse depuis longtemps habituée à de pareilles scènes, courut d'abord fermer au verrou la porte du cabaret qui s'ouvrait sur la cour, puis disparut laissant le champ clos et libre aux acteurs et aux spectateurs de ce démêlé.

Alors aussi les tranquilles citadins qui, attirés par le renom des *Trois-Cuillères*, y étaient venus faire paisiblement une petite débauche, commencèrent à se regarder tristement, et à regretter de n'avoir pas suivi le prudent exemple de l'hôtesse; mais, craignant de paraître trop timides, ils se résignèrent à demeurer témoins de la querelle qui menaçait; tandis qu'au contraire la majorité des convives, composée de gens d'épée et de jeunes courtisans, prenaient un vif et ardent intérêt à ce qui s'allait passer.

— Ah çà ! mordieu ! et ce marquis de Châteauvillain... où est-il donc ? est-ce qu'il se cache parce que Duhamel de Latréaumont le cherche ?—répéta le géant de sa grosse voix retentissante.

A ces mots, un beau jeune homme à vaste perruque blonde, vêtu d'un justaucorps bleu de ciel, brodé d'argent et garni d'une profusion de rubans et d'aiguillettes de satin rose, croisant sur son genou une de ses jambes chaussées de bas de soie à coins d'or, se balança sur sa chaise, aspira bruyamment une forte prise de tabac d'Espagne, et, secouant la dentelle de sa cravate, dit en grasseyant à un de ses compagnons :

— Eh bien ! qu'est-ce que cela, vicomte ? quel est le rustre qui ose ici beugler mon nom de la sorte ? quelque porteur de chaise ou de falot, j'imagine, qui vient réclamer un écu pour des coups de bâton que je lui aurai donnés hier étant ivre ? Holà ! Basque ! Lorrain ! Bourguignon ! qu'on me débarrasse de cet étourdissant maraud, à grands coups d'étrivières !

En prononçant ces mots, monsieur de Châteauvillain, assis sur une chaise, tournait le dos à la porte, et conséquemment ne pouvait apercevoir Latréaumont, bien qu'il l'eût reconnu à sa voix et à son interrogation.

Le colonel ne répondit pas un mot ; mais, usant de sa force athlétique, de sa main droite il saisit par son dossier la chaise où était assis le marquis, et, avant que ce dernier n'eût eu le temps de la quitter, il la souleva, et lui imprima un mouvement de rotation tel que monsieur de Châteauvillain se trouva face à face avec lui.

Ce revirement fut d'ailleurs exécuté avec tant de promptitude et d'adresse, que le marquis ne s'en trouva pas déplacé ; aussi demeura-t-il assis avec le plus merveilleux sang-froid du monde, et dit à l'abbé :

— Le drôle a le poignet vigoureux, aussi le ferai-je vigoureusement étriller !

— Moi, j'aime à voir avec qui je parle ! — dit Latréaumont au marquis, en le parcourant des pieds à la tête d'un air insolent, puis il ajouta : — Et j'y gagne, car on ne peut, triple Dieu ! rencontrer un muguet plus galamment troussé ! C'est seulement dommage que j'aille tout à l'heure rudement tracasser ces dentelles et ces rubans-là ; car, mon joli plumet, vous êtes le marquis de Châteauvillain, je suppose !

Et Latréaumont, debout, dominant et regardant du haut de sa taille énorme son adversaire toujours imperturbablement assis, s'approcha près de lui à le toucher, en balançant avec arrogance ses larges épaules.

Mais le marquis, conservant son sang-froid, croisant ses bras et penchant sa tête en arrière, regarda fixement le colonel, et lui répondit d'un air aussi dédaigneux qu'insultant :

— Et vous, vous êtes l'homme à la gazette, je suppose !

Depuis le commencement de cette scène, les spectateurs, de plus en plus inquiets, s'étaient rapprochés, tandis que l'abbé, le vicomte de Dreux et les autres amis de Châteauvillain s'étaient levés ; mais comme rien jusqu'alors n'avait outre-passé les limites de l'attaque et de la défense, le plus profond silence régnait dans la salle, et on attendait avec une muette anxiété le dénoûment de cet étrange dialogue.

— Je ne me nomme pas l'homme à la gazette, entendez-vous ! l'homme aux rubans roses, — s'écria le colonel qui perdait patience, — je m'appelle Duhamel de Latréaumont, je vous l'ai dit.

Monsieur de Châteauvillain se tourna vers le vicomte, et lui dit avec une rare expression de mépris, en montrant Latréaumont d'un geste de tête des plus impertinens :

— Et ça ose se nommer encore ! se nommer tout haut ! devant une compagnie d'honnêtes gentilshommes ! — Puis, regardant Latréaumont en face : — Puisque vous avez eu vous-même l'impudence de vous nommer, que voulez-vous, monsieur Duhamel de Latréaumont ? il n'y a pas ici de joueurs friponnés à intimider par ces forfanteries-là.

Ce dernier sarcasme fit perdre à Latréaumont le calme qu'il avait conservé jusque-là ; ses yeux étincelèrent, il frappa violemment du pied, et, s'approchant plus près encore du marquis, il lui dit d'une voix terrible et éclatante :

— D'abord, monsieur de Châteauvillain, quand je me nomme, et que je parle debout, je veux qu'on me réponde debout ! ! !

— Il dit « Je veux ! » — répéta le marquis en haussant les épaules et s'adressant à l'abbé.

— Oui, et je veux ce que je dis ! Allons, debout, mordieu, debout ! — s'écria Latréaumont exaspéré ; et ce disant, il saisit le marquis par les épaules, et de force le planta sur ses deux pieds.

Lors de l'espèce de lutte qui se passa avant que le marquis ne fût levé, à cette voie de fait de Latréaumont enfin, plusieurs amis de monsieur de Châteauvillain, se jetant entre lui et son adversaire, l'arrachèrent des mains du colonel, auquel ils reprochèrent sa brutalité.

Cependant le marquis s'écria, au milieu d'épouvantables emportemens :

— Et ce misérable a osé me toucher ! être obligé de croiser mon épée avec un pareil drôle !

De son côté, Latréaumont répondait en le bravant du poing :

— Il a bien fallu du temps pour te décider à te mettre debout, impertinent faquin !

— Oui... et vous allez payer cher cette offense ! —dit le jeune gentilhomme, pâle de colère.

— Payer ? payer ? j'y serai pour mon écot, et vous pour le vôtre... mais, comme je tiens fort à la peau dont maman m'a fait cadeau le jour de ma naissance, je ferai de mon mieux, mort et diable ! pour que vous n'y fassiez pas d'accroc ! vu que je n'ai pas de quoi en changer ! — dit le colonel de son air fanfaron et moqueur. — Mais, avant tout, — ajouta-t-il, — j'ai une réclamation à faire, et j'espère que l'honorable compagnie m'approuvera. Il s'agit d'abord d'une gazette de Hollande que vous m'avez retenue, monsieur le marquis de Châteauvillain... voulez-vous me la rendre, oui ou non ?

— Il s'agit bien ici de gazette !... — s'écria le marquis furieux ; — il s'agit, puisque je veux bien y condescendre, d'aller à l'instant ici près, derrière le cimetière Saint-Jean, nous couper la gorge, et là, morbleu ! j'espère bien prouver que si le toréador ne lutte pas de force brutale avec le taureau sauvage, il peut du moins l'abattre à ses pieds !

— Tudieu ! mon jeune Cid, c'est du Rodrigue tout pur ; mais avant tout, la gazette ! la gazette !

— Encore une fois, monsieur, sortons ! — s'écria le marquis ; — il ne s'agit pas de gazette, entendez-vous !

— Comment, mordieu ! il ne s'agit pas de gazette ! mais c'est justement là l'objet de la querelle. Or, je vous demande encore une fois, à la face des témoins que voici, monsieur le marquis de Châteauvillain, si vous voulez, oui ou non, me rendre la Gazette de Hollande que vous avez ?... j'ai des raisons particulières pour fort insister à ce sujet.

— Eh bien ! puisque vous voulez continuer cette insolente et misérable raillerie, — dit le marquis avec rage, en prenant la gazette qui était demeurée sur la table, et la montrant au colonel qui ne l'avait pas vue : — cette gazette, la voici ! maintenant, venez la prendre !

Et cachant la gazette dans son pourpoint, le marquis mit l'épée à la main.

— Ici, dans cette salle ?... soit ! — dit Latréaumont, qui dégaîna pareillement ; puis il ajouta d'un air grave : — Pour la dernière fois, monsieur le marquis, vous ne voulez pas me rendre cette gazette ?

— Encore ! — s'écria le marquis exaspéré, car il prenait l'insistance du colonel à ce sujet pour une insultante plaisanterie ; — non, non, mille fois non !... défendez-vous !

— Ah çà ! bien décidément ici, dans cette salle ?

— Oui, oui ; au plus vite et au plus près !...

— Allons... allons, bel impatient... on va vous servir, — dit Latréaumont en ôtant sa perruque pour se trouver plus à l'aise.

Et le colonel et le marquis se préparèrent au combat.

Les trois fenêtres qui éclairaient la grand'salle du cabaret étant assez près du jour où pût voir du dehors ce qui se passait à l'intérieur, un des assistans alla prudemment tirer leurs rideaux de serge cramoisie ; de sorte que le jour, traversant cette étoffe chaudement colorée, jetait sur la salle, et sur toutes les figures émues qui la

remplissaient, un rouge et sombre reflet, parfaitement en harmonie avec la scène sanglante qui allait se passer.

Enfin, témoins et spectateurs se plaçant sur les tables et les siéges rangés le long des murs, chacun attendait avec anxiété le commencement du duel.

Latréaumont tomba pesamment en garde ; son torse à soulever un monde était si carrément assis sur ses reins larges et cambrés, il semblait si inébranlable, si solidement étayé sur ses jambes d'Hercule, qu'on eût dit un tour sur une arche de pont.

Aussi, les assistans ne purent s'empêcher d'admirer la mâle et puissante attitude du partisan, qui eût fait l'envie ou la terreur du spadassin le plus raffiné.

Le marquis, au contraire, mince, frêle, élégant, ayant des poignets de femme et une taille à laquelle une jarretière de Latréaumont eût servi de ceinture, paraissait aussi svelte qu'agile ; et la bizarre position qu'il prit sous les armes sembla déconcerter le colonel, qui, rigoureux et parfait académiste, s'était mis sévèrement en garde, dans toute l'excellente pureté des principes pratiqués à Paris, à Venise ou à Tolède.

En un mot, monsieur de Châteauvillain, voyant que la force et la stature colossale de Latréaumont, habilement employées, devaient toujours donner à ce dernier un immense avantage, en cela qu'il pouvait atteindre son adversaire de beaucoup plus loin, le tenir à une plus grande distance, ou maîtriser impérieusement son épée par sa vigueur extraordinaire, monsieur de Châteauvillain, voulant donc égaliser les chances de ce duel, en opposant la vitesse et la légèreté de sa main au bras de fer de Latréaumont, et, par la mobilité de son jeu, neutraliser l'avantage que trouvait son ennemi dans une taille gigantesque, se mit en garde, la tête basse, accroupi, ramassé sur lui-même, et rasant de si près le sol enfin, qu'il eût pu y appuyer le pommeau de son épée... Puis... d'un bond il s'éloignait ou se rapprochait de Latréaumont.

De cette manière, le colonel, au lieu de se trouver face à face avec son ennemi, au lieu de pouvoir, en croisant le fer avec lui, pressentir, prévenir, ou parer le coup qu'on lui allait porter, grâce à ce tact exquis, à ce sentiment si fin et si inexplicable... (électrique peut-être), qui fait qu'à une pression insensible de l'épée l'épée semble tressaillir et répond instinctivement à l'épée ; au lieu de pouvoir saisir enfin sur son adversaire, par un regard fixe et continu, cette espèce de fascination magnétique qui souvent interdit ou décourage les faibles, Latréaumont était donc obligé de baisser les yeux à terre pour y chercher un ennemi dont il ne voyait le plus souvent que la nuque, qui tantôt s'avançait en rampant comme un reptile, tantôt bondissait en arrière comme un chat sauvage, et qui jamais ne lui livrait son fer.

Au bout de quelques minutes, le colonel, avec sa haute expérience des armes, vit qu'il avait à combattre un homme aussi adroit qu'intrépide, rempli de prudence et de sang-froid, qui pouvait faire preuve ainsi que lui d'une extrême régularité d'escrime, mais qui espérait davantage de ce jeu hasardé, bizarre, et terriblement dangereux pour lui surtout, Latréaumont, qui brillait moins par la vivacité de l'attaque que par une riposte prompte comme la foudre, et fournie à fond avec une irrésistible impétuosité.

Aussi, était-ce un spectacle d'un intérêt terrible et saisissant que ce duel, où la force et l'adresse se livraient un combat si acharné ; les assistans respiraient à peine, et, dans le plus profond silence, chacun en attendait l'issue !

Ce silence, qui depuis quelques instans n'avait été interrompu que par de rares froissemens d'épées, déplut sans doute au colonel, qui sentait toujours le besoin de se griser, pour ainsi dire, par ses propres paroles.

Or, tout en restant sur la défensive pour étudier le jeu de monsieur de Châteauvillain... suivant des yeux tous ses mouvemens avec une infatigable présence d'esprit, parant ou ripostant avec calme, mais ne se livrant pas encore, ne voulant attaquer qu'avec une chance certaine, Latréaumont dit au marquis d'un ton moqueur :

— Ah ! notre infant ! quelle vaillante méthode d'escrime ! elle vous a été enseignée, mordieu ! dans une académie tenue par un lézard et un crapaud ! car vous rampez comme l'un et vous sautez comme l'autre !... Ah ! bien fourni ce coup droit, s'il m'eût atteint !—ajouta le colonel en rompant et parant une rude attaque de son adversaire, qui d'un bond fut hors de portée. — Allons, allons, mille diables ! vous voilà encore à une lieue de moi, beau papillon doré !—continua Latréaumont en marchant contre son ennemi. — Prenez garde ! car si je mets le pied sur vos, sang-Dieu !.... à peine restera-t-il de la poussière de vos ailes !

— Bien poussé, éléphant criard ! dit à son tour le marquis en évitant un dégagement du colonel ; — vrai coup de bélier contre le plumet d'une toque ! — Mais, ce disant, monsieur de Châteauvillain froissa vivement l'épée de Latréaumont, et se fendit sur lui avec la rapidité de la foudre.

Le coup fut terrible, aussi franchement porté qu'adroitement paré par Latréaumont, qui riposta aussitôt à fond avec une telle impétuosité, que les assistans ne purent retenir un cri d'effroi.

Mais, le marquis se courbant avec une incroyable agilité, le fer passa au-dessus de lui ; puis, se redressant presque corps à corps avec le colonel, monsieur de Châteauvillain tâcha de lui faire une dangereuse remise d'épée, à laquelle Latréaumont, opposant vivement une parade de quarte basse, riposta dans cette ligne par un coup si furieusement fourni, que le marquis tomba à la renverse.

Heureusement le fer s'était arrêté sur les dernières fausses côtes ; ainsi, la blessure était légère ; une ligne plus bas, elle était mortelle !

— A moi cette fois, j'espère, la *Gazette de Hollande* ! s'écria Latréaumont en se remettant pourtant en garde de peur de surprise.

— C'est trop juste, — dit le marquis soutenu par plusieurs des assistans : — vous l'avez gagnée, monsieur, la voilà ; — et il la lui donna.

— Mordieu ! nous allons donc savoir ce qu'il faut savoir ! — s'écria le colonel en jetant son épée ; puis, déployant [ce journal, il le parcourut avec une curiosité avide, qui indigna les témoins de ce malheureux combat. Mais, tout à coup, s'écria, ne pouvant maîtriser sa joie, et s'adressant à Nazelles : — Compère, écoutez donc les nouvelles de Hollande ! — et il lut : — « On écrit de Paris, le 6 avril » 1674, que Sa Majesté partira pour se rendre à Compiè-» gne avec la cour, le 19 ou le 20, et qu'elle y fera deux » maréchaux de France. » — Puis, Latréaumont ajouta d'un air non moins rayonnant ! — et puis bas, compère, écoutez : « On écrit de Bruxelles qu'il arrive un courrier » extraordinaire d'Espagne. »

(C'était l'adhésion formelle de Monterey à la révolte de Normandie.)

Mais Latréaumont, pour donner une feinte explication de cette joie inopportune, s'approcha du marquis déjà pâle, et dont le sang coulait en abondance.

— Je vous demande pardon, monsieur, — lui dit-il, — de m'être ainsi réjoui devant vous qui êtes blessé... mais c'est que l'un des maréchaux de France qu'on doit nommer est l'oncle d'un de mes meilleurs amis, et le courrier d'Espagne dont on parle a dû apporter la nouvelle qu'un galion des Indes, dans lequel je suis intéressé, était arrivé à bon port ; aussi vous m'excuserez, monsieur, si de pareilles nouvelles m'ont fait oublier ce que je devais à votre état, mordieu ! je l'espère, ne sera pas le moins du monde inquiétant.— Puis Latréaumont, saluant le marquis et serrant précieusement la gazette de son pourpoint, se réhabilla et sortit avec Nazelles.

Une fois dehors du cabaret, le colonel s'écria :

— A cheval, à cheval ! Adieu, compère, je vais vite à Saint-Mandé retrouver Rohan à la *Logette-au-Diable.*

XVII

LA LOGETTE-AU-DIABLE.

> « Faites le signe de croix, et recommandez votre âme
> « à Dieu, car le voici... »
> (BURKE. — *La Femme folle.*)

Depuis le commencement de cette année 1674, le chevalier de Rohan, ruiné complètement, et vivant au jour le jour de modiques rentrées ou de quelques emprunts difficiles, occupait à Saint-Mandé, près Vincennes, une vaste maison inhabitée depuis longues années.

Quant à la cause de l'abandon de cette demeure, elle était fort concevable, pour ce temps du moins, où les idées superstitieuses avaient encore singulièrement cours, alors qu'on parlait hautement et avec quelque créance de sortilège et de magie, et que *la Voisin* et *la Vigoureux,* par leurs épouvantables secrets, préparaient cette scène étrange dans laquelle un magistrat demandait sérieusement à monsieur le maréchal de Luxembourg, jeté sur la sellette de la Bastille pour l'affaire des poisons, *s'il avait véritablement vu le diable ?*

En un mot, la maison qu'habitait monsieur de Rohan ayant été autrefois, disait-on, hantée par des esprits, avait gardé le surnom de la *Logette-au-Diable;* aussi, le propriétaire de cette terrible retraite, monsieur Lhuillier, conseiller au parlement de Rouen, s'était-il trouvé fort heureux de la louer à vil prix à Latréaumont. Ce dernier, loin d'être effrayé de cette diabolique réputation, avait au contraire, pour plusieurs raisons, conclu le marché, au grand regret de monsieur de Rohan, qui en l'a dit, croyait quelquefois aux événements surnaturels. Mais, comme toujours, l'impérieuse volonté de Latréaumont l'emportant sur les craintes du chevalier, il se résigna, reconnaissant d'ailleurs qu'un logis aussi désert serait merveilleusement approprié aux conciliabules du complot à venir.

Il faut avouer que l'extérieur lugubre et abandonné de cette maison semblait aussi donner quelque ressemblance aux bruits effroyables répandus sur cette antique demeure : rien de plus triste et de plus dévasté ; on y arrivait du côté de Saint-Mandé par une haute et large porte de chêne, encadrée dans des assises et un lourd entablement de pierres noircies, dégradées par le temps, et sur lesquelles poussaient une infinité de plantes pariétaires ; de chaque côté de cette porte vermoulue s'étendait une grille de fer rouillée, derrière laquelle on avait établi une sorte de palissade en planches grossières, sans doute pour que l'œil des passans ne pût pénétrer dans la *cour d'honneur.*

Mais, hélas ! malgré son titre ambitieux, cette cour, ainsi que le reste du logis, témoignait de la négligence du propriétaire ou des habitans ; à l'exception de deux sentiers, dont l'un conduisait à l'écurie, située à gauche, et l'autre au vestibule de la maison, cette cour, quoique pavée, était couverte d'une herbe épaisse et verdoyante, car on était au mois d'avril, et les pluies avaient été abondantes pendant l'hiver de 1674. Enfin, comme pour compléter ce tableau de ruine et de désolation, le toit se dégradait en plusieurs endroits ; les cheminées penchaient à moitié renversées, les murailles se lézardaient en tous sens, et la plupart des volets, déplacés de leurs gonds, pendaient çà et là le long des fenêtres.

Le matin même de ce jour où Latréaumont venait de conquérir si vaillamment la *Gazette de Hollande* sur monsieur le marquis de Châteauvillain, le ciel sombre et couvert de nuages, les longs murmures du vent, le bruit de la pluie qui tombait à torrens, tout concourait à donner un caractère plus mélancolique encore à la *Logette-au-Diable.*

Il était huit heures... Un homme vêtu d'un vieux justau-corps vert, portant un large feutre rabattu et de grandes guêtres de chamois toutes trempées d'eau, poussa une pe-tite porte située à l'une des extrémités de la grille, et, après avoir regardé dans la rue avec précaution, entra dans la cour portant son fusil sous le bras, et sur son dos un sac d'où s'échappaient les pattes d'un lièvre et le col pourpre et azuré d'un faisan.

Se dirigeant alors vers les bâtimens de l'écurie, cet hom-me, qui n'était autre que L'Andouiller, fils de La Fanfare, l'ancien maître valet de limiers de la vénerie du roi, que l'on n'a peut-être pas oublié, déposa son sac dans une pe-tite chambre délabrée où était un pauvre grabat, et sus-pendit son fusil au-dessus en l'accrochant à un bois de cerf planté dans le mur.

A l'entrée de l'ancien veneur, un vieux chien noir mar-qué de feu, dont on se souvient peut-être aussi, Met-à-mort, son limier, sortit de dessous le lit, et témoigna la joie qu'il avait de voir son maître, par ses caresses empres-sées.

Accueillant les avances de Met-à-mort avec distraction, L'Andouiller s'assit sur le grabat, et tira de son sac un fai-san, deux lièvres et une perdrix, que le brave chien cou-rant flaira avec une sorte de dédain.

— Hélas! par Saint-Hubert; mon vieux Met-à-mort,—lui dit son maître, — tu méprises la plume... Mais c'est fini du temps où nous travaillions gaiement ensemble quelque vaillant dix cors par une belle matinée d'automne, sous la futaie de Fontainebleau, pour donner à courre au roi... Maintenant tu restes ici pendant que je vais braconner, au risque de me faire pendre !... et cela pour aider à vivre celui dont ma famille a toujours mangé le pain... et que mon pauvre père avant de mourir m'a recommandé de ne jamais quitter.

Et L'Andouiller poussa un profond soupir.

Deux mots suffiront pour expliquer la présence de ce brave homme à Saint-Mandé, dans la Logette-au-Diable.

En 1669, lors du différend qui s'éleva entre monsieur de Rohan et monsieur de Villarceaux, La Fanfare son fils, ayant été déclarés coupables de voies de fait envers un gentilhomme d'un des équipages du roi, furent condamnés à passer par son sac des années pendant deux années. Le vieux La Fanfare mourut d'un coup de sang causé par sa rage, pendant qu'on le fustigeait; L'Andouil-ler, son fils, subit les verges et la prison,—et, lorsqu'il en sortit, monsieur de Rohan, cause involontaire, mais pour-tant réelle, du triste sort de ces malheureux, le prit à son service.

Tant que le chevalier posséda quelque argent, il eut un petit équipage de chiens d'Ecosse, avec lequel il allait chas-ser sur les terres de plusieurs de ses amis, qui, peu sou-cieux de cet exercice, lui donnaient toute latitude à cet égard. Mais, sa ruine étant tout à fait consommée, il ne put garder ni chiens ni chevaux, à l'exception pourtant de son cheval barbe, Selim, que Colbert lui voulut acheter à tout prix pour le haras du roi, et que le chevalier, bien que ré-duit à la gêne la plus extrême, ne voulut jamais vendre, tant il était attaché à ce bel animal, seul débris de son an-cienne splendeur.

L'Andouiller resta donc au service du chevalier, autant par attachement que pour tenir la promesse faite à La Fan-fare de ne jamais quitter son maître ; aussi ce fidèle ser-viteur, non plus qu'un vieux cocher et un ancien valet de chambre de monsieur de Rohan, ne voulurent pas aban-donner ce dernier, bien qu'ils n'en reçussent que des gages réglés, mais seulement quelques écus çà et là, lorsque le chevalier touchait un peu d'argent à l'insu de Latréau-mont.

Quant à L'Andouiller, dès que le temps et la nuit étaient favorables, bravant les peines infamantes et même capi-tales portées contre ceux qui braconnaient sur les plaisirs du roi, il allait à l'affût dans le bois de Vincennes et des environs, et en rapportait presque toujours quelques pièces de gibier, destinées à augmenter le menu du dîner de son

maître, et conséquemment aussi celui de l'office, dont l'an-cien veneur était commensal, avec maître François le cocher, et Dupuis le valet de chambre.

Ayant donc déposé son gibier dans son taudis et bu quel-ques gorgées d'eau-de-vie pour chasser le froid de la nuit, L'Andouiller se dirigea vers une petite écurie où il comp-tait trouver Selim, car le brave homme s'était réservé le droit de soigner ce noble animal; mais quel fut son éton-nement lorsque, s'apprêtant à ouvrir cette box dont il gar-dait, et pour cause, toujours la clef sur lui, il vit la porte brisée et ne trouva plus son cheval favori ! L'exclamation de surprise que poussa ce fidèle serviteur fut si violente, qu'elle éveilla un dormeur placé dans l'écurie voisine, car aussitôt une grosse voix demanda :

— Qui est là ?

— C'est moi, c'est moi... Mais où diable est donc Selim ? — dit L'Andouiller en allant trouver maître François le cocher, gros homme à nez d'un rouge de cuivre, à lon-gues moustaches grises, et pour l'heure enfoui dans une sorte de boîte remplie de litière, et chaudement enveloppé d'une couverture de laine, pour se préserver de l'humidité de cette immense écurie, qui ne contenait que deux che-vaux et aurait pu en renfermer vingt.

— Où est donc mon cheval, maître François ? est-ce que monseigneur est sorti ? Il faut alors qu'il se soit levé de bon matin, car je suis parti d'ici à trois heures.

— Monseigneur! monseigneur!... est-ce que monsei-gneur a le droit de dire ou de faire quelque chose céans ! — s'écria maître François, d'un air brusque et irrité, en secouant la paille dont il était couvert; puis, s'asseyant sur sa litière. — Eh ! sarpejeu ! c'est ce damné monsieur Tout-à-moi (Latréaumont) qui, ce matin, à six heures, a fait sauter la porte de votre écurie à grands coups de bû-che, et a pris Selim, sur lequel il est sorti sans lui laisser manger une avoine ; voilà ce qui en est !

— Ainsi, par cet épouvantable temps, le pauvre animal est à attendre au froid, à la pluie, dans la boue, attaché sans doute aux barreaux d'une fenêtre, comme le roussin d'un boucher ! — s'écria L'Andouiller avec indignation. — Et monseigneur, qui justement m'avait expressément défendu de laisser jamais monter Selim par cette tonne de chair. Mais pourquoi cet enragé n'a-t-il pas pris, comme toujours, vos chevaux et votre carrosse, maître François ?

— Nos chevaux ? c'est-à-dire ceux que monsieur de Sour-deval a prêtés à monseigneur, n'est-ce pas ?... Tenez... re-gardez... si ce n'est pas à fendre l'âme... — Et se levant furieux, maître François fit voir à L'Andouiller deux pau-vres chevaux maigres, efflanqués, fatigués, arqués, au poil mort et hérissé, qui avaient tristement le nez dans leur mangeoire, et dont l'un semblait si cruellement souf-frir d'une de ses jambes de derrière, qu'il la tenait demi-fléchie. — Voilà pourtant comme ce monsieur Tout-à-moi arrange des chevaux qui ne sont seulement pas à nous ! — dit maître François avec un soupir désespéré ; — ils sont tellement fourbus qu'ils ne peuvent bouger ; car de-puis que monseigneur ne sort plus à cause de sa blessure, moi et ces malheureux animaux, nous avons été à toute heure, nuit et jour, sur pied pour voiturer le gros et grand vilain corps de ce monstrueux éléphant, et rester à l'atten-dre des journées et des nuitées entières au tripot et au ca-baret... J'ai eu beau me plaindre, mais bah!... vous savez bien comment cela se passe ici. Monseigneur m'a promis qu'il lui parlerait... et il s'en est bien gardé... Maintenant, je vous le demande un peu, L'Andouiller, vous qui con-naissez les chevaux, une telle besogne est-elle raisonnable? avec cela que maître Brunet, grenetier, nous fournit du fourrage que c'est pitié, du vrai fourrage de crédit, du rebut, et même depuis hier il n'a plus voulu en donner du tout, disant que depuis cinq mois il n'avait pas encore vu la couleur de nos pistoles... mais qu'en revanche il avait vu plus d'une fois la grande canne de monsieur Tout-à-moi.

— C'est donc parce que le carrosse n'a pu sortir qu'il a

pris mon cheval, — dit L'Andouiller, surtout préoccupé du sort de Selim.

— Sans doute. Monsieur *Tout-à-moi* est arrivé ici ce matin, rayonnant, pimpant, avec des habits neufs, sur ma foi! qu'il avait pêchés le diable sait où, sans doute dans la bourse de monseigneur, et il me dit de son air insolent : « Allons, mon vieil ivrogne, vite... le carrosse ! » *Son* vieil ivrogne ! — répéta maître François. — Dieu merci non ! je ne suis pas *son* vieil ivrogne, car je n'ai bu de ma vie un verre de vin à sa santé. Enfin il me dit : « Attelle le carrosse. — Le carrosse de monseigneur ? lui ai-je dit, ça ne se peut pas, monsieur; les chevaux de monseigneur boitent. — Fais-les sortir que je les voie, » me dit-il. Vous savez si l'on ose refuser quelque chose à ce démon ; je sors donc les chevaux en main ; à chaque pas les pauvres bêtes butaient et boitaient à fendre l'âme. « Ah ! bath ! ça irait comme un enterrement, et je suis pressé; alors selle-moi Selim ! » dit monsieur *Tout-à-moi* voyant bien que le carrosse ne pouvait servir. « Mais, monsieur, monseigneur ne veut pas, et d'ailleurs L'Andouiller a emporté la clef de l'écurie, » lui dis-je ; mais, sans me répondre, le vilain géant prend une poutre qui était là, en deux coups il défonce la porte, me fait seller ce pauvre Selim, et part...

— Selim porter un poids pareil !... mais c'est à l'écraser... Comment ce gros corps a-t-il osé seulement l'enfourcher ?

— Ah bien ! s'il a osé ! vous savez d'ailleurs qu'il monte à cheval comme Drécar (1), on ne peut pas lui refuser cela ; aussi Selim, sans doute chagriné du poids, a commencé par vouloir pointer et se défendre ; mais bath ! il a fallu voir comme les coups de canne et les coups de poing sur la tête l'ont eu vite réduit, car ce colosse de monsieur *Tout-à-moi* ferait peur à un taureau !

— Tenez, maître François, — s'écria L'Andouiller furieux, — si j'avais vu battre ainsi Selim, qui est doux comme un agneau et joue avec moi comme un chien, j'aurais fait quelque malheur... Et monseigneur, monseigneur, que va-t-il dire ?...

— Eh mon Dieu ! mon pauvre garçon, ce qu'il dit toujours quand ce gros corps n'est pas là : qu'il le chassera, qu'il le fera jeter par les fenêtres ! et puis, sitôt que monsieur *Tout-à-moi* paraît seulement, c'est une autre chanson, monseigneur devient aussi calme qu'un cheval qui a le caveçon à double scie sur le chanfrein.

— Ah ! par saint-Hubert ! si je me croyais, voyez-vous, maître François, quand je pense à tout cela, qu'il y a fait à Selim, je chargerais ma vieille carabine à deux lingots avec une bonne bourre de cuir bien graissée, et j'enverrais le tout dans la casaque de ce sanglier !

— Hum !... mon brave veneur, — dit maître François d'un air de mystère et secouant la tête, — il faudrait peut-être auparavant infuser vos lingots dans l'eau bénite ; car ce n'est pas parce que nous habitons la *Logette du diable*, comme ils disent dans le bourg, mais le sanglier dont vous parlez pourrait bien n'être jamais forcé que par la meute du Chasseur-noir !

— Tout ce que je sais, maître François, — répondit L'Andouiller, qui n'était pas fort au-dessus des craintes superstitieuses de l'époque, — tout ce que je sais... c'est que je ne crois pas monsieur en bonne compagnie pour le salut de son âme ! Avez-vous vu ce grand fourneau avec des machines de cuivre, et ces bouteilles qu'il a dans son cabinet !... Tenez, tenez, maître François, tout cela ne me paraît guère chrétien.

— Et puis, L'Andouiller, avez-vous vu ce vieux Hollandais en robe noire et en chaperon qui vient ici souvent ?

— Van den Enden, le maître d'école de Piquepuce ?

— Lui-même... et cet autre avocat, Nazelles... comme ils l'appellent. Je vous le demande, L'Andouiller, un avo-

(1) Grand homme de cheval de ce temps-là.

cat et un maître d'école, est-ce cela une société pour monseigneur ? pour un prince de la maison de Rohan ?

— Ah ! le fait est, maître François, — dit L'Andouiller d'un air tristement pensif, — qu'on ne voit jamais les nobles cerfs s'accompagner de blaireaux, ou de renards, et autres vermines et bêtes puantes...

— Aussi, je crains bien, mon garçon, qu'il ne se passe ici quelque chose d'extraordinaire; et si ce n'était que je me suis juré à moi-même de ne jamais quitter monseigneur, à moins qu'il ne me dise : « Maître François, va-t-en ! » j'aimerais mieux être ailleurs.

— Ce n'est pas pour me plaindre, maître François ; mais enfin, j'ai toujours eu du guignon depuis 1669. Mon pauvre vieux père est mort... ma femme est morte... pendant que j'étais en prison ; j'avais placé une petite somme d'argent chez un receveur des tailles, il s'est enfui avec... Ah ! maître François, maître François, est-ce qu'il serait vrai qu'il y a des maisons qui vous portent malheur ?...

Maître François allait sans doute répondre, mais le bruit d'un carrosse qui s'arrêta à la grille attira l'attention des deux domestiques, qui sortirent la tête de l'écurie pour voir quel était ce nouvel arrivant.

Au même instant, une femme bien enveloppée dans ses coiffes et dont le visage était caché par le masque de velours qu'on portait encore alors, ouvrit la petite porte par laquelle était entré L'Andouiller, et, malgré la pluie, se dirigea d'un pas rapide et sûr vers le vestibule.

Bien que cette femme fût masquée, elle n'était sans doute pas inconnue à maître François ni à L'Andouiller, car ce dernier dit d'un air sérieux à son camarade, en lui jetant un regard expressif :

— Après tout, maître François, s'il y a un diable en enfer, il y a aussi de bien bonnes âmes sur la terre.

Et tous deux rentrèrent discrètement dans l'écurie, pendant que la femme dont on a parlé poussait la porte du vestibule, qui cria tristement sur ses gonds rouillés.

XVIII

LE BON GÉNIE.

Et d'ailleurs, que peuvent avoir de si triste et de si rigoureux des réparations dont l'amour doit faire tout le mérite ?

(MASSILLON. — *La Pécheresse.*

Une fois la porte du vestibule fermée derrière elle, cette femme s'arrêta un moment et dénoua les cordons de son masque.

C'était mademoiselle Renée-Maurice d'O..., qu'on a vue en 1669 fille d'honneur de la reine, éprouvant déjà pour monsieur de Rohan une passion profonde et irrésistible.

Or, depuis ce temps, cette passion n'avait pas failli; à cet inexplicable amour, Maurice avait eu le triste courage de tout sacrifier : famille, position sociale, devoirs, orgueil, respect de soi.

Jeune fille, maîtresse absolue d'elle-même et de sa fortune, elle avait refusé tout mariage, quitté les siens, pour venir dire à Rohan : « Je vous aime, » et depuis elle avait toujours vécu solitaire et loin du monde.

Cet amour avait résisté aux plus terribles épreuves.

De monsieur de Rohan, Maurice avait tout souffert : humiliantes infidélités, égoïsme brutal, doutes offensans, lâches mépris, jalousie folle, injuste et féroce... à monsieur de Rohan elle avait tout pardonné !

Jamais une plainte, jamais un reproche, seulement des larmes... des larmes amères et silencieuses, qu'elle pleurait en voyant celui auquel elle avait offert et donné son existence entière ne pas sembler le savoir.

Seulement des larmes... en sentant son amour méconnu

vivre pourtant et respirer en elle ainsi qu'une mère sent tressaillir son enfant !

Seulement des larmes... oh ! bien cruelles, celles-ci... en songeant avec terreur qu'au lieu de comprendre le sens religieux et profond de cet amour sans bornes, au lieu d'y compter comme sur un trésor inépuisable de consolations pour les jours mauvais, celui qu'elle adorait était assez insensé, assez malheureux pour n'y voir qu'un épisode flatteur de sa vie galante, qu'un lien fragile et sans racines qu'il pouvait indifféremment briser !

Car, ainsi que la plupart des hommes à bonnes fortunes et d'un esprit étroit, par cela qu'on lui avait beaucoup cédé, monsieur de Rohan avait la plus mauvaise opinion des femmes, chacune de leurs bontés devenant à ses yeux une nouvelle preuve de leur faiblesse ; il ne croyait à la vertu ou à la sincérité de l'amour d'aucune d'elles, et Maurice n'échappait pas à ce dédain général.

Puis, soit par un étrange retour sur lui-même, soit comble d'orgueil ou d'humilité hargneuse ou méchante, monsieur de Rohan en était venu à ne plus juger les sentimens des autres pour lui que par la comparaison de ce qu'il éprouvait ou de ce qu'il avait éprouvé pour les autres. Ainsi, parce que dans sa vie il avait souvent trompé; ainsi, parce qu'il avait feint à merveille un amour menteur et intéressé, il devait en être de même de celui de Maurice !

Façon de voir aussi fausse qu'odieuse, quant à cette pauvre femme du moins, qui l'aimait du plus pur et du plus profond amour. Aussi, qu'on se figure Maurice éplorée, trouvant dans son désespoir et dans la sainte vérité de son affection un de ces mots déchirans, un de ces cris à la fois supplians et impératifs, arrachés à cette âme si belle et si irréprochable par l'atroce douleur de se voir aussi méconnue ! et entendant monsieur de Rohan lui répondre avec un froid sourire d'incrédulité, surtout causé par les calomnies dont Latréaumont avait empoisonné son cœur : « Et moi aussi, pour cacher un autre amour, je » trouvais de ces mots ; ma voix tremblante était aussi » émue ; pourtant tout était faux et menteur... pourquoi » n'en serait-il pas de même de ce que vous me dites, » Maurice ? — Mais, — disait l'infortunée, — pourquoi » vous mentirais-je ? ne suis-je pas libre? qui me force » à vous dire que je vous aime, si je ne vous aime pas ? » Depuis cinq ans, à quel dévouement ai-je failli ? Incon- » stance, froideur, mépris, à quoi ne me suis-je pas ré- » signée ! » Eh bien ! soit qu'il fût exaspéré par d'atroces médisances, soit qu'il eût l'âme trop aigrie pour comprendre encore les pensées grandes et généreuses, soit qu'il obéît à ce fatal instinct des esprits mauvais qui cherchent toujours une cause ou une arrière-pensée honteuse aux plus nobles inspirations, monsieur de Rohan répondait : « Si vous n'aviez pas d'autres amours à vous re- » procher, vous ne souffririez pas si patiemment mes dé- » dains ; » puis il pensait, sans oser encore le dire tout haut : « Elle veut , par cet apparent dévouement , m'ame- » ner sans doute à lui donner ma main, et ensuite rire » de moi avec mes rivaux. »

Or, il faut le dire, cette idée infernale lui avait été mise au cœur par Latréaumont, qui trouva ce seul moyen d'expliquer l'irrécusable résignation de l'amour de Maurice pour monsieur de Rohan.

Horribles doutes ! horribles arrière-pensées ! qui, grâce à l'odieuse obsession du partisan, venaient ainsi flétrir les seuls momens de calme et de bonheur que le malheureux monsieur de Rohan aurait pu goûter encore, malgré l'épouvantable infortune qui l'écrasait !

Qu'on se figure donc encore une fois l'affreuse existence de Maurice. N'eût-ce pas été à en mourir, si la jeune femme n'avait voulu religieusement accomplir jusqu'au bout la magnifique mission de dévouement qu'elle s'était imposée ; et si Rohan, assez malheureux pour subir l'influence de doutes aussi infâmes, ne lui eût surtout paru profondément à plaindre, et réclamer ainsi d'elle les consolations les plus instantes ?

Car Maurice, en contemplant souvent, dans toute la sérénité de son cœur, l'horizon si pur et si radieux de son amour immense, se désolait amèrement d'être seule à jouir de cette splendeur ignorée, qui eût ravi deux âmes croyantes jusqu'aux plus enivrantes régions du bonheur possible !

Alors, c'étaient encore des larmes brûlantes qu'elle versait, des larmes arrachées par sa tendre et ineffable pitié pour Rohan ; pour cette pauvre âme aveugle et malade, pour toujours privée d'aussi divines clartés ; pour Rohan qu'elle voyait, avec une angoisse déchirante, côtoyer pour ainsi dire chaque jour une félicité durable, qu'il ne soupçonnait même pas et dans laquelle il aurait pu retremper à jamais son avenir... Ainsi, le voyageur du désert, haletant et désespéré, meurt auprès de la source fraîche et vivifiante qu'il ignore et qui l'aurait pu sauver.

. . . .

Le pâle et beau visage de Maurice, déjà d'une expression si mélancolique, révélait alors plus que jamais les souffrances d'un chagrin incurable et d'une angoisse mortelle.

Enveloppée de ses coiffes, vêtue d'une longue robe de tabis noir, ce fut d'un pas précipité qu'elle traversa les sombres appartemens de cette habitation, aussi lugubre à l'intérieur qu'au dehors.

Ces pièces vastes et froides étaient à peine garnies de quelques vieux meubles dépareillés, couverts de poussière, mal en ordre, et qui semblaient perdus dans l'immensité de ces salons; partout les murs nus et gris étaient sans tentures, le sol sans tapis et dallé de carreaux que l'humidité rendait verdâtres. Les fenêtres, mal jointes, n'avaient pas de rideaux ; les portes , sans portières, criaient sur leurs gonds ; enfin pendaient encore çà et là aux solives dorées du plafond de longs cordons de soie tout poudreux, qui jadis avaient dû soutenir des lustres, tandis que les épaisses toiles d'araignées, qui envahissaient l'angle des corniches ou obscurcissaient les vitres des croisées, témoignaient de l'abandon sordide où on laissait cette demeure ; tout en un mot, jusqu'à l'inexprimable odeur de moisi et de renfermé particulière aux logis inoccupés, donnait à cette habitation un caractère étrangement triste, glacial et dévasté.

Arrivant au bout d'une galerie aussi déserte, Maurice monta quelques degrés, traversa une petite antichambre, et, suivant un couloir obscur, se trouva tout proche d'une porte vitrée recouverte d'un rideau de soie.

Le pas de la jeune femme était si léger, que monsieur de Rohan, alors renfermé dans ce cabinet, n'avait rien entendu, bien qu'un des carreaux de la porte fût pourtant brisé.

Maurice allait mettre la main sur la clef pour entrer, mais elle s'arrêta au bruit d'un profond soupir, suivi de ces mots, prononcés avec un accablement indicible : « Ah, mon Dieu ! mon Dieu ! ayez donc pitié de moi ! »

Plainte solitaire et déchirante qui semblait sortir d'une âme écrasée par un désespoir infini.

Suspendant son souffle, Maurice souleva un coin du rideau, et regarda...

Monsieur de Rohan était à moitié couché dans un grand fauteuil de velours rouge ; sa pose languissante, l'étrange pâleur de ses beaux traits souffrans et amaigris, rendue plus saisissante encore par la couleur foncée du haut dossier qui leur servait de cadre ; ses yeux levés vers le ciel et humides de larmes ; sa bouche, douloureusement contractée par un sourire de sombre résignation ; les rides précoces qui creusaient ses joues, tout enfin donnait à sa physionomie une expression navrante.

Il était vêtu de velours brun, et semblait avoir veillé toute la nuit ; une écharpe de soie noire serrait son bras blessé contre sa poitrine, tandis que sa main gauche, toujours blanche et charmante, bien que cruellement effilée par la maladie qui laissait trop voir le réseau bleu des veines, retombait affaissée sur la frange cramoisie qui garnissait les bras du fauteuil.

Les objets qui entouraient le chevalier résumaient pour ainsi dire sa vie présente et sa vie passée, la magnificence et les joies des anciens temps comme aussi les tristes désastres du jour.

Ainsi, dans cette chambre délabrée, on voyait, d'un côté, un creuset placé près du foyer éteint, des débris de charbon, deux ou trois feuilles de carton couvertes de figures cabalistiques, et une baguette divinatoire, qui prouvait que le chevalier avait tout récemment encore cherché la *poudre de projection*, ce mystérieux arcane qui, changeant tout en or, devait lui fournir des richesses inépuisables. Plus loin, c'était un christ de bronze aux pieds duquel monsieur de Rohan s'agenouillait parfois, alliant la superstition la plus outrée à un irrésistible instinct religieux. Ailleurs, sur une table grossière, c'était un téorbe incrusté de nacre et d'or, qui avait autrefois résonné sous les doigts de madame de Montespan ; ici un précieux coffre d'ivoire, don récent et amoureux de l'Électrice de Bavière ; au mur délabré était suspendu un portrait de la belle duchesse de Mazarin, représentée en Diane chasseresse ; plus loin Selim peint par van der Meulen ; puis, épars çà et là, des livres de magie, des dés, des cartes, des exploits d'huissier, des requêtes menaçantes, de ces billets froids et humilians par lesquels on refuse un service demandé, et enfin une dernière et terrible lettre de madame la princesse de Guéménée, lettre d'un laconisme effrayant, et accompagnée d'un factum imprimé dans lequel cette mère hautaine et inexorable répondait à son tour aux nombreux libelles de son fils, en retraçant avec une atterrante vérité toutes les prodigalités, toutes les fautes de monsieur de Rohan, et parlant pour la première fois de l'enlèvement des papiers de famille, dont il s'était rendu coupable, en forçant l'hôtel de Guéménée ; conduit d'ailleurs, on l'a dit, à cet acte blâmable par l'infernale influence de Latréaumont, qui le voulait perdre à jamais.

C'était donc en se voyant bien, sans appui, sans amis, méprisé de quelques-uns, indifférent à tous, détesté du roi, haï de sa mère... c'était donc en songeant avec désespoir au néant et à la vanité de ses souvenirs, aux exigences implacables du présent et au menaçant fantôme de l'avenir, que monsieur de Rohan avait poussé cette exclamation si poignante, qui, un instant, avait atterré Maurice sur le seuil du cabinet.

Pourtant elle entra...

Le premier mouvement de monsieur de Rohan, en voyant Maurice, mouvement qui ne put échapper à la malheureuse femme, exprima le dépit et la honte, comme si le chevalier eût rougi d'être surpris dans un pareil accablement.

— Ah !... déjà ! — tels furent les seuls mots qui accueillirent Maurice.

— Oui, Louis, *déjà* ; je viens mal à propos peut-être, mais excusez-moi, car j'étais bien inquiète.

— Inquiète, et de qui ? — dit-il brusquement.

— De qui ? — répéta-t-elle en secouant la tête d'un air de doux reproche. Puis, avec un soupir de résignation, elle continua : — Écoutez-moi, Louis : cette nuit, j'ai été cruellement agitée ; était-ce ce temps orageux ? le bruit plaintif du vent ? je ne sais ; mais j'ai été assaillie de terreurs involontaires ; et puis j'ai fait des rêves si étranges !... l'un était affreux ! oh, affreux ! — dit Maurice, en passant la main sur son front, comme pour en chasser un souvenir pénible, puis elle continua : — Mais l'autre, oh ! l'autre m'a consolée du premier. Enfin, comme il s'agissait de vous dans ces rêves, je n'ai pu résister au besoin que j'avais de venir me rassurer en vous voyant... car qu'aussi je suis si faible, si superstitieuse, quand j'ai peur pour vous !

— Eh bien ! vous le voyez, vos craintes ne signifiaient rien ; maintenant, laissez-moi !

— Vous laisser ! quand vous êtes ainsi ?... Louis, permettez que je demeure ; vous souffrez, oui, vous souffrez, je le sens bien, moi ! puis, malgré votre blessure, je le

vois, vous ne vous êtes pas couché cette nuit ; quelle imprudence !

— Ah ! c'est la jalousie, maintenant ?

— La jalousie ?... non, Louis, non, ce n'est pas la jalousie qui m'amène ; je viens parce que j'ai de graves choses à vous dire.

— Au fait, oui, le véritable amour seul est jaloux, et peut-être vous intéresseriez davantage à ce que feraient monsieur de Lorraine ou monsieur d'Efflat, — dit amèrement monsieur de Rohan, en détournant ses regards de Maurice.

— Ah ! qu'osez-vous dire, Louis ? Encore ces horribles soupçons ! Mais, mon Dieu, mon Dieu ! que faire pour vous prouver que c'est une calomnie infâme !

— Je ne sais... faites que je vous croie ! La vérité doit toujours savoir convaincre, — dit durement monsieur de Rohan.

— Mais enfin de quoi m'accusez-vous ? que me reprochez-vous, Louis ? quelle preuve avez-vous contre moi ?

— Aucune... sans doute... oh ! vous êtes adroite !... — dit le chevalier avec une ironie méprisante.

— Ah ! c'est affreux, cela ! — s'écria douloureusement la malheureuse femme, comme si on l'eût frappé au cœur ; puis elle ajouta avec un triste sourire, en se rappelant soudain qu'elle n'essayait plus longtemps de convaincre monsieur de Rohan à ce sujet : — Tenez, Louis, ne parlons plus de cela... vous vous lasserez plus tôt de m'accuser que je ne me lasserai de vous aimer... Encore tout à l'heure, Louis, vous vous êtes écrié : « Mon Dieu ! ayez *pitié de moi !* » et cela avec un accent si déchirant !... Ah ! Louis !... ne vous suis-je donc rien, plus rien, rien même dans le malheur, et pourtant, le ciel sait si, à cette heure, vous avez besoin d'un cœur qui vous soit dévoué !

— Je ne prie personne de me plaindre ; et quant à ce cri de douleur, eh bien ! soit, — dit impatiemment le chevalier, — puisque vous étiez là... à m'épier, vous m'avez entendu invoquer Dieu ; demain probablement j'invoquerai le diable ! ce sera moins monotone pour vous... si vous venez encore écouter à cette porte.

— Louis.... ne riez pas ainsi... vous me faites frémir... Par grâce, songez donc à votre blessure !... Vous savez ce qu'a dit le Maréchal : que les veilles vous étaient funestes.

— Vous avez raison, Maurice, — continua monsieur de Rohan avec une amère ironie ; — songeons à ma blessure, glorieusement reçue devant Maëstricht sous les yeux du plus grand roi du monde ! Songeons à ma blessure, qui m'a valu tant de reconnaissance de sa part... A propos, Sa Majesté n'a-t-elle pas envoyé un de ses gentilshommes s'informer de mes nouvelles, ce matin, Maurice ?

— Louis, ne parlez pas de cela, vous savez combien ce sujet vous irrite.

— Vous avez raison, Maurice, cela est triste ; parlons de sentimens plus doux, du cœur d'une mère, par exemple ; parlons de la tendresse de madame la princesse de Guéménée pour moi... cela sera plus gai, n'est-ce pas ?

— Louis ! Louis !

— Tenez, voici sa lettre et son factum imprimé ; oui, de par Dieu ! bel et bien imprimé, dans lequel elle fait tout au monde pour déshonorer le nom de son fils ! Allons, courage, l'aîné de la maison est fou, et le puîné sera bientôt un traître !

— Ah ! Dieu du ciel ! mon rêve ! — s'écria Maurice avec terreur ; puis ne voulant point laisser voir à monsieur de Rohan combien elle était émue, elle continua : — Louis, je vous en conjure... laissons à cette heure d'aussi affreuses plaisanteries ; parlons de vous.

— Soit, parlons de moi ! Voyons, par où commencerons-nous ? par mes dettes ? par le scandaleux procès qu'on m'intente ? par le hideux abandon où me laissent tant de gens que j'ai obligés ? par la haine implacable dont le roi, son ministre et sa maîtresse me poursuivent ? Voyons, choisissez, divine consolatrice, choisissez !... les sujets sont nombreux, et encore... voyez : Oreste oubliait Pylade ;

j'omettais mon intime ami, le digne sieur de Latréaumont.

— Par pitié, pas le nom de cet homme! — dit Maurice avec un insurmontable effroi.

— Ah! vous êtes bien difficile à contenter. Je vous ai pourtant assez donné de sujets de conversation à choisir, —murmura monsieur de Rohan, dont l'exaltation nerveuse et passagère céda bientôt à un abattement profond. Aussi, laissant retomber sa tête sur le dossier de son fauteuil, le chevalier mit sa main sur ses yeux, et, après un long silence, s'écria : — Oh! que je souffre!!!

— Il y avait quelque chose de si déchirant dans ce long sarcasme, ainsi brusquement terminé par un cri de douleur et d'accablement, que Maurice ne put retenir ses larmes ; puis elle s'approcha silencieusement de monsieur de Rohan, s'agenouilla à ses pieds sur un carreau, et le contemplant avec tristesse, elle attendit...

Bientôt le chevalier, poussant un profond soupir, et tenant toujours ses yeux fermés, laissa languissamment retomber sa main sur le bras du fauteuil.

Maurice prit cette main brûlante et amaigrie, avec une sorte d'hésitation timide, tant la pauvre femme craignait d'irriter, même par une caresse inopportune, cette nature si chagrine ; mais voyant que monsieur de Rohan ne retirait pas sa main, Maurice jeta au ciel un regard de reconnaissance, et la baisa pieusement.

Monsieur de Rohan ouvrit les yeux, et voyant l'expression angélique du beau visage de Maurice, dont les larmes continuaient de couler abondantes et muettes, il se sentit profondément ému, et lui dit avec tendresse :

— Pardon à mon tour, Maurice, j'ai été bien cruel tout à l'heure. Ah! voilà comme on se fait mal!

— Non... Louis... non.... voilà comme on se fait aimer, puisqu'on se fait plaindre profondément. Mais, puisque vous êtes plus calme, laissez-moi revenir sur un sujet qui vous a violemment ému tout à l'heure. Pardon, mon ami, mais il le faut ; je voulais vous en parler d'abord, mais voyant combien vous étiez navré, j'ai dû au contraire tâcher de vous distraire de cette pensée : aussi, maintenant, puis-je croire qu'ayant de la sorte exhalé toute l'amertume de votre âme, vous pourrez m'entendre avec tranquillité.

— Que voulez-vous dire, Maurice?

— Ecoutez-moi, Louis, — reprit la jeune femme d'un ton solennel. — Sans pouvoir m'expliquer l'influence des songes et des présages, je ressens pourtant les craintes qu'ils éveillent en nous; aussi, j'ai la conviction qu'aujourd'hui doit être pour vous un jour fatal et décisif, un jour duquel doit dépendre votre perte ou votre salut : Louis, vous êtes ruiné, vous êtes abandonné de tous; votre vie, en un mot, est devenue un supplice de chaque heure, un supplice si affreux, que vous n'espérez sortir de l'affreuse position où vous êtes... que par un crime! par une révolte armée contre votre souverain!

— Mort et furies! oui, cela est vrai, je tirerai l'épée contre lui... il le faut! il faut que me venge de mon abaissement et de ses dédains, dût-il m'en coûter la tête! — s'écria Rohan, sentant sa haine contre Louis XIV se réveiller à ces mots.

— Risquer votre tête, Louis, tel est donc le seul avenir qui vous reste?

— Le seul!

— Le seul, Louis? quel abîme!

— Eh! ne vaut-il pas mieux mourir ainsi que de mener l'exécrable vie que je mène? Dévorer des outrages sans nombre, sentir à chaque heure mon sang se révolter contre mille exigences basses et ignobles ; souffrir les insolences d'un complice! n'avoir jamais un moment de calme, de sécurité; toujours se dire : Que ferai-je?... que deviendrai-je? Ah! que cela est affreux!...

— Oh! n'est-ce pas, Louis, que cela est bien affreux?— dit Maurice, en voyant avec une satisfaction secrète monsieur de Rohan quitter le ton ironique ou emporté qu'il

avait conservé jusqu'alors, et s'appesantir avec une profonde tristesse sur l'horreur de sa position.

— Et en être arrivé là!... déjà là! moi qui avais tant de chances de bonheur! moi, à qui tout souriait dans la vie!... moi, il y a six semaines encore, un des plus grands et des plus heureux seigneurs de la cour de France!... En être là, mon Dieu!... haï et méprisé de tous... traître et sacrilége... prêt à vendre mon pays à l'étranger, prêt à tirer l'épée contre mon souverain!... Quand le duc de Rohan tirait la sienne, lui, c'était pour servir une sainte cause! c'était pour défendre ses frères qu'on égorgeait, et qui lui criaient : « Secourez-nous!... » C'était beau, c'était grand cela!... Mais moi, qui me pousse?... l'appât de l'or! le désir d'assouvir une misérable vengeance! et c'est pour cela que je vends mon nom, le nom de Rohan, comme si ce nom était à moi seul!... c'est pour cela que mon complice, le rebut des hommes, colportant partout ma honte, envoie proposer à l'étranger de lui vendre ce nom pour servir d'enseigne à une infâme trahison, sans être sûr seulement qu'on en veuille de ce nom!! car on peut me refuser; on peut me trouver même trop lâche et trop lâche pour faire un traître! O misère! ô crime! ô mes beaux jours passés! Mais Dieu est sans pitié! il n'envoie le repentir que quand l'espoir est impossible! — dit monsieur de Rohan en levant au ciel ses yeux désolés.

— Il se repent, mon Dieu! il se repent! il peut donc enfin être à moi! — s'écria Maurice en poussant un cri de joie presque sauvage et serrant le chevalier dans ses bras avec un geste de possession d'une énergie sublime. Puis, avant que monsieur de Rohan, stupéfait, eût pu prononcer une parole, la jeune femme prit la main du chevalier dans les deux siennes, tourna vers lui son adorable visage rayonnant de bonheur, et lui dit : — Pas un mot, Louis, pas un mot après celui-là : « repentir! » Oh! ce mot dans votre bouche! il dit tant... il dit tout pour moi!!... Aussi, laissez-moi vous contempler un moment ainsi... heureux comme vous l'êtes à cette heure dans ma pensée... heureux comme vous pouvez l'être si vous le voulez! Heureux Louis! heureux! oh! laissez-moi joindre ce mot à votre nom; cela me semble un bon présage de plus!

— Enfin, Maurice, me direz-vous...?

— Oui, je vous dirai, mon Louis bien-aimé, je vous dirai tout! Vous allez savoir mes deux rêves! le bon et le fatal... oui, le fatal aussi!... car j'hésitais encore de vous confier ce que j'avais à vous dire... mais après ce mot « repentir, » après les espérances infinies qu'il éveille en moi, je me sens maintenant du courage.

— Eh bien! vos rêves? ces rêves?

— Ces rêves, Louis, résumaient les deux seuls partis qui vous restent à prendre... l'un bon, et l'autre fatal, comme ces songes.

— Mais le fatal, le fatal, qu'annonçait-il?

— Dans celui-là, — dit rapidement Maurice, — comme si chaque mot lui eût brûlé les lèvres, je vous voyais aujourd'hui décidé à conspirer ; et, au même instant... derrière vous se dressait une horrible et gigantesque figure... c'était Latréaumont; il avait une hache sanglante à la main... Ah!...

— Latréaumont!! — s'écria Rohan, pâle d'effroi, — Latréaumont!

— Oui, — dit Maurice, respirant à peine; — enfin... il était... le bourreau, et vous étiez sur l'échafaud...

— Sur l'échafaud! — répéta sourdement le chevalier, — sur l'échafaud!

Un assez long silence suivit ces paroles.

Plusieurs fois Rohan eut malgré lui quelques tressaillemens nerveux ; il éprouva de vagues terreurs ; son front se mouillait de sueurs... puis, peu à peu, il se calma... Maurice essuya ses larmes et reprit bientôt, comme si elle se fût sentie soulagée d'un poids énorme.

— Ecoutez-moi bien, Louis; voici mon autre rêve... mon seul rêve maintenant... Aussi, peut-être serai-je diffuse? car l'image est douce et riante... Ecoutez-moi. Tout au fond de la Bretagne, au bord de la mer, presque caché dans les grands bois, près Saint-Pol de Léon, il existe un vieux manoir...

— Ah! mon pauvre château de Penhoët, — dit monsieur de Rohan avec un soupir de regret, en songeant qu'il avait vendu à vil prix cette terre dont parlait Maurice.

— Eh bien! dans mon rêve, au lieu de continuer ici cette vie misérable et dégradante dont vous rougissez, cette vie dont le terme est un horrible et sanglant abîme, c'était dans ce château, qui vous appartenait encore, que vous vous retiriez avec les trois fidèles serviteurs qui vous restent! — continua Maurice. Et, d'un mouvement plein de grâce, elle imposa silence à monsieur de Rohan qui voulait parler. — Mais, avant de quitter Paris, vous alliez trouver madame la princesse de Guéménée...

— Revoir ma mère? jamais!!! par le ciel, jamais!

— Dans mon rêve, vous alliez trouver votre mère, reprit gravement Maurice, — et vous lui disiez : « Madame, » j'ai eu de grands torts, je vous en demande pardon, » oubliez-les; je pars... mais que ce ne soit pas du moins » en emportant le courroux d'une mère, car vous m'avez » maudit, madame! »

— Jamais je ne reverrai ma mère! et d'ailleurs qu'importe sa malédiction?

— La malédiction d'une mère est toujours fatale et terrible, Louis, — dit Maurice en montrant le ciel; — aussi, je vous le répète, vous alliez trouver votre mère; alors madame de Guéménée, qui a été bien sévère pour vous, Louis, touchée de votre soumission, vous pardonnait... Ensuite vous demandiez une audience au roi.

— Vous êtes folle, Maurice...... mille fois folle, en vérité!

— Dans mon rêve, Louis, vous disiez au roi : « Sire, » je le vois..... j'ai toujours le malheur de déplaire à Votre » Majesté... Je quitte donc à jamais la cour, inconsolable, » pauvre et blessé. De tant de splendeurs évanouies par » ma faute, je ne regrette amèrement qu'une chose..... » l'honneur que j'avais de vous servir; mais à cette heure, » sire, laissez-moi vous demander à genoux une grâce » qu'on ne refuse ni aux exilés ni aux mourans... le par- » don et l'oubli de mes torts. »

— M'humilier encore une fois devant lui! plutôt mille fois la mort!.... Continuez, Maurice, bien que ce soit une triste raillerie.

— Je n'ai jamais plus sérieusement parlé, Louis, vous allez le voir. N'ayant donc plus rien à vous reprocher ni envers votre mère ni envers le roi, vous payiez vos dettes, vous partiez, et vous arriviez en Bretagne. Le château de Penhoët est petit, mais logeable... votre goût faisait le reste; sa position est sauvage et majestueuse, et bien souvent, mon Louis, je vous ai entendu vanter la fraîcheur et la beauté de ses eaux. Peu à peu, votre santé, si chancelante, se retrempait à cet air vif et pur de la Bretagne; votre âme se rassérénait au milieu de ces solitudes riantes et tranquilles; les bois sont immenses, et vous pouviez vous y livrer à votre passion pour la chasse, puis vous aviez de bons livres, du repos et une conscience paisible; chaque jour enfin vous trouviez, sinon joyeux, du moins calme.

— Oh! le calme... le calme! — dit Rohan avec un accent de regret déchirant.

— Ensuite, — continua Maurice, — comme vous êtes bon et humain, comme vos vassaux sont pauvres, vous leur faisiez un peu de bien pour vous distraire, et ces doux soins vous aidaient encore à vivre; enfin, cette existence était simple, monotone peut-être, mais heureuse et indépendante entre toutes, si on la compare aux terribles jours que vous menez ici; de plus, elle était digne de votre nom, car c'était quelque chose de noble et de touchant à la fois que de voir un jeune prince, d'une des plus illustres maisons de France, ayant l'énergie de sa position, se résigner avec courage à cette vie solitaire et bienfaisante!

Encore une fois, il faut se rappeler l'existence inquiète et tourmentée, les privations même de plus d'une sorte

que supportait monsieur de Rohan, ainsi que l'extrême versatilité de son caractère, pour comprendre avec quelle sorte d'avide curiosité il se prit à écouter Maurice lui peindre ces jours si paisibles et si heureux; aussi, se laissant aller à son impression du moment, il dit :

— Mais, Maurice, est-ce que dans votre rêve je vivais seul... tout seul à Penhoët?

— Non, Louis, — dit-elle timidement, — dans ce rêve, vous m'aviez permis de vous accompagner. Vous aviez en moi une amie dévouée, toujours attentive à chasser le moindre souci de votre front, à prévenir vos vœux, à tâcher de varier tous les momens de cette existence retirée par les ressources inespérées que peut donner le désir de plaire; aussi, dans ce rêve de bonheur et d'amour, j'arrivais enfin à vous rendre... à vous voir complétement heureux.

— Ah! Maurice! Maurice! — dit tristement monsieur de Rohan, — que cela est cruel à vous de jouer de la sorte avec le bonheur, chose sacrée s'il en est! Et quand je pense, — ajouta-t-il en poussant un profond soupir, — qu'avec ce que j'ai mille fois hasardé sur une carte, je pourrais aujourd'hui réaliser ce rêve!

— Eh bien! ce rêve que Dieu m'a envoyé... grâce à sa bonté, sans doute... il peut exister... Dites un mot, dites que vous le voulez seulement, et ce rêve devient une réalité. Oui, car si je suis venue ici, c'était pour vous demander à deux genoux que cela fût ainsi, — s'écria Maurice en épiant le regard de monsieur de Rohan avec une indicible anxiété.

— Comment?

— Louis... mon Louis bien-aimé, ce rêve peut se réaliser en acceptant ce que je vais vous proposer.

— Mais dites... au nom du ciel!... dites donc.

— Pour la première fois depuis cinq ans, Louis, laissez-moi vous rappeler avec bonheur que je suis venue à vous et que je vous ai tout sacrifié; ce n'est pas un reproche que je vous fais au moins, Louis, non! Je vous dis cela seulement pour vous prouver que ce que je viens vous offrir à cette heure est bien peu auprès de ce que je vous ai déjà donné; en un mot, Louis, il vous faut payer vos dettes, partir et vivre honorablement. Vous devez cent mille livres, la terre de Penhoët en vaut le double... elle est à vendre... Je suis libre de ma fortune... acceptez de moi ces trois cent mille livres, et partez!

— De l'argent à moi, madame! de l'argent!.... un prêt qu'il m'est impossible de vous rendre, ah! — s'écria monsieur de Rohan en se levant avec un fier dédain.

Maurice le regarda un moment en silence; puis bientôt rougissant d'indignation, elle s'écria avec amertume :

— Allez! c'est infâme ce que vous dites là... Et voilà pourtant les hommes! voilà pourtant ce qu'ils osent appeler leur délicatesse! Quelle misérable dérision!... Ainsi moi, pour cet homme, j'ai oublié mes devoirs, ma famille, la position que ma naissance m'avait faite; à cet homme j'ai offert tout cela, et il a tout accepté, sans scrupules et sans remords! Sans scrupules et sans remords il a flétri, aux yeux des hommes, ce que les trésors du monde ne pourraient jamais payer, la réputation d'une jeune fille! Sans pitié... il m'a déshonorée enfin!!! Et puis à cette heure viennent les nobles sentimens, comme ils disent. Et pourquoi? pour accepter un peu d'or que j'ai. Mais, âme sordide et vénale que vous êtes! vous mettez donc l'argent bien au-dessus de l'honneur, puisque vous n'osez pas prendre l'un, et que vous osez abuser de l'autre?

— Mais de l'argent... Maurice... de l'argent!... encore une fois songez donc que c'est une honte!

— En vérité! — s'écria Maurice avec une éclatante ironie. — La honte vaut les scrupules; il reçoit de l'argent de l'étranger pour commettre un crime, pour s'armer contre son roi, pour risquer sa tête sur un échafaud, et il hésite maintenant à accepter un misérable service d'une femme qu'il a perdue!

— Maurice... Maurice... cela est impossible!... Scrupule

ou folie... cela ne se peut! Je ne puis... je ne dois pas accepter!

— Mais, mon Dieu! mon Dieu! que voulez-vous donc faire alors? Nous perdre tous deux? car, vous le savez bien, désormais, comme toujours, je vivrai de votre existence; ma vie est en vous et à vous, de près ou de loin; que vous le vouliez ou non, elle est enchaînée à la vôtre. Encore une fois, non... non, je ne puis plus longtemps vous voir aussi malheureux; je vous le dis, Louis, ces rêves sont un avertissement du ciel; par grâce, ne me refusez pas! Que voulez-vous que je fasse de cette fortune, moi? à quoi me sert-elle, puisqu'elle ne vous est rien? Par pitié! acceptez, Louis, acceptez!!!

— Non! non ! vous dis-je... mille fois non!

Après avoir longuement attaché sur Rohan un regard pénétrant, Maurice sourit tristement, et dit en lui tendant une lettre :

— Tenez, pauvre âme malade!... lisez.

Et Rohan parcourut la lettre que Maurice lui présenta.

— Que vois-je! vous, Maurice!... vous, chanoinesse du chapitre de Munich?

— Oui, Louis, ce dernier mot de moi assure mon entrée au chapitre; toutes les formalités sont ainsi remplies.

— Mais à quoi bon?

Maurice répondit avec une calme et noble simplicité :

— Pardon, Louis... mais je vous ai deviné... Oui, vous sachant assez malheureux pour ne pas croire à un dévouement saint, religieux, sans arrière-pensée, j'ai voulu m'engager par des liens indissolubles, afin que si vous acceptiez mes offres, jamais vous ne pussiez vous croire lié à mon avenir par la reconnaissance.

— Ah! — s'écria Rohan en se cachant la figure, écrasé de honte, car il sentait que Maurice avait justement pressenti qu'il répondrait à une offre loyale et grande par une basse et ignoble défiance; qu'il craindrait enfin que le but caché de Maurice, en se montrant si généreuse, ne fût de se *faire épouser plus tard*. Mais en reconnaissant tout ce qu'il y avait de dévouement et de prévoyante tendresse dans l'action de la jeune femme, monsieur de Rohan parut si douloureusement accablé sous le poids de la confusion et du remords, que Maurice se sentit prête à pleurer.

— Oh! mon Louis bien aimé! — lui dit-elle avec un accent de tendresse inexprimable, — vous saviez combien je vous plains d'avoir de telles pensées! de ne pouvoir croire à rien de noble et de pur!... Pauvre âme! n'est-ce pas vous qui en souffrez le premier, et le plus cruellement? Mais, enfin, qu'importe! je saurai bien vous forcer à croire à mon amour, et un jour... *mon jour* viendra! Ainsi, Louis, acceptez, je vous en conjure, acceptez et partez!!! Si vous voulez me permettre de vous accompagner, si la vie dont je vous ai parlé vous convient, je puis vous suivre en Bretagne, car la résidence au chapitre n'est pas obligée; si vous préférez partir seul, je me rends à Munich. Mais, avant toutes choses, acceptez et partez! Au nom du ciel, partez! vous m'épouvantez ici... Ne voyez-vous pas que ces songes-là sont un avertissement du ciel! Ah! cet homme surtout, cet homme, il me fait horreur! c'est lui qui a causé toutes vos infortunes; à tout prix, fuyez-le, Louis, fuyez-le! car, j'en suis sûre, c'est votre mauvais génie!!

— Oui, comme tu es mon bon ange, toi! — s'écria le chevalier avec ivresse en se jetant aux pieds de Maurice.

— Louis, que dites-vous?

— J'accepte!... j'accepte!

— Il est sauvé... O mon Dieu! mon Dieu! je te rends grâces, il est sauvé! — dit Maurice en tombant à genoux devant le crucifix, et joignant ses mains avec ferveur.

— Oui, j'accepte, — reprit monsieur de Rohan avec un inexprimable élan de confiance et de tendresse; — oui,

mon ange, ma bien-aimée Maurice! j'accepte! j'accepte!... Ah! tiens, je le sens là, le bonheur arrive, le malheur s'en va! jamais cette voix ne m'a trompé, j'accepte... Je ferai tout ce que tu voudras; demain, je verrai ma mère, demain, je verrai le roi!

— Louis! mon bien-aimé Louis! — Et Maurice, pouvant à peine le croire, le regardait en extase.

— Et puis, nous partons pour Penhoët... Mais je ne pars qu'à une condition... c'est que cette admission au chapitre de Munich est nulle! — et Rohan la déchira; — car j'ai mes droits aussi, madame, à vous posséder! et si le chapitre de Munich est le plus noble de l'Empire, la maison de Rohan ne lui cède en rien! — dit le chevalier avec une grâce charmante.

— Et tu acceptes? et tu verras ta mère?... tu verras le roi?

— Je verrai ma mère, je verrai le roi, et j'accepte, te dis-je!!... j'accepte tout avec bonheur... avec fierté... avec orgueil; parce que, vois-tu, Maurice, maintenant, cette pensée que je te devrai tout m'enivre et me transporte, parce que cette pensée double pour moi le prix de tout! Ainsi, être heureux, sera encore te prouver ma reconnaissance, puisque tout sera par toi, puisqu'enfin je ne pourrai pas même respirer le parfum d'une fleur, sans me dire : Encore merci à Maurice à qui je dois tout! merci à Maurice, qui m'a rendu à ma mère, à mon roi, à mon pays!!... Merci, enfin, à toi, mon Dieu! qui m'as envoyé cet ange de ton saint paradis!

— Louis, Louis !... Ah! je suis bien heureuse!

— Et puis, vois-tu, quand, à force d'amour, je t'aurai fait oublier ma vie d'autrefois, ces cinq années pendant lesquelles tu m'as rendu dévouement et tendresse pour froideur et cruauté... quand enfin je me serai fait pardonner tant de méchans souvenirs, et que tu me trouveras digne d'être à toi devant Dieu, comme je l'ai été devant ton amour... alors, Maurice, alors, à deux genoux devant toi, ma bien-aimée, je te dirai : « Viens, le chapelain nous attend! »

— Ah! Louis! pardonne-moi, mais je voudrais que nous pussions partir à l'heure même.

— Folle, tu crains ma faiblesse, n'est-ce pas? tu crains mon caractère indécis et changeant?... Ah! moi aussi, comme toi j'aurais craint cela tout à l'heure... mais plus à présent. L'homme qu'une main divine arrache à l'abîme... serre bien fort cette main dans les siennes, va!... et il n'y a pas de puissance humaine capable de l'en séparer.

— Oh! vrai, dis? oh! je t'en supplie, rassure-moi... Tiens... je ne sais... mais je te crois... et malgré cela j'ai peur.

— De qui? de cet homme de ton rêve, de ce misérable que j'ai recueilli chez moi par pitié?... Assez longtemps, Maurice, j'ai toléré ce sauvage matamore!... C'était l'ours privé qu'on tient à la chaîne; il me divertissait parfois, je l'avoue... mes jours étaient si vides et si longs! mais à présent, Maurice, à présent que j'ai un avenir immense devant moi, mais à présent que j'ai à expier toute une vie de désordre et de faiblesse par une vie noble; mais à présent, Maurice, que j'ai à me rendre digne d'un nom que je ne te donnerai que resplendissant d'honneur et lavé de toute souillure... à présent, le temps de l'insouciance et du désordre est passé!... Qu'à cette heure on me chasse cet homme! Dans la splendeur de leur cour souveraine, mes ancêtres avaient aussi de ces gladiateurs bouffons et insolens, pour amuser leurs hôtes; mais s'ils devenaient à charge ou trop familiers, on les chassait sur l'heure.

— Ah! ah! nous allons donc voir, mille triples dieux! si ce sera toi ou cette gaupe qui me chassera de céans, monsieur l'homme aux ancêtres souverains! — dit tout à coup une grosse voix moqueuse.

C'était Latréaumont... depuis dix minutes, il écoutait à travers le carreau brisé de la porte.

Il entra pesamment dans le cabinet, avec son sang-froid habituel...

Maurice poussa un cri terrible, ouvrit une petite porte placée près de la cheminée, et disparut...

Le chevalier de Rohan, pâle comme un mort, demeura d'abord debout, immobile, regardant Latréaumont d'un air fixe et hagard, tandis que sa main crispée serrait convulsivement l'angle de la table sur laquelle il s'appuyait...

— A nous deux, maintenant, cher fils repentant! cher sujet soumis!... Tonnerre et sang! beau tourtereau, comme nous traitons nos amis absens! Ah! ah! tu mérites les étrivières et tu les auras bonnes, mon petit saint du paradis! — ajouta le colosse en jetant sur le chevalier un regard audacieux et méprisant.

XIX

LE MAUVAIS GÉNIE.

. . . . . Rheni mihi Cæsar in undis
Dux erat :... hic socius : facinus quos inquinat, æquat.
(LUCAIN, V. 289.)

Au passage du Rhin, César était mon général; il est ici mon compagnon : le crime rend égaux les complices.

Il y eut ensuite un moment de silence terrible, pendant lequel Latréaumont et monsieur de Rohan se mesurèrent des yeux; enfin ce dernier, sortant de sa stupeur, saisit une épée accrochée au mur, et se précipita sur le colonel, qui, vêtu comme on l'a vu aux *Trois-Cuillères*, avait sa rapière au côté; la tirant aussitôt, il attendit le chevalier d'un air insouciant et dédaigneux.

— Sors d'ici ou je te tue! — dit monsieur de Rohan en brandissant son épée de la main gauche, la seule qu'il eût de libre.

— Je resterai et tu ne me tueras pas, — dit le partisan, tandis que d'un vigoureux liement de fer il désarmait le chevalier. L'épée de monsieur du Rohan tomba aux pieds de Latréaumont, qui la prit aussitôt, la brisa sur son genou, en jeta les morceaux par la porte; puis, remettant sa rapière dans le fourreau, il dit de son air insolent et railleur : — Comment! nous avons bobo à notre pauvre petite menotte droite, nous ne pouvons pas tirer de la gauche, et nous voulons lutter avec la griffe de fer de l'ours? hein!... de l'ours, qui saute pour avoir sa pitance, de cet honnête ours qui nous divertit, et que pourtant nous voulions chasser tout à l'heure?

— Enfer! enfer!.... — dit sourdement monsieur de Rohan.

— Ah! oui, c'est fâcheux, — reprit le colonel en s'asseyant lourdement dans un fauteuil, et mettant son épée sur ses genoux, — c'est fâcheux? Adonis voudrait bien avoir les bras d'Hercule! mais le bon Dieu est juste et n'a pas voulu. Ah çà! ce que je veux, moi, avant de causer, c'est boire, et dans mon grand verre... car je crève de soif. — Et l'impudent personnage tira la sonnette dont le cordon pendait près de lui.

Ce dernier trait d'audace exaspéra le chevalier, qui, saisissant Latréaumont au collet, lui cria :

— Hors d'ici, te dis-je! hors d'ici!

— Allons, voyons, essaye! — dit Latréaumont en éclatant de rire, et ne faisant autre chose pour rendre vains les efforts de monsieur de Rohan, que de rester immobile, le chevalier étant trop faible pour seulement remuer cette masse énorme.

— Mon Dieu! mon Dieu! mon Dieu! — s'écria monsieur de Rohan avec désespoir en levant les yeux au ciel; — et je suis sans force et blessé!!

A ce moment, Dupuis, vieux valet de chambre, entra, averti par la sonnette.

— A boire, drôle! et dans mon grand verre! — lui dit Latréaumont.

— Dupuis, — s'écria le chevalier, balbutiant de colère et montrant Latréaumont, — chasse-moi cet homme, chasse-le... jette-le dehors à l'instant, et, s'il résiste ... tue-le comme un chien!!

Dupuis, trouvant sans doute la commission peu facile, et d'ailleurs habitué à ces sortes de scènes, malheureusement trop fréquentes, entre son maître et Latréaumont, demeura pâle, interdit, et se contenta de répondre :

— Mais, monseigneur...

— Comment! je ne serai pas obéi chez moi!... mais, misérable... je te dis de le chasser... de le tuer... m'entends-tu!

— Hélas! monseigneur! — Et Dupuis, montrant ses cheveux blancs au chevalier, fit un mouvement significatif qui témoignait de sa faiblesse et de la force athlétique du colonel, qui, d'un sang-froid révoltant, ses mains croisées sur son énorme ventre, sifflait une fanfare en faisant tourner ses pouces, et n'interrompit son sifflement que pour dire :

— Je t'ai demandé à boire, vieux drôle!... et dans mon grand verre.

— Mais François, mais L'Andouiller sont là! — s'écria monsieur de Rohan écumant de colère; — dis à L'Andouiller de charger sa carabine et de venir... Je te dis que je veux qu'on me le tue!!!

— Monseigneur, — dit Dupuis tout tremblant, — ni L'Andouiller, ni maître François ne sont là... et...

— Ah! — fit monsieur de Rohan en portant la main à son front avec un geste désespéré ; puis son regard retomba sur la table, il y vit un pistolet, le saisit, et ajusta le colonel en disant : — Je t'échapperai donc enfin!

Il tira...

— Miséricorde, au secours! au secours! — s'écria Dupuis en se sauvant épouvanté, — au secours!!

Le coup parti, la fumée dissipée, le chevalier vit avec terreur Latréaumont sous son immense perruque noire, toujours assis, toujours sifflant, toujours tournant ses pouces.... il n'était pas blessé.

Le chevalier stupéfait regarda le mur auquel s'adossait le colosse; la trace de la balle n'y paraissait pas.

— Si tu es Satan, si la balle s'évapore, voyons donc la crosse! — et dans sa rage il lança le pistolet à la tête de Latréaumont; mais l'arme mal dirigée n'atteignit le colonel qu'à la joue, légèrement, il est vrai, mais assez pour lui causer une vive douleur.

— Tonnerre et sang! — s'écria le géant en se dressant furieux, et se précipitant sur le chevalier en levant sur lui sa large main.

— Ne me frappez pas! oh! ne me frappez pas! ce serait infâme... je suis blessé! — s'écria le malheureux chevalier avec une expression de honte et de frayeur impossible à décrire, en étendant son bras suppliant vers le colosse.

— Mais alors, — dit ce dernier en reprenant son sang-froid et abaissant violemment le bras délicat et frêle que lui tendait monsieur de Rohan, dont il serra le poignet à le briser; — mais alors, puisque tu es blessé, mon fils soumis, pourquoi lever la main sur moi? hein! — Et il avança si pas lourd, dominant de toute sa hauteur monsieur de Rohan, qui, presque machinalement, recula aussi d'un pas, à demi ployé en arrière... les yeux hagards et fixes... On eût dit la statue gigantesque du commandeur serrant le débile poignet de don Juan dans sa formidable main de pierre. — Pourquoi vouloir tuer ton tendre ami, mon sujet fidèle et repentant? hein! — dit le colosse en avançant un autre pas sur le chevalier, qui reculait à mesure, les cheveux hérissés, le regard attaché sur celui du colonel, avec une indéfinissable terreur. — Pourquoi vouloir séparer nos deux tendres cœurs? pour aller faire le tourtereau à Penhoët? Pourquoi nous quitter, nous qui sommes si bien ensemble? hein!.. Mais, bath! je suis bon homme; tu en seras quitte pour *des manchettes*, et papa Latréaumont te pardonne.

Et le géant, ayant ainsi conduit monsieur de Rohan à reculons, pas à pas jusqu'à son fauteuil, le força rudement à s'y asseoir, ce que fit le chevalier en poussant un cri de douleur ; car Latréaumont lui avait fortement froissé le poignet.

Et monsieur de Rohan, tombant anéanti, cacha sa tête sur son bras ; et, dans un accès de rage impuissante, il pleura . . . .
. . . .

Latréaumont attisa le feu, et alla se rasseoir dans son fauteuil, en disant:

— Avec tout ça, je n'ai pas bu.... et je crève de soif.

Il sonna... Personne ne vint.

Cette scène avait été horrible ; le jour était sombre et bas ; la pluie fouettait les vitres, le vent gémissait à travers les immenses pièces démeublées qui conduisaient au cabinet de monsieur de Rohan ; le plus effrayant silence régnait dans cette solitude, et le malheureux chevalier s'y trouvait seul, blessé, faible et souffrant, à la merci de son terrible complice, toujours prêt à abuser de sa force athlétique, et pouvant, là surtout, le faire impunément.

Quant au coup de pistolet, Latréaumont, habitué aux emportemens du chevalier, et qui s'attendait un jour ou l'autre à un tel accident, avait prudemment, depuis longtemps, ôté la balle de cette arme.

Monsieur de Rohan, nerveux comme il l'était, continuait de pleurer : on entendait ses sanglots.

— Nous avons donc toujours du chagrin ? — dit le colosse de son air impudent.

A ce dernier sarcasme, le malheureux chevalier redressa son beau visage pâle et défait, se leva, essuya ses yeux, et, d'une voix entrecoupée par une sorte de tremblement saccadé, il dit à Latréaumont :

— Monsieur.... vous êtes le plus fort.... je suis faible et blessé ; je ne puis vous mettre à cette heure hors de chez moi ; c'est donc à moi de sortir !

— Pas de ça, mon doux berger, mille triples dieux ! nous irions tout de suite demander pardon à maman Guéménée, ou voir le bon roi Louis XIV. — Et Latréaumont ôta la clef de la porte par laquelle Maurice s'était enfuie, et alla fermer celle de la galerie.

— Bien, bien ! monsieur, — dit Rohan, avec un sourire convulsif ; — j'attendrai...

— Soit ; alors, en attendant, causons de nos affaires, et quand tu m'auras entendu, tu changeras d'idée.

Le chevalier fit un mouvement de dédain, prit son mouchoir qu'il mordit pour calmer son irritation fiévreuse, et ne prononça pas une parole.

Alors Latréaumont tira la *Gazette de Hollande* de sa poche, la jeta sur la table devant Rohan, et lui dit:

— Lis cela ! car je l'ai bien gagnée à *pointe-pointe*, mille espadons ! — Rohan détourna la tête. — Soit ; ne lis pas, et pourtant c'est la *Gazette de Hollande*, qui va te faire ouvrir de fameuses oreilles ; car Monterey, mon cher ; il donne cinquante mille livres d'avance pour commencer la rébellion ; plus cinquante autres mille livres dans un mois ; et aussitôt que les derniers arrangemens seront pris à Bruxelles, six cent mille livres à compte sur les deux millions, pour jouer notre grand jeu et commencer le branle ! C'est pourtant ainsi que je fais tes affaires... moi ! vilain ingrat !! et quand j'arrive, je te trouve tout coups d'épée et de pistolet à mon égard !!... Mais allons ! en faveur de cette bonne nouvelle, je serai bon prince... Voyons... venez baiser papa Latréaumont, et dire que vous ne le ferez plus ! — Rohan ne répondit pas à cette insolence, et continua de mâcher son mouchoir avec une rage muette. — Ah ! nous ne voulons pas faire causette aujourd'hui, petite capricieuse ? eh bien ! je parlerai pour deux. — Et élevant la voix, le colosse ajouta : — Monterey, gouverneur général des Pays-Bas, accepte ton nom, chevalier de Rohan-Montbazon-Guéménée-Soubise, et te reconnaît pour chef suprême du complot dont le but est : 1° d'établir violemment la république en Normandie d'abord, puis en France ; ensuite : 2° d'abattre le roi Louix XIV de son trône, à l'aide d'un soulèvement, appuyé des armes étrangères. Y es-tu, à cette heure, mon fidèle sujet ?

— Je ne sais ce que voulez dire, monsieur... Comme je ne puis pas plus vous empêcher de parler que d'être chez moi.... continuez, si bon vous semble !

— Ah ! très bien. Monterey n'attend donc plus pour agir que nos dernières instructions ; la flotte hollandaise, aussitôt qu'il les aura reçues, croisera devant Honfleur et Quillebœuf avec les troupes de débarquement à bord, jusqu'au moment où nous aurons fait le signal convenu ; maintenant, je crois que nous ferions bien d'envoyer de nouveau van den Enden à Bruxelles. Dans un mois il sera de retour, et nos affaires seront en bon train, car il est fort compté là-bas, Monterey en fait grand cas... et sous mille rapports, c'est un parfait émissaire. Hein ! que t'en semble ?

— Monsieur, — répondit Rohan, avec ce calme forcé que donne la conscience d'une colère impuissante, — désormais je veux et j'entends demeurer seul et maître chez moi ; j'aviserai aux moyens d'y parvenir sûrement ; et une fois guéri, vous me ferez raison de tant d'outrages. Quant aux propos que vous tenez contre le service du roi, comme je ne suis pas un délateur, je vous donne ma parole de gentilhomme que cela restera entre vous et moi ; mais je vous dirai de plus, monsieur Duhamel de Latréaumont, et vous devez me comprendre, que *je n'ai conspiré, ne conspire et ne conspirerai jamais* contre le service de Sa Majesté. Est-ce clair ?

— Et moi je te dis, monsieur de Rohan-Montbazon-Guéménée-Soubise, *que tu as conspiré, que tu conspires, et que tu conspireras* contre le service de Sa Majesté. Est-ce clair ?

— Je vous défie, monsieur, de me prouver d'abord que j'ai conspiré.

— Ah ! tu n'as pas conspiré ?.... ah ! tu ne conspires pas ?

— Les preuves, monsieur ?

— Les preuves !...

— Oui, les preuves, les *preuves écrites ?*

Latréaumont fronça ses sourcils, se mordit les lèvres, mais après quelques minutes de silence il répondit froidement :

— Ah ! nous jouons ce jeu-là, belle infante ? J'avais prévu le cas, et mes précautions sont prises... Ecoute-moi bien, chevalier ; — et le colonel prit un ton beaucoup plus sérieux qu'il ne l'avait eu jusque-là ; — puisque tu oublies ainsi tes promesses, ta vengeance, ton espoir et ton ambition, moi qui n'oublie rien, je veux ton nom et ta personne pour notre complot, et, mille massacres ! je t'aurai ! comme je m'appelle Jules Duhamel de Latréaumont, ou sinon prends bien garde ! — Monsieur de Rohan fit un sourire de dédain. — Louis ! pour la dernière fois, il s'agit de conspirer ? Est-ce oui ?... est-ce non ?

— C'est non ! non ! mille fois non ! et encore non ! — s'écria Rohan.

Latréaumont attacha un instant sur le chevalier son regard pénétrant, et continua :

— Puisque c'est mille fois non, il ne te reste donc que deux partis à prendre : ou dénoncer le complot, ou t'en aller avec ta Maurice, sans conspirer davantage !... Quant à dénoncer, tu n'oserais pas, il y a en toi trop de noble et vieille race ; c'est un sot scrupule, mais tu l'as, tu ne dénonceras donc pas le complot !... Il te reste alors à t'en aller et à n'y plus prendre part !... Or, tu sais si, quand je veux... je veux ! Eh bien ! aujourd'hui, comme demain, comme toujours... à l'avenir, enfin, du moment où je te vois hésiter une minute... tu entends bien, hésiter une minute à continuer de conspirer, la minute d'après, *toi, van den Enden, Nazelles, ta Maurice et moi,* nous sommes tous cinq jetés à la Bastille comme coupables d'un complot contre la vie du roi et la sûreté de l'Etat... complot dont tu es le chef, comprends-tu ! — Rohan demeura stupéfait, il ne comprenait pas encore. — Or, sur le pied de faveur et de tendresse où tu en es à cette heure avec Pacha XIV, son vizir Louvois, et sa sultane Montespan... tu vois clair et net ce qui t'attend, mon doux agneau égaré bêlant après le bercail ! — Et le colonel fit un horrible geste circulaire en se contournant le cou avec la main.

Le souvenir de l'affreux rêve de Maurice, dans lequel Latréaumont lui avait apparu sous la figure d'un bourreau, traversa la pensée de monsieur de Rohan, brûlante et aiguë comme un trait de feu ; souffrant, nerveux, accablé par tant d'émotions si rapides et si contraires, les idées du chevalier commencèrent à se troubler ; il regarda Latréaumont avec une stupeur égarée, et ce fut d'une voix éteinte, vague et inarticulée, qu'il répondit au colonel :

— Je ne sais pas ce que vous voulez me dire, moi ! — Et monsieur de Rohan frissonnait malgré lui.

— Non ?... Eh bien ! voilà ce que je veux te dire, moi ! Si tu refuses de conspirer davantage... je prends une de ces plumes-là... et là... devant toi... sur cette table-là... je t'écris... tu m'entends bien ! je t'écris à toi, monsieur Louis de Rohan, une longue lettre confidentielle, dans laquelle je développe et je raconte, point par point, nos plans, mes voyages et mes tentatives en Normandie, l'explication de la *Gazette de Hollande*, le projet des Hollandais, les propositions que je viens de faire en ton nom à Monterey, la réponse de ce ministre, les formules de république et les placards que van den Enden a écrits de sa main ; dans ma lettre, je nomme Nazelles et ta Maurice comme sachant l'affaire ; je t'annonce qu'il y a bon espoir, j'ajoute force injure contre le grand monarque, force allusions à ta haine contre lui et à ses mépris pour toi, un mot cruel et insultant sur Louvois, un autre idem sur la Montespan, etc... puis je fais tomber le tout dans les mains dudit marquis de Louvois. Comprends-tu maintenant ?

Ce projet était si infernalement conçu, que Rohan, épouvanté de son audace, respirait à peine.

— Mais vous vous perdez vous-même, — dit-il presque machinalement.

— Est-il enfant ! Eh ! mille échafauds ! certainement oui, je me perds !... Que m'importe à moi ? qu'ai-je à risquer maintenant ? Je suis ruiné puisque tu es ruiné, je suis trop connu et trop vieux pour faire d'autres dupes... ce complot est ma dernière ressource ; pour qu'il réussisse, il nous faut ton nom ; si tu te retires, le complot avorte, et je suis réduit à la dernière misère ou à me brûler la cervelle ! Or, mourir ainsi ou de la main du bourreau, que m'importe à moi ! et au moins, en te menaçant d'agir comme je ferai.... et tu sais si j'en suis capable, j'ai la chance de te forcer à continuer de conspirer ; sinon je fais qu'on nous arrête.... et je me figure que la fin du monde est arrivée.

— Oh ! mon Dieu ! mon Dieu ! — Ce fut tout ce que put dire le chevalier en joignant les mains avec une terreur croissante.

— Vois si la trame est bien tissue, hein ! Me perdant moi-même, tout étant vrai d'ailleurs, qui pourrait douter du complot ? J'aurais bien pu aller trouver Louvois, te dénoncer pour obtenir ma grâce et quelque argent, mais, quoique criminel, c'est une lâcheté qui ne me va pas ; tandis que si je partage ton sort, beau pastoureau, je n'ai rien à me reprocher, c'est toi qui l'auras voulu. Quant aux accessoires de la révélation, dans le cas où van den Enden, Nazelles, toi ou moi (car j'en aurais une velléité, mille tonnerres ! pour compléter la scène), nous voudrions *nier* ce que j'aurai si longuement expliqué, il est, de par les souterrains de la Bastille, certaine bonne dame vêtue de rouge, ayant pour main des tenailles de fer, et qui est si insinuante, qu'au bout d'un quart d'heure de conversation elle a tous vos secrets et même ceux des autres ; ainsi donc, gagnés par les caresses de cette bonne dame *Torture*, ainsi qu'on la nomme, nous avouerons tout, nous te chargerons tous ; et d'ailleurs, quand tu serais innocent (et tu es mille fois le contraire), la haine du roi, de son favori et de sa maîtresse, te perdrait à coup sûr. Alors donc, un

beau soir, mon jeune prince, un beau soir, au chant des trépassés, on t'emmènera en procession vers une belle estrade tendue de noir, au milieu d'une belle place publique... et là... certain compère, mari de dame Torture, comme elle vêtue de rouge, tenant sa hache à la main, s'approche de toi...

Et ne voulant pas faire une atroce plaisanterie, Latréaumont se dressa brusquement, et s'avança sur le chevalier.

— Ah ! — s'écria monsieur de Rohan en se jetant en arrière, et en interrompant le colonel par un cri terrible ; puis il ajouta, en proie à un affreux délire de frayeur : — Maurice, au secours ! ton rêve... Maurice, au secours ! Et il tomba évanoui.

Depuis quelques minutes, le malheureux chevalier, épuisé par sa blessure, brisé par tant d'épouvantables secousses, sentait sa pensée lui échapper à mesure qu'il entendait Latréaumont développer ses épouvantables menaces, d'une exécution si facile, si sûre et si affreusement en rapport avec l'indomptable caractère du partisan.

Puis ses idées superstitieuses revenaient de plus en plus effrayantes à son esprit troublé ; joignant au rêve de Maurice les souvenirs du Chasseur noir et de l'orage au milieu duquel Latréaumont lui était apparu à Fontainebleau, tout enfin, jusqu'au singulier effet produit par le pistolet, qui l'aurait seulement étonné dans son état normal, tout enfin concourait alors à frapper d'une superstitieuse terreur cette imagination déjà si affaiblie par la douleur, aussi n'est-il pas étonnant que lorsque le géant, par une de ces effroyables plaisanteries qui lui étaient familières, s'approcha du chevalier, le geste qu'il fit, les mots affreux qu'il prononça, retraçant encore à monsieur de Rohan le songe de Maurice, il eût, dans le délire de la fièvre et de la terreur, pris un instant Latréaumont pour quelque fantôme effrayant.

Monsieur de Rohan resta évanoui assez longtemps ; et, il faut le dire, Latréaumont parut touché de l'état de souffrance atroce où paraissait plongé le malheureux chevalier ; il le porta sur un sofa, rebanda sa blessure, dont l'appareil s'était dérangé ; et lorsque monsieur de Rohan revint à lui, s'éveillant comme d'un songe, il vit Latréaumont agenouillé près du sofa, et attachant sur lui ses gros yeux gris à fleur de tête...

Le premier mouvement de monsieur de Rohan révéla son effroi... Il repoussa Latréaumont et s'éloigna de lui avec horreur ; puis, passant la main sur son front brûlant, il regarda autour de lui avec angoisse.

Ayant enfin tout à fait repris ses sens, le chevalier voulut se lever du sofa où il était assis, mais ses forces le trahirent, et il y retomba en cachant sa figure dans ses mains.

— Eh bien ! Louis, comment te trouves-tu à cette heure ?... tu parais toujours bien faible ! — lui dit le partisan, tâchant de prendre une inflexion aussi affectueuse que possible.

— Si vous avez l'ombre de pitié, monsieur, — répondit monsieur de Rohan d'une voix affaiblie, — laissez-moi ; demain je vous répondrai. aujourd'hui je ne le puis... vous le voyez bien... je suis brisé, je n'ai plus la tête à moi, je délire ! ayez donc un peu de pitié ! que vous ai-je fait, mon Dieu ! pour me torturer ainsi ?

— Voyons... voyons... calme-toi, nous causerons après... que diable ! aussi, tu m'exaspères ! J'avoue que j'ai été un peu cru tout à l'heure dans mes menaces... mais aussi tu n'es ni juste, ni raisonnable.

— Vous êtes un infâme !

— Bon, je suis un infâme ! Pourtant, mon pauvre Louis, voyons un peu, tu me traites en véritable scélérat, tu m'accueilles en chien enragé ; faisons donc nos comptes, et sans reproches, mordieu ! tu verras que je ne suis pas non plus si diable que j'en ai l'air. — En parlant ainsi, l'accent de Latréaumont était toujours rude, et il perçait une sorte de cordialité brutale ; car, on l'a dit, le misérable état dans lequel se trouvait le chevalier eût attendri le cœur le plus dur ; et d'ailleurs, Latréaumont, en ç̄acrifiant impitoyablement tout à sa cruelle personnalité, avait trop de sens et n'était pas assez foncièrement méchant pour ne pas éprouver parfois comme un remords confus du mal qu'il causait, ce qui sans doute le rendait plus coupable encore, en cela qu'il avait ainsi la conscience de ses crimes, et plus dangereux aussi, car le moindre mot d'affection dans la bouche de ce sacripant féroce était d'un effet d'autant plus assuré, qu'il contrastait fortement avec la dureté habituelle de ses manières. — Voyons, mon pauvre Louis, — reprit le partisan, — faisons donc nos comptes. Aujourd'hui, tu as voulu me tuer deux fois... de plus, tu m'as frappé au visage ; moi... je t'ai sauvé la vie une fois à Fontainebleau, une autre fois à Maëstricht, en te dégageant des mains de cinq uhlans de Spurzheim ; une autre fois encore j'ai fait mieux, je t'ai sauvé l'honneur. C'était au camp de Worms ! te le rappelles-tu ? Tu te trouvais dans un de tes jours nerveux, où tu te laisserais battre par un enfant, et où tu es, malgré ça, taquin comme une vieille dévote ; dans une discussion avec le comte de Syran, tu tournais à l'aigreur ; Syran le prend sur le haut, tu t'intimides, je voyais le moment où il allait abuser de son avantage pour t'insulter ; qu'est-ce que je fais ?... pour déplacer la querelle qui s'envenimait, je saute à la perruque de Syran, en lui reprochant de me regarder de travers depuis une heure (il était louche), il me rend un soufflet, nous courons à nos épées, nous sortons de la tente... et, hourra pour la bonne cause ! ma rapière le cloue sur la bruyère comme un papillon sur une carte ! *Total*, tu as voulu me tuer deux fois et tu m'as frappé au visage une fois ; moi, je t'ai sauvé la vie deux fois et l'honneur une fois... est-ce vrai ?

— Oui, monsieur, cela est vrai, sans doute, mais vous faites aussi cruellement payer vos services, — dit monsieur de Rohan avec amertume, et non sans une secrète frayeur d'entendre Latréaumont, au lieu de le menacer, prendre ce ton de brusque bienveillance et lui rappeler ces souvenirs.

— Soit... je suis hors de prix, — dit le colosse ; — mais admettons que je te redoive ; pour cela, voyons, qu'as-tu fait pour moi, toi ? Tu m'as laissé grignoter le bord de quatre ou cinq cent pauvres mille livres, à même desquelles tu mordais à belles dents ? Or, sans moi, tu les aurais mangées tout de même, et pas si gaiement, peut-être.

— C'est parce que je vous ai accueilli chez moi et que je vous ai rendu des services, misérable ! qu'il est infâme à vous de me traiter comme vous faites.

— Tu m'as rendu des services ? oui, mordieu ! tu m'en as rendu, je ne rougis pas de l'avouer ; et je dirai plus, je voudrais que tu pusses m'en rendre encore ! mais aussi, moi, en devenant ton commensal, n'ai-je pas été à toi nuit et jour, soir et matin, toujours bon et prêt à tout ? Quand tu étais dans tes humeurs sombres, qui te remontait ? qui t'égayait ? qui savait te donner du cœur au ventre ? Latréaumont ! Qui te portait au lit quand tu étais ivre ? qui dressait tes chevaux d'arquebuse ? qui mettait mieux ta meute sous le fouet que pas un veneur ? Latréaumont ! Qui a enseigné nos dogues à mordre les culottes des recors et des huissiers, en les excitant contre un vieux sarreau noir ? Latréaumont ! Qui reçoit nos créanciers à coups de pied dans le ventre, les paye à coups de canne, et les renvoie à coups de pied dans le...? encore Latréaumont, toujours Latréaumont !... Et dernièrement, en Bavière, au risque de se faire pendre, et pour te délivrer d'un moment, toi et ton électrice, de l'espionnage de cet animal d'électeur, qui, mieux monté que vous, ne vous quittait pas ; qui donc, dans une halte, profitant de la distraction de ce meynherr jaloux qui vous épiait de tous ses gros yeux, qui donc a trouvé le moyen de mettre un petit morceau de mèche de carabine tout allumé dans l'oreille du cheval électoral ? de façon que ledit cheval, furieux, a tout à coup pointé, rué, bondi, et fini par emporter aux cinq cent mille diables l'électeur épouvanté, qui poussait des cris de paon, et à sa suite toute sa cour effarée, comme une bande de moutons après leur bélier,

de façon que restant seul avec l'électrice, tu as profité du moment pour t'assurer de ton premier rendez-vous ? A qui dois-tu ça ?... encore à Latréaumont !... Enfin est-ce vrai ? est-ce vrai ?

— Laissez-moi, — dit Rohan, qui, par une incroyable versatilité de caractère, n'avait pu s'empêcher de sourire malgré lui en se souvenant de ces grossières facéties du partisan, et qui sentait avec une angoisse horrible sa colère contre ce dernier perdre peu à peu de sa première violence.

— Allons, voyons, Louis, causons donc en hommes, mordieu ! et non pas en caillettes. Je te parle de ces folies, puisque les choses sérieuses t'effarouchent ; car on ne sait, mille diables ! comment te prendre.

— Laissez-moi... laissez-moi, vous dis-je ; vous m'effrayez plus maintenant que tout à l'heure ! C'est ma ruine, c'est ma mort que vous voulez !

— Ah çà ! que diable veux-tu que je fasse de ta mort, puisqu'elle entraînerait la mienne ! et quant à ta ruine, je voudrais bien, triple Dieu ! avoir encore à la vouloir ; car nous serions plus riches que nous ne le sommes, mon garçon... Mais puisque ça est consommé par ta faute, par notre faute, si tu veux, qui, maintenant, tâche de te relever de cette ruine ? qui, le premier, a pensé au complot de Normandie ? Latréaumont ! ! ! Car voyons, as-tu assez de tête pour machiner une conspiration, pour trouver des adhérents, pour soulever les mécontents ? Non ; tu es mou, tu es indolent, tu te décourages ; et moi, pendant ce temps-là, j'organise tout ; j'écris en Hollande ; j'obtiens des résultats ! je fais tout enfin ; et pourtant, si l'affaire succède bien, qui sera le chef suprême de la république de Normandie ? monsieur de Rohan ; et qui aura tout préparé ? monsieur de Latréaumont. Et voilà pourtant comme j'agis... et pourquoi ? pour assurer la grande position d'un ingrat !

— Un ingrat !

— Mais oui, d'un ingrat ; car, dans tout cela, qui aura la part du lion ? ce ne sera, mordieu ! pas le lion, n'est-ce pas ? Ainsi, tu dois m'être reconnaissant de tout ce que je fais, de tous mes sacrifices !

— Vous ! vous ! des sacrifices ?

— Moi, est-ce que, s'il le faut pour le bon succès de notre complot, je ne suis pas prêt à sacrifier la tranquillité de mon neveu, Auguste des Préaux, mille Catons ! la perle des garçons ! brave comme son épée, doux comme un agneau, qui, à l'heure qu'il est, ne pense qu'à épouser en paix une femme riche et charmante qu'il aime depuis dix ans ! Eh bien ! j'aurais pourtant le courage de te sacrifier tout ça ?

— A moi ? Vous êtes fou.

— Encore une fois, à toi, puisque tu es le chef, et que le meilleur de l'affaire te revient. Or, parce que des Préaux est mon propre neveu, ça n'est pas moins dur, cordieu ! Je sais ce que je fais, et ce que valent Auguste et sa jolie veuve ; je sais bien aussi le chagrin terrible qu'ils vont avoir d'être obligés de passer leur lune de miel dans tous les tracas d'une conspiration... eux qui n'y pensent pas le moins du monde ! Et toi, triple Dieu ! au lieu d'être reconnaissant, au lieu de te remettre bravement et à franc collier dans le complot, tu t'amuses à lanterner des bergerades ! je t'ai bien entendu !

— Tenez, ne me rappelez pas cette scène... car, par l'enfer !... je ne sais pas de quoi je serais capable.

— Si... je veux au contraire te rappeler cette scène... Allons, calme-toi ; tu feras ce que tu voudras ; tu t'en iras en Bretagne avec ta Maurice, si cela te plaît.

— Vous me laisserez partir... vous renoncerez à votre affreux projet de tout révéler ?

— Peut-être...

Rohan, stupéfait, regardait Latréaumont avec un étonnement impossible à décrire.

— Vous renoncez à vos menaces de tantôt ?

— Nous verrons, te dis-je... mais, à cette heure, tout ce que je veux, c'est te faire comparer l'avenir que je t'offrais à celui qui t'attend avec ta Maurice, ça ne t'engage à rien, n'est-ce pas?

— Taisez-vous ! ne souillez pas le nom de cet ange !

— Au contraire, triple Dieu ! c'est moi qui m'épure en le prononçant ! écoute-moi donc ! Je veux d'abord que cet ange t'ait été fidèle pendant cinq ans, je veux que les bruits qui ont couru sur elle, sur Lorraine et d'Efflat, soient faux !

— Vous êtes un infâme calomniateur, taisez-vous.

— Ah çà, mille grelots ! est-ce que tu deviens fou ? puisque je te dis au contraire que ces bruits sont faux ! archifaux !... Te voilà donc l'époux de ta Maurice, et vivant aux crochets de ta femme, dont la fortune est, dit-on, de 400,000 livres ; elle en prend cent pour payer tes créanciers, il lui reste donc cent mille livres et le manoir de Penhoët, qui, lorsque ses fermiers la payeront bien, lui vaudra 5 à 6,000 livres de revenu. Te voilà bien et dûment installé en véritable gentillâtre, ne possédant pas une obole à toi, et demandant de temps en temps deux écus à ta femme pour faire le garçon. Du reste, par saint Hubert! je te vois fouettant bravement un lièvre avec cinq ou six bassets galeux, et revenant manger tondit lièvre avec le pot-au-feu de la ménagère. Puis, le soir, si ton curé ou ton bailli parlent autre chose que le patois basbreton, tu fais avec eux un cent de piquet. Voilà qui est éblouissant et magnifique... Hourra pour Lucullus !

— Eh bien ! oui...... cette vie, fût-elle aussi honteuse, aussi misérable que vous la dépeignez, je la préfère encore mille fois à celle que je mène ici ! — dit impatiemment le chevalier.

— Voilà donc, — continua Latréaumont sans répondre à monsieur de Rohan, et sûr de l'avoir blessé dans son incurable amour-propre, — voilà donc la fin du brillant prince qui, l'an dernier encore, séduisait l'électrice de Bavière ! du beau cavalier pour qui la belle duchesse de Mazarin avait tout sacrifié ! du fier courtisan pour qui tous les cœurs soupirent! Te voilà donc enterré vif, à la grande joie de Lorraine, de d'Efflat, de Villarceaux, de Lauzun, de Cavoye, de tous tes rivaux enfin, qui se voient délivrés de toi et de tes succès qui les écrasaient. C'est bien ! tu as fâché papa et maman, et tu vas toi-même te mettre en pénitence ; c'est d'un gentil et doux caractère. On en fera de bons contes à la cour, où l'on te jalouse si peu. Mais peux-tu me dire ce que tu gagnes à cette visée d'enterrement ?

— J'y gagne le calme, le repos, la paix de la conscience !

— Tout ce phébus pastoral veut dire que tu trouves en te mariant de quoi payer tes créanciers et avoir quelques milliers de pistoles devant toi..... Je comprends, triple Dieu ! je comprends.

— Et quand cela serait ? ne savez-vous pas que je suis à bout, sans ressources et sans aucuns biens à cette heure?.

— Mais, peste d'opiniâtre ! tu es à bout parce que tu veux y être ! tu ne veux pas entendre que Monterey accepte ! Vois cette gazette, te dis-je ! Or, puisqu'il accepte, selon nos conventions, le marchand portugais doit délivrer aujourd'hui même 50 premières mille livres, dans un mois 50 autres, et dans trois mois 600,000 à compte sur les 2,000,000 demandés pour entrer en danse.

— Mais, misérable ! cet argent doit servir à assurer l'existence du complot, et non pas à payer mes dettes ; détourner cet argent de son but infâme serait une autre ignominie !

— Mais, mille créanciers du diable ! qui te parle de payer tes dettes ! Je compte bien, au contraire, qu'aucun de ces drôles à longs mémoires ne verra seulement l'ombre d'une de ces pistoles ! Cet argent est chose sacrée s'il en fut, et absolument destiné à développer, comme tu dis si bien, l'*existence* du complot. Or, comme l'existence du complot est incarnée en la nôtre, nous sommes donc forcés d'employer les écus de Monterey à développer largement et joyeusement notredite existence, afin de nous faire une clientèle, de recruter des mécontents ; or, pour cela faire, ne faut-il pas, cordieu ! que le complot puisse avoir grande

chère, gros jeu, bon vin et belles courtisanes ! qu'il mène enfin une vie généreuse et folle, pour prendre des complices à ces friands gluaux ; car on n'attrape pas, mille tonnerres ! des mouches avec du vinaigre ! Aussi nous empaumons de la sorte autant de complices que nous pouvons ; et, au mois de juillet, une fois l'arrière-ban convoqué à Rouen, nous partons pour décider le soulèvement et préparer le débarquement des Espagnols.

— Je vous dis que cette révolte est une chimère, et lors même qu'elle pourrait se réaliser, je vous l'ait dit, ne comptez plus sur moi !

— D'abord, comme tu n'as jamais mis le pied en Normandie, tu ne sais pas si c'est une chimère ; mais crois-tu donc, mordieu ! que Monterey, fin renard, au moins aussi madré que l'était L'Isola, s'en irait avancer des sommes considérables, faire croiser vingt vaisseaux de ligne sur les côtes de Normandie, et encombrer ces vaisseaux de troupes, de munitions et d'objets de débarquement ; que Monterey enfin mènerait aussi chaudement cette affaire s'il n'avait pas la presque certitude d'un bon succès, si les rapports de ses émissaires en Normandie ne s'accordaient pas avec les espérances que moi et van den Enden lui avons données, enfin réponds à cela ? — Monsieur de Rohan ne sut en effet que répondre à cette objection, car le raisonnement de Latréaumont avait une grande apparence de solidité. — Ainsi donc, — continua ce dernier, — il y a, sinon certitude, du moins grande chance de succès. Maintenant, je suppose que le *tiers et danger* mettent déjà nos buveurs de cidre hors des gonds ; bientôt notre or circule, les promesses tombent comme la grêle, les terreurs s'exploitent ; enfin, le soulèvement s'opère, la noblesse révoltée monte à cheval et s'assemble pour demander des états généraux, la populace la suit en aboyant. Alors des Préaux et ses chers amis te présentent aux hobereaux indomptés ; tu t'appelles Rohan, tu as une perruque blonde, un magnifique justaucorps brodé, tu es beau comme un ange, tu traites le grand monarque de tyran, tu ordonnes de courir sus à la personne et surtout aux coffres-forts de tous les receveurs de tailles et employés du fisc, que tu déclares *peste publique* !... Hourra ! toute la gentilhommerie de la province t'appuie, et te voilà d'emblée, mordieu ! reconnu comme général et chef suprême de la république normande, ainsi que van den Enden demande qu'on appelle ça ; en effet, le titre est bon pour commencer et affriander le populaire. Une fois donc la Normandie révoltée, se souvenant du duc de Rohan ton oncle, tous les huguenots mécontents du Dauphiné et de la Guienne s'insurgent, le feu prend à la traînée ; il n'y a pas dix mille hommes de troupes en France ; où diable ceci peut-il s'arrêter ! Mais alors, mille rancunes ! vient le beau de l'histoire ; nous marchons droit à Versailles, au plus gardé par deux mille hommes de la maison du roi, et nous mettons la main sur le sultan, sur la sultane, sur les sultanillons et sur le vizir Louvois ; je te laisse le sultan et la sultane, et je m'arrange du vizir, à qui depuis longtemps j'ai à dire entre deux yeux le mot *potence !* Alors, vois-tu, dans ce jour de triomphe, cet orgueilleux despote qui t'a si souvent forcé de te courber devant lui pour t'insulter encore plus insolemment après... le vois-tu à ta merci? toi pouvant te venger... l'avoir là entre les mains, pouvoir aussi disposer du sort de quelques mignons de sa cour qui t'ont outragé à son exemple... Lorraine, d'Efflat, Villarceaux, mille tonnerres !.. Comment ! quand ce triomphe ne devrait durer qu'une heure, tu n'achèterais pas cette heure par...

— Oh ! par ma vie ! l'avoir en ma puissance... une heure seulement, une heure, et mourir après ! — s'écria Rohan exaspéré par le souvenir des récentes humiliations qu'il avait encore souffertes, et cédant avec une misérable faiblesse aux instincts de vengeance et d'ambition que les paroles de Latréaumont venaient d'éveiller de nouveau dans son âme.

— Eh bien ! mordieu ! il y a mille et mille chances pour que tu aies Phœbus et tes rayons en ta puissance, et tu hésites encore! lorsqu'il ne s'agit pour toi que de vivre joyeusement pendant deux mois et d'attendre! car voilà tout ce que je te demande : attendre! Puisque je me charge de tout préparer avec Des Préaux, et que tu n'auras qu'à paraître au dernier moment.

— Oh! ma faiblesse! ma faiblesse! — s'écria Rohan avec une frayeur croissante, se sentant ébranlé et subissant déjà l'influence des perfides insinuations de Latréaumont, qui le pénétraient presque malgré lui. Puis, reprenant encore courage, il s'écria : — Non! non, laissez-moi, odieux tentateur, laissez-moi; jamais... jamais je n'y consentirai, laissez-moi partir.

— Eh! pars, mordieu! — répondit Latréaumont avec impatience, — je ne te retiens pas! Seulement, laisse-moi finir. Je te suppose donc, avec raison, à la tête de deux ou trois provinces révoltées : qui sait ensuite ce qui peut succéder pour toi? Au point où la haine entière de l'Europe est soulevée contre Sultan XIV, serait-il donc bien impossible que l'empereur et le roi d'Espagne (j'en ai d'ailleurs touché deux mots à Monterey), auxquels ta maison est alliée, afin d'abattre une bonne fois le grand monarque et sa gloutonne monarchie, te reconnussent comme prince souverain ou roi feudataire de l'Ile-de-France. Hein! c'est maigre sans doute auprès de la totalité du territoire français; mais, mille couronnes fermées! c'est beaucoup auprès de la Logette-au-Diable, à Saint-Mandé, royaume désert que nous prête Sa Majesté monsieur l'Huillier, conseiller au parlement de Rouen! Qu'en dis-tu? — Le chevalier se trouvait dans une horrible perplexité : telles chimériques que parussent les espérances dont Latréaumont le voulait enivrer, on le répète, la prodigieuse influence que le duc de Rohan, traitant de roi à roi avec Louis XIII, avait exercée était si évidente, les troubles de la minorité étaient si récens, on y avait vu de si singuliers exemples de l'étrange fortune des partis, qu'une tête moins faible et moins glorieuse que monsieur de Rohan aurait pu faiblir, et ajouter, comme fit le malheureux chevalier, une vague créance aux audacieuses visées de Latréaumont. Aussi, monsieur de Rohan marchait à pas précipités, s'arrêtait, réfléchissait, se frappait le front avec désespoir, tandis que le géant, qui semblait tenir le fil au bout duquel voltigeait si douloureusement cette âme en peine, se complaisant dans l'impression qu'il causait, ajouta : — Je dis roi feudataire de l'Ile-de-France, parce que tu sens bien que van den Enden, avec ses imaginations de république, de liberté, d'égalité, d'âge de miel et de paradis sur terre, est une vieille bête que je connaisse; et je le tiens, triple Dieu! pour un fieffé pécore, s'il se figure qu'après la révolte on ne lui donnera pas des camouflets avec la fumée de ses paperasses républicaines... Je lui laisse croire qu'on fera ce qu'il désire, parce qu'il nous sera bon pour aller négocier avec Monterey; mais une fois ton trône assuré, sire! moi, ton premier ministre, je ferai pourrir dans un cul-de-basse-fosse, ou plutôt pendre, c'est plus sûr, ce vieux rêveur véritablement dangereux pour tout pouvoir établi.

— Que faire, que faire maintenant? — dit le chevalier avec une horrible anxiété.— Oh! ma bonne résolution de tantôt!... oh! mon calme d'une seconde! Mon Dieu! que faire?

— C'est bien simple!... Conspire... ou ne conspire pas et épouse; si tu conspires, tu feras un heureux; si tu te maries, un malheureux!

— Que voulez-vous-dire?

— Si tu conspires, l'heureux sera moi! Si tu te maries, le malheureux sera Lorraine, car tu lui prendras sa maîtresse pour en faire ta femme.

— Mais des preuves... des preuves, misérable!... Donne-moi une preuve, seulement une preuve! et je ne revois Maurice de ma vie.

— Où diable veux-tu que je te donne des preuves? je n'en ai pas; ce sont de simples on dit, des bruits que tout le monde répète. Après tout, il est possible que ce soit faux; alors épouse, et je verrai ce que j'aurai à faire...

— Des bruits... mais ils courent, ces bruits! et le monde

accueille si vite et si bien ce qui est bas et infâme, qu'une calomnie répandue devient à ses yeux une réalité!... Alors si, moi, j'allais passer pour la dupe de Lorraine! pour avoir, pour un peu d'argent, épousé bassement une femme qui a été sa maîtresse! Quelle honte! — Mais, venant à se rappeler la grandeur et la noblesse de dévouement de Maurice, et l'angélique et constante pureté de son caractère, il s'écria : — Mais non! c'est impossible! cette voix touchante, ces larmes, cette fierté, ces accens émus, ces mots entraînans, tout cela ne trompe pas; ce n'est pas là un vain jeu des lèvres! c'est un cri de l'âme la plus dévouée qui soit au monde! Aussi, tu mens, infâme! oui, tu mens! laisse-moi... Je le sens... mon bonheur est avec Maurice; car j'étais si heureux tantôt! je me sentais si grand, si fort, si puissant! mes nobles résolutions me donnaient tant d'énergie, ma route me paraissait si belle et si riante! tandis que maintenant, oh! maintenant, misérable, grâce à toi, tout est ténèbres autour de moi, — dit le malheureux chevalier avec accablement; puis il reprit pourtant avec un élan de croyance désespérée : — Non! non! Maurice m'aime; je ne la quitterai pas! Maurice m'est fidèle; encore une fois, de tels accens ne sont pas menteurs!

— Allons, je t'accorde que Maurice soit sincère, — dit Latréaumont avec insouciance; — pourtant, écoute. Ne m'as-tu pas mille fois raconté que, sortant chaque matin de chez je ne sais quelle Laïs de bas étage dont tu étais affolé, pour te rendre chaque jour chez la belle duchesse de Mazarin, tu savais pourtant tellement ensorceler cette dernière que tu vivre, par tes larmes, par tes mots émus et par cent mille et cætera, que tout cela, mordieu! paraissait aussi à la duchesse un cri de l'âme la plus aimante qui fût au monde! et pourtant c'était faux; tu trompais la Mazarine! Nous nous en moquions, et devant moi tu répétais, par dérision, ces mêmes phébus si convaincans, à ces damnées sauteuses bohémiennes avec qui nous soupions quelquefois dans ces temps-là!

— Oh! c'est horrible, horrible!... cela est vrai! — dit le chevalier avec amertume, — j'ai bassement menti et souillé ce qu'il y a de plus sain au monde! Pourquoi ne ferait-elle pas de même à mon égard!... Puis, voulant tenter un dernier effort de croyance : — Mais, enfin, quel intérêt peut avoir Maurice à se faire épouser par moi?... Ne voulait-elle pas se faire chanoinesse?

— Oui, comme moi je veux me faire chanoine. Est-ce que si elle l'avait sérieusement voulu, elle serait venue te dire : « je le ferai.... » non, elle t'aurait dit d'abord, et puis t'aurait dit : « cela est maintenant; acceptez ou n'acceptez pas. »

— Mais, encore une fois, quel intérêt peut-elle avoir à m'épouser?

— Eh! mais, cent diables! elle veut faire une fin! Qui s'est présenté pour cela jusqu'ici? Personne. Dans deux ou trois ans elle sera vieille fille ou jeune femme; et, si les bruits sont vrais, avec le peu de fortune qu'elle a, c'est, mordieu! trouver une prodigieuse retraite, je pense, que d'entrer dans la maison de Rohan, et d'épouser un des plus grands et des plus charmans seigneurs de France? et cela après avoir joyeusement rôti le balai, comme on dit; sans compter qu'elle y trouverait à se venger après, en se moquant de toi avec Lorraine! Et, entre nous, mille tortures! tu n'auras pas volé une perfidie; car enfin, l'as-tu assez maltraitée, assez écrasée de mépris et d'insultes? t'imagines-tu qu'elle n'en a conservé aucun ressentiment? Est-ce que tu crois, mille rancunes! que si elle était aussi innocente qu'elle le dit, elle souffrirait de toi tout ce qu'elle a souffert depuis cinq ans? Non, non, la noble pureté s'indigne et se rébecque..... La tromperie se courbe lâchement sous les outrages, suit opiniâtrément son but, et sa haine cachée s'augmente de chaque insulte.

Grâce à sa profonde connaissance du caractère de monsieur de Rohan, Latréaumont n'avait pas en vain employé cet infernal raisonnement; car il savait, on l'a déjà dit, que le chevalier, par une conséquence de son détestable caractère, tout en rendant Maurice la plus malheureuse des femmes, avait la conscience du mal qu'il lui faisait, et son âme, aigrie par l'infortune, ne pouvait pas croire que Maurice, ainsi méconnue, eût assez de générosité pour oublier ces cruautés, et n'y répondre que par une affection impassible dans son dévouement; en un mot, monsieur de Rohan ne pouvait comprendre cette résignation douce et pieuse, qui est à la tendresse, si cela se peut dire, ce que le *courage civil* est au courage d'action. Aussi, l'infortuné, dans son aveuglement, attribuait-il l'amour opiniâtre de Maurice à une dissimulation haineuse qui marchait sourdement à la vengeance.

— Mon Dieu! mon Dieu! que faire?... comment sortir de ce doute... de ce chaos?..... C'est horrible! — disait le malheureux chevalier.

— Que les mille millions de tonnerres et éclairs du bon Dieu te servent de lanterne pour en sortir! Mais décide-toi, conspire ou épouse, oui ou non... je verrai ce qu'il me reste à faire. Tu sais tes deux destinées, maintenant choisis; décide-toi et dis-moi : « Je suis à toi, *foi de Rohan!* »

— Ah! si j'étais sûr que Lorraine..... si tu étais sûr.....

— Mille diables! je ne suis sûr que d'une chose, c'est que Monterey accepte, que tu peux espérer un trône, et que tu hésites entre une couronne et une gentilhommière de Bretagne..... Voyons!..... est-ce oui?..... est-ce non?...

— Au fait, — dit Rohan avec un accent de résolution désespérée, et se jetant pour ainsi dire les yeux fermés dans l'abîme que Latréaumont avait ouvert sous ses pieds, — j'épouserais Maurice demain, et elle serait innocente, que la source de toute croyance est à jamais empoisonnée en moi; ainsi vivre solitairement toute sa vie avec une femme que l'on soupçonne, ou jouer sa tête pour une couronne... le choix n'est pas douteux; Latréaumont, c'est peut-être l'arrêt de ma mort que je signe... — Et le chevalier hésita un moment, puis il ajouta rapidement : — FOI DE ROHAN!... je suis à toi... je conspire!

— Et foi de Latréaumont! tu fais bien..... C'est entre nous, à la vie, à la mort! — Et Latréaumont embrassa cordialement le chevalier.

A ce moment, un bruit épouvantable retentit; la porte de la galerie tomba sous des coups de hache, et L'Andouiller, armé de sa carabine, Dupuis d'une vieille hallebarde, et maître François d'une fourche, se précipitèrent dans le cabinet en criant :

— Tuons le scélérat! s'il ne l'est pas, tuons-le!

Cette brusque invasion fut un contraste d'autant plus grand, que Latréaumont tenait encore la main de Rohan dans les siennes.

— Qu'est-ce que cela? — demanda le chevalier en fronçant le sourcil.

—Monseigneur, — dit Dupuis, — vous m'aviez ordonné d'aller chercher L'Andouiller et François; je viens de les trouver, et nous venions...

— Nous venions, monseigneur, pour... — dit L'Andouiller en mettant Latréaumont en joue.

— Dupuis est un vieux fou; il a pris une plaisanterie pour une chose sérieuse..... Allez... retirez-vous, — dit monsieur de Rohan en faisant un signe de main qui stupéfia ces dignes serviteurs.

— Ah çà! Dupuis, vieux drôle, — dit le colonel, — à boire, mille diables! et dans mon grand verre! car, avec tout ça, je n'ai pas bu, et je crève de soif. Et toi, maître François, — ajouta-t-il, — attelle tout de suite ces deux rosses, vieil ivrogne, si elles peuvent se traîner ce soir!

— Monseigneur? — dit ce dernier en s'adressant à monsieur de Rohan d'un air interrogatif.

Comme le chevalier hésitait, Latréaumont lui dit à l'oreille :

— Ne faut-il pas aller tout de suite faire partir le vieux de Piquepuce?

Monsieur de Rohan soupira et dit :

— Attelle, maître François.

Et les domestiques stupéfaits se retirèrent.

— Allons, le temps est calme, — dit Latréaumont; — en revenant de Piquepuce, nous irons faire un tour à Vincennes, et après, pour te distraire, si tu veux, nous irons souper chez la Duchesnet, et, vive Dieu! dire deux mots à ses nièces, après le pharaon qui suivra le souper!

— Non, non... je veux rentrer ici.

— Soit! je te disais cela parce qu'il doit y avoir un jeu d'enfer! Louvigny me l'a dit hier en sortant des *Trois-Cuillères*... Ah! à propos, une bonne histoire! Tu ne sais pas qu'il m'a failli dégaîner pour avoir cette gazette!

— Et contre qui?

— Contre Châteauvillain, qui a, mille diables! embourbé un fruit savoureux de ma quarte basse.

— Bravo! je le hais, il est des amis de Lorraine!

— C'est ça qui m'aura, sang-Dieu! porté bonheur; allons, viens, appuie-toi sur moi! mais, avant de partir, laisse-moi boire ce que m'offre ce drôle. — Et Latréaumont, après avoir bu un grand coup de vin que lui apportait Dupuis, fit une grimace horrible, et s'écria : — Ah çà! je ne veux désormais boire ici que du vin de Bourgogne de chez la Guerbois! tu m'entends, vieux drôle... et veille toi-même à ce qu'on ne s'y trompe pas.

— Le carrosse de monseigneur! — dit tristement L'Andouiller.

Et Rohan, soutenu par Latréaumont, traversa la galerie. Arrivé au perron dévasté, maître François se pencha sur son siége, et dit... selon les habitudes de cocher de ce temps-là :

— Monseigneur, où faut-il toucher?

— A Piquepuce, chez maître van den Enden, vieil ivrogne! — dit Latréaumont.

LE COMPLOT.

XX

LE COMPLOT.

> Le poison lui-même peut, je crois, grâce à un heureux
> naturel, être ennobli par un salutaire usage.....
> SCHILLER. — *Don Carlos*, acte III, sc. X.

Ces mots HOTEL DES MUSES, qu'on se souvient peut-être d'avoir lus, au commencement de cet ouvrage, sur l'enseigne de l'école que maître Affinius van den Enden tenait à Amsterdam en 1669, pouvaient alors se lire à Paris, et servaient au même usage, car l'*Hôtel des Muses* se trouvait transporté faubourg Saint-Antoine, tout proche le couvent des révérends pères Piquepuce.

A part quelques différences de localité, rien ne paraissait changé dans l'entourage et les habitudes du vieux docteur, qui avait alors plus de soixante-quatorze ans ; c'était toujours l'aigre et criarde dame Catherine, c'était toujours Clara-Maria, fille aînée du philosophe, qui le suppléait, comme en Hollande, dans ses leçons de langues anciennes ; car aux humanités se bornaient alors les enseignements de van den Enden ; toute instruction politique, selon qu'il l'eût entendue, lui étant naturellement interdite en France. Néanmoins, l'austère et incorrigible républicain, souvent entraîné malgré lui par la puissance irrésistible de ses convictions, s'échappait de temps à autre jusqu'à se permettre quelque allusion démocratique hasardée, qui plaisait à ceux-ci, effrayait ceux-là, ou semblait indifférente à d'autres.

De terribles événemens avaient amené van den Enden en France, à savoir, le ravage des sept Provinces-Unies, par les armées de Louis XIV, et le massacre des frères de de Witt, conséquences rigoureuses et inévitables des trahisons multipliées de ce roi, assassinat d'une férocité inouïe, à l'instigation duquel on ne disait pas non plus le prince d'Orange étranger.

Comme van den Enden avait été fort des amis et admirateurs du *grand pensionnaire* Jean de Witt, le vieux docteur fut obligé de s'expatrier pour se soustraire aux premières réactions exercées par Guillaume d'Orange contre tous les Hollandais soupçonnés d'être républicains ou du *parti français*, ces deux appellations étant devenues synonymes, en cela que le vertueux et intègre Jean de Witt, si lâchement trompé par Louis XIV, à l'alliance et à la bonne foi duquel il croyait aveuglément, avait constamment soutenu de toutes ses forces les intérêts de la France contre la politique anglaise et espagnole, qui appuyait au contraire le parti de Guillaume d'Orange.

Le *grand pensionnaire* avait toujours redouté l'influence de ce prince, qu'il prévoyait sûrement devoir être un jour le destructeur du gouvernement démocratique, que lui, Jean de Witt, et la faction de Louvestein défendaient depuis longues années, avec l'énergie d'une conviction profonde et expérimentée ; car cet état de choses avait, en effet, porté les sept Provinces-Unies à un degré de puissance et de prospérité inouï jusque-là.

Ainsi donc, malgré la haine et la jalousie cupide que Louis XIV nourrissait contre cette république, telle était aussi la rage de ce roi contre Guillaume d'Orange, que se présenter comme persécuté par ce prince était presque se recommander sûrement auprès du gouvernement français. Aussi van den Enden put-il librement résider à Paris, et s'y vouer à l'enseignement des langues, de la médecine et de la chimie.

Quelques temps après son arrivée à Paris, le docteur avait retrouvé Latréaumont, qu'il avait vu au camp de Norden lors de l'invasion de la Hollande par nos troupes ; car, fuyant les persécutions du stathouder, van den Enden avait été forcé de demeurer pendant quelques mois réfugié dans une masure proche de ce camp, avec sa femme et ses enfans.

Alors la ruine de monsieur de Rohan était consommée. Le philosophe et le partisan reparlèrent de leurs anciennes visées, des chances de renouer à ce sujet, avec l'étranger, les négociations jadis interrompues, et se donnèrent rendez-vous à Paris, où le docteur devait aller, ainsi qu'on vient de le dire. Ils s'y rencontrèrent et reprirent leurs projets du camp de Norden, auxquels des Préaux s'était fait initier, on expliquera plus tard pourquoi ; Latréaumont, de nouveau poussé par l'ambition et la cupidité, van den Enden par son incessant et irrésistible désir de voir se réaliser ses utopies (car il n'avait accordé, cette fois encore, son intervention en Hollande qu'à la condition expresse de rédiger seul et à son gré les statuts politiques de la future *libre république* normande).

A l'étranger, le docteur pouvait être véritablement l'âme de cette conspiration. La proscription dont il avait été frappé par le prince d'Orange prouvait que l'influence du philosophe était considérable. En effet, à Amsterdam, la haute vertu, le savoir et le courage civil de van den Enden, étaient depuis vingt ans aussi populaire que l'inébranlable fermeté de ses opinions démocratiques. Dès l'arrivée de monsieur le comte de Monterey à Bruxelles, le baron de L'Isola avait instruit ce nouveau gouverneur général des ouvertures relatives à la révolte de Normandie, autrefois à lui faites par Latréaumont. Ce projet, difficile à tenter et à appuyer en 1669, au milieu de la paix profonde où était la France avec l'Europe, devait sembler beaucoup plus opportun en 1674, alors qu'on en disait le mécontentement général en France, alors que presque toutes les puissances se soulevaient contre Louis XIV. Monsieur de Monterey parla de ces pro-

jets de rébellion au prince d'Orange ; par cela même que ce dernier haïssait de voir les maximes républicaines se perpétuer dans un État qu'il voulait dès lors gouverner despotiquement, il les regardait comme un levier terrible, précieux à employer pour miner ou renverser le trône de Louis XIV. Aussi van den Enden put-il librement revenir en Hollande, dès qu'il eut écrit à monsieur de Monterey pour lui demander une entrevue au sujet des communications faites en 1669 au baron de L'Isola.

Autant par conviction, par vraisemblance, que par son violent désir qu'il en fût ainsi, le docteur avait ajouté la foi la plus entière à tout ce que Latréaumont lui avait confié de nouveau sur la disposition hostile et menaçante des esprits en Normandie ; aussi, lors de son voyage à Bruxelles, où il alla vers la fin de 1675, van den Enden fit-il aisément partager ses espérances à monsieur de Monterey et au prince d'Orange, non moins ardemment désireux que lui de voir les choses en cet état, et les laissa extrêmement disposés à soutenir la rébellion de Normandie ; mais lors de la promulgation de l'impôt du *tiers et danger*, cet impôt parut et était si véritablement cruel, inique et exorbitant, que les deux personnages dont on a parlé, ne doutant pas un moment de l'imminence d'une révolte en France, s'engagèrent à l'appuyer, et en donnèrent l'assurance positive aux conjurés, en faisant insérer dans la *Gazette de Hollande* les deux articles significatifs dont la teneur avait été rédigée par van den Enden et Latréaumont, et envoyée en Hollande au moyen d'un marchand portugais, émissaire secret de Monterey.

On dira peut-être que, malheureusement égaré par son aveugle esprit de prosélytisme, il était odieux à van den Enden, réfugié à Paris, de trahir les lois de l'hospitalité en rêvant le renversement du roi qui lui accordait un asile ; cela est vrai, bien que le philosophe pensât fermement doter la France des plus merveilleuses institutions, et assurer ainsi le bonheur du peuple qui l'avait accueilli; puis aussi, en se mettant au point de vue de van den Enden, on verra que l'initiative de l'ingratitude la plus noire et la plus féroce appartenait à Louis XIV et à Louvois, qui, sans autre raison qu'une rage brutale et une ignoble cupidité, oubliant les immences services que la république et le parti de Jean de Witt avaient rendus à la France, portèrent, malgré les traités les plus sacrés, les sermens les plus saints, une épouvantable guerre d'extermination au sein des sept Provinces-Unies, patrie de van den Enden . . . .
. . . .
Maintenant, avant que d'introduire le lecteur dans le nouvel intérieur de l'Hôtel des Muses, on doit dire ici quels évènemens singuliers instruisirent monsieur de Nazelles du complot tramé par Latréaumont.

Logeant près du couvent de Piquepuce, et attiré comme beaucoup d'autres curieux par la naissante renommée de maître van den Enden, monsieur de Nazelles avait assisté par hasard à une de ses leçons de latinité professées par Clara-Maria.

Chose étrange ! cette femme d'un aspect si austère et si glacial enamoura tellement monsieur de Nazelles, que non-seulement il devint un des auditeurs les plus assidus du docteur et de sa fille, mais encore, qu'il fit tant d'adroites démarches auprès de dame Catherine, qu'il parvint à être agréé dans l'école comme pensionnaire, à la grande joie de l'avare ménagère, qui se voyait ainsi défrayée d'une grande partie de sa dépense par le revenu annuel de la pension de monsieur de Nazelles, généreusement portée par lui à quinze cents livres.

Bien que van den Enden, et surtout Clara-Maria, fussent très loin de partager l'engouement de dame Catherine pour celui qu'elle appelait fièrement *son pensionnaire*, telle était la crainte qu'elle continuait d'inspirer dans cette pauvre maison, dont elle demeurait toujours la souveraine absolue, que, pour rien au monde, le docteur n'eût osé fermer la porte de son école au protégé de dame Catherine.

Quant à la connaissance que Nazelles eut du complot, elle s'explique ainsi qu'il suit :

Las d'être sans cesse rebuté par Clara-Maria, qui, le haïssant avec une indomptable persistance de mépris, savait toujours éviter les tête-à-tête qui auraient dû se rencontrer si fréquemment depuis l'admission de l'avocat parmi le domestique de l'Hôtel des Muses, voulant à tout prix trouver l'occasion de parler longuement de son amour, Nazelles s'était un jour imaginé, en l'absence du gendre de van den Enden (le docteur Kerkerin, alors en Hollande), s'était imaginé de se cacher dans une espèce de petit oratoire où Clara-Maria se retirait souvent le soir pour lire, prier et méditer.

Par un hasard singulier, ce jour-là même van den Enden avait à causer confidemment avec Latréaumont de la révolte de Normandie. Se croyant sans doute plus secrètement isolés dans le parloir de Clara-Maria, le docteur et le colonel s'y rendirent et conférèrent si longuement et si particulièrement de la rebellion projetée, que Nazelles fut instruit de tout. L'entretien fini, le partisan et van den Enden se séparèrent, et Nazelles sortit de sa cachette.

Le lendemain, comme Latréaumont se promenait sous les arceaux de la place Royale, Nazelles l'aborda bravement, le prit à part au milieu de la foule, et lui dit : « Je sais tout. » En vain le partisan stupéfait voulut nier ; mais l'avocat lui donna des détails tellement circonstanciés, qu'il lui fut impossible de persister dans ses dénégations. Puis, comme le colonel s'emportait en menaces terribles, Nazelles lui répondit froidement « que tout ce qu'il « avait surpris touchant la conspiration était écrit de sa « main et déposé chez un notaire, son ami, en manière « de testament, de sorte que, dans le cas où Latréaumont « lui tendrait quelque sanglante embuscade, telle garde- « notes avait mission de dévoiler aussitôt la cause proba- « ble du meurtre et les détails du complot, renfermés dans « la lettre.—Que voulez-vous donc alors ?—lui demanda « Latréaumont. — Rien, — reprit l'avocat ; — je me « contente de savoir ce qui en est, et de tenir dans ma « main l'existence de ceux qui conduisent cette affaire, qui « d'ailleurs, je l'espère, pourra d'une façon ou d'une autre, « ra servir mon amour ; aussi, quant à présent, je ne veux « pas paraître instruit de tout ceci aux yeux de van den « Enden, non plus qu'aux yeux de monsieur de Rohan. »

Que faire dans une conjoncture aussi extrême ? Tuer Nazelles. Mais son testament dirait tout. Lui offrir quelque argent sur les sommes que Monterey devait envoyer ? Mais l'avocat avait refusé, ayant assez de fortune, assez peu de besoins pour ne pas vendre son silence.

Latréaumont se résigna donc à subir la fortuite et dangereuse initiation de Nazelles, et se garda surtout d'en instruire monsieur de Rohan ; car cette nouvelle chance d'être découvert eût sans doute encore augmenté les irrésolutions du chevalier.

Cette parenthèse épuisée, revenons à la scène qui se passait à l'Hôtel des Muses, ce jour-là même où Latréaumont venait enfin de décider monsieur de Rohan à conspirer, et où tous deux devaient demander à van den Enden de repartir à l'instant pour Bruxelles.

Il était cinq heures du soir. Clara-Maria, encore assise dans sa chaire, et rassemblant ses livres épars, avait terminé sa leçon ; tous ses auditeurs venaient de sortir de la vaste salle de l'école, à l'exception d'un seul ; celui-là était Nazelles, arrivé depuis deux heures du cabaret des Trois-Cuillères.

Soit que la jeune femme fût encore occupée de remettre ses livres en ordre, soit qu'elle ne voulût pas s'apercevoir de la présence de l'avocat, elle tenait ses yeux continuellement attachés sur sa table en rangeant quelques papiers ; aussi fallut-il que monsieur de Nazelles s'approchât de Clara-Maria, presque à la toucher, pour qu'elle parût enfin le voir.

— Madame, — dit-il d'un air timidement patelin, — on ne saurait mieux professer que vous ne l'avez fait tout à l'heure, et si la science n'avait pas déjà tant de charmes

par elle-même, le bonheur d'être enseigné par vous lui donnerait un merveilleux attrait.

— Excusez-moi, monsieur, mais je vais aller dans le jardin retrouver mon père, — dit Clara-Maria d'un ton bref et de son grand air calme, sérieux et glacé.

Néanmoins, monsieur de Nazelles, se plaçant proche de la petite porte qui fermait la chaire, s'appuya dessus, de façon que Clara-Maria n'en pouvait sortir.

— Veuillez, madame, me donner une seconde... un seul moment! — dit-il d'un air empressé.

— Que voulez-vous, monsieur? — dit la jeune femme, en levant sur l'avocat ses yeux bleus, clairs et assurés, devant lesquels il baissa le regard.

Après un moment d'hésitation, Nazelles arracha un soupir désespéré du fond de sa poitrine, et dit à voix basse :

— Hélas! vous le savez bien, belle inhumaine, qui ne voulez pas entendre à mon amour!

Il est impossible de peindre le coup d'œil de hauteur et d'écrasant mépris que Clara-Maria, toujours pâle et grave, jeta sur cet homme ; puis, sans même l'honorer d'un accent d'impatience ou de colère, elle lui dit froidement, sans le regarder, en prenant à la hâte quelques livres :

— Ouvrez cette porte!

— Par pitié! madame... un mot... un seul mot, écoutez-moi, ne m'exaspérez pas! — Et l'avocat, s'accoudant sur le bord de la chaire, levait ses mains suppliantes.

— Cette porte, monsieur... cette porte! — dit impérieusement la jeune femme en se levant droite et imposante dans sa longue robe noire, et s'apprêtant à sortir.

— Mais, madame, depuis bientôt un an... ma passion... vous est connue. Je meurs d'amour... ayez pitié de moi... Il faut que vous ayez pitié... il le faut!... — Et l'avocat, après avoir prononcé ces mots d'une voix haletante et entrecoupée, s'avança sur le bord de la chaire, et tâcha de saisir une des mains de Clara-Maria, qui, se rejetant en arrière, et frissonnant comme si un hideux reptile l'eût approchée, s'écria :

— Ne me touchez pas... Ah!... ne me touchez pas!!

Il y eut dans ces mots, dans le geste qui les accompagna, et sur le visage austère de la jeune femme, une si insultante expression de dégoût et d'horreur, que monsieur de Nazelles ouvrit brusquement la porte de la chaire en rougissant de rage, tandis que ses yeux fauves brillèrent un instant d'un feu infernal.

Alors Clara-Maria descendit de l'estrade sans regarder l'avocat, et, portant ses livres sous son bras, traversa la salle d'étude avec une majestueuse lenteur.

Monsieur de Nazelles, atterré, la suivit quelques momens du regard. Puis, faisant un geste de menace, et frappant du pied avec fureur, il sortit, pendant que Clara-Maria, irritée, mais toujours calme, allait au jardin rejoindre son père.

Van den Enden, n'ayant pas un grand nombre d'écoliers (la guerre et les obligations des charges laissant fort peu de désœuvrés à Paris), avait joint à son enseignement des langues anciennes une école pour les enfans, auxquels le vieillard apprenait à lire avec une patience et une bonté toutes paternelles, et, pourquoi ne le dirait-on pas? avec un intérêt plein de charmes pour lui.

Contraste curieux et touchant! cet esprit sérieux et pensif, ce grand savant, ce mâle génie politique, descendant ainsi des hauteurs solennelles et mystérieuses de la méditation, ou sortant des profondeurs de la science la plus aride, trouvait un bonheur ineffable à venir rasséréner encore sa belle âme auprès de ces naïves petites créatures; à contempler ces trésors d'innocence, de jeunesse et de candeur, et à sourire pieusement à leurs joies enfantines; les seules peut-être que l'homme goûte jamais pures et sans remords!

Lorsque le temps et la saison le permettaient, van den Enden faisait l'enseignement des enfans dans le vaste jardin de son école. Or, la soirée de ce jour était aussi riante et aussi belle que la matinée avait été sombre et pluvieuse; la tiède brise du sud chassait lentement, sur le bleu foncé du ciel, de blancs flocons de nuages aux contours argentés, tandis que les frais et verts bourgeons du printemps montraient leurs premiers pousses sur la brune écorce des lilas et des amandiers; l'air était doux, le soleil avait séché le sable des allées, et le philosophe, assis à ses rayons, dans un grand fauteuil de bois, au milieu d'un quinconce de tilleuls, était entouré de quelques enfans, dont le plus vieux n'avait pas six ans.

Il faut dire que le bon vieillard ne paraissait pas à leur égard d'une extrême sévérité; les uns, insoucians, jouaient gaiement entre eux, assis à ses pieds; tandis que d'autres, pensant à l'avenir, se montraient curieusement et sans envie, il est vrai, mais avec une sorte d'inquiétude mal dissimulée, les deux savans de la bande, que le docteur finissait alors de faire lire.

C'était un gracieux tableau.

Van den Enden, vêtu de brun, courbé par l'âge, coiffé d'un chaperon de velours noir d'où s'échappaient ses cheveux blancs, souriait doucement.... Le soleil éclairait en plein sa figure vénérable, bien pâle, bien souffrante, il est vrai, bien profondément sillonnée par les veilles et les chagrins, mais qui alors avait une rare expression de bonheur et de quiétude. Il tenait sur ses genoux une grande Bible peinte; et deux enfans, debout auprès de lui, se serraient côte à côte, en suivant sa leçon.

L'un, frêle et joli, blanc et vermeil, à longs cheveux d'un blond doré, à la physionomie singulièrement fine et spirituelle, était vêtu d'une jaquette écarlate, et ouvrait attentivement ses yeux bleus, vifs et intelligens, tandis que, du bout de son tout petit doigt rose à fossettes, il suivait d'un air sérieux et appliqué les lettres coloriées que le vieillard lui indiquait d'une main tremblante, et que l'enfant disait à mesure.

L'autre, au contraire, robuste et beau garçon, brun et déterminé, aux grosses joues fermes et hâlées, vêtu d'une jaquette verte, oubliait parfois le livre pour suivre de ses grands yeux noirs, résolus et distraits, les oiseaux qui voletaient dans les branches; aussi sa bonne voix hardie et décidée ne répétait-elle jamais les lettres que lorsque son camarade les avait épelées de son petit accent doux et timide.

Mais, à la grande joie des enfans qui s'éparpillèrent aussitôt, la leçon fut interrompue par Clara-Maria, qui vint rejoindre son père, et lui dit d'une voix émue :

— Cela devient intolérable, mon père; encore cet homme!!

Van den Enden haussa les épaules en disant tristement :

— Ah, Catherine! Catherine!!

— Mais, mon père, que faire? je n'ai rien voulu dire à mon mari, car vous savez combien il est violent! les instances de cet homme me sont odieuses! encore une fois, que faire? Sa position de pensionnaire ici lui donne mille occasions de me poursuivre de ses honteux propos. Je vous en supplie, mon père, résolvez à ma belle-mère de le chasser! — ajouta Clara-Maria, qui, on le sait, était fille du premier lit de van den Enden.

— Que veux-tu, mon enfant! tu connais Catherine, à quoi bon des observations avec elle? ne sais-tu pas toi-même, hélas! que c'est vanité!!

— Mon père, je lui parlerai donc si vous le permettez.

— Ah, mon Dieu! la voilà, — dit le docteur d'un air un peu craintif.

En effet, c'était dame Catherine, comme toujours vêtue de noir avec une fraise et un béguin blanc; on l'a dit, véritable figure d'Holbein, dure, sèche et pâle.

Clara-Maria s'apprêtait à lui soumettre ses griefs contre monsieur de Nazelles, lorsqu'elle fut prévenue par une violente explosion de la colère de dame Catherine, qui s'écria :

— Eh bien, jour de Dieu! j'en apprends de belles! je rencontre à l'instant *mon pensionnaire*, monsieur de Nazelles; moi je lui dis : « Dieu vous garde, monsieur, nous souperons bien ce soir; car, ce n'est pas pour me vanter,

mais nous aurons un hochepot (1) et un potage au poisson qui ne dépareraient pas la table d'un chanoine. » Qu'arrive-t-il? au lieu d'accueillir mes avances de hochepot comme doit le faire un pensionnaire d'un appétit flatteur, monsieur Nazelles me répond d'un air à fendre l'âme : « Merci, dame Catherine, je n'ai pas faim, je ne souperai pas ce soir, je vais prendre mon feutre et mon manteau pour sortir. — Ne pas souper! m'écriai-je, quand je vous annonce un pareil hochepot. Mais cela n'est pas naturel. Il faut qu'il y ait quelque chose là-dessous, monsieur de Nazelles. » Enfin, après bien des *si* et des *mais*, la douce créature finit par m'avouer que c'est encore vous, madame! — et dame Catherine attacha un regard furieux sur sa belle-fille, — que c'est encore vous qui, avec vos discours aigres et fâcheux, lui avez ôté l'appétit!

— Il a osé vous dire cela, madame?

— Il a dit... il a dit... il n'a rien dit sans doute, la pauvre âme de pensionnaire qu'il est... mais je l'ai deviné, car, comme il sortait de votre classe, ça ne pouvait être que vous qui l'ayez tourmenté. Mais je dois vous le dire, une bonne fois pour toutes, cela m'ennuie à la fin! je tiens à mon pensionnaire comme au salut de mon âme. Grâce à ses quinze cents livres, nous vivons presque pour rien, car vous ne croyez pas sans doute, madame, que ce soient les soixante méchantes pistoles par an que nous donne votre mari qui puissent nous avancer beaucoup, j'imagine!

— Ma femme! ma femme!

— Et vous! vous ne valez guère mieux non plus! — reprit dame Catherine en se retournant vers le philosophe, et le toisant d'un air irrité. — Pourquoi en veut-on ainsi à mon pensionnaire? Ne paye-t-il pas exactement sa pension? quinze cents bonnes livres du bon Dieu. Trouvez donc un pensionnaire pareil? Aussi, encore une fois, que lui fait-on? Pourquoi le hait-on? que lui veut-on?

— Je ne le hais pas, madame; je le méprise, — dit Clara-Maria.

— Sainte-Vierge! mépriser mon pensionnaire! et de quel droit, s'il vous plaît?

— Madame, il est de ces choses qu'on ne peut dire, — reprit sévèrement la fille du docteur.

— Enfin, Catherine, puisqu'il faut vous l'apprendre, — dit le philosophe avec impatience, — monsieur de Nazelles fait la cour à ma fille et l'obsède de propos déplacés.... Comprenez-vous à cette heure?

— Eh bien! après, voyez donc le grand mal! Est-ce que votre fille n'est pas honnête femme? Est-ce qu'elle ne peut pas bien se garder elle-même, sans pour cela maltraiter mon pensionnaire, lui ôter l'appétit, le dégoûter d'un si bon hochepot, sur lequel je comptais tant pour m'attacher de plus en plus monsieur de Nazelles? Mais il le mangera! Affinius... je le déclare, il faut qu'il le mange! ou au moins qu'il en goûte, entendez-vous!

— Si vous tenez si fort à ce que votre souper soit mangé, — dit le vieillard, ne pouvant s'empêcher de sourire de la fureur de sa femme, — voici un compagnon qui vous rendra aisément ce service. — Et il lui montra Latréaumont, qui arrivait accompagné de monsieur de Rohan.

— Bon Dieu du ciel! c'est l'affreux géant! Je crois bien qu'il mangerait aisément mon souper! et bien d'autres encore avec!! — s'écria la ménagère en frémissant; — il aura sans doute eu vent du hochepot, car le voilà qui vous arrive avec ce seigneur... mais quel seigneur, mon Dieu! un mauvais seigneur ruiné, chh-on, car vous ne sauriez autrement choisir vos belles connaissances, vous!! — dit dame Catherine avec mépris.

En apercevant monsieur de Rohan et Latréaumont, van den Enden avait fermé son livre, pendant que Clara-Maria se retirait, et que Catherine suivait sa belle-fille, se souciant peu de supporter, comme d'habitude, les impertinentes plaisanteries de Latréaumont, et craignant sans doute pour la sûreté de son hochepot, bien que le colonel

(1) Sorte de macédoine de viande et de légumes.

ne vint plus, ainsi qu'autrefois à Amsterdam, s'imposer comme son commensal habituel.

Le docteur resta donc seul dans le jardin avec ses deux hôtes.

— Eh bien, père la Sagesse, tu vas rire ! — dit Latréaumont, qui s'était familiarisé avec ce vieillard à ce point qu'il le tutoyait insolemment ; — tu vas rire dans ta barbe, Montérey accepte, et Rohan aussi !... La *Gazette* est arrivée !

Monsieur de Rohan fit un signe de tête affirmatif.

— Monterey accepte ! — s'écria van den Enden avec une expression de joie impossible à décrire, en levant au ciel ses mains tremblantes ; — il accepte.... Enfin il a tenu la parole qu'il m'avait donnée ! Mais montons chez moi, nous y serons plus retirés. Et tous trois montèrent dans le cabinet du docteur, pièce petite et sombre, éclairée par une seule fenêtre, et encombrée de livres et d'instrumens de physique ; véritable antre d'alchimiste. Van den Enden ferma soigneusement la porte, s'assura que personne ne se trouvait dans une pièce voisine, et les trois conjurés s'assirent. — Il accepte, il accepte ! — répéta le vieillard.

— Tiens, — lui dit Latréaumont, — lis... voici la *Gazette*. — Pendant que le docteur absorbé examinait ce journal avec attention, Latréaumont reprit : — Voilà, j'espère, mon vieux Lycurgue, une belle occasion d'appliquer ton système, et de semer enfin ta chère république en Normandie, afin d'y faire pousser des anges. Eh bien ! quand, il y a cinq ans, à Amsterdam, je te disais qu'il ne te fallait pas te désespérer, et que je trouverais un nom pour servir d'enseigne et de chef à notre sédition !... hein ! t'ai-je tenu parole ?... Est-il assez brave et assez noble, celui-là, Louis de Rohan !... neveu du grand duc Henri de Rohan, cet indomptable révolté !

— Oh ! oui... très noble et très brave.... — dit van den Enden avec une singulière expression ; — j'aurais pu choisir le chef de l'État républicain que je rêve depuis si longtemps... que mon choix fût certainement tombé sur monsieur de Rohan.

— C'est comme moi, — reprit Latréaumont. — Voyez un peu comme les belles âmes se rencontrent !

— Allons ! j'espère que tout ceci succédera bien, — dit monsieur de Rohan avec une angoisse mal dissimulée ; car la pensée de Maurice lui revenait à l'esprit ; — l'affaire est engagée, maintenant hâtons-la, pour Dieu ! hâtons-la !... *car il n'y a pas de plaisir à rester ainsi longtemps dans le crime !*

— Dans le crime ! — s'écria Latréaumont en riant. — Ah çà ! mille repentirs ! si tu prends cela pour un crime, à présent, si te venger des dédains et des insolences d'un roi qui t'a offensé est un crime, si te remettre à flot d'or quand tu es embourbé dans la ruine la plus fangeuse et la plus noire, si tu appelles cela un crime... alors je ne m'y connais plus !

— Un crime ! — s'écria van den Enden, qui ne daigna pas relever l'ignoble manière dont Latréaumont envisageait les fins de la conspiration, car le philosophe, ayant son noble but à lui, méprisait profondément les vues sordides de son complice ; — un crime ! — s'écria donc le vieillard avec exaltation. — Ah ! ne croyez pas cela, monsieur !... Arracher ce malheureux pays au despote qui le décime et le ronge ! délivrer vos frères des entraves qui les enchaînent ! assurer la liberté, l'égalité et bonheur de tous ! faire enfin pour votre pays ce que ce grand martyr de la liberté, Jean de Witt, rêvait pour le sien ! accomplir ce que votre oncle, monsieur, cet intrépide indépendant, voulait accomplir pour les religionnaires... oh ! ce n'est pas là un crime !... Non, non, monsieur !... c'est l'action la plus sainte et la plus grande qui puisse élever un homme au-dessus des autres hommes ; c'est pour l'avenir s'assurer un de ces noms sacrés que les peuples révoltés contre leurs oppresseurs crient pour ralliement en courant aux armes, un de ces noms vengeurs enfin, qui, écrits en traits de feu dans l'histoire, font bien souvent

pâlir les tyrans sur leur trône... comme Balthazar à son festin !

Van den Enden était sublime en parlant ainsi, la fière énergie de cette conviction réagit puissamment sur monsieur de Rohan, qui, entendant ce vieillard si sage, si éclairé, si véritablement homme de bien, faire un pareil tableau de la révolte, se sentit comme rehaussé à ses propres yeux, regarda décidément les scrupules de Maurice comme dictés par la crainte ou la personnalité, et, partageant l'exaltation du vieillard, s'écria :

— Vous avez raison !... Non, ce n'est pas un crime ! et puisse mon nom se prononcer encore avec quelque gloire après celui du grand Rohan !

Rien ne pouvait mieux servir les vues de Latréaumont, qui dit vivement à van den Enden :

— Maintenant, il te faut partir, mon vieux Brutus, et aller de nouveau trouver Monterey à Bruxelles, pour prendre avec lui les derniers arrangemens, puisqu'il a toute confiance et créance en toi...

— Je partirai.

— Demain ?

— Demain....

— Avez-vous de l'argent pour faire ce long voyage ? — lui demanda monsieur de Rohan.

— Non ! car c'est à peine si le peu que je gagne suffit à ma famille.

— Que vous faut-il ?

— De quoi faire la route.

— Deux mille livres ? demanda Rohan.

— C'est beaucoup trop, — dit le docteur en haussant les épaules.

— Mille livres ?

— C'est encore trop, je crois... mais je vous rapporterai ce qui restera.

— Brave homme ! — s'écria monsieur de Rohan.

Latréaumont reprit :

— Sais-tu, mon digne Lycurgue, que tu es bien vieux pour une telle entreprise ?

— Soixante et quatorze ans, né avec le siècle. Puissé-je seulement voir, un jour, le triomphe de la liberté, et mourir après !

— Sais-tu bien qu'il y a deux armées à traverser pour aller à Bruxelles ? — dit le colonel.

— Je le sais.

— Qu'il y a de grands dangers à courir.

— Je le sais, je le sais ! — dit avec une impatiente résolution ce vieillard qui naguère tremblait devant sa femme.

Depuis quelques momens, monsieur de Rohan faisait signes sur signes à Latréaumont, pour lui donner à entendre qu'il prenait un singulier moyen d'engager le philosophe à se charger de cette dangereuse entreprise, en lui en exagérant ainsi tous les périls ; mais Latréaumont, ne tenant aucun compte de ces muettes recommandations, continua :

— Sais-tu, enfin, que si l'on t'arrête, on pourra bien te pendre comme espion ?

— Convenons donc vite du chiffre, afin que je puisse vous écrire sûrement de là-bas, — répondit le vieillard en haussant les épaules, sans que son front eût sourcillé à la pensée des dangereux obstacles qu'il devait en effet braver pour remplir sa mission.

Alors, se retournant vers Rohan, Latréaumont lui dit en montrant van den Enden :

— Je m'apercevais bien de tes signes, mais je voulais le pousser jusqu'au bout ! Hein ! vois quel homme ! soixante-quatorze ans ! quel courage ! et toi, tu hésitais pourtant !

— Ne vous ai-je pas donné ma parole *foi de* ROHAN ? — dit le chevalier avec tristesse et dignité.

— C'est vrai, c'est vrai ; aussi es-tu un Romain ou un Spartiate du vieux temps... à ton choix... Mais ta Maurice, te sens-tu, là... mordieu ! bien dépêtré de ses liens ?

— Puisque je suis à vous... n'est-ce pas rompre à tout

jamais avec elle !! et pourtant, si elle est pure et vraie... si elle était loyale dans ses offres... ma conduite envers elle est un épouvantable crime ! — dit monsieur de Rohan avec un soupir.

— Oui, mordieu ! je dis comme toi, si elle ne voulait pas t'amener à l'épouser, pour rire après de toi avec Lorraine et d'Effiat, c'est un épouvantable crime.

Les horribles doutes du malheureux chevalier étant de nouveau réveillés par cette perfide réponse du colonel, il s'écria :

— Eh bien ! oui, n'y aurait-il qu'une chance sur mille pour que cet odieux soupçon fût une réalité, pour que Maurice fût capable d'une telle infamie... je ne veux pas même courir cette unique chance d'être couvert d'ignominie, et alors, plus la secousse est violente, plus la rupture est assurée.

Pendant cette conversation, à laquelle il était resté étranger, van den Enden, profondément absorbé, avait écrit quelques notes à la hâte.

— Tenez, — dit-il enfin à Latréaumont, — voici, je pense, un chiffre qui sera bon pour communiquer sans crainte, car le secret des lettres est chaque jour violé. Écoutez bien : lorsque j'écrirai à vous écrire au sujet de notre affaire et qu'il s'agira de monsieur de MONTEREY, je suppose, je dirai *mon gendre Kerkerin*, à cette heure à Bruxelles; par *ma fille Marguerite*, j'entendrai les ÉTATS DE HOLLANDE; et par *Clara-Maria*, mon autre fille, les ÉTATS DE FLANDRES ?

— Parfait, père la Sagesse, — dit Latréaumont ; ainsi : « J'ai vu *mon gendre Kerkerin* au sujet de ce que vous savez, mais avant de se résoudre il faut qu'il consulte *ma fille Marguerite*, » signifiera : *J'ai vu MONTEREY pour la conspiration, et il faut qu'il consulte les ÉTATS DE HOLLANDE.* »

— Assurément, — reprit van den Enden, qui continua ; L'ARGENT que Monterey doit encore envoyer s'entendra par *les diamans*, le *coche* signifiera LA FLOTTE ; les *paquets*, LES TROUPES ET OBJETS DE DÉBARQUEMENT, et enfin *la maison* signifiera LA PLACE QU'ON POURRA LIVRER.

— J'y suis, — reprit Latréaumont ; ainsi : « KERKERIN *mon gendre enverra d'abord les diamans, et ensuite par le* COCHE *que vous attendez, j'aurai la* réponse de ma fille MARGUERITE *et qu'il saura le numéro de la* MAISON *ou il faut adresser le tout,* » signifiera : « MONTEREY *enverra d'abord* L'ARGENT, *et ensuite, sur la* « FLOTTE, *les* SOLDATS *et les* OBJETS *qui doivent être débar-* « *qués quand il aura consulté les* ÉTATS DE FLANDRES *et* « *qu'il saura décidément la* PLACE *que l'on peut livrer.* »

— C'est cela même, — dit le vieillard.

— Bravo ! nous nous comprenons comme deux amans qui ont à tromper un jaloux, — reprit le colonel.

— Ainsi, — reprit monsieur de Rohan, — nous convenons bien de ceci, puisqu'il serait désormais dangereux de l'écrire : On demande à monsieur de Monterey six mille hommes de troupes pour le débarquement ; sur la flotte des armes pour vingt mille hommes, ainsi que des outils pour les fortifications.

— Et, — ajouta Latréaumont, — deux millions d'argent, dont six cent mille livres le plus tôt possible, pour disposer les masses, nous faire des créatures, et enrôler des mécontens par l'entremise du seigneur Plutus.

— C'est entendu, — dit van den Enden.

— Dès que la flotte hollandaise paraîtra sur la côte de Normandie, — continua Latréaumont, — six gentilshommes iront trouver l'amiral, quatre resteront en otage, et deux viendront mettre les Espagnols en possession de Quillebœuf.

— Alors, — dit van den Enden, — la Normandie, assurée de ce point, s'arme, reconnaît monsieur de Rohan pour chef, et se déclare en république libre et indépendante, selon mes statuts politiques, c'est ma condition expresse, et cela, sans que les Espagnols y puissent prétendre aucune domination !

— Sinon à Quillebœuf, — reprit Latréaumont, — qu'ils ne garderont que jusqu'à temps qu'on leur ait livré le Havre ou Abbeville, pour otage de la sûreté de leurs troupes !

— C'est entendu ainsi, — reprit van den Enden.

— Mais, — ajouta monsieur de Rohan en se tournant vers Latréaumont, — en cas de revers, qu'as-tu décidé ?

— Car, avec une inconcevable insouciance, qu'il faut sans doute attribuer à l'irrésolution où il était demeuré jusqu'alors au sujet du complot, le chevalier avait laissé Latréaumont seul maître de toutes les conditions,

— En cas de revers, — reprit Latréaumont, — ainsi que Monterey l'a fait dire par le Portugais, on nous promet une retraite assurée en Hollande ou en Espagne ; trente bonnes mille livres de pension pour toi, vingt mille non moins bonnes pour moi ; et la Hollande ou l'Espagne ne signeront aucun traité avec la France sans que l'assurance de notre grâce y soit stipulée et garantie positivement. J'espère, mille diables ! que ce n'est pas non plus un mauvais sort pour l'avenir, hein ! Ainsi, n'oublie pas surtout cette clause, vieux Brutus ! car on ne sait pas ce qui peut succéder.

— Je n'oublierai rien, — dit le vieillard.

— Mais, à propos, — s'écria monsieur de Rohan, — et vous, van den Enden, quel est votre sort ?

— Que la cause de la liberté triomphe ou qu'elle succombe, il n'y a que l'échafaud ou la postérité qui puisse me payer jamais de ce que j'aurai fait ! — dit gravement le vieillard.

— Mordieu ! mon vieux Brutus, tu ne ruineras pas les trésors de l'Empire et de l'Espagne, toi ! Une hache bien affilée, ou la creuse trompette de la creuse Renommée, voilà ta creuse ambition ! — s'écria le colonel avec un bruyant éclat de rire ; mais voyant le visage de monsieur de Rohan s'assombrir, il ajouta gaiement : — Allons, allons, à bientôt, notre ambassadeur plénipotentiaire auprès de Monterey ! Et vive la libre république normande et son glorieux chef, LOUIS DE ROHAN, *premier républicain du nom*.... Ainsi donc, à demain, brave Lycurgue ; je viendrai te voir encore avant ton départ, et boire avec toi le coup de l'étrier !

Et Latréaumont entraîna monsieur de Rohan. . . .

Le philosophe les suivit longtemps d'un regard de mépris, et quand il les eut perdus de vue, il s'écria en marchant à grand pas dans son cabinet :

— Enfin ! enfin ! après tant d'années passées dans l'attente et la crainte, après tant d'espérances amèrement déçues, je touche donc au terme ! Ces rêves... ces utopies, comme ils disent, vont donc se réaliser ? cette âme de mes veilles va donc animer un corps vaillant, robuste et généreux, LE PEUPLE !... et peut-être le pousser à de grandes, à d'incalculables destinées ! Et, bonheur ! bonheur ! le sort favorise assez cette sainte cause pour que ce Rohan et ce Latréaumont, voués avec moi à son triomphe, ne puissent en dénaturer l'essence ou en arrêter la marche, ne puissent enfin, plus tard, substituer leur égoïsme sordide aux fins sacrées de l'insurrection populaire. Seulement, je regrette avec amertume que celui-là seul qui comprenait toute ma pensée ne soit pas là... Hélas ! ce noble jeune homme, des Préaux, a-t-il oublié nos vastes desseins au milieu des délices d'un bonheur paisible ? Que de force et de bonté dans ce caractère ! car, malgré l'infortune qui l'écrasait alors, quel ardent amour il ressentait pour l'humanité tout entière ! on eût dit que sa belle âme souffrante voulait se distraire de ses douleurs en rêvant le bonheur des hommes !... Mais, enfin, si celui-là manque à la cause de la liberté, deux autres complices ne peuvent, heureusement, la flétrir... Après tout, qu'est-ce que ces deux hommes ? Un débauché, faible et irrésolu, n'ayant pas même l'énergie de son ambition ; un soldat féroce, ne sait pas même cacher l'ignoble cupidité qui le dévore ! Quelle autorité de tel hommes peuvent-ils avoir sur les masses, dont l'instinct de moralité est si pur, si grand ? Pendant la tourmente, le nom du courtisan déshonoré, de même que le nom matériel de la chose la plus inerte ou la plus impure, pourra bien servir de mot d'ordre ; pendant la tourmente, l'aveugle impétuosité du partisan pourra bien raffermir quelques courages ébranlés ; mais après, mais lorsque le torrent populaire aura passé sur ce monstrueux édifice social, bâti sur les plus exécrables préjugés, qui aura mission de le réédifier sur deux bases indestructibles, *l'égalité et la liberté de tous?* Sera-ce le partisan cruel, sera-ce l'indolent débauché? non! non!... Alors viendra mon heure à moi! alors se lèvera resplendissant sur l'humanité le grand jour de l'application de ces fécondes et magnifiques théories dont les sages de tout les siècles ont voulu garantir le bonheur des hommes, et que les puissans de tous les siècles ont taxées de songes, parce que ces tyrans se trouvaient trop bien de la réalité de leur vie criminelle!... Quel avenir! quel jour que ce jour! O de Witt! ô mon noble ami! ô mon frère! ne sera-ce pas là une vengeance digne de toi? assurer le bonheur d'un grand peuple, en renversant de son trône l'implacable despotes dont la trahison a causé la mort et celle de notre république!

Et le vieillard, exalté par ses pensées, attendit avec une fièvreuse impatience le lendemain, jour de son départ pour Bruxelles.

XXI

LA VEUVE.

Oh!... mes songes dorés!...
(SCHILLER. — *Les Brigands.*)

Huit jours après cette visite de monsieur de Rohan et de Latréaumont à l'Hôtel des Muses, visite qui décida van den Enden à partir pour Bruxelles, la scène suivante se passait dans le château d'Eudreville, où on a laissé, il y a cinq ans, madame de Vilars tristement préoccupée du départ subit d'Auguste Des Préaux, obligé d'aller rejoindre monsieur Isaac de Sarrau, ministre protestant rempli de vertu, de savoir et de piété, pour accompagner ce capitaine au siége de Candie.

Monsieur de Vilars étant mort à la fin de 1672, vers le milieu du mois de mai 1674, époque à laquelle se rattache ce récit, la marquise se trouvait donc veuve depuis dix-huit mois, et âgée d'un peu plus de trente-trois ans.

Il était quatre heures de l'après-dînée, et Louise, occupée d'un travail de tapisserie, causait confidemment avec madame de Sarrau, femme de son oncle Isaac de Sarrau, ministre protestant rempli de vertu, de savoir et de piété, doué de toutes les qualités enfin qui semblaient naturelles dans cette famille de grands hommes de bien.

Madame de Sarrau avait cinquante ans ; ce n'était pas une femme d'un esprit très étendu, mais la solidité de son commerce, son caractère droit et sincère, sa bonté ineffable, la rendaient précieuse à la marquise, qui pouvait, au moins avec elle, parler sûrement et constamment de son bonheur et de ses espérances, car Louise était bien heureuse... bien profondément heureuse. L'expression calme et pure de sa charmante physionomie n'avait pas changé. Bien que douloureusement affectée de la mort de monsieur de Vilars, la conscience de cette jeune femme était demeurée si paisible, l'accomplissement rigoureux de ses devoirs l'avait toujours maintenue dans une telle sérénité d'âme, que sur ce noble et beau visage semblait s'épanouir encore la première fleur de la jeunesse.

Ayant depuis six mois quitté le grand deuil, madame de Vilars portait une robe de taffetas gris d'argent garnie de rubans noirs, pareils à ceux qui nouaient, de chaque côté de son front d'ivoire, ses grosses boucles de cheveux blonds ; rien de plus simple, de plus élégant que cette mise

qui faisait singulièrement valoir la blancheur de la peau de Louise et le doux et tendre incarnat de ses joues.

La marquise et sa tante semblaient alors divisées d'opinions.

— Louise, vous êtes une petite opiniâtre, — disait gaiement madame de Sarrau, — et si j'étais à la place du chevalier Des Préaux...

— Eh bien! que feriez-vous, ma bonne tante?

— Ce que je ferais !... Je reculerais à mon tour l'époque de votre mariage.

— Et qui serait puni, je vous prie?

—Le fait est que ce serait un peu une arme à deux tranchans... mais vous êtes si méchante aussi !

—Méchante... méchante... voyons, ma chère tante... réfléchissez... Que me demande Auguste?... d'avancer de six mois le jour que j'ai fixé pour notre union... voilà tout.

—Eh bien! n'est-ce rien cela, six mois! quand on aime comme il vous aime... Six mortels mois d'attente !

— Non, cela n'est rien auprès de l'éternité de bonheur qui nous est réservée.

— Soit! mais moi j'aimerais bien mieux, comme le veut Auguste, commencer l'éternité six mois plus tôt ; car enfin pourquoi ce retard ? les convenances n'en demeureraient-elles pas toujours aussi bien gardées !... Et vous, Louise, vous dont l'esprit est si sage et si réfléchi, comment, lorsqu'il s'agit de vous remarier, pouvez-vous attacher la moindre importance à six mois de plus ou de moins ? surtout lorsque vous voyez le chagrin impatient que votre résolution cause à ce pauvre Auguste.

— Tenez, ma tante, — dit Louise d'un air grave, — je ne puis vous dire la raison qui m'oblige d'agir ainsi, mais, si vous la connaissiez... je suis sûre que vous m'approuveriez... Et puis enfin Auguste ne doit-il pas me croire aveuglément?

—Mais, méchante! c'est justement parce qu'il vous croit-aveuglément qu'il est si malheureux! il sait bien que rien au monde ne vous fera changer d'opinion... D'ailleurs, vous savez combien il se désole facilement ; vous m'avez dit vous-même que lorsque vous fûtes obligée de renoncer à le voir, il partit presque fou de désespoir pour aller se faire tuer à la guerre, mais que l'infortuné ne trouvant pas encore assez de chances sur mer, malgré la recommandation de monsieur de Saint-Marc, suivit son oncle et monsieur de Rohan à l'armée de Hollande !

— Ah! tenez, ma tante, — dit Louise tristement, — ne me parlez pas de cela; alors j'ai vaillamment fait mon devoir en éloignant Auguste; mais combien j'ai souvent frémi pour le sort de ce malheureux enfant, quand j'ai su quels dangers il avait aveuglément affrontés, et surtout dans quelle effroyable compagnie il avait été éperdument se jeter! Un monsieur de Rohan! et surtout monsieur de Latréaumont!

— Il paraît que ce dernier est véritablement un homme terrible et abominable?

— A ne jamais nommer en compagnie de gens de bien, ma tante; mais que le ciel soit béni! par cela même que la corruption était aussi outrée, elle est heureusement demeurée sans influence sur les sentimens d'Auguste, et cette dangereuse épreuve l'a pour ainsi dire encore épuré davantage !...

— Écoutez-moi, Louise, — dit à son tour très sérieusement madame de Sarrau, — vous savez si je vous aime, mon enfant, vous savez si j'admire votre noble caractère, si j'ai été profondément émue du dévouement religieux que je vous ai vue témoigner à monsieur de Vilars pendant ses derniers momens ; tout ce que le cœur d'une fille qui chérit son père peut lui inspirer pour alléger les douleurs de celui qu'elle aime et qu'elle vénère plus que personne au monde, vous l'avez fait! La veille même du jour où vous avez perdu monsieur de Vilars, il m'a témoigné toute son admiration, toute sa reconnaissance pour vous! ne faisant, disait-il, à cette heure suprême, qu'un vœu, celui que vous fussiez aussi heureuse pendant le restant de votre vie, que vous l'aviez rendu heureux, lui, pendant dix années, qui, disait-il encore, avaient passé comme un songe de félicité divine !

— Ma tante !

— Si !... je puis parler ainsi, Louise, parce que vous devez avoir assez la conscience de tout le bien que vous avez fait pour que le souvenir de cet ami si sûr et si bon vous soit doux au lieu de vous être cruel !

— Cruel ! oh non ! — dit Louise,—je m'y appesantis au contraire.

— Eh bien ! c'est au nom de ces souvenirs, au nom de votre bonheur et de celui d'Auguste, qui depuis si long-temps se montre digne de vous, que je vous supplie, mon enfant, de ne pas vous hasarder à perdre peut-être tout cela, à propos d'une résolution que vous vous opiniâtrez pas vouloir changer.

— Perdre Auguste !... oh ! ma bonne tante ! vous exagérez fort, et je gage que, s'il vous entendait... il ne serait pas de votre avis, — dit la marquise en souriant.

— Sans doute... j'exagère peut-être beaucoup... mais enfin... le désoler, ce doit-être déjà trop pour vous !... et cette détermination l'afflige si profondément.

—A cela, ma bonne tante, je n'ai rien à dire, si ce n'est que je ne la puis pas changer, — répondit Louise avec un accent et une expression de fermeté impossibles à décrire.

— Mais, enfin, avouez-lui du moins la raison qui vous fait agir.

— Il doit penser que cette raison est noble et nécessaire, puisque moi, qui l'aime autant qu'il m'aime, je la subis, et d'ailleurs quand Louise lui dit qu'elle ne peut pas être sa femme avant le mois de novembre... il doit croire Louise, — répondit la marquise avec fierté.

— Mon Dieu !... il ne vous croit que trop, encore une fois! mais pourquoi lui cacher le motif de ce retard? C'est ce manque de confiance de votre part qui le rend surtout malheureux.

— Cela est vrai... pauvre Auguste ! dit la marquise en soupirant.

—Il serait si reconnaissant ! et puis, tenez, mon enfant, personne plus que moi n'admire la fermeté, mais, en tout, croyez-moi, il est un excès qui peut être fatal.

—Vous avez raison, ma tante, — dit Louise pensive ;— et, ainsi changer ma détermination, car, si vous la connaissiez, vous agiriez comme moi, j'en confierai du moins la cause à Auguste... Jusqu'à présent je m'y étais refusée... dans la crainte puérile peut-être de blesser sa susceptibilité ou plutôt l'exquise délicatesse de son affection pour moi... mais, au fait... cette crainte est une injuste offense envers un tel caractère, et aujourd'hui même... il saura tout.

—Ah ! mon enfant, que vous allez le rendre heureux ! ! Mais, tenez, j'entends du bruit dans la cour d'honneur, je suis sûr que c'est le ciel qui envoie le chevalier. Comme il s'agit d'un secret... je vous laisse... Mais avant, — dit madame de Sarrau en baisant sa nièce au front, — laissez-moi vous remercier de cette généreuse et sage détermination.

En effet, c'était Auguste ; cinq années de plus avaient donné aux beaux traits du chevalier un caractère plus ferme et plus décidé... et puis cette expressive et noble figure semblait pour ainsi dire éclairée par les reflets intérieurs du bonheur immense qui rayonnait en lui ; aussi, bien qu'un eût dit la tante de Louise, Auguste ne semblait pas positivement affligé : son charmant visage révélait plutôt une mélancolie douce, agitée çà et là par cette impatience ardente et inquiète si naturelle à ceux qui brûlent de voir enfin se réaliser une espérance longtemps regardée comme un rêve !

— Asseyez-vous là , Auguste, — dit la marquise dès qu'elle le vit entrer ; — j'ai de bonnes nouvelles à vous apprendre.

— Quoi ! vous consentiriez enfin ! ! — s'écria-t-il, car pour l'amoureux jeune homme il n'y avait au monde qu'une seule bonne nouvelle.

Louise ne put s'empêcher de sourire et lui dit :

— Ne vous hâtez pas trop de vous réjouir, mon pauvre ami ; ce que j'ai à vous dire n'est pas ce que vous désirez tant !

— Hélas ! — dit tristement le chevalier; puis il reprit avec grâce : — Non, non, pas hélas... pas hélas... car j'ai cru cela un instant, et j'ai ressenti un bonheur si grand, si vif, que je dois vous dire au contraire : Oh ! bien merci de ce moment d'ivresse !

— Bon Auguste !... écoutez : si je n'ai pas à vous dire : soyez heureux demain, j'ai du moins à vous confier la cause de ces retards qui vous affligent. .. et que jusqu'à présent j'avais hésité à vous apprendre.

— Oh ! Louise, Louise, que je vous sais gré de cette confiance, et qu'elle va m'aider à supporter l'attente !

— Écoutez-moi, — dit madame de Vilars d'un air sérieux, — et ne vous étonnez pas si je reprends les faits d'un peu plus haut...

— Je vous en prie, au contraire... Louise, reprenez-les dès ma première pensée... dès ma première joie... dès ma première tristesse... dès mon amour pour vous, enfin.

— Non, non, je ne veux pas ainsi prodiguer mes trésors, je veux seulement vous rappeler ce qui s'est passé depuis 1669, lorsqu'il y a cinq ans vous partîtes pour Candie, mandé subitement par monsieur de Téméricourt.

— Mon Dieu ! que je souffrais donc alors !... ah ! que j'étais malheureux !

— Oui, vous partîtes bien triste, bien découragé; et moi aussi, pour la première fois, je me sentis atteinte d'une cruelle angoisse..... Enfin, ce soir-là même, monsieur de Vilars me dit : « Louise, je crois qu'Auguste vous aime. »

— Il vous a dit cela?... — s'écria le chevalier.

— Oui.

— Et que lui avez-vous répondu ?

— Que je le croyais aussi.

— Que vous le croyiez aussi ?.... que je vous aimais !.... Et lui... lui... à cela que dit-il ?

— Il dit à cela, Auguste, — ajouta Louise les yeux humides, — un mot de confiance sublime, qui prouvait l'estime inaltérable qu'il avait pour moi et l'intérêt paternel qu'il vous portait. Il répondit à cela : « Malheureux enfant ! » — Auguste, profondément ému, baissa le regard.

— Après cette découverte, — reprit Louise, — rien ne pouvait changer dans les rapports d'intime et mutuelle confiance qui régnait entre monsieur de Vilars et moi... Comme toujours, nous causâmes de vous avec la plus tendre sollicitude ; nous pesâmes ensemble ce qui valait mieux pour vous, ou de vous laisser revenir à Eudreville, ou de trouver un prétexte plausible de vous en éloigner peu à peu, afin de vous épargner les chagrins d'un amour sans espoir ; mais, d'un autre côté, nous pensions aux bonnes et fécondes inspirations que vous puisiez dans cette affection que je devais toujours ignorer, à l'heureuse influence qu'elle me donnait sur vous ; en véritables amis, enfin, nous songions aux désordres dans lesquels vous auriez pu vous plonger par désespoir, si nous rompions violemment des habitudes de cœur établies depuis si longtemps ; aussi, nous décidâmes, après avoir mûrement réfléchi, que vous reviendriez à Eudreville comme par le passé... Cela... c'était il y a deux ans et demi. — A quelques mots de la marquise, Auguste tressaillit malgré lui, surtout lorsqu'elle parla des funestes partis où le pouvait entraîner son désespoir ; mais Louise, absorbée, ne s'apercevant pas encore de l'émotion du chevalier, continua : — nous revîntes donc après une longue absence... et un soir, ici, à la place où vous êtes... vous me fîtes l'aveu de votre amour... Cet aveu ne m'offensa pas, Auguste... non... mais il me navra profondément, parce qu'avant de me l'avoir déclaré, bien que ce sentiment existât, bien que tout en vous le trahît, je pouvais vous voir comme d'habitude ; mais après cet aveu formel, que je dus confier à monsieur de Vilars, il n'était digne ni de lui, ni de moi, de vous recevoir davantage, comme il n'était pas non plus digne de vous de revenir à Eudreville. Désespéré, vous partîtes donc pour la guerre de Hollande.

A ces mots de la marquise, le trouble d'Auguste augmenta beaucoup; il pâlit comme si un souvenir effrayant se fût tout à coup présenté à sa mémoire, et s'écria :

— Louise, ne me rappelez pas cet affreux voyage! par pitié! Louise, ne m'en parlez pas... il faut que je l'oublie!

Madame de Vilars, très étonnée de l'anxiété qui s'était si soudainement peinte sur la figure d'Auguste, continua avec calme, en sentant néanmoins son cœur battre fort et vite :

— Vous avez raison, Auguste, il faut oublier ce malheureux voyage, causé par un fatal aveu; mais remerciez le ciel de vous avoir sauvé de la mort que vous cherchiez alors... et surtout de vous avoir arraché aux autres dangers qui vous entouraient... car on ne meurt qu'une fois... tandis qu'on peut être infâme bien souvent... et l'affreuse renommée de ce monsieur de Rohan.... de votre oncle.... ah! j'en frémis encore.

— Oh! par pitié! Louise, encore une fois, ne me parlez plus de ce temps-là... il faut que je le regarde comme un rêve affreux... ne m'en parlez plus.... il faut que je l'oublie... vous dis-je.

En disant ces mots, les traits d'Auguste étaient si bouleversés, sa voix si altérée, que Louise commença aussi à pâlir sous l'obsession d'une terreur vague et involontaire; mais pensant tout à coup à l'excessive délicatesse d'Auguste, elle crut, avec assez de vraisemblance, que, venant de rappeler au souvenir du chevalier toute la noblesse des procédés de monsieur de Vilars, il éprouvait un violent remords de s'être montré si ingrat envers le marquis, en osant faire à sa femme l'aveu d'une passion coupable; aussi Louise, sachant à Auguste un gré infini de ce noble repentir, se remit de son effroi passager, et lui dit avec une affectueuse expansion :

— Vous avez raison.... mon pauvre Auguste, pour un cœur tel que le vôtre... de pareils souvenirs sont amers.... ne parlons donc plus de ce temps-là... qui m'est aussi bien cruel; car enfin c'est à cette époque, — ajouta Louise avec tristesse, — que monsieur de Vilars commença de ressentir les premiers symptômes de la maladie dont il mourut... Je fis alors pour lui tout ce qu'il était au monde possible de faire; je fis ce que je devais enfin, et ma conscience me dit que j'avais bien agi... Malgré mes soins... bientôt monsieur de Vilars sentit sa fin s'approcher; il vit s'avancer avec calme et sérénité, — dit la jeune femme profondément émue, tandis qu'une larme tremblait au bout de ses longs cils; — puis, regardant Auguste, elle reprit : — Ah! mon ami, si vous saviez ce que j'éprouvais alors de regrets déchirants! l'ayant toujours trouvé si bon, si bon pour moi!... et pour vous! — ajouta-t-elle en tendant la main à Auguste. Le chevalier, attendri, prit la main de Louise, qu'il serra dans les siennes et parut surmonter peu à peu l'effrayante émotion qui l'avait un moment agité. — Vous allez juger, mon ami, — continua Louise en essuyant ses larmes, — tout ce qu'il y avait de grand et de généreux dans cette belle âme... et savoir enfin ce que je vous cachais... C'était le 20 novembre, cinq jours avant sa mort; il était tard, il me fit renvoyer les gens et me pria de m'asseoir près de son lit..... alors il me dit avec un accent de reconnaissance et de tendresse impossible à rendre :
« Louise, je puis encore aujourd'hui vous exprimer tout
» ce que j'ai ressenti de votre conduite envers moi; de-
» main peut-être il serait trop tard. Pendant dix années,
» Louise, je vous ai dû la vie la plus profondément heu-
» reuse dont la Providence puisse jamais combler ses élus...
» A cette heure dernière, Louise, j'ai une prière à vous
» faire et un pardon à vous demander. Auguste vous
» aime... vous l'aimez aussi... ange de vertu! et vous
» avez peut-être bien cruellement souffert depuis long-
» temps? » Je tombai à genoux, il continua : « Pardon,
» Louise, d'avoir accepté sitôt votre main, pardon.... car
» ainsi je vous ai privée de quelques années d'une *autre*
» affection que celle que j'ai pu vous offrir... Maintenant

» ma prière est celle-ci : bien qu'elle vous semble peut-
» être cruelle, elle est pourtant dictée par la tendre solli-
» citude d'un père pour sa fille chérie. A dater de ce jour...
» attendez seulement deux années avant que d'épouser
» Auguste... il est jeune encore, il a les plus nobles et les
» meilleurs instincts, tout en lui démontre une rare et no-
» ble persistance dans le bien; cette attente d'un bonheur
» immense et inespéré, auquel il pourra de la sorte se
» pieusement préparer, sera donc la dernière et bien douce
» épreuve, puisqu'il vous verra presque chaque jour, qu'il
» devra subir pour arriver au comble de la félicité hu-
» maine... Et puis enfin, ajouta monsieur de Vilars en me
» remettant un paquet cacheté, la véritable raison qui m'en-
» gage à vous faire cette prière, et qui résume d'ailleurs
» les motifs que je vous ai exposés, se trouve tracée dans
» cet écrit. Maintenant, Louise, promettez-moi de n'ou-
» vrir cette lettre... que le lendemain du jour où vous
» serez mariée... c'est-à-dire dans deux ans... » Je promis
à monsieur de Vilars d'exécuter ses volontés et d'attendre
ce délai. Enfin, pour répondre à sa confiance sans crainte
de le blesser dans ce moment solennel où les susceptibili-
tés de l'amour-propre s'effacent, je lui avouai qu'en effet
je vous avais aimé, Auguste... tendrement aimé depuis
longtemps... Il me serra la main... nous nous étions compris... Cinq jours après, il n'était plus... Maintenant, mon
ami, vous savez pourquoi j'ai toujours voulu remettre notre mariage à la fin de cette année...

— Oh! maintenant, Louise, — dit Auguste tout à fait
revenu de la crise pénible qu'il avait éprouvée; — oh!
maintenant, pardon de vous avoir amenée, par mon impatience, à me faire, peut-être malgré vous, cette confidence qui vous rappelle des souvenirs pénibles! .. mais si
vous pouviez savoir aussi combien je vous en suis reconnaissant; combien j'admire et vénère l'homme généreux
qui, à ses derniers moments, s'inquiétait encore de votre
avenir et du mien... car, Louise, penser à assurer davantage votre bonheur, n'était-ce pas songer au mien?...
Enfin, la pensée de ce délai vous donnait le temps de
mûrement réfléchir avant de vous engager encore, et de
juger enfin si je me montrerais toujours digne de vous....
cette pensée n'était-elle pas dictée par la plus haute et la
plus sage prévoyance? Aussi, croyez-moi, Louise, jamais
mon cœur n'oubliera tout ce que monsieur de Vilars a fait
pour moi, ses conseils, ses bontés; et si j'ai un reproche
navrant à me faire, c'est d'avoir osé abuser de l'hospitalité qu'il m'offrait si loyalement pour vous faire l'aveu
d'un amour coupable... Et quand s'il était possible de
me justifier, je vous dirais, Louise... que, tout en croyant
ma conduite condamnable, je ne sais, mais à mes yeux,
monsieur de Vilars avait avec vous des manières si gravement affectueuses, si paternelles... si vous-même vous
vous montriez envers lui d'une affection si filiale, si respectueuse..... si sainte..... que..... enfin, pardonnez-moi,
Louise, si ce que je vous dis vous offense... mais... il me
semblait que mon amour eût été bien plus coupable si
monsieur de Vilars ne m'eût pas semblé être pour vous...
un père... La jeune femme baissa les yeux et rougit beaucoup. — Aussi, — continua Auguste, — vous ne sauriez
croire ce qui rendait mon éloignement moins cruel, mes
longues nuits sans sommeil moins déchirantes! c'était encore cette pensée!! Ce qui maintenant enfin me donne le
courage de supporter presque sans chagrin ce retard à
mon bonheur... eh bien! c'est encore l'enivrement que me
donne cette pensée! O Louise!... ma bien-aimée... dites...
n'est-ce pas que mon cœur a deviné?..... n'est-ce pas,
Louise, que j'ai toujours eu l'instinct de mon ineffable
bonheur?...

— Auguste, taisez-vous, — dit Louise, dont le sein pal-
pitait, et qui était à la fois heureuse et confuse de voir
ainsi dévoiler le secret de son pur et chaste amour.

— Oh! laissez-moi tout vous dire, — reprit Auguste; —
qu'aucune de mes joies, de mes extases ne vous soit inconnue! Laissez-moi vous dire mes rêves sans fin, laissez-
moi vous parler de l'avenir, ô Louise! de l'avenir! Nous

voyez-vous unis, à jamais unis.... concevez-vous cette vie?... N'est-ce donc pas un songe?.... moi! moi être à vous... vous appartenir, enfin vous pouvoir dévouer à jamais cette existence dont vous avez éveillé les premières sensations.

— Oui, Auguste, oui, je le crois, je le sens, une ineffable, une grande félicité nous attend, bien grande, bien ineffable, parce que nous en jouirons sans remords, avec la conscience généreuse de l'avoir méritée. O mon ami! je dis aussi comme vous, quel avenir! Pensez donc quelles longues et rapides journées? et nos promenades du matin, et nos lectures du soir, et nos pauvres à visiter, et nos occupations des champs? Et puis vous ne savez pas, Auguste? il faut absolument décider votre père à venir à Eudreville; il aime bien Préaux, mais je me charge de le lui faire oublier.

— Oh! oui, Louise, vivre entre vous et mon père, réunir tous les bonheurs du cœur, toutes les joies sacrées de la famille, et plus tard... peut-être, d'autres joies encore, ces joies enfantines... qui semblent les échos vivans de notre bonheur. Oh! n'est-ce pas, Louise,—dit Auguste avec amour,—voir naître et se développer sous ses yeux ces fraîches fleurs du matin de la vie, qui embellissent son couchant de leur éclat et de leur parfum... n'est-ce pas, ma bien-aimée?

Et Auguste, pressant avec ivresse la main de la marquise, cherchait en vain son doux regard; car Louise, tremblante et doucement émue, tenait ses beaux yeux continuellement baissés...

A ce moment, le bruit d'une porte qu'on ouvrit, dans un salon précédant la galerie, fit tressaillir Louise, qui retira précipitamment sa main des mains d'Auguste.

Bientôt un valet de chambre de la marquise, ayant gratté à la porte, entra, et s'adressant à Auguste.

— Un ami de monsieur le chevalier, qui n'a qu'un mot à lui dire, est à la petite porte du parc; il arrive de Préaux, où on lui a assuré que monsieur le chevalier était ici.

— Quelle bizarrerie! Pourquoi, chevalier, votre ami n'entre-t-il pas? — dit Louise étonnée.

— Permettez-vous, madame la marquise, que j'aille m'informer de ce que ce peut être?

— Mon Dieu, allez! et revenez vite me dire quel est ce mystérieux et timide inconnu.

Et Auguste, ayant salué madame de Vilars, suivit le valet de chambre, qui lui indiqua une partie du parc fort solitaire; car c'était à une petite porte percée à cet endroit qu'attendait le cavalier, disait le laquais.

Auguste, précipitant son pas, moitié par inquiétude, moitié par curiosité, arriva bientôt, ouvrit cette porte, et vit... son oncle Latréaumont... Un autre cavalier, enveloppé de son manteau, était à cheval, tenant en main la monture du colonel.

XXII

LA PROMESSE.

> Pensiez-vous que le lion sommeillât, parce qu'il ne rugissait pas?
>
> (SCHILLER. — *Fiesque*, act. II, sc. 19.)

Des Préaux ne put cacher le profond étonnement et l'indéfinissable malaise qu'il éprouva à la vue de son oncle.

— Bonjour, mordieu! bonjour, Auguste! — dit le colonel en pressant cordialement la main de son neveu, qui répondit avec assez de froideur à cette avance.

— Ah çà! — reprit Latréaumont, — bien que nous ne nous soyons pas vus depuis dix-huit mois, je n'ai qu'un mot à te dire, et vivement, car on m'attend à Rouen pour souper *aux Uniques* avec quelques bons compagnons...—Et le partisan ajouta à voix basse: — Tu vas être bien surpris et bien content! Cette conspiration dont tu as voulu être, il y a deux ans, et de laquelle je ne t'avais pas soufflé mot depuis, pour ne pas te donner de fausse joie, notre conspiration marche à cette heure comme sur des roulettes... L'étranger nous appuie. Ta vieille idole de van den Enden a été obligée d'aller subito à Bruxelles pour nos affaires, sans cela il serait venu lui-même te rappeler ton serment, car il ne s'agit plus maintenant que de soulever les gentilshommes de la province; et c'est en partie sur toi que nous comptons pour ce faire, puisque tu nous as donné ta parole. — Auguste demeura pétrifié.... immobile; il regardait son oncle sans le voir. — Eh bien! mordieu! qu'as-tu... Auguste? Auguste! te voilà tout ébaubi!

— Ma parole! — répéta le malheureux Des Préaux, — ma parole!

— Eh oui! sans doute, ta parole... Allons, voyons, reviens à toi, que diable as-tu à me manger ainsi des yeux? est-ce que tu ne reconnais pas ton bon oncle?

— Ma parole! — dit encore Auguste en paraissant se réveiller d'un songe, car toute l'horreur de sa position éclatait à sa pensée, et par cette sorte d'intuition soudaine que donne la conscience d'une catastrophe prochaine, inévitable et terrible, aucune des effroyables conséquences de la promesse qu'il avait faite ne lui échappait dans ce moment; enfin l'émotion violente qui venait de l'accabler un instant, dans son entretien avec la marquise, n'avait été causée que par un souvenir involontaire de cet engagement fatal. Deux mots feront tout comprendre.

On l'a dit, lors de son retour de Candie, ivre d'amour pour madame de Vilars, Auguste lui ayant fait l'aveu de sa passion, Louise fut forcée de l'exiler pour toujours de sa présence; désespéré, connaissant l'inflexibilité des principes de la jeune femme, voyant ses espérances à jamais perdues, forcé de renoncer à un sentiment qui avait été jusque-là le seul mobile de toutes ses actions, voulant en finir avec une vie qui lui était devenue odieuse; ne pouvant se résigner à rester à Préaux, la proximité de ce fief avec le château d'Eudreville dont il ne devait plus approcher lui rappelant de trop douloureux souvenirs, Auguste quitta son père malgré ses larmes et ses ordres; puis, ne trouvant pas de place vacante dans les cadres de la marine, il alla trouver Latréaumont, qu'il savait prêt à partir pour la Hollande avec monsieur de Rohan; supplia son oncle de l'emmener avec lui, le suivit à cette guerre, tâcha de trouver la mort dans deux ou trois actions meurtrières, où il se jeta en aveugle, mais ne réussit pas. Latréaumont songeait alors sérieusement à la révolte de Normandie; voyant le désespoir de son neveu qui ne cherchait que des partis extrêmes, connaissant son courage et son énergie, et pensant que, par ses relations de famille, le chevalier lui serait fort utile pour l'aider à disposer les esprits en Normandie, et qu'enfin il est toujours bon de s'assurer un complice déterminé comme le sont tous ceux que la fatalité pousse à bout, il fut facile au colonel d'amener Auguste à lui demander de prendre part à cette téméraire entreprise, dont Latréaumont lui avait parlé légèrement, et dans laquelle le malheureux Des Préaux vit, pour le présent, un moyen de s'étourdir sur l'horreur de sa position, et, pour l'avenir, l'espoir presque certain d'être débarrassé de l'existence, ou de se trouver l'un des principaux acteurs d'une grande et heureuse révolution politique. Car ce complot n'avait rien que d'apparement généreux: arracher la Normandie au despotisme écrasant de Louis XIV, la déclarer libre et indépendante au nom de l'égalité et de la fraternité de tous; c'était un de ces beaux rêves, toujours faits pour séduire une imagination noble, jeune, ardente, et d'ailleurs exaltée par de terribles infortunes!

Surtout affermi dans sa résolution par plusieurs longs entretiens qu'il eut avec van den Enden, dont les vues pures, nobles et désintéressées, ainsi que le grand caractère, l'impressionnèrent vivement, et étouffèrent ses derniers scrupules, Auguste fut donc de tous les conciliabules tenus entre son oncle, le philosophe et monsieur de Rohan, connut ainsi les plans et ressources des conjurés, entra volontairement dans tous leurs desseins, et se chargea, lors de son retour de l'armée, de décider plusieurs gentilshommes de sa province à entrer dans la conspiration.

Mais par une épouvantable fatalité, après six mois de cette vie fiévreuse et désespérée, au moment où il venait de se compromettre et de se lier si gravement pour l'avenir, par son initiation à ce complot et par plusieurs lettres écrites de sa main et demeurées en possession de son oncle, Auguste apprend tout à coup que Louise est veuve, libre... et qu'elle l'aime !

Latréaumont, connaissant par Auguste le caractère de madame de Vilars, vit aussitôt l'immense parti qu'il pourrait tirer plus tard de l'influence de la marquise en Normandie, dans le cas où elle deviendrait la femme d'Auguste.

Mais si, d'un côté, le partisan était assez sûr de la loyauté de Des Préaux pour craindre qu'en le laissant partir persuadé de l'imminence de la révolte, le chevalier eût peut-être le courage de renoncer à la main de madame de Vilars plutôt que de lui faire partager, comme sa femme, les terribles conséquences de son imprudente initiation à un complot de lèse majesté ; d'un autre côté, Latréaumont comptait assez sur l'entraînement de la passion pour espérer qu'en voyant rejeter à une époque indéterminée le jour de la rébellion, Auguste ne réfléchirait pas que, pour être incertain et reculé, le malheureux engagement qu'il avait pris n'en existait pas moins. Aussi, le colonel ne pensa-t-il qu'à une chose : à effacer dans l'esprit d'Auguste les effrayantes promesses du passé sous les enivrantes visions de l'avenir. Il lui parla incessamment de son amour, et fort peu de la conspiration, fit même adroitement naître des doutes sur son opportunité, mit en jeu pour cela la faiblesse et l'irrésolution habituelle de monsieur de Rohan, et se conduisit enfin avec une ruse si habile et si infernale, qu'il parvint à étourdir alors complètement Des Préaux sur une aussi dangereuse complicité, dont le colonel comptait cruellement abuser un jour ; qu'en un mot, Auguste partit enivré d'espoir et d'amour, et qu'au milieu de tous les ravissements d'une passion partagée, il oublia bientôt d'aussi tristes souvenirs.

Pendant dix-huit mois, Latréaumont se garda bien de parler de la conspiration à son neveu ; il interrompit tout commerce avec lui. Aussi le malheureux Auguste, croyant ses projets de révolte à jamais évanouis, se confiait à toutes les délices du plus rayonnant avenir, lorsque Latréaumont vint l'arracher de cette sphère de félicité céleste pour le rejeter dans l'abîme d'une épouvantable réalité.

Que devait faire le chevalier ? Il avait demandé d'entrer dans le complot ; il possédait le secret de van den Enden, de Latréaumont et de monsieur de Rohan. Il avait juré d'agir ; et, en d'aussi terribles et criminelles circonstances, refuser son concours au moment du danger, n'était-ce pas lâchement trahir ses complices, chacun appartenant à tous, et tous étant solidaires de chacun !... Et puis, enfin, à force d'avoir entendu la marquise incessamment répéter que l'aveugle obéissance à la parole donnée librement était la première nécessité d'un loyal et noble caractère, les idées d'Auguste s'étaient presque empreintes de la même exaltation à ce sujet ; aussi doit-on concevoir l'horrible anxiété qui le torturait en voyant Latréaumont venir lui rappeler sa promesse . . . .

. . . .

— Ah çà ! — reprit le colonel, — tu restes là, mordieu ! comme un marbre... sans me répondre. Je suis pressé, te dis-je, on m'attend pour souper *aux Uniques* ; d'ailleurs, ce que tu as à faire est tout simple et mille fois convenu entre nous dans les temps ; il s'agit de voir les gentilshom-mes du pays, de les monter, de les exciter ; enfin c'est l'A B C du métier !... Ainsi c'est convenu... pousse-moi vertement ces buveurs de cidre, et dans quinze jours tu me reverras.

— Mais c'est impossible, — dit Auguste égaré, — encore une fois, cela est impossible maintenant !

— Comment impossible !... de soulever ces gentillâtres ?... Mais autrefois tu m'as dit qu'ils iraient tout seuls !...

— Dans le temps,... oui... dans le temps ! mais je vous dis que vous ne pouvez plus songer à cette heure à soulever la Normandie ; encore une fois c'est impossible ! — reprit le malheureux Des Préaux avec une angoisse déchirante, — tout est calme dans la province, je vous le jure... pas un gentilhomme ne bougera !

Latréaumont regarda fixement son neveu, et l'entraînant loin de monsieur de Rohan, lui dit à voix basse.

— Auguste, *la province est calme maintenant*, signifie que maintenant tu veux rester calme ; *pas un gentilhomme ne bougera*... signifie que tu ne veux plus bouger : sont-ce là tes promesses, mordieu ! sont-ce là tes promesses ! ! Quand as-tu parlé à ces gentilshommes ? où les as-tu vus ?... moi qui arrive de Rouen, j'ai déjà embauché plus de cent mécontents ! Auguste, tu mens ! ! tu veux lâchement trahir ta parole. — Le malheureux Des Préaux cacha sa tête dans ses mains. — Qui m'a demandé à être complice de cette révolte ? — continua le partisan. — Est-ce moi qui te l'ai proposé ? n'es-tu pas venu à moi ? n'est-ce pas toi qui m'as supplié de te laisser participer à une noble et dangereuse entreprise qui devait assurer la liberté dans nos provinces ? n'as-tu pas conféré des jours entiers avec van den Enden, dont tu ne pouvais te lasser d'admirer la vertu ? et maintenant que tu as pénétré tous nos desseins, tous nos projets, maintenant que tu sais tout... à l'heure du danger tu as peur, tu refuses d'agir... tu es un lâche ; peut-être pis encore... un infâme ! ! !

— Un infâme ! — dit Auguste avec amertume, en songeant à la vie de son oncle, — c'est vous qui m'appelez infâme !...

— Oui, tu seras un infâme si tu trahis ta parole ! car si, au lieu de moi, qui ne suis qu'un vaurien et l'épée de l'affaire, je le sais... si la noble pensée qui domine la conspiration, si van den Enden enfin était venu te trouver, aurais-tu osé nier ta promesse en face de cet austère philosophe dont tu étais fanatisé ? en face de cet homme d'une vertu antique, comme tu disais alors ? enfin n'est-il pas aussi ton complice, lui, n'a-t-il pas aussi ton serment à réclamer ? — dit Latréaumont qui, avec habileté, mettait ainsi en avant l'imposante figure de van den Enden.

— Mais puisque je vous dis que ce soulèvement est impossible à cette heure ! — répéta le malheureux chevalier obsédé par une seule idée.

— Comment le sais-tu... qu'il est impossible ? depuis dix-huit mois tu n'y as pas pris part, — reprit le colonel en le regardant fixement. — Eh bien ! je vais te prouver, moi, qu'il est possible... et très possible... Écoute-moi bien. — Et le partisan mit en peu de mots Auguste au courant des promesses faites par Monterey. — Eh bien ! diras-tu que c'est impossible, maintenant ?

— Oh ! mon Dieu ! — s'écria le malheureux Des Préaux en portant la main à son front avec désespoir, — oui, c'est impossible... car elle ?... elle ? que voulez-vous qu'elle devienne... si je la quitte !

— Qui ça, elle ?... ta marquise ? eh ! mordieu ! c'est tout simple ; comme elle t'aime, et que c'est une vaillante créature, elle se mettra du complot, si tu t'en mets, rien de plus sûr... j'y ai bien compté... aussi est-elle en tête de ma liste !

— Louise ! Dieu du ciel ! Louise ! compromettre ainsi Louise ! — s'écria Des Préaux avec rage, — avant cela, voyez-vous, je vous tuerais, et moi après...

— D'abord, « vous ne tuerez jamais votre oncle Latréaumont... » dit le quarante-neuvième commandement du

bon Dieu... et quant à ta marquise, je ne la verrai seulement pas, je ne la forcerai à rien; mais, aussi vrai que je
m'appelle Duhamel de Latréaumont, je te répète qu'elle
conspirera si tu conspires... et cela sans qu'on ait besoin de
le lui dire à deux fois, la courageuse femme!

— Et si je ne veux plus conspirer, moi! — s'écria Des
Préaux hors de lui.

— Je t'en défie, moi, de ne plus conspirer! de te conduire comme un lâche et un traître! — dit le colonel, connaissant toute la loyauté de son malheureux neveu, qui ne
pouvait en effet sortir de l'inextricable position où il s'é-
tait si imprudemment jeté par le passé. — Encore une
fois, — reprit le partisan, — pourquoi es-tu venu à nous,
pourquoi as-tu voulu savoir nos secrets, pourquoi nous
as-tu volontairement promis d'agir?

— Eh bien! oui, c'est vrai, j'ai promis, vous avez ma
parole, j'ai été à vous... mais rappelez-vous aussi combien
alors j'étais malheureux, désespéré! Mon oncle... mon
oncle, par pitié, songez donc à cela!

— Que veux-tu que nous y fassions? ça me coûte...
mais il est trop tard; en affaires capitales, le passé en-
chaîne l'avenir! Tu as nos secrets, tant pis ou tant mieux
pour toi! Rohan, van den Enden et moi, nous comptons
sur toi comme tu peux compter sur nous; mais si nous
sommes à toi, il faut que tu sois à nous.

— Mais vous!... vous pouvez bien me rendre ma parole, renoncer au complot!

— Impossible! je n'ai qu'une volonté, et nous sommes
quatre; il est trop tard. Monterey accepte, nous appuie; à
l'heure qu'il est, van den Enden confère avec lui... il faut
vigoureusement pousser les choses puisque la four chauffe;
dans un mois peut-être il ne sera plus temps. Et, mille
diables! il y va de notre cou.

— Mais, encore une fois, vous pouvez bien me rendre
ma parole et agir sans moi; vous savez bien que je ne
vous trahirai pas!

— Ne pas agir... c'est trahir...

— Mais abandonnez vos desseins...

— Mes complices ont ma parole... comme j'ai la tienne...
impossible!...

— Ah! mon Dieu, mon Dieu! — s'écria le malheureux
Auguste; il était horriblement pâle, la sueur lui coulait
du front; enfin, voulant tenter un dernier effort, il leva
ses mains suppliantes vers Latréaumont, et lui dit d'une
voix déchirante, en rassemblant tout ce qu'il avait de tendresse dans l'âme pour le mettre dans son accent: — Puisque je ne vous suis rien... puisque me porter ce coup affreux ne vous est rien... mon oncle... au nom de ma pauvre mère... et de la vôtre aussi... que vous aimiez tant!
abandonnez votre projet ou agissez sans moi!

Et le malheureux inondait de ses larmes les grosses
mains de Latréaumont.

— Ne me parle pas de ma sœur ni de ma mère! — dit le
colonel en frappant du pied; — ce n'est pas l'heure... tais-
toi...

Mais Auguste, espérant avoir fait quelque impression sur
Latréaumont, qu'il voyait ému, continua:

— Que vous ai-je fait?... J'étais si malheureux tout à l'heure
encore... mon oncle... regardez-moi, ne détournez pas la
vue! On dit que je ressemble tant à ma mère, qui ressemblait tant à votre mère à vous! et, vous le savez, vous ne
pouviez leur jamais rien refuser à elles! à votre mère...
ni à votre sœur!

— Enfer! laisse-moi! tais-toi! — dit le colonel attendri.

— Mon oncle! — s'écria Des Préaux en se jetant dans
les bras du partisan, — je le vois, vos yeux sont humides.... ces souvenirs vous émeuvent malgré vous...
j'espère! je suis sauvé! vous m'avez serré contre votre
cœur!

En effet, tel bronzé que fût Latréaumont, il ne pouvait
rester insensible à une aussi atroce douleur, ni échapper
à l'influence du souvenir de sa mère et de sa sœur, les
deux seules créatures auxquelles le partisan eût peut-être

jamais sacrifié sa personnalité; aussi, dans ce moment,
était-il véritablement et profondément ému.

Alors, se dégageant des bras de son neveu, et s'approchant de monsieur de Rohan, jusque-là silencieux témoin
de cette scène déchirante, toujours à demi caché dans
son manteau, Latréaumont tira violemment ce vêtement,
de façon qu'il pût voir monsieur de Rohan bien en face, et
lui dit d'une voix presque irritée:

— Quand je te disais, moi, monsieur de Rohan-Guémé-
née-Montbazon-Soubise, que j'avais à sacrifier autre chose
qu'une damnée femelle! Vois ce garçon, noble, généreux
et bon, qui a autant de qualités que toi et moi nous avons
de vices: il ne veut rien, lui! ni honneurs, ni assouvir de
haine! Comme le vieux van den Enden, ce qu'il rêvait,
c'était le bonheur et la liberté de la France; il allait oublier ce rêve pour épouser une femme, belle, riche et vertueuse... Eh bien! à ton élévation future, il faut pourtant
que je risque de sacrifier tout cela!... Aussi, mordieu! une
fois roi ou presque roi, tu m'en rendras bon compte!

— Que dites-vous? — s'écria le malheureux Auguste,
qui avait eu un moment d'espoir.

— Je dis, mon garçon, que s'émouvoir et pleurnicher,
c'est fort bien; j'ai payé, comme on dit, mon tribut à la
nature, au souvenir, à la famille, à tout ce que tu voudras;
mais, mille tonnerres! c'est tout de même, il est trop tard,
il faut que tu tiennes ta parole; le complot compte trop
sur toi et sur ta marquise pour y renoncer; le moment est
décisif, il faut jouer tout notre jeu, et, toi et elle, vous êtes
nos meilleures cartes!

En voyant s'évanouir aussi cruellement son espérance
d'un moment, Auguste ressentit plus affreusement encore
l'horreur de sa position; en effet, il avait librement pris
part à ce complot, égaré sans doute par le désespoir;
mais enfin il en possédait le secret, et maintenant, pour cela
qu'il était le plus heureux des hommes, devait-il, manquant à sa parole, laisser ses complices, et surtout van den
Enden, pour lequel il professait la plus souveraine admiration et qu'il reconnaissait pour le plus vertueux des hommes, partager seuls les dangers d'une aussi téméraire entreprise? Et, bien qu'il s'agît d'une tentative criminelle en
soi, n'avait-il pas, en s'y associant autrefois de bon gré,
perdu le droit de la qualifier désormais? Enfin, à cette
heure, une fois librement compromis, ne devait-il pas avoir
le triste courage de se mettre au-dessus de toute autre
considération sociale, pour partager aveuglément avec ses
autres conjurés, cette effrayante communion?

Ces pensées se heurtèrent confuses dans la tête brûlante
de Des Préaux, et cependant Latréaumont ne le quittait
pas des yeux...

Enfin Des Préaux dit à son oncle:

— Je ne sais encore que résoudre, monsieur, mais à quoi
que je me décide, vous pouvez être sûr que je ne faillirai
pas aux effroyables mais inévitables conséquences de ma
parole; que mon sort s'accomplisse donc!... demain j'irai
vous trouver à Rouen, vous pouvez y compter, — dit Auguste avec accablement.

Monsieur de Rohan, que le colonel n'avait pas voulu
laisser seul à Paris, malgré son adhésion formelle au complot, craignant quelque nouvelle faiblesse de sa part, et
qu'il allait montrer aux mécontens pour les décider, ainsi
que disait le partisan, monsieur de Rohan, véritablement
touché de l'affreuse position d'Auguste, lui dit affectueu-
sement:

— Allons, Des Préaux... du courage! notre affaire marche, elle est en bon train, l'appui de l'étranger nous répond de son bon succès.

— Ah! son bon succès m'importe bien peu à cette heure!
— répondit le chevalier.

— Mais, mille tonnerres! il doit t'importer beaucoup au
contraire!... Une fois qu'on conspire, vois-tu, agir mollement tandis que les autres conspirent vertement, c'est agir
contre la peau de tous! Mais je te conçois... le premier
moment est toujours comme ça, un peu ébouriffant; demain tu viendras à des sentiments plus raisonnables... et

tu comprendras qu'il vaudra mieux, et pour toi et pour ta marquise, que vous conspiriez tous deux... mais là... vigoureusement.

— Oh ! cela, jamais !... jamais !

— Tu verras... Je n'y suis pour rien, encore une fois tu seras bien sûr que je ne l'influencerai pas, n'est-ce pas?... et pourtant, aussi vrai que Rohan monte son cheval *Sélim*, tu verras que ta belle marquise sera des nôtres... Allons, à demain... je t'attends *aux Uniques*... tu sais, proche le bailliage. Viens dîner, le vin sera frais, le repas chaud, et nous conviendrons de tout ce qui nous reste à faire, entre la poire et le fromage... Allons, voyons, embrasse ton *no-noncle*, comme tu disais étant petit, et crois bien, mordioul qu'il m'en coûte plus qu'à toi, va, de venir te déranger ainsi. Allons, embrasse-moi donc. — Et Latréaumont tendit paternellement ses bras à Auguste, qui fit un mouvement d'horreur. — Alors j'embrasserai à ton intention la première servante passable que je trouverai dans l'auberge ; car il faut, mille tendresses ! que j'embrasse aujourd'hui, — dit le colonel en refermant ses bras inutilement ouverts.

Puis, remontant à cheval, il s'éloigna rapidement avec monsieur de Rohan.

XXIII

LE DÉVOUEMENT.

Ton sort sera le mien...
SCHILLER. — *Wallenstein*, act. II, sc. 19.

Resté seul dans le parc, Auguste crut un moment que sa tête ne résisterait pas à cette horrible secousse ; puis, pourtant, il se remit peu à peu.

Obéissant au premier élan de son cœur généreux, avant que de se résigner à devenir victime du sort affreux qu'il prévoyait, Des Préaux avait compté, pour ébranler la volonté de fer du colonel, sur toutes les nobles inspirations auxquelles lui-même Auguste aurait cédé... Tendre et bon, il essaya de s'adresser à la tendresse et à la bonté de son oncle ; mais lorsqu'il fut amèrement convaincu que ces cordes desséchées ne vibraient plus dans l'âme de Latréaumont, Des Préaux se résolut à son horrible position avec calme et fermeté.

Une dernière fois il tâcha d'entrevoir s'il ne trouverait pas quelque moyen terme pour se dégager de sa promesse.. il n'en vit aucun... Il lui fallait absolument ou agir comme un lâche, en abandonnant ses complices à l'heure du danger, ou devenir criminel de lèse majesté.

Peut-être l'homme qui ne voyait à une position que les deux issues extrêmes poussait-il jusqu'à un scrupule blâmable le respect dû à la promesse ; peut-être une neutralité ferme eût été louable ; peut-être Des Préaux aurait-il pu, tout en conservant religieusement le secret de ses complices d'autrefois, à cette heure, leur refuser son concours.

Mais, malheureusement, Des Préaux n'agit pas ainsi ; il est à croire que les raisons qui le déterminèrent à demeurer fidèle à sa parole furent un point d'honneur mal compris ; la profonde vénération que lui avait inspirée van den Enden, et surtout, on le répète, l'habituelle et puissante réaction des sentiments de la marquise sur les siens, en cela que, dès son enfance, Auguste ayant entendu la femme qu'il adorait, et qu'il écouta toute sa vie comme un oracle de grandeur et de vertu, exalter sans cesse l'héroïque probité qu'on devait mettre à accomplir toute promesse faite librement, en vint à s'exagérer, aussi bien que Louise, les obligations de la foi jurée, qui sont au moins contestables dans certaines conditions. Auguste se résolut

donc à conspirer, et aussi à rompre avec Louise jusqu'après l'issue de la révolte, ne voulant pas compromettre madame de Vilars, et se reprochant avec horreur de lui avoir jusqu'alors caché un aussi terrible secret.

Il balança un moment avant que de se décider à revoir la marquise et à lui tout confier. Il voulait retourner à Préaux, dont heureusement son père, le brave monsieur de Saint-Marc, était absent, et de là écrire à Louise qu'une nécessité insurmontable le forçait à ne pas la voir pendant deux ou trois mois... mais il pensa que madame de Vilars serait affreusement inquiète ; que les démarches qu'elle ferait peut-être, afin de pénétrer le motif de cette rupture subite, seraient sans doute dangereuses pour tous deux ; il avait d'ailleurs depuis si longtemps l'habitude de tout dire à Louise, de la consulter sur chaque détermination, et de suivre aveuglément ses avis, il connaissait si bien la noblesse de ce caractère sérieux et résolu, qu'il prit le sage parti de lui avouer loyalement tout ce qui était, et de lui faire peser et adopter les raisons puissantes qui nécessitaient momentanément leur séparation.

Il regagna donc le château. . . . .

. . . .

Pendant l'entretien de Des Préaux et de Latréaumont, Louise, heureuse, souriante et doucement agitée, avait, non sans distraction de tendres pensées, continué sa tapisserie, d'après un beau bouquet de roses placé devant elle dans un vase de cristal.

Plus d'une demi-heure s'était écoulée depuis le départ du chevalier, Louise commençait à fort maudire le fâcheux qui venait dérober à son amour d'aussi précieux momens, lorsqu'elle entendit les pas du chevalier. Prenant alors à la hâte le bouquet de roses qu'elle copiait, la jeune femme se blottit derrière une porte, et, riant aux éclats lorsque Auguste entra, elle lui jeta cette touffe de fleurs qui s'effeuillèrent sur son habit, et lui dit :

— Ah ! c'est ainsi, monsieur, que vous me laissez seule pour... — Mais voyant l'effroyable pâleur de Des Préaux, ses traits bouleversés, Louise s'écria en courant vers lui : — Dieu du ciel ! qu'avez-vous ? vous m'épouvantez !

Auguste s'appuya sur un fauteuil, et lui dit d'une voix entrecoupée :

— Pardon, Louise... un moment... un seul moment, et vous allez tout savoir...

Et le malheureux chevalier s'assit, tandis que Louise, stupéfaite, les mains jointes, le regardait de ses deux grands yeux, arrondis par la terreur.

— Enfin, Auguste, — dit Louise, — cet étranger?...

— Eh bien ! cet étranger... — Puis ne pouvant achever, sentant sa résolution lui échapper, il se jeta aux pieds de la marquise, et, cachant sa tête dans ses mains, lui dit en étouffant ses sanglots : — Il faut que je parte, Louise ! que je vous quitte pour quelque temps...

Ces mots étaient si inexplicables pour madame de Vilars, cette idée de départ était si loin de sa pensée du moment, et lui paraissait tellement improbable, qu'elle n'en fut pas effrayée d'abord ; aussi prit-elle les deux mains d'Auguste dans les siennes, et, avec sa fermeté habituelle, ne s'épouvantant pas de paroles dont elle ignorait le sens, elle reprit avec tendresse :

— Voyons, mon ami, remettez-vous ; asseyez-vous près de moi, et dites-moi ce que vous avez ?

— Il faut que je vous quitte, Louise, — s'écria Auguste en la regardant avec des yeux humides de larmes ; — il faut que je vous quitte, pour quelque temps du moins.

— Mais pourquoi cela ? pourquoi me quitter ?... encore une fois, expliquez-vous... Auguste...

— Eh bien ! Louise ! — dit Auguste d'une voix brève et saccadée, — vous allez tout savoir, et vous verrez bien, hélas ! qu'il faut nous séparer... Lorsque, il y a deux ans, éperdu, désespéré, je suivis mon oncle en Hollande, ne pouvant trouver la mort dans les combats, voulant me débarrasser d'une vie qui m'était insupportable, toute folle et dangereuse entreprise devait me séduire... en un mot, à cette époque, je me suis librement engagé dans un complot contre le roi et l'État... et à cette heure qu'il faut agir, mon oncle vient me sommer de remplir ma promesse.

— Oh! mes pressentimens!!! — s'écria Louise en se rappelant ses craintes pour Auguste lorsqu'elle le sut en compagnie de monsieur de Rohan et de Latréaumont; puis elle ajouta, en songeant qu'Auguste s'était ainsi compromis pendant l'exil qu'elle lui avait imposé : — Et c'est moi, c'est moi qui l'ai perdu!!

— Et j'ai pu vous cacher aussi longtemps ce terrible secret! Ah! voilà mon crime à moi! — dit Auguste d'un ton déchirant.

— Un complot contre l'État.. Dieu du ciel! — dit Louise en frémissant; — mais comment vous, Auguste, vous, avec les principes d'honneur que je vous sais, avez-vous pu vous laisser entraîner à un aussi horrible dessein? comment surtout des hommes tels que votre oncle et monsieur de Rohan ont-ils pu vous amener là? — Puis, sans donner à Auguste le temps de lui répondre, la marquise ajouta douloureusement, se parlant à elle-même : — Mais c'est tout simple... le malheureux enfant était fou de douleur, égaré par le désespoir : encore une fois, c'est moi... c'est moi qui l'ai perdu!!

— Ah! croyez-moi, Louise, j'étais fou... désespéré, je cherchais des partis extrêmes; mais, je vous le jure, si mon oncle et monsieur de Rohan eussent été les seuls fauteurs de ce complot, je ne m'y serais sans doute pas jeté sur leur seule créance.

— Mais qui donc vous a décidé alors?

— Un grand homme de bien, Louise, un philosophe austère, digne de votre estime... je vous l'assure... en un mot, un étranger nommé van den Enden.

— Et où l'avez-vous rencontré?

— Au camp de Norden, lors de la première invasion de Hollande par nos troupes. Ah! Louise, si vous aviez vu les ravages de cette épouvantable guerre portée par le roi dans ces innocentes et paisibles contrées, vous concevriez peut-être que, déjà aigri, égaré par la douleur, l'aspect de pareils malheurs ait pu m'inspirer une haine violente contre celui qui les causait! Enfin ce fut à la lueur de l'incendie des villages hollandais qui brûlaient à l'horizon, au milieu d'un camp gorgé de pillage, que pour la première fois je vis van den Enden : le malheureux vieillard fuyait à la fois et les Français qui ravageaient son pays, et le prince d'Orange qui le proscrivait; il emmenait avec lui sa femme et ses enfans : tous étaient dans la plus profonde misère, le peu qu'ils avaient sauvé d'Amsterdam leur ayant été enlevé par nos soldats. Que vous dirai-je, Louise!... pendant le temps qu'il demeura près de Norden, logé par pitié dans une masure abandonnée, chaque jour je le vis... Je ne saurais vous exprimer l'espèce de calme bienfaisant que sa conversation sereine et élevée répandait sur mes douleurs. « Vous avez perdu tout ce qui vous attachait à la vie, me disait-il; l'existence vous est à charge? eh bien! consacrez désormais cette existence à une cause noble et sainte, à la cause de la liberté enfin, qui est celle de tous les hommes purs et généreux. Voyez les désastres qui écrasent mon malheureux pays! Qui les cause? l'implacable volonté du tyran qui vous gouverne. Qui courbe vos frères sous un joug affreux, qui les ruine et les désole par les impôts les plus écrasans, qui sacrifie hommes et choses au féroce caprice de son ministre, qui insulte enfin, à la face du monde, aux sentimens les plus sacrés de la famille, en étalant au grand jour, avec faste et appareil, un double et monstrueux adultère?... Encore lui! »

— Pauvre malheureux enfant! — dit Louise. — Hélas! je conçois votre entraînement. Ah! j'étais bien sûre, moi, qu'il devait y avoir un noble motif, même au fond de ce parti criminel et désespéré.

— Enfin, Louise, je voyais dans cet homme tant d'énergie, tant de hautes et mâles pensées, de si nobles convictions, les affreux désastres que j'avais sous les yeux m'exaspéraient tellement contre le roi, que je me décidai à

tonspirer, et que je m'y engageai librement et par serment.

— Librement et par serment! — répéta Louise en joignant ses mains avec terreur.

— Hélas! oui, et à ce moment même j'appris que vous étiez libre et que vous m'aimiez... Dites, Louise... dites, étais-je assez malheureux! Ne suis-je pas au moins excusable à vos yeux?

— Vous, Auguste?... oh! sans doute.

— Me pardonnerez-vous enfin de vous avoir tout caché, ou plutôt d'avoir tout oublié, dans l'entraînement de mon bonheur? Mais aussi je revenais ivre d'espoir et d'amour; et puis, en partant, mon oncle m'avait assuré que l'exécution du complot était indéfiniment ajournée. Mais, je le sens, Louise, ma faute irréparable fut de ne vous avoir pas dit que j'étais aussi gravement lié pour l'avenir... car c'est mon détestable égoïsme, la peur involontaire de vous perdre peut-être, qui m'a fait agir ainsi... Ah! Louise, Louise! je suis bien malheureux et bien coupable.

— Oui, bien malheureux! — dit la marquise, qui resta longtemps pensive et silencieuse. Puis, redressant son noble visage où éclatait une admirable expression d'enthousiasme et de résolution, elle dit d'une voix ferme : — C'est un effroyable malheur, mais il est irréparable, il faut donc s'y soumettre et obéir à cette horrible destinée. Maintenant, dites-moi quel est votre rôle à vous, Auguste, dans cette révolte. Que devez-vous faire?

— J'ai promis d'exciter les gentilshommes à se soulever en armes, à refuser l'impôt et à résister de vive force aux ordres et aux soldats du roi.

— Et si le complot réussit, qu'arrive-t-il?

— La Normandie, déclarée libre république, et désormais régie par les douces et paternelles lois formulées par van den Enden, reconnaît monsieur de Rohan pour chef.

— Et si le complot ne réussit pas... si les conjurés son pris ou découverts, quel est leur sort?

— La mort, Louise... une mort infâme!

— Et monsieur de Latréaumont assure avoir des chances de réussite?

— De grandes, dit-il, étant certain d'intelligences à Quillebœuf qui aideront au débarquement des troupes.

Louise resta de nouveau et longtemps pensive; puis, pâle et grave, elle dit à Auguste d'une voix profondément émue :

— Vous me connaissez, Auguste, vous savez si pour moi l'accomplissement d'une promesse est sacrée; il n'y a pas une minute à hésiter... Je vous le répète, c'est un affreux malheur... mais vous avez promis, il faut tenir votre parole.

— Vous m'y engagez, Louise?

— Oui.

— Mais pourtant c'est un crime... un crime de lèse majesté! — dit Des Préaux en faisant un retour sur sa position, et, malgré lui, voulant tenter d'y échapper encore.

— Si maintenant cela est un crime à vos yeux, Auguste, il en devait être ainsi autrefois; alors pourquoi vous êtes-vous librement engagé dans ce complot?

— Eh bien!... autrefois j'ai eu tort, et je me repens à cette heure.

— Si cette heure était le moment du triomphe, et autrefois celui du danger, peut-être votre conduite serait-elle excusable.

— Mais, encore une fois, alors j'étais désespéré, et à présent vous m'aimez!

— Et que fait cela à votre parole, Auguste? Vous avez eu foi aux nobles espérances de van den Enden, vous avez partagé ses desseins, vous lui avez promis de tâcher de les faire réussir. C'est un homme de grande vertu, dites-vous, le seul de vos complices qui ait de nobles visées... Eh bien! quand ce ne serait donc que pour ne pas faillir à celui-là, il faudrait agir, quoique vous deviez vous croire aussi religieusement engagé envers les autres conjurés, puisque c'est librement que vous êtes venu à eux.

— Mais ce soulèvement est impossible ! c'est une chimère...

— Il fallait raisonner ainsi autrefois ; maintenant il vous faut tout faire pour qu'il succède bien.

— Mais mon père ! mon père !

— Il fallait autrefois songer à votre père, Auguste !... aujourd'hui il est trop tard ! !

— Ainsi, parceque un moment j'ai été égaré, tout remords m'est interdit !

— Non pas le remords... mais la trahison avec vos complices vous est interdite, et c'est les trahir que les abandonner au moment du danger.

— Ainsi, vous me conseillez d'agir de la sorte ?

— Je vous conseille d'agir de la sorte.

— Mais songez qu'alors il faut que je vous quitte, car, maintenant, vous voir chaque jour serait vous affreusement compromettre.

— Vous ne me quitterez pas, vous ne pouvez pas me quitter.

— Mais il le faut, Louise ; songez donc aux conséquences !

— Quelles conséquences ?... Ne suis-je pas maintenant votre complice ? — dit Louise avec une sublime simplicité.

Auguste la regarda, stupéfait. Ces paroles de Latréaumont : « Louise conspirera, » lui revinrent à la mémoire ; il frissonna malgré lui.

— Jamais, jamais ! — s'écria-t-il ; — vous ne saurez rien de plus de ces détestables projets : je pars demain... je pars à l'heure même.

— Et moi demain... et moi à l'heure même j'écris à votre oncle pour lui proposer l'aide de ma fortune et de l'influence que j'ai dans la province et sur mes tenanciers.

— Mais cela est impossible, malheureuse femme ! Vous ne savez donc pas que si le sort nous trahit...

— On risque sa tête... vous me l'avez déjà dit.

— Grand Dieu ! !

— Et pourquoi donc ne ferais-je pas ainsi que vous faites ? pourquoi donc ne partagerais-je pas un danger que vous courez ? Bien que notre union soit reculée, ne me considéré-je pas comme à vous ? ma promesse ne vaut-elle pas ma main ? et si, le sort n'avait pas retardé notre mariage, une fois votre femme, ne m'auriez-vous pas regardée comme bien lâche si je n'avais pas agi ainsi que j'agis ?

— Mais, Louise, quel rôle pour une femme comme vous.

— Madame la duchesse de Longueville était plus grande dame que moi, et elle conspirait.

— Mais...

— Mais, j'y suis résolue, — dit impatiemment la marquise ; — cela est horriblement fatal, sans doute, mais je dois partager ton votre sort.

— Encore une fois, au nom du ciel laissez-moi agir seul... Si tout succède bien, je vous reviendrai, vous en êtes bien sûre.

— Et si tout succède mal ? Et si la conspiration avorte ! vous perdez la vie, n'est-ce pas ?

— Hélas ! !

— Et le moyen que tout succède bien, n'est-ce pas de donner le plus de base, le plus d'extension possible au complot ? de lui assurer enfin le plus de chances de réussite possible ? et pour cela faire, mon influence dans la province ne nous peut-elle pas servir ? Mes terres ne me donnent-elles pas de nombreuses mouvances ? eh bien ! j'ai des tenanciers, des fermiers... nous les armerons ! Par mes relations de famille, je connais bon nombre de gentilshommes, nous les soulèverons contre la tyrannie du roi et l'iniquité des impôts, — dit la marquise avec une incroyable énergie.

— Mais, mon Dieu ! il s'agit d'une conspiration à laquelle votre intérêt est étranger ; vous n'avez aucun motif de

haïr le roi, vous, malheureuse femme ! aucun motif de renverser ce qui est !

— Il s'agit bien pour moi du sujet de la conspiration ! — s'écria Louise avec une admirable impatience. — Il s'agit bien pour moi de renverser ce qui est ! Et que m'importe tout cela ! Pour moi... il ne s'agit que d'une chose, entendez-vous ! ! de disputer votre tête à l'échafaud, puisque la réussite ou la ruine du complot est pour vous une question de vie ou de mort. Encore une fois, je dois, je veux tout sacrifier pour que cette révolte triomphe ! ! ou mourir avec vous... puisque je n'aurai pas pu vous sauver !...

Toute l'âme, tout le caractère, toute l'exaltation de Louise se révélaient dans ces derniers mots qui résumaient, avec une concision et une logique écrasante, la nature de son amour et de son dévouement pour Auguste.

En effet, rien de plus rigoureusement vrai. Une fois Des Préaux, et conséquemment la marquise, engagés dans cette lutte, tout les forçait, ainsi que l'avait subtilement dit Latréaumont, d'agir le plus efficacement possible, afin de faire triompher la cause de leurs complices, qui, par le fatal engagement d'Auguste, était devenue la leur.

XXIV

DÉCEPTIONS.

> Le peuple ! ! ! ce colosse aveugle et sans discernement qui commence par faire grand fracas par ses lourds mouvements, dont la rage dévorante menace de tout engloutir ! ce qui est élevé, comme ce qui est abaissé ! ce qui est éloigné, comme ce qui est rapproché, et qui enfin trébuche... sur un fil !
>
> (SCHILLER. — Fiesque, act. II, sc. 5.)

Vers les premiers jours de septembre, environ trois mois après avoir forcé Auguste Des Préaux et la marquise de Vilars à prendre une part active au complot qu'il tramait, Latréaumont se trouvait à Rouen avec son neveu.

Le colonel demeurait dans une hôtellerie où il descendait d'ordinaire, aux Uniques, proche le bailliage.

Il était huit heures du soir ; l'oncle et le neveu causaient confidentiellement à la lueur d'une lampe, dans une vaste chambre, triste, froide et avarement meublée, comme toute chambre d'auberge : au fond, le lit de Latréaumont ; à gauche du lit, la porte d'un cabinet masquée par une portière de vieille tapisserie ; à droite, un bahut de noyer sculpté ; et, pour compléter l'ameublement, deux antiques fauteuils où étaient assis les interlocuteurs de la scène suivante, ayant entre eux une table à pieds tors, sur laquelle était une bouteille de genièvre, à laquelle le colonel recourait parfois.

Des Préaux était vêtu d'un costume de voyage qui ressemblait assez à l'habit militaire : justaucorps de buffle, écharpe rouge et grandes bottes de basane à éperons d'acier ; il arrivait d'Eudreville, où il avait laissé la malheureuse marquise. La figure pâle et amaigrie du chevalier portait l'empreinte de profonds chagrins, car les émotions de la vie orageuse qu'il menait depuis trois mois, et surtout les horribles angoisses dont il était incessamment torturé, en songeant que pour lui chaque jour Louise risquait sa tête, tant de cruelles anxiétés avaient enfin douloureusement creusé ce noble et beau visage.

Quant à Latréaumont, son accoutrement sentait de nouveau la mauvaise fortune ; il était à peu près aussi mal vêtu qu'autrefois à Amsterdam ; son énorme embonpoint avait de beaucoup diminué ; ses joues, jadis pleines et rubicondes, commençaient à se tanner ; puis, pour la première fois peut-être depuis bien des années, Latréaumont semblait pensif, soucieux et découragé ; ses traits étaient sombres, et sa mauvaise humeur s'exhalait en boutades amères, ou en violenles imprécations, bien que, de temps à autre, son habitude de raillerie brutale et d'intrépide insouciance reprît le dessus.

La cause de l'irritation du partisan était fort simple ; il voyait ses espérances de soulever la noblesse et le peuple de Normandie à peu près évanouies et déçues ; l'arrière-ban avait été convoqué, les gentilshommes campagnards étaient montés à cheval, et, malgré leurs promesses, tous étaient restés calmes, quoique l'écrasant impôt du tiers et danger eût été promulgué.

Latréaumont, beaucoup trop porté à juger des désirs et des vœux des autres par les siens propres, s'était complétement abusé sur le caractère général de la noblesse de campagne. Parce qu'entre deux vins, ces gentillâtres, un moment surexcités par l'énergie communicative du partisan, avaient bravement porté quelques toasts séditieux, ou hasardé quelques murmures sur la dureté du temps et la lèpre dévorante des impôts, il ne fallait pas croire qu'une fois les fumées de l'ivresse dissipées, ces campagnards, encore tout meurtris des désastres de la Fronde, iraient exposer de nouveau leurs modestes héritages à toutes les chances périlleuses d'une révolte ouverte et d'une guerre civile.

Tant qu'il s'était agi de déclamer à huis clos contre le despotisme de Louis XIV, et de se plaindre, entre les quatre murs d'un gentilhommière, *d'être traité comme en Turquie*, chaque hobereau avait plus ou moins bien tenu sa partie dans ce concert de malédictions ; mais lorsque Latréaumont, en intrépide maëstro, proposa de faire pour ainsi dire exécuter en rase campagne l'ouverture de cette révolte, avec accompagnement de mousquets et de carabines, tout son monde lui manqua.

D'ailleurs, depuis longtemps le gouvernement du roi était sur ses gardes ; et une particularité fort curieuse, c'est que deux jours après que Latréaumont eut écrit à monsieur de Monterey, Louis XIV, ignorant sans doute le nom des auteurs de ces propositions, savait pourtant que des ouvertures venaient d'être faites à l'étranger.

Monsieur Pellot, premier président de Normandie, fit alors, ainsi que monsieur le duc de Roquelaure, gouverneur de la province, des démarches fort actives pour découvrir ce malintentionné qui n'était autre que Latréaumont ; mais, comme il se tenait tranquille à Paris, les recherches furent vaines ; ou bien peut être, instruits de ces vues, et du nom de monsieur de Rohan§que le partisan se proposait de mettre à la tête de la bande, Louis XIV et monsieur de Louvois, afin de perdre sûrement l'homme qu'ils haïssaient tous deux, laissèrent-ils ces imprudens se jeter dans un complot insensé, dont on tenait tous les fils.

Ce qui ferait adopter peut-être cette hypothèse, c'est qu'on s'attendait évidemment en France, depuis cette époque, à une entreprise des ennemis sur le littoral, principalement sur la côte de Normandie, et que le plan de Latréaumont, à propos de l'attaque de Quillebœuf, était pénétré, car monsieur le duc de Saint-Aignan écrivait du Havre à Colbert, dès le 28 juin 1974, que la noblesse était parfaitement disposée à faire son devoir, et qu'il avait pris toutes les mesures pour repousser sûrement les tentatives de la flotte hollandaise, qui croisait incessamment sur les côtes de France, depuis Calais jusqu'à La Rochelle.

Or, de tout cet immense armement commandé par Tromp, Ruyter et le comte de Horn, le gouvernement des sept Provinces ne retira pas d'autres avantages que l'insignifiante attaque de Belle-Ile en Mer (27 juin) et de Noirmoutiers (7 juillet), avantages qui se réduisirent à l'incendie de quelques barques et cabanes de pêcheurs situées sur la côte ; car, malgré ces démonstrations de l'ennemi, et l'appui qu'elles semblaient promettre aux mécontens, la frayeur des populations était si grande, les terribles exécutions de Bretagne encore si récentes, et enfin l'obligation d'assurer chaque jour, par un travail exorbitant,

sen existence matérielle, contre l'exigence d'impôts écrasans, tenait le peuple dans une si cruelle préoccupation, que personne ne bougea (1), bien que le mécontentement fût profond et universel.

Maintenant, ce qui semblerait impossible, si l'humanité n'avait pas une part si absolue dans toute combinaison humaine, ce serait d'expliquer comment monsieur de Monterey et le gouvernement des sept Provinces, complétement abusés sur la disposition des esprits en France, avaient pu hasarder un armement aussi considérable, seulement d'après les rapports de van den Enden appuyés des promesses de Latréaumont.

Rien pourtant de plus logique dans son inconséquence : le prince d'Orange, on l'a dit, nourrissait une haine d'instinct, fatale, irrésistible, contre Louis XIV.

Impénétrable, calme, réfléchi, défiant, profondément habile et mesuré dans toute autre circonstance, l'esprit de Guillaume, ordinairement d'une solidité inébranlable et d'une prudence outrée, se laissait pourtant quelquefois aller aux chimères les plus vaines lorsqu'il s'agissait d'un plan hostile au roi de France.

Aussi, usant de l'omnipotence qu'il avait déjà rudement usurpée dans la direction des affaires de la république, selon la prévision de Jean de Witt, le jeune stathouder, pour assouvir sa haine, décida seul cet immense armement, qui, s'il eût réussi à exciter un soulèvement général en France, portait, il est vrai, un coup irréparable à Louis XIV, en opérant sur le littoral de son royaume une dangereuse diversion, pendant que ses armées étaient occupées aux frontières et en Allemagne.

Mais ce mouvement ne pouvait réussir, parce que cette même réaction de personnalité qui avait aveuglé le prince d'Orange sur l'opportunité d'une révolte en France, avait aussi trompé les deux seuls véritables acteurs de cette conjuration, Latréaumont et van den Enden; car monsieur de Rohan n'était qu'une bannière aux mains du partisan, et Auguste ainsi que la marquise étaient de pauvres complices malgré eux, presque convaincus d'avance de l'impossibilité du soulèvement.

Pourtant, madame de Vilars, ardemment fidèle à cette pensée juste et vraie, que plus elle rendrait par ses adhérences le complot important, plus elle accroîtrait les chances de salut d'Auguste et d'elle-même ; et d'ailleurs, accomplissant ce qu'elle regardait comme un devoir, avec l'héroïque probité qu'on lui sait, madame de Vilars avait tout tenté pour engager ses fermiers, ses tenanciers et quelques gentilshommes de son voisinage à se rebeller ; mais partout elle avait échoué, tant la terreur des échafauds était grande; seulement, la noblesse du caractère de Louise inspirait une estime si générale et si profonde que, malgré d'aussi dangereuses ouvertures, dont la révélation aurait pu la perdre, aucun de ceux à qui elle les fit ne parla. Louise et Auguste furent donc trompés dans cette visée de conspiration, ainsi que van den Enden et Latréaumont, parce que, on le répète, personne des fauteurs de cette conspiration ne possédait une connaissance exacte de la disposition des esprits.

Sans doute van den Enden, cet austère philosophe, voulait le bien à sa manière; sans doute ses utopies étaient respectables ; mais, esprit de spéculation et non de réalité, il agissait incessamment pour un type unique et impossible, pour l'enfant idéal de ses sublimes aspirations, pour l'homme exceptionnel enfin seulement éclos dans le paradis de sa chaste et sereine pensée. Van den Enden n'avait jamais songé à l'humanité telle qu'elle était; il oubliait qu'avant d'avoir le loisir de répondre aux cris de liberté, les hommes vrais répondaient d'abord aux cris de la faim, et que généralement il faut jouir d'un certain superflu, ou être un brigand capable de tout, pour perdre à dessein un temps irréparable parmi les agitations stériles

(1) Cette année même, les mousquetaires avaient été assurer à Rennes l'exécution de plusieurs révoltés. Voir les cruelles lettres de madame de Sévigné à ce sujet.

d'un soulèvement. Or, la majorité des hommes ne se compose pas de pillards et de meurtriers; et comme, pour peindre et dorer le Versailles du grand roi, il fallait que le peuple prît sur le pain noir que le travail écrasant de chaque jour lui apportait à peine, il ne restait pas aux populations une minute à dépenser en révoltes.

Dans le fol et naïf orgueil de sa belle âme, et aussi dans l'ardeur impatiente de voir ses utopies en œuvre, van den Enden avait ensuite pensé que ses écrits, répandus en Normandie par le colonel, en manière de placards, disposeraient surtout merveilleusement le peuple à la rébellion, en lui faisant espérer un âge d'or, que le philosophe se proposait de convertir en réalité, une fois l'action brutale et matérielle du renversement de la monarchie despotique opérée par Latréaumont et monsieur de Monterey, que le docteur était allé solliciter avec tant de désintéressement et de courage. Mais, encore une fois, tout cela était vanité, et les écrits du philosophe ne furent ni lus, ni compris.

Quant à Latréaumont, toujours égaré par ses souvenirs de la Fronde, un des plus singuliers phénomènes de l'histoire, il avait complètement méconnu l'esprit public. Ce partisan effronté, qui ne rougissait pas de s'avouer à soi-même qu'il n'agissait que par ambition et cupidité personnelle, n'ayant ni assez d'art ni assez de secret pour dissimuler ces honteux motifs, ignorait sans doute qu'à part de très rares exceptions il n'est jamais donné aux hommes de sa trempe, qui se produisent ouvertement tels qu'ils sont, d'agir assurément sur les autres hommes; il ignorait encore que, dans les masses, l'instinct de conservation et d'intérêt va souvent jusqu'à la plus haute sagacité d'égoïsme, et que leur subtil bon sens fait chercher et trouver aux intelligences les plus grossières le *pourquoi* véritable de toute révolution tentée, leur dit-on, en leur faveur. En un mot, si le changement de choses dont on les berce ne répond pas absolument aux nécessités ou aux idées (folles ou sages) du plus grand nombre; si celui enfin qui prétend à dominer la foule n'est ou ne semble pas être le représentant incarné des besoins et des idées générales du moment, toute espérance de soulever un peuple demeure une folle et absurde imagination.

Or, c'est parce que Latréaumont, instruit par l'expérience, sentait à cette heure qu'il ne réunissait aucune des conditions voulues pour assurer le bon succès de ses projets, qu'il ne pouvait contenir sa déplorable humeur en causant avec des Préaux dans cette chambre d'une auberge de Rouen dont on a parlé.

— Et dire, — s'écriait le colonel en vidant brusquement son verre, — que pas un de ces butors de gentilhâtres n'a seulement voulu bouger, les misérables et lâches valets qu'ils sont, de leur charrue et de leur colombier!! Ah! mille dieux! le noël a bien raison! — Et sans doute pour calmer sa colère, le partisan entonna un couplet d'une des chansons du temps sur la convocation de l'arrière-ban. (C'est un campagnard qui parle.)

> Si je péris dans les combats,
> Je veux qu'on grave sur ma tombe :
> Ci-gît qui mourut d'un *hélas*!!
> En voyant crever une bombe,
> Et n'eut d'affaire à son pays,
> Que pour l'honneur du pain bénit.

C'est vrai!... voilà pourtant, mordieu! comme ils parlent, et voilà comme ils mourront tous... *de peur*!!! les vils bouviers!!! Et dans nos réunions ils faisaient les rodomons!... C'était à qui tirerait l'épée le premier pour la révolte!!! et, une fois à cheval, une fois rassemblés sous les yeux de Saint-Aignan, que l'enfer confonde! ils n'ont eu de voix, ces maudits mangeurs de pommes, que pour braire... Vive le roi!!! mordieu! Et dire que personne n'ose remuer! Mais, par l'enfer! qu'ont-ils donc à perdre?... leur chienne de vie?... voilà qui est bien regrettable! Et par la lâcheté de ces misérables, renoncer à tant

de chances de réussite! quand il y a là en croisière soixante vaisseaux de ligne qui ne demandent qu'à jeter vingt mille hommes sur la côte... si on leur assurait seulement un point de débarquement... Mais non... ce maudit Saint-Aignan est partout; à Quilleboeuf, il y a mis garnison, il n'y a pas une falaise de la côte où il n'y ait une vigie ou un corps de garde! et il n'en faut pas plus pour intimider ces hobereaux, les empêcher d'agir. Ah! c'est à se damner mille fois... Ainsi, ni toi, ni la marquise, n'avez pas mieux réussi!

— Non, je vous l'ai dit... madame de Vilars a parlé entre autres à monsieur d'Aigremont et à monsieur de Saint-Martin d'Urbec; ce dernier a éludé, l'autre a répondu qu'il connaissait la moitié d'une compagnie de dragons à vendre, sur laquelle on pourrait peut-être compter, voilà tout... Quant au reste des gentilshommes, la marquise ou moi avions beau leur remontrer l'odieux des impôts, ils ont tous répondu : « C'est vrai... mais le roi est le maître... » et plus fort que nous... Voyez, en Bretagne, combien d'é-» chafauds sont encore sanglans. »

— Et les tenanciers, les fermiers, ces bœufs de labour, qu'ont-ils beuglé?

— Aux premiers mots de soulèvement, ils se sont tous écriés : « Et pendant que nous serons à nous rebeller, qui » cultivera nos terres? Et si l'ennemi fait une descente et » brûle nos récoltes comme à l'île de Noirmoutiers, et si » la guerre civile recommence ses ravages comme dans la » minorité, comment faire pour vivre? comment payer » la taxe? Nous sommes bien affreusement malheureux, » sans doute, mais au moins nous vivons. »

— Les infâmes! c'est toujours la même sotte chanson!... *Vivre!* ça ne pense qu'à vivre!... Ah! si ce que j'espère arrive! si j'ai jamais sous la main un millier de bandits déterminés, ces bêtes de somme me payeront cher leur refus et leur stupide prétexte de vivre! Que je sois roué vif, si je ne fais pas litière de leurs blés verts aux chevaux de mes cavaliers! et si le viol, le sac et l'incendie ne me vengent pas de leur crasse lâcheté! — ajouta le colonel en vidant la bouteille d'un trait; puis, la brisant après sur l'âtre avec fureur, il reprit : — Et ton père... tu ne lui as parlé de rien?

—Mais vous pensez bien que, connaissant ses sentiments de loyauté et son respect pour la personne du roi, il est le dernier, grand Dieu! à qui j'aurais osé parler de tout ceci, à part même la crainte de le compromettre... Ah! mon pauvre père... mon pauvre père!... s'il savait! — ajouta le chevalier avec un profond soupir, puis il reprit :—Enfin, il est heureusement à Paris pour un procès, et il ignore tout.

— Mais ce qu'il y a de plus terrible, — s'écria le colonel avec un nouvel emportement, — c'est que les Hollandais croisent depuis trois mois sur nos côtes, et, que ne voyant rien bouger, ni en Dauphiné, ni dans le Brouage, ni ici, seulement quelque peu en Bretagne, et encore... un vrai feu de paille! ces meynherrs vont sans doute se retirer... l'équinoxe approche, et tout sera dit. D'un autre côté, comme rien ne succédait, Monterey a cessé d'envoyer de l'argent pour entretenir la santé du complot; aussi, mordieu! est-il à cette heure, maigre... maigre à faire pitié... — dit Latréaumont en jetant un triste regard sur son habit négligé. — Nous sommes à sec et à bout... et justement c'est à cette heure qu'il faudrait tenter un effort désespéré!

— En vérité, vous êtes insensé si vous conservez la moindre espérance. Ah! je vous l'avais bien dit, il y a trois mois, que tout ceci n'était qu'une chimère... et, à cette heure, fasse le ciel que ce ne soit que cela!

— Ah çà! mille démons! si tu vas te désespérer quand au contraire il faut redoubler d'énergie... ce n'est pas le moyen d'avancer nos affaires.

— Comment! redoubler d'énergie, — dit des Préaux stupéfait; — et que comptez-vous donc faire?

— Une dernière tentative, risquer le tout pour le tout.

— Mais, encore une fois, sur quoi fondez-vous à cette

heure la moindre espérance? Vous l'avez vu, nous avons parcouru la province; vous ne pouvez nier que l'influence de madame de Vilars n'y soit extrême; vous ne pouvez nier non plus que la malheureuse femme ait intrépidement tout bravé, tout tenté, surmontant la honte qu'elle avait de jouer un rôle aussi criminel... mais pensant, hélas! comme vous l'avez si cruellement prévu, qu'une fois entré dans une conspiration qui aboutit à l'échafaud si on est vaincu, il faut triompher si on veut sauver sa tête.

— C'est vrai! il m'est revenu que la marquise a loyalement tenu sa promesse... et que si elle n'a pas réussi, la vaillante créature! ç'a été absolument la faute de ces pots à cidre, qui m'en rendront bon compte, mille tonnerres!— s'écria le colonel en fermant les poings avec rage; — car si tout cela n'aboutit à rien, aussi vrai que je m'appelle Duhamel de Latréaumont, je prends ma grosse canne d'un côté, ma rapière de l'autre, et, pour leur apprendre à manquer à leur promesse, je fais une tournée dans toutes leurs gentilhommières, rossant d'importance ceux qui ne voudront pas se battre avec moi, et balafrant au visage ceux qui accepteront mon cartel! Mais, heureusement pour la peau de bête dont sont enveloppés ces misérables, nous n'en sommes pas encore là.

— Mon oncle, croyez-moi, — dit gravement des Préaux, abandonnez ce projet insensé, — et remerciez la Providence de ce que jusqu'ici le complot n'a pas été découvert; car songez au sort qui vous attend si tout se révèle; songez donc à la haine que le roi a contre monsieur de Rohan! à l'aversion qu'a pour vous monsieur de Louvois!... Enfin je sais que cela n'est rien à vos yeux, mais songez donc aussi à madame de Vilars! à moi! à nous enfin, qui étions si heureux, et qui, grace à vous, maintenant ne vivons que d'angoisses et de terreurs, conspirant sans but et sans motif... et seulement pour disputer notre tête au bourreau, dans une lutte qui nous est indifférente! Mon oncle, vous nous avez fait bien du mal; mais renoncez à une entreprise impossible, rompez toute correspondance avec l'étranger, et nous trouverons dans notre bonheur la force de vous bénir!

— Écoute, mon garçon, tout n'est pas encore désespéré... Voici mon plan : je sais un régiment de quatre cents maistres à vendre; il y a là-dedans une centaine de vieux sacripans bronzés à tout, qui, dans la Fronde, ont servi dans la compagnie d'*enfans perdus* que j'avais levée sous Hocquincourt; c'est un bon noyau de démons incarnés, qui pendraient un paysan quand ils en retireraient une dent pour les dentistes et ses cheveux pour les perruquiers; une fois découplés en plaine, tu verras ça se démener... Or, il faut deux cent mille livres pour payer ce régiment; comptant sur l'argent de Monterey, Rohan a demandé à son monarque la permission de l'acheter; bien entendu que Phœbus a refusé net; heureusement que nous avons Sourdeval, dont on ne se défie pas, qui sera le prête-nom et l'achètera pour lui; une fois ce régiment à nous, mes cent vieux bandits prennent le haut du pavé; se sentant appuyés par des chefs aussi sacripans qu'eux-mêmes, leur esprit se répand dans les rangs, et moitié crainte, séduction ou espoir de pillage, en un ou deux mois je réponds d'avoir en main cinq ou six cents gueux déterminés, prêts et bons à tout, qui se feraient hacher pour moi jusqu'au dernier... Alors... mille tonnerres! je les amène en Normandie malgré Louvois... et du moins ces imbéciles et lâches hobereaux oseront peut-être se décider à marcher en rébellion ouverte, quand ils auront devant eux une pareille avant-garde qui leur frayerait le passage jusqu'en enfer!

— Mais ce projet est fou; en admettant même que vous puissiez acheter ce régiment, le façonner et en disposer à votre guise, ce qui n'est plus possible comme au temps de la Fronde, la terreur que de pareils scélérats inspirerait dans les campagnes suffirait pour tourner contre vous tous ceux qui auraient même eu la pensée de s'y joindre!

— Tu n'y entends rien, mon garçon; le point d'honneur

et la sensibilité du paysan sont dans ses reins, et pour les exciter et les piquer, rien ne vaut la hallebarde du partisan. Ah! si tu avais vu dans la Fronde mes braves *enfans perdus* travailler sur le paysan! tout ce qu'ils en savaient tirer!!... de vrais pressoirs de fer, mon garçon, qui vous pressuraient un village jusqu'à la moelle, mordieu! Les sauterelles d'Égypte n'étaient rien, j'en suis sûr, auprès du *passage* de ces braves compagnons!

— Mais les temps ne sont plus les mêmes, on est las de guerres civiles, et on aime mieux tout supporter, tout sacrifier, que de compromettre l'espèce de calme morne, où on se repose au moins, après tant d'horribles secousses. Mon oncle, je vous en supplie, renoncez à tout.

— Ah çà! voyons, écoute-moi, Auguste; je ne suis pas non plus un tigre; aussi vrai que je n'ai rien de sacré dans le monde, je te promets qu'aussitôt van den Enden revenu de son voyage...

— Comment! il est encore reparti? demanda le chevalier avec étonnement, en interrompant le colonel.

— Oui, il y a cinq jours, je l'ai dépêché à Monterey pour lui dire de ne pas s'impatienter; que rien n'était désespéré; de continuer à faire croiser la flotte hollandaise sur les côtes, et d'envoyer trois ou quatre cent mille francs pour acheter ce régiment et faire quelques avances.

— Mais monsieur de Rohan?

— Oh! lui! il est comme toujours, espoir et désespoir, haine et repentir, tristesse et joie... plus triste que gai cependant; car, selon mon avis, il a pris de l'encre dans ma bouteille pour écrire à cette Maurice dont il était affolé, afin de s'en dépêtrer tout à fait. Aussi, depuis ce poulet, la belle infante n'a plus voulu ou osé le revoir; il me presse, comme toi, d'en finir, et, tu vas rire, mordieu! dans le cas où Monterey refuse, tu ne sais pas!... il ne parle de rien moins que d'aller s'enfermer à la Trappe!!

— Et quand van den Enden doit-il arriver de Bruxelles?

— Du 12 au 15 de ce mois... Et, pour en revenir à ma promesse... vrai... si le père la Sagesse apporte un refus de Monterey; si lui et le prince d'Orange retirent argent et vaisseaux, alors, comme il ne sera plus possible de faire autrement, nous renonçons à tout, j'appelle un notaire pour dicter mon testament et te léguer tous mes biens,— dit le colonel en montrant les habits qu'il portait, et qui à cette heure composaient son seul avoir; puis il ajouta d'un air bouffon, en glapissant comme un crieur juré : — Item, te léguer mon grand verre... item, ma rapière; item, un vieux bahut où sont toutes sortes de projets de révolte. Puis, — ajouta le partisan en reprenant son accent naturel, — puis, au moyen d'une balle dans le crâne, je vais voir en enfer s'il n'y a pas moyen d'exciter quelque petite rébellion de damnés contre Belzébuth, sous prétexte que le soufre de leur fournaise est de mauvaise qualité.

Malgré tout le mal que lui avait fait Latréaumont, Auguste ne put s'empêcher d'être attristé en entendant le colonel parler ainsi de sa fin avec une résignation à la fois lugubre et grotesque; aussi lui dit-il :

— Mais, mon Dieu! qui vous force à agir?... pourquoi n'abandonnez-vous pas vos projets, à cette heure qu'ils sont presque désespérés? Et puis, ne savez-vous pas que, malgré les affreux chagrins que vous m'avez causés, je n'oublierai jamais que vous êtes le frère de ma mère, qui, malgré tout, vous a toujours aimé?

Le colonel fit un brusque mouvement et cacha sa tête dans ses larges mains.

Auguste s'aperçut de l'émotion de son oncle, sans pour cela concevoir la moindre espérance de le voir abandonner ses projets; car il savait alors, par expérience, que le partisan pouvait s'abandonner à ses souvenirs et en ressentir momentanément l'influence, mais qu'il n'en demeurait pas moins d'une invincible opiniâtreté dans ses damnables résolutions.

— Tiens, Auguste, — dit Latréaumont en relevant son visage assombri, — je ne sais... mais c'est un vilain jour qu'aujourd'hui! Ce matin, par hasard, je suis passé devant le cimetière Saint-André, et j'ai revu le tombeau de ma mère... et puis tu m'as appris la mort de cette Cauchois, ma vieille nourrice, et c'est stupide, si tu veux, mais ça m'a tout attristé, quoiqu'à cette heure, mille biberons de Lucifer! je fasse un drôle de nourrisson!! — ajouta le colonel, ne pouvant s'empêcher de gâter par une raillerie brutale le peu de bonnes inspirations qui lui restaient.

— Et cette pauvre femme est morte en priant pour vous, tenant entre ses mains cette croix d'or dont vous lui aviez fait présent, — dit Auguste, — car jamais elle n'a voulu croire aux bruits fâcheux qui couraient sur votre compte... disant toujours que c'était mensonges et calomnies!

— Bonne vieille! quand j'étais enfant, elle m'appelait *son Dauphin*... Ah!... ah!... son Dauphin!! il faut avouer que le Dauphin a furieusement tourné au loup et au sanglier!... et on sonnera peut-être bientôt l'hallali du sanglier, — dit le colonel pensif, après un assez long silence, en fronçant ses sourcils. Puis, son caractère reprenant le dessus, il s'écria, honteux de ce mouvement de faiblesse :

— Mais alors, mille triples dieux! les abois seront sanglants! aussi vrai que je radote à cette heure comme une caillette en me laissant aller à d'aussi sottes pensées!! Allons donc! mordieu! — et le géant se dressa de toute sa hauteur, en se secouant dans son habit, ainsi que les bêtes fauves se secouent quelquefois brusquement dans leur poil rude et hérissé; puis il ajouta, en passant la main sur son large front, comme pour chasser d'aussi accablantes pensées :

— Est-ce que Jules Duhamel de Latréaumont est encore au maillot pour songer à sa berceuse!... Hourra pour l'audace... mépris pour la crainte!... Rien n'est désespéré. Adieu, mon garçon. Je me résume, et vite, car je soupe avec d'Hyberville chez une paire de vestales de la rue d'Isigny! et la faim me tire par les pans de mon estomac! En un mot, dans dix jours nous nous reverrons ici; si Monterey dit oui... en avant le complot; s'il dit non... en en avant l'once de plomb; tu es libre, et je te donne ma bénédiction!! — ajouta le partisan d'un air bouffon.

Auguste connaissait trop bien l'entêtement invincible de son oncle pour songer une minute à combattre ses vues; aussi, mettant tout son espoir dans la détermination négative de monsieur de Monterey, quitta-t-il bientôt le colonel pour retourner à Eudreville, où Louise l'attendait tristement.

Latréaumont, lui, pour s'étourdir sans doute, alla oublier dans une orgie crapuleuse les dernières pensées honorables qui lui devaient peut-être venir au cœur.

Ceci se passait le 3 septembre.

On va voir, dans le chapitre suivant, que huit jours après vint la péripétie de ce drame étrange, de ce complot rêvé il y a cinq ans à Amsterdam, puis abandonné, puis repris, mais toujours indécis, flottant sans possibilité, sans racine et sans clientèle; imagination insensée où, depuis ceux qui promettaient l'insurrection jusqu'à ceux qui la favorisaient, où tous enfin, depuis le prince d'Orange et Monterey jusqu'à Latréaumont et van den Enden, luttaient d'aveuglement et de folie; conspiration absurde, qu'on prendrait en mépris, si le sang le plus noble et le plus généreux n'avait pas arrosé l'échafaud, si la fatalité de cette formidable tragédie n'était pas un des faits les plus horribles et les moins connus du dix-septième siècle, de ce grand siècle du grand roi, comme on dit.

LA BASTILLE.

XXV

LA DÉLATION.

Le cabinet du roi, à Versailles, le mardi 11 septembre 1674; il est onze heures du matin. Louis XIV, vêtu de velours noir, avec de simples boutons d'orfévrerie, portant le cordon bleu sur sa veste de satin écarlate richement brodée d'or, se promène avec agitation, et repousse brusquement les caresses habituelles de trois petites chiennes couchantes espagnoles, au pelage blanc et orangé. Le roi tient à la main une lettre ouverte; il la relit à plusieurs reprises, pâlit et rougit tour à tour; ses traits bouleversés annoncent la colère, la haine, la crainte, et çà et là, comme un éclair qui perce une sombre nuée d'orage, la rayonnante expression d'une vengeance satisfaite se peint sur son visage courroucé.

La lettre que lit le roi est de monsieur de Nazelles; dans cette longue délation, ce dernier donne les détails les plus circonstanciés sur le complot, sa marche et ses adhérences depuis six mois; il signale monsieur le chevalier de Rohan comme chef de la conspiration, et Latréaumont, van den Enden, Des Préaux, madame de Vilars et mademoiselle d'O, comme ses complices. On dira plus tard quelle fut la raison qui porta Nazelles à cette délation.

Aussitôt après réception de cette lettre, le roi avait envoyé un garde du corps chercher en grande hâte monsieur de Louvois à Chaville, où il se trouvait; ce ministre était aussitôt arrivé à Versailles, et venait de sortir du cabinet du roi pour ordonner l'arrestation immédiate du chevalier; car ce dernier, depuis quelque temps, afin sans doute d'éloigner tout soupçon, venait souvent à la cour faire sa révérence au roi, qui lui tournait le dos comme d'habitude. Or, ce jour-là même, monsieur de Rohan s'était rendu à Versailles pour assister en bayeur à la réception du nouveau nonce du pape, et à l'audience de congé du prince Zaluski, envoyé extraordinaire de Pologne, ces cérémonies étant d'habitude assez fastueuses, et le chevalier attendait le roi dans la chapelle avec le gros des courtisans.

— Ah! monsieur de Rohan! monsieur de Rohan! — disait Louis XIV avec une joie colère et concentrée, — quand, il y a cinq ans, j'entendis ces impertinentes filles d'honneur raconter vos prouesses, et que le jour même vous me donnâtes lieu de vous chasser de mon service, je ne m'attendais certes pas à vous voir un jour tomber si bas... enfin cette fois, Dieu merci! son crime est assez avéré, j'espère... et je n'en suis pas réduit à des conjectures! Ah! madame de Montespan, nous verrons votre contenance... en apprenant le sort de cet impertinent muguet! — A ce moment, un homme magnifiquement vêtu, gros et court, aux larges épaules, au teint apoplectique, portant une longue perruque noire qui ombrageait ses traits prononcés, durs et impérieux, entra dans le cabinet du roi. — Eh bien! Louvois?

— Il est arrêté, sire.

— Qu'a-t-il dit?

— Rien, sire; qu'il ne savait pourquoi on l'arrêtait, mais qu'il se soumettait à la volonté de Votre Majesté.

— Rien de plus?

— Et aussi qu'il n'avait ni bu ni mangé, et qu'il mourait de faim (1); Brissac l'a conduit dans sa chambre, où il lui

(1) Note de Clérambaut.

a fait servir à dîner; et cependant le lieutenant Lasserre le garde à vue jusqu'à ce qu'un carrosse de Votre Majesté soit arrivé afin de le conduire à la Bastille.

— L'infâme hypocrite! — s'écria le roi avec indignation, — il pense à manger dans un pareil moment... au lieu de songer à son âme. Quelle audacieuse assurance!.. il demande pourquoi on l'arrête!... Soulever la Normandie..... marcher sur Versailles..... m'enlever peut-être!... crime de lèse majesté!....i Mais, Louvois, toutes les précautions sont-elles bien prises? n'y a-t-il rien à craindre? Qu'on fasse tenir ma maison militaire prête à monter à cheval..... faites revenir des troupes des frontières..... Le misérable!..... Ah! cette fois du moins son crime est bien et dûment avéré... et ce soulèvement, ce soulèvement!

— Une chimère, sire, heureusement, une imagination de fou..... et rien de plus. Je sors de chez monsieur Colbert, qui va se rendre auprès de Votre Majesté à l'heure; j'y ai rapidement parcouru les lettres de monsieur Pellot; elles sont d'hier, et annoncent que rien n'a bougé en Normandie, tout y est calme et tranquille. Ainsi que j'ai eu l'honneur de le dire à Votre Majesté, depuis l'avis reçu au mois d'avril qu'on avait fait des propositions à Monterey, monsieur Colbert et moi avions déjà donné nos ordres en conséquence pour la tranquillité de la province. Je viens aussi de parcourir la correspondance de messieurs de Saint-Aignan, de Roquelaure et de Beuvron; rien non plus n'a bougé à Dieppe ni au Havre; il y a seulement à Rouen quelques retards dans le payement du *tiers et danger*, mais rien au monde de grave ni d'alarmant; vous pouvez m'en croire, sire; je vais d'ailleurs ordonner à Chamley, si Votre Majesté le trouve bon, de se rendre en poste à Rouen; c'est un homme énergique; il prendra le commandement des troupes..... et agira sévèrement s'il le faut; mais, encore une fois, ce complot est une visée stupide qui, heureusement, vous donne, sire, le moyen de faire un grand et terrible exemple.

— Mais je n'en reviens pas! — répéta le roi en lisant la lettre de Nazelles; — vit-on jamais pareille audace!... Et qui aurait cru cela de ce Rohan! Mais qu'est-ce que ces autres gens-là? — ajouta Louis XIV en reprenant la lettre, — La... Latréaumont?

— Celui-là, sire, est un effronté partisan que je n'ai vu qu'une fois, lorsqu'il eut l'impudence d'oser venir me demander un régiment; sans la pressante intervention de monsieur de Brissac, je le faisais pourrir à la Bastille. Ce Latréaumont est un géant matamore, résolu, opiniâtre, homme de sac et de corde. Joignez à cela, sire, un courage de lion; ayant tantôt frondé, tantôt servi monsieur le cardinal; homme bon et prêt à tout enfin, et des plus dangereux.

— Et comment Brissac s'était-il pu intéresser à un pareil misérable?

— Je crois, sire, qu'ils avaient autrefois fait la guerre des Pays-Bas.

— Mais il faut qu'on arrête cet homme-là à l'instant même..... Dépêchez vite Brissac à Rouen; où il est à cette heure, dit la lettre; qu'il prenne avec lui quatre où cinq de mes gardes bien déterminés, et qu'on saisisse ce monstre-là mort ou vif... Ecrivez l'ordre, je le signerai, et que Brissac parte sur l'heure pour la Normandie, à franc étrier.

— Louvois écrivit l'ordre du roi à monsieur de Brissac, pendant que Louis XIV relisait encore la lettre de Nazelles.

— Qu'est-ce que c'est que ce nom de sauvage, — demanda le roi, — *van den Enden?*

— Van den Enden, sire; j'ai pris des informations; Louvigny l'a connu en Hollande; c'est un de ces dangereux rêveurs républicains ennemis mortels de toute monarchie. Chassé d'Amsterdam il y a deux ans pour ses opinions populacières, qui semblaient même exagérées dans ces quartiers-là, pourtant si démocratiques, il s'est réfugié ici, où il tenait une école de langues anciennes près l'iquepuce; Votre Majesté ne lui permit, dans les temps, de s'établir en France que parce qu'il se disait proscrit par le prince d'Orange.

— L'infâme!... c'est ainsi qu'il abuse de l'hospitalité qu'il trouve dans mon royaume!... Et où est-il?

— On l'attend d'un jour à l'autre de Bruxelles, où il s'est rendu pour conférer sans doute de nouveau avec monsieur de Monterey. Desgrez (1) a l'ordre de l'arrêter à son arrivée, et la femme de Desgrez est même aussi déguisée pour éviter tout soupçon et suivre ce docteur à sa descente du coche.

— Ces misérables Hollandais ne se contenteront donc pas d'être républicains dans leurs marécages, sans venir encore infecter mes peuples de leurs détestables doctrines! Mais je veux qu'on me fasse prompte justice de celui-ci. Qu'on ne lui ménage ni les rigueurs du cachot ni de la torture..... qu'on la lui donne vraiment *extraordinaire*, et puis après la bonne potence; car une pareille espèce ne doit pas même avoir la tête tranchée comme un gentilhomme.

— Je crois en effet, sire, que cette dernière distinction, entre des coupables de haute qualité et cet obscur misérable docteur politique, sera d'un merveilleux effet.

— Et quels sont les autres? qu'est-ce que cette Vilars que je vois sur la liste?... elle n'est de rien à *Orondate* (1), j'espère.

— Non, sire; le nom de cette femme s'écrit seulement par un *l*; elle est fille du fameux Claude de Sarrau, fort huguenot et fort parlementaire, car partout où se lève la révolte, on est bien sûr de trouver un protestant...

— Vous avez raison, Louvois, il y a toujours dans ces réformés un vieux et aigre levain de rébellion. Ah! il faudra bien pourtant un jour ou l'autre en finir avec eux! Et comment cette Vilars s'est-elle fourrée là?

— Par amour, m'a dit ce Nazelles, que je viens d'interroger encore. Elle devait épouser ce Des Préaux, autre conjuré, et elle a voulu en tout partager son sort.

— Et tout cela pour gruger, comme ce drôle, quelques-unes des pistoles de Monterey, ou plutôt de cet exécrable Guillaume d'Orange, qui est l'âme de tous les soulèvemens, de toutes les résistances qu'on ose m'opposer!

— Sire, cette marquise de Vilars est fort riche; elle a, dit-on, près de quarante mille livres de rentes en terres.

— Mais alors, pourquoi s'est-elle entêtée de ce complot?

— Pour ne pas séparer son sort de celui qu'elle aimait, une pure bergerade, comme le voit Votre Majesté.

— Une bergerade, peste! une bergerade!... Mais savez-vous qu'il faut bien aimer quelqu'un pour risquer ainsi sa vie! — dit Louis XIV avec une sorte de jalousie involontaire, en comparant sans doute les amours intéressées qu'il inspirait à une affection aussi sublime et aussi dévouée; puis il ajouta d'un ton presque irrité: — Et ce misérable Des Préaux a sans doute, plus que pas un, poussé à cette révolte!

— Oui, sire; mais le plus opiniâtre, le plus dangereux, le plus indomptable de tous, est ce Latréaumont; c'est véritablement l'homme d'action du complot, d'après ce que m'a dit Nazelles.

— Aussi faut-il, et sur l'heure, se saisir de ce Latréaumont; un pareil criminel est une véritable calamité publique.

— Oui, sire; et monsieur de Brissac va partir aussitôt que vous lui aurez donné vos ordres.

— Quant à mademoiselle d'O, — ajouta Louis XIV, — rien ne m'étonne de sa part, car on sait combien elle s'était publiquement, et sans vergogne ni retenue aucune, affolée de cet autre traître que je tiens enfin à ma merci.

— Selon Nazelles, sire, mademoiselle d'O n'est seulement coupable que de n'avoir pas révélé le complot.

(1) Exempt de police fort redouté dans ce temps-là.
(1) Surnom donné à monsieur le maréchal de Villars dans sa jeunesse.

— Oh! quant à elle, toute la cour de mon frère va me supplier de lui faire grâce ; les siens sont des familiers de Monsieur.

— Votre Majesté n'aura pas que cette supplication à endurer à propos de ce procès-là, — dit Louvois.

— Que voulez-vous dire?

— Sire, monsieur Colbert...

— Eh bien?

— Monsieur Colbert, sire, comme allié de monsieur de Rohan, et s'appuyant sur l'autorité que lui donnent auprès de Votre Majesté ses longs et utiles services, monsieur Colbert pensera sans doute sûrement influencer Votre Majesté en faveur de ce grand criminel, — dit le ministre, dont la haine contre monsieur de Rohan datait de l'enfance, et qui le détestait encore davantage comme parent de Colbert ; car on sait la jalousie cruelle de Louvois contre ce dernier, qui mourut véritablement de chagrin de voir tous les efforts qu'il faisait, pour ranimer le crédit éteint et sortir la France de l'abîme, sans cesse rendus vains par la fatale omnipotence du fils de Letellier.

Aussi, en prévenant Louis XIV que Colbert pensait à influencer sa royale volonté, monsieur de Louvois mettait habilement en jeu le plus grand faible de ce prince, qui crut toujours naïvement régner par soi-même, tandis qu'il ne fit jamais qu'obéir aveuglément aux vues ou aux caprices de ses ministres et de ses maîtresses : Lyonne, Colbert et Letellier pour les splendides commencemens de son règne, Louvois pour les terribles désastres du milieu, et madame de Maintenon pour l'effroyable ruine de la fin.

Or donc, on le répète, en avertissant Louis XIV, qui, malgré ou à cause de sa faiblesse de caractère, prétendait à une volonté absolue, que Colbert se préparait à l'influencer, c'était complètement ruiner d'avance l'action de ce ministre, telle salutaire qu'elle dût être. Aussi, à la secrète et méprisante joie de Louvois, aux projets duquel il obéissait absolument à cette heure, Louis XIV s'écria-t-il en se rengorgeant :

— Apprenez, monsieur Louvois, qu'on ne m'influence pas ! je règne et je règne seul... c'est pour cela que je n'ai pas voulu de premier ministre ; je n'aime pas les brassières, monsieur Louvois, et j'entends qu'il n'y ait qu'une seule volonté dans mon royaume... la mienne !

— Eh !... je ne le sais que trop, sire, — répondit brusquement Louvois, en risquant cette réponse avec une rare habileté.

— Que voulez-vous dire, monsieur ? — reprit le roi en fronçant le sourcil.

— Je veux dire, sire, que bien souvent, après avoir longuement mûri des projets que je crois utiles au service de Votre Majesté, je vous vois, sire, sans vous en remettre à la sûreté de mon dévouement et de mes connaissances en ces matières, puisque c'est vous-même, sire, qui m'avez enseigné ce que je sais ; je vois, dis-je, Votre Majesté tout changer de fond en comble, tout refaire sur de nouvelles bases, de sorte que ce n'est plus mon travail, mais bien absolument et entièrement le vôtre, sire ; aussi, — ajouta Louvois d'un air grandeur et fâché, — je ne sais pas, en vérité, pourquoi Votre Majesté a des ministres !

Ce trait de savante flatterie frappa si juste l'aveugle superbe du monarque, que, sans pouvoir cacher son contentement, il dit d'un air à la fois suprêmement glorieux et pitoyable :

— Ce pauvre Louvois !... je conçois que c'est fâcheux pour vous... mais, en me créant roi, Dieu m'a donné une volonté d'airain et une connaissance comme naturelle et approfondie de toutes choses ; aussi je ne fais qu'agir selon ses vues !

— A ce moment, on vint annoncer au roi que monsieur de Brissac et monsieur Colbert attendaient ses ordres. — Faites d'abord entrer Brissac, — dit Louis XIV. Monsieur Brissac entra, vêtu de l'uniforme des gardes du corps du roi, habit bleu galonné d'argent sur toutes les tailles,

haut-de-chausses écarlate et bottes fortes. Monsieur de Brissac, âgé de cinquante-cinq ans, était encore vert et vigoureux. — Brissac, vous allez partir sur l'heure avec quatre ou cinq de mes gardes ; choisissez des hommes résolus et entreprenans... il s'agit de courir le poste jusqu'à Rouen, et là d'arrêter, mort ou vif, un certain Latréaumont... que vous connaissez, je crois...

— En effet, sire, — dit Brissac en rougissant, — j'ai fait autrefois la guerre avec lui contre les Frondeurs, mais depuis dix-huit mois je ne l'ai pas vu...

— Par trop de bonté pour ce misérable, vous avez empêché dans les temps Louvois de le faire jeter à la Bastille ; il a failli arriver de grands malheurs, monsieur de Brissac ; faites oublier cela en vous assurant de cette importante capture.

— Sire, que Votre Majesté me permette de lui faire observer qu'il se pourrait bien que je ne lui ramenasse qu'un cadavre, car je connais le partisan... et pour le prendre vivant...

— Il le faut vivant... vous m'entendez, Brissac ; il nous le faut vivant, — reprit le roi avec vivacité. — C'est surtout par lui qu'on peut avoir tous les fils de certain complot... où il a pris part... ainsi arrangez-vous pour cela ; allez, et pas un mot de tout ça. Arrivé à Rouen, vous descendrez de cheval chez monsieur Pellot, premier président du parlement de Normandie, qui vous accompagnera et vous aidera de ses lumières pour faire bien succéder cette capture ; allez et revenez vite avec l'homme en question. Dites à Colbert d'entrer, vous le trouverez dans la galerie. — Une fois le major des gardes sorti, le roi dit à Louvois : — Mais j'y pense, Louvois, avons-nous des preuves contre Rohan ?... Jusqu'à présent il n'y a qu'une délation, des présomptions de mauvais desseins, m'avez-vous dit, mais il n'y a pas eu d'exécution... et il serait bien malheureux qu'il ne se trouvât rien de positif et de personnel à lui.

— Votre Majesté a raison ; en effet, ce Nazelles m'a dit que monsieur de Rohan n'a jamais rien voulu écrire de sa main.

— Et s'il osait tout nier maintenant ?... Il en est bien capable, l'infâme ! — s'écria le roi avec une sorte de terreur.

— On pourrait, sire, aviser aux moyens de l'amener doucement à tout révéler.

— Lui promettre sa grâce ?

— En lui disant que s'il avoue tout ce qu'il sait, Votre Majesté aura pitié de lui, ne voulant pas faire périr un homme de sa qualité...

— Oui... oui, car, après tout, promettre et tenir sont deux.

— Sans compter, sire, que Votre Majesté peut nommer des commissaires pour instruire le procès, et en réserver le *jugement définitif à sa personne*.

— C'est le parti le plus sûr... et le plus prudent... Vous avez raison, Louvois, j'y aviserai...

A ce moment, un huissier annonça Colbert.

Ce grand ministre avait alors plus de soixante ans ; sa figure était pâle, rude, austère et glaciale ; ses sourcils, toujours froncés et menaçans, lui donnaient un air sombre ; son costume était tout noir ; car, par modestie, il avait conservé l'habitude de se vêtir avec la rigoureuse simplicité des premiers secrétaires d'État, qui, au commencement du règne de Louis XIV, ne se permettaient pas de s'habiller comme les gens de qualité, et ne portaient ni écharpes, ni broderies, ni habits de couleur ; aussi le vêtement sévère du vieux ministre contrastait-il singulièrement avec le magnifique justaucorps écarlate à dentelles d'or et d'argent qu'étalait fièrement Louvois.

En voyant entrer Colbert, Louis XIV, prévenu par Louvois, se mit sournoisement en garde contre toute demande en faveur de monsieur de Rohan.

La scène était curieuse : Louis XIV, assis dans son fauteuil ; Louvois, debout près de la fenêtre, regardant Colbert avec une haineuse jalousie qu'il ne pouvait dissimuler, tandis que ce dernier, appuyé sur un des bronzes dorés qui formaient l'angle de la table du cabinet du roi, semblait fort préoccupé.

— Eh bien ! monsieur Colbert, — dit Louis XIV, voulant sans doute prouver au ministre qu'il ne serait pas sa dupe, — votre allié, monsieur de Rohan, en fait de belles !

— C'est avec bien du regret, sire, que j'ai appris l'arrestation de monsieur de Rohan, et mes regrets augmenteront encore s'il est aussi coupable qu'on le dit.

— S'il est coupable ! Il n'y a rien d'incertain là-dedans ! Il l'est bel et bien coupable, Dieu merci !

— Que Votre Majesté me permette encore d'espérer que non.

— Espérez, espérez, monsieur Colbert ; mais n'espérez rien autre chose ! Ma volonté doit emporter toutes les volontés ! Ce n'est pas auprès de moi qu'on peut compter abuser des anciens services pour m'extorquer des déterminations contraires au bien de l'Etat, — dit le roi en attachant un regard significatif sur Colbert.

— Sire, je ne sais...

— Il suffit, il suffit ! je m'entends !... monsieur de Rohan a commis un effroyable crime ; il faut un terrible exemple, qui apprenne aux mécontens ce qu'est ma puissance ! N'est-ce pas là votre avis, monsieur Colbert ?

— Sire...

— Parlez, parlez librement.

— Eh bien ! puisque Votre Majesté m'ordonne de parler librement, je lui dirai qu'en admettant même que monsieur de Rohan se soit laissé égarer par les folles et malheureuses visions dont on l'accuse, et qu'il en soit convaincu devant les juges que Votre Majesté lui donnera, comme il n'y a eu que dessein, et non pas commencement d'exécution, je pense qu'il serait de la plus grande gloire de Votre Majesté de faire grâce.

— Nous y voilà, — pensa le roi ; et il ajouta d'un air indifférent : — Voyons, expliquez-vous ; quels sont vos motifs pour croire cela, monsieur Colbert ?

— Sire, j'ai relu toute la correspondance de Normandie pendant les six derniers mois ; la voici (et il montra au roi un volume in-folio, relié de vélin vert) : Si Votre Majesté daigne y jeter un coup d'œil, elle verra que rien ne bouge dans ces quartiers-là, à part une rumeur sourde causée par la collation de l'impôt du *tiers et danger*, qui d'ailleurs se perçoit fidèlement. Or, sire, puisqu'il n'y a pas la moindre apparence d'émotion à cette heure, l'arrestation des chefs du complot, s'il y en a un, suffira pour paralyser toute entreprise. Je l'avoue, sire, j'ai dû aux bontés de Votre Majesté de voir mon obscure famille alliée à la maison de monsieur de Rohan par le mariage de ma fille avec monsieur le duc de Chevreuse, et je ne cache pas à Votre Majesté que si le bien de son service et celui de l'Etat pouvaient gagner à ce que Votre Majesté fît grâce à monsieur de Rohan, s'il est trouvé coupable, je serais le plus heureux des hommes... Veuillez remarquer, sire, que monsieur de Rohan n'a aucune clientèle ; aucune racine ; il est abandonné de tous ; et s'il a véritablement conçu d'audacieuses et folles pensées, permettez-moi de vous le dire, sire, en le frappant on donnera peut-être à cette chimérique conspiration une importance qu'elle n'aurait pas si, affectant de regarder son chef comme un fou, vous témoigniez du mépris que vous avez pour lui en le flétrissant d'un dédaigneux pardon.

— Et vous, Louvois, que pensez-vous ?

— Je pense, sire, contrairement à monsieur Colbert, que, par cela même que monsieur de Rohan est sans consistance ni racine aucune, et malgré cela un seigneur de la plus grande qualité, il serait d'un bon effet, si monsieur de Rohan est trouvé coupable, de prouver au monde que, dans sa justice impartiale, Votre Majesté ne ménage pas plus les princes alliés de maisons souveraines que le dernier de ses sujets, lorsque les uns ou les autres ont pensé à troubler la tranquillité de l'Etat et le bonheur de ses peuples en les infectant de pernicieuses maximes, en osant demander l'appui de l'étranger pour arriver à leurs fins exécrables. On ne peut dissimuler, sire, qu'un mécontentement sourd et général règne en France. Grâce aux insinuations étrangères sur plusieurs points du royaume, on a dû comprimer quelques tentatives de rébellion ; une grande et terrible leçon est donc nécessaire. En un mot, par ses débauches, ses impiétés, ses débordemens, sa conduite autrefois offensante envers Votre Majesté, monsieur de Rohan, ayant soulevé la cour et sa propre famille contre lui, me semble devoir mieux, et plus politiquement que pas un, être sacrifié au salut de l'Etat ; car, que Votre Majesté me permette de lui faire observer que si elle hésitait par clémence, les malintentionnés, interprétant cette clémence avec perfidie, pourraient donner à penser que Votre Majesté, ne voulant pas exaspérer les mécontents...

— Qu'osez-vous dire là, monsieur Louvois ? — s'écria le roi. — Eh ! que me font à moi le mécontentement et les mécontens ! Ne suis-je pas roi chez moi ? Et vous, monsieur Colbert, ne craignez-vous pas que je mécontente quelqu'un en sévissant contre ce grand criminel ?... Les mécontens !... Vous allez voir comme je crains les mécontens... Asseyez-vous, et écrivez, monsieur Colbert... — Colbert, aussi surpris que Louvois de cette brusque sortie, s'assit, et Louis XIV continua : — Ah ! les mécontens !... Voici justement une parfaite occasion de leur montrer combien je les crains... Écrivez les noms que je vais vous dicter, et vous ferez expédier à ces *parleurs* des lettres de cachet et un de mes valets de pied pour les conduire au lieu que je désignerai pour leur exil. Monsieur le comte d'Olonne, d'abord !... Il m'est revenu que monsieur de Rohan fréquentait sa maison... Il partira dans les vingt-quatre heures pour Issoudun...

— Sire, je ferai observer à Votre Majesté que monsieur d'Olonne est fort malade... il n'a pas quitté le lit depuis deux mois.

— Il le quittera pourtant aujourd'hui, monsieur Colbert !... Monsieur le marquis de Vassé est fort des amis de la famille d'O... Il s'en ira à sa maison de campagne, et son Pylade, l'abbé de Bellebat, à son abbaye... Ah ! les mécontens !... En vérité, ils m'effrayent fort... Mais j'oubliais un des plus vieux et des plus dangereux, car celui-là doit chasser de race... L'abbé d'Effiat sortira aussi de Paris... Voilà, monsieur Colbert, comme je crains les mécontens ! Vous ferez expédier ces lettres de cachet... Maintenant, dites-moi ce que vous avez à objecter aux raisons données par monsieur de Louvois !...

Colbert fut un moment interdit de cette détermination si subite, qui frappait des gens complètement étrangers au complot ; mais il se remit et répondit avec mesure et fermeté :

— Sire, les raisons que monsieur de Louvois vient de faire valoir contre monsieur de Rohan me sont, au contraire, des preuves à l'appui de ma façon de voir. C'est parce qu'il y a quelques germes d'irritation, qu'à mon sens il faut se donner garde de l'exaspérer. Une grande rigueur engendre quelquefois le fanatisme. Quant à monsieur de Rohan, c'est parce qu'il est sans racine, sans clientèle, que Votre Majesté lui peut faire grâce, et mépriser une imagination aussi insensée... Encore une fois, lui donner suite serait faire la joie des ennemis de Votre Majesté, qui penseraient que de grands troubles peuvent éclater en France, et cette croyance ferait peut-être naître, sire, aux étrangers des visées qu'ils n'ont pas... Et puis il y a dans le complot deux femmes... sire, que Votre Majesté y songe... deux femmes ! et si un grand et terrible exemple paraissait indispensable à Votre Majesté, si monsieur de Rohan était accusé et convaincu du crime de lèse-majesté, veuillez réfléchir que ce crime est puni de mort, et, comme complices, ces deux malheureuses créatures devraient ainsi porter leur tête sur l'échafaud ! sire, deux femmes !

— Le crime n'a pas de sexe, monsieur ; l'une d'elles,

d'ailleurs, est fort huguenote et fille d'un homme très dangereux.

— Sire, permettez-moi d'assurer à Votre Majesté que monsieur de Sarrau, durant sa vie, était le modèle des gens de bien ; la reine de Suède correspondait fréquemment avec lui ; le nom de monsieur de Sarrau est vénéré et considéré en Europe ; madame de Vilars, jusque-là très vertueusement famée en Normandie, a cédé à un entraînement coupable sans doute, excusable peut-être par le motif qui l'a causé...

— Monsieur de Rohan et cette huguenote ont en vous un habile défenseur, monsieur Colbert... mais ce n'est pas d'aujourd'hui que vous avez montré un furieux faible pour les gens de la religion prétendue réformée.

— C'est la gloire de Votre Majesté, c'est le bien de l'État, c'est la cause de l'humanité que je voudrais toujours voir triompher, sire.

— Brisons là, monsieur Colbert ; le procès n'est pas d'ailleurs commencé ; vous aviserez à ce que monsieur de Rohan ait deux commissaires pour instruire son procès ; *je m'en réserverai le jugement souverain et définitif.*

— Ah ! sire... ils sont sauvés, — s'écria Colbert en tombant aux genoux du roi avec un mouvement de reconnaissance qui irrita profondément Louis XIV ; — je suis maintenant rassuré sur le sort de monsieur de Rohan et de ses complices, puisque Votre Majesté se réserve leur jugement définitif... Ah ! sire, il n'en pouvait être autrement... Votre Majesté est si grande et si généreuse !...

— Nous ne nous entendons pas, monsieur Colbert ; relevez-vous, — dit le roi en comprimant à peine sa colère.— Puis il ajouta : — Vous ordonnerez à votre fils d'écrire, au procureur général qui sera choisi pour suivre cette affaire, que je veux être instruit jour par jour et plutôt deux fois qu'une, de tout ce qui succédera dans ce procès, jusqu'aux moindres détails. — Puis prenant son chapeau, le roi ajouta, en se levant de son fauteuil : — Mais voici l'heure de la messe... après, je recevrai le nonce de Sa Sainteté, et monsieur l'envoyé extraordinaire de Pologne.

Et Louis XIV sortit de son cabinet.

XXVI

LES UNIQUES.

Jus hoc animis morientis habebat !
Tant il exerçait d'empire sur son âme à l'heure même de la mort !
(LUCAIN, VIII, 656.)

Le 12 septembre, lendemain de l'arrestation de monsieur de Rohan, les quatre gardes du corps du roi chargés de s'emparer de la personne de Latréaumont, arrivèrent à Rouen à six heures du matin, sous le commandement de monsieur de Brissac, leur major, ayant couru la poste toute la nuit avec une extrême diligence ; ils allèrent descendre de cheval chez monsieur Claude Pellot, premier président du parlement de Normandie, dont l'hôtel se trouvait proche la place du vieux palais.

Les cavaliers qui devaient aider monsieur de Brissac dans son importante et dangereuse mission, étaient messieurs de La Rose, de l'Étang, de Bois-Brun et du Plessis, tous quatre hommes de résolution et d'intrépidité ; et pourtant, chose assez singulière, l'un d'eux, monsieur de La Rose, était âgé de soixante-quatorze ans.

Il avait plu toute la nuit, un épais et triste brouillard pesait encore sur les toits inclinés de cette ville noire et enfumée, aux rues étroites et surplombées de balcons de bois. Les rares bourgeois, par hasard dehors à une heure aussi matincle, avaient vu avec un étonnement mêlé d'ef-

froi passer ces cinq cavaliers, si méconnaissables qu'on distinguait à peine, sous la boue qui les couvrait, le splendide uniforme de la maison du roi, et si hâtés d'arriver que leurs chevaux fumans et blancs d'écume avaient les flancs tout saignans.

Monsieur de Brissac frappa violemment à la porte du premier président pour éveiller ses gens endormis ; et, bientôt introduit près de ce magistrat, le major lui exhiba l'ordre du roi; monsieur Pellot s'habilla en toute hâte, et se disposa à conduire cette officier supérieur à la demeure de Latréaumont, alors logé à l'hôtellerie des Uniques, proche le bailliage.

— Veuillez, monsieur, — lui dit monsieur de Brissac,— faire mander la garde civique pour maintenir le populaire et l'empêcher d'envahir la maison pendant que moi et mes gardes nous agirons.

— Je vais de plus, monsieur, si vous le trouvez bon, emmener mon suisse, un valet de chambre et un laquais, gens de confiance et décidés, qui nous seront utiles dans l'intérieur de la maison ; car je prévois, monsieur le major, une vive résistance ; je connais l'homme.

— Je le connais aussi, monsieur, — dit monsieur de Brissac. Puis se retournant vers ses compagnons de route, il ajouta : — Chargez vos mousquetons, messieurs.

Les quatre gardes du corps chargèrent leurs armes, pendant qu'un des gens de monsieur Pellot allait de la part de ce magistrat porter ses ordres aux capitaines des compagnies d'arquebusiers et d'archers qui composaient la milice nationale de Rouen, placée sous les ordres de l'autorité civile.

Les carabines chargées, monsieur de Brissac et monsieur Pellot se rendirent en toute hâte à l'auberge des *Uniques*, qui ne se trouvait pas fort éloignée de l'hôtel de la présidence.

Ils arrivèrent.

C'était une taverne d'assez médiocre apparence. Monsieur Pellot heurta *au nom du roi*, et ces mots intimidèrent tellement l'hôte, qui vint ouvrir, que lorsque monsieur de Brissac lui eut demandé où logeait un gentilhomme nommé Latréaumont, c'est à peine si le maître des *Uniques* put lui répondre :

— Au nº 3 sur la cour, monseigneur.

Les gardes du corps armèrent leurs mousquetons, monsieur de Brissac s'assura que son épée pouvait librement sortir du fourreau, tandis que monsieur Pellot, songeant qu'il allait courir un péril assez peu séant pour sa robe, s'effaça et laissa passer monsieur de Brissac le premier ; dans ce cas, *la toge doit céder aux armes*, pensait sans doute le magistrat, petit homme vif, agile, pétulant ; mais alors conservant toute la dignité voulue par la gravité de ses fonctions.

On arriva donc à un obscur et long corridor sur lequel s'ouvraient plusieurs chambres ; la porte du nº 3 était la seconde en entrant, mais il n'y avait pas de clef à la serrure.

Monsieur de Brissac fit signe à ses gens, qui l'avaient suivi sur la pointe du pied, craignant que le bruit de leurs bottes fortes et éperonnées ne donnât l'éveil à Latréaumont, et le major frappa doucement à la porte.

Personne ne répondit.

Il frappa plus fort.

— Mordieu ! qui est là ? quel est le bélître qui vient m'éveiller sitôt ? — dit la grosse voix de Latréaumont... Puis il ajouta de son accent railleur : — Je n'ouvre qu'à l'Aurore en personne, et si elle a la figure d'une jolie fille !

— Ami... ami, — dit monsieur Pellot en contrefaisant sa voix.

— Ami !... je le crois pardieu bien... ami ! Qui oserait donc venir crier *ennemi* à la porte de Duhamel de Latréaumont ? Allons, — dit la voix avec un long bâillement, en s'adressant sans doute à un laquais couché dans une pièce voisine, — Allons, hé ! Lanfranc, Lanfranc ! marmotte du diable ! fais entrer cet ami, que Morphée confonde !

Un instant après la porte s'ouvrit. Alors, entrant seull et marchant droit au lit de Latréaumont, encore couché, bâillant, soufflant et détirant ses membres énormes, monsieur de Brissac lui dit :

— Au nom du roi... je vous arrête !

— Tiens, triple Dieu ! c'est Brissac ! — s'écria le colonel qui n'avait pas entendu le major, ou du moins le feignait.

— Au nom du roi, je vous arrête ! — répéta Brissac d'une voix plus haute.

Latréaumont se mordit la lèvre inférieure, si violemment qu'elle saigna, plissa un instant ses noirs sourcils, et puis ce fut tout... Jusqu'à la fin de cette scène tragique, son sang-froid habituel et son caractère indomptable et ironique ne se démentirent pas une minute.

— Comment ! tu m'arrêtes, mon vieux camarade ? Ah çà, mille carabines ! est-ce que je me sauve ? Mais, entre nous, tu as là une vilaine mission ! — Et le colonel semblait chercher quelque chose des yeux.

— Que veux-tu, un soldat doit obéir, il faut que je t'emmène à Paris... Voyons, ne fais pas le rodomont, j'ai la force en main... Résigne-toi, et, cent diables ! ce ne sera peut-être qu'une nuée d'orage.

— Comme tu dis, un ou deux éclairs, un ou deux coups de tonnerre... et puis tout sera dit. Ah çà ! et sérieusement tu m'arrêtes ? c'est pour cela que tu es levé de si matin ? — ajouta le colonel en continuant de jeter autour de lui un regard inquiet.

— Sérieusement,.. Habille-toi ; n'essaye pas de te sauver, l'hôte m'a dit qu'il n'y avait point d'issue, et mes gens sont là... dans le corridor.

— Ah ! tes gens sont là... dans le corridor ? — et le partisan jeta rapidement un coup d'œil oblique sur une portière en tapisserie masquant une chambre voisine qui paraissait communiquer avec la sienne.

— Allons, voyons, ça ne m'amuse pas plus que toi ; dépêche-toi de t'habiller.

— Mille feuilles de vigne ! sois tranquille, j'ai de la pudeur, et je n'irai pas, mordieu ! t'accompagner dans les rues de Rouen habillé en père Adam. Allons donc, puisqu'il le faut !! — et le colonel fit un mouvement pour sortir de son lit.

A cet instant, un assez bruyant tumulte s'éleva dans l'hôtellerie ; monsieur de Brissac, craignant quelque invasion subite de la populace, alla vers la porte pour faire entrer ses gardes.

Profitant du moment, Latréaumont sauta de son lit, disparut derrière la tapisserie dont on a parlé, et on entendit aussitôt le craquement de la batterie de deux pistolets qu'il arma.

A ce bruit sec et net, si familier à l'oreille d'un soldat, monsieur de Brissac retourna vivement la tête, et, stupéfait de ne plus voir Latréaumont couché, courut à la tapisserie comme le colonel s'écriait :

— Me voici, monsieur de Brissac ! mais, mordieu ! vous ne me tenez plus.

Monsieur de Brissac mit l'épée à la main et leva bravement le rideau... Là il vit Latréaumont à moitié nu, et tenant un pistolet de chaque main ; ses traits pâles avaient toujours leur même expression d'audace et de raillerie... Un rayon de clarté, tombant d'un jour de souffrance fort élevé, jetait de rares mais vives lumières, vigoureusement tranchées par de fortes et larges ombres, sur cette gigantesque figure, qui, dans toute la hardiesse de sa pose intrépide, se détachait, ainsi puissamment colorée à la Rembrandt, sur le fond noir du cabinet.

Monsieur de Brissac ne put résister à un mouvement de surprise, peut-être même d'effroi, à l'aspect de ce colosse qui se dressait là comme un fantôme, et dont les yeux gris et féroces semblaient luire dans l'obscurité.

— Vous êtes donc criminel, — s'écria monsieur de

Brissac, — que vous osez vous rebeller contre un ordre de Sa Majesté ?

— Oui, mordieu ! je l'ose... A toi, Brissac !...

Et le colonel tira...

Mais monsieur de Brissac ayant prestement écarté le canon du pistolet avec son épée, la balle atteignit monsieur de La Rose, un des quatre gardes du corps... Ce vieillard tomba sur le coup en criant :

— Jésus ! je suis mort ! — et il mourut en effet.

Latréaumont tira son autre coup de pistolet, qui n'atteignit personne ; puis, voulant forcer le passage gardé par les cavaliers, il saisit une table pour s'en servir comme de bouclier ; mais à ce moment monsieur de Brissac ayant crié : — Tirez... messieurs !.. tirez ! — monsieur de Boisbrun ajusta Latréaumont et lui envoya une balle en pleine poitrine.

Le partisan porta la main à son côté ; puis, s'affaissant lourdement sur soi-même, il se renversa en arrière avec la table qu'il tenait, en s'écriant :

— Merci, mon vieux Brissac, je meurs en soldat !

En voyant la chute de Latréaumont, les gardes et les gens de monsieur Pellot se précipitèrent sur lui, et en moins d'une minute il fut garrotté et porté sur son lit. Il était évanoui ; le sang sortait à gros bouillons de la plaie, qui se trouvait près du cœur. . . . .

. . . .

Ce même jour, à onze heures et demie du soir, Latréaumont, qui vivait encore, avait été transporté au Vieux palais, dans une chambre de ce gothique édifice : chambre immense et sombre, dans laquelle on avait fait à la hâte quelques préparatifs... Le colonel était couché dans un de ces vastes et anciens lits à colonnes torses et à draperies rouges ; une lampe de cuivre, posée sur une table, projetait de grandes ombres, et éclairait à peine les acteurs de la scène qu'on va lire.

Ces acteurs étaient monsieur de Brissac, monsieur Pellot, son greffier, et le révérend père Patrice, capucin, qui avait été chargé, d'abord de réconcilier Latréaumont avec le ciel, puis, au moyen de la confession, d'en obtenir tous les renseignemens possibles sur la rébellion de Normandie, dans le cas où Latréaumont se fût confessé. C'était, il est vrai, abuser indignement d'un secret religieux et sacré, mais on verra plus tard, par une lettre de monsieur de La Reynie au père Bourdaloue, que les gens du roi, civils ou ecclésiastiques, ne tenaient guère à ces misères. Quant au colonel, il trompa ces espérances en déclarant vite, pour se débarrasser des instances du père Patrice, *qu'il avait commis tous les crimes qu'un homme pouvait commettre, et qu'on s'arrangeât là-dessus.*

Les traits de Latréaumont étaient décomposés par l'approche de la mort ; sa figure était livide, son nez pâle et tiré, son large front inondé d'une sueur froide, tandis que ses yeux, toujours hardis, et qui brillaient de l'ardent éclat de la fièvre, se renfonçaient déjà profondément dans le creux de leur vaste orbite. Enfin sa voix sourde et creuse semblait presque étouffée ; de temps à autre, une écume sanglante lui venait aux lèvres, et pourtant ce caractère indomptable avait jusque-là résisté aux douleurs physiques et aux terreurs d'une fin prochaine.

Profitant de plusieurs de ses évanouissemens successifs, le P. Patrice avait donné au colonel les derniers sacremens sans que ce dernier en eût la conscience. Mais depuis qu'il était revenu à lui, Latréaumont, avec une incroyable présence d'esprit, luttait d'opiniâtreté avec messieurs de Brissac, Pellot et le P. Patrice, qui voulaient absolument le persuader de nommer ses complices, ce à quoi cet enraciné criminel répondait, comme le dit monsieur Pellot dans sa lettre, par des discours *d'obstination, de fanfaronnerie et de vanité.*

Monsieur de Brissac était à sa droite, le R. P. Patrice à sa gauche, monsieur Pellot au pied du lit, et son greffier assis et prêt à écrire les aveux de Latréaumont.

— Mais enfin, — disait monsieur de Brissac, — nomme

tès complices, dis ce que tu sais... c'est pour le service du roi.

— Je ne veux pas rendre service à ce royal danseur de ballets, — répondit le colonel d'une voix faible et entrecoupée, tandis que ses lèvres bleues et déjà glacées tâchaient encore de grimacer un sourire ironique.

— Mais, mon frère, — disait le capucin, — notre sainte religion vous peut absoudre d'une vie aussi détestable que la vôtre, si elle vous voit touché d'un repentir sincère, et avouer au moins l'énormité de vos crimes.

— Mon frère capucin, je ne me repens que de n'avoir pas réussi, — disait le colonel en tâchant de nasiller plaisamment.

— Mais réussi à quoi ? donnez au moins des détails ! — reprit monsieur Pellot.

— A quoi, mon digne pourvoyeur d'échafaud !

— Oui, oui ! à quoi n'avez-vous pas réussi ? — reprit monsieur Pellot, espérant que le colonel allait enfin avouer quelque chose.

— A caresser Margoton, mille dieux ! parce que j'étais trop timide... — Et le colonel essuya ses lèvres, qu'une nouvelle bouffée sanglante venait de rougir.

— Mais savez-vous, misérable ! — reprit monsieur Pellot irrité, en voulant essayer d'obtenir par la terreur ce qu'il n'avait pu gagner par obsession ; — savez-vous que si vous vous obstinez dans votre silence coupable, que si vous ne nommez pas vos complices, je vais vous faire appliquer à la question ?

Cette menace sembla faire quelque impression sur Latréaumont, qui, retournant sur l'oreiller sa tête alourdie, répondit avec un air d'effroi :

— La question, à moi, si je ne nomme pas mes complices ? la question, quand je suis à moitié mort, mon bon monsieur Pellot ?

— Oui, oui ! si vous ne confessez par leurs noms on va vous y appliquer... Et les brodequins et les chevalets sont là, — dit monsieur Pellot, enchanté de l'effet qu'il pensait produire sur le colonel.

— Avec des tenailles rougies au feu pour vous morceler les chairs vives, et du plomb fondu pour vous couler dans les veines ! — ajouta le greffier d'une voix aigre en se dressant au pied du lit, voulant sans doute rembrunir encore le tableau qui semblait faire réfléchir le colonel, au grand étonnement de monsieur de Brissac.

— Tous les tourmens possibles, vous les subirez ; car j'ai les ordres de vous appliquer à la question ordinaire et extraordinaire, — ajouta monsieur Pellot.

— Ah ! mon Dieu ! la question ordinaire et extraordinaire... à moi ? dans l'état où je suis, mon bon monsieur Pellot ? — dit le colonel en joignant les mains, à la stupéfaction croissante de Brissac, qui pensait que Latréaumont délirait.

— Oui, oui ! toutes les rigueurs de la torture, si vous ne parlez pas, si vous ne nommez pas vos complices.

— Ah ! mon Dieu ! mon père ! vous l'entendez, — dit le partisan en se retournant vers le capucin, — la question ordinaire et extraordinaire si je ne nomme pas mes complices !...

— Mon fils, notre divin Sauveur innocent, sur la croix, a souffert bien davantage pour le salut des hommes !

— La question ordinaire et extraordinaire, mon bon monsieur Pellot ? — répétait le partisan d'une voix affaiblie, en se retournant cette fois vers le magistrat.

— Oui ! si vous ne parlez pas.

— Eh bien ! alors, — dit le colonel en semblant se recueillir, — Brissac, tiens, ce que tu m'as dit à propos du service du roi me touche... — Brissac fit un mouvement de surprise et de joie. — Mon père, ce que vous m'avez dit du repentir de notre divin Seigneur sur la croix, etc., me touche. — Autre explosion de stupéfaction du capucin.

— Mon bon monsieur Pellot, vos machines de fer, et surtout le plomb fondu dont a parlé le petit compagnon qui est là accroupi, et dont je ne vois que la perruque, m'ont fait peur, et je vais parler ; je dirai les noms de tous mes complices.

— Ah ! enfin ! — s'écrièrent d'une voix les quatre personnages, qui, se rapprochant, se pressèrent avidement autour de Latréaumont.

— Mais, — ajouta ce dernier d'une voix de plus en plus affaiblie, — comme de parler me fatigue, donnez-moi du papier ; je tâcherai d'écrire les noms moi-même, ce sera plus authentique.

On s'empressa d'apporter ce qu'il fallait pour cela ; monsieur Pellot présenta le papier, monsieur de Brissac tint la plume, le greffier l'encrier, et le P. Patrice approcha la lampe, qui jetait une teinte lugubre sur le groupe étrange qui entourait ce mourant, un soldat, un moine, un juge.

Latréaumont, prenant la plume de ses doigts raidis, s'apprêta à écrire.

— Mais, — ajouta-t-il, — ce que je fais là est bien infâme !... nommer ainsi mes complices en France et à l'étranger !

— Le ciel ! — Le roi ! — La justice ! vous en font un devoir ! — lui fut-il dit par le moine, par le major et par le juge.

— Allons donc, et que mon infamie retombe sur vous !

Et Latréaumont écrivit péniblement trois lignes d'une écriture fort illisible par elle-même, mais rendue plus indéchiffrable encore par l'engourdissement mortel qui enchaînait déjà sa main.

Les assistans tâchaient de lire à mesure, mais, n'y pouvant parvenir, ils se résignèrent et attendirent.

Enfin, au bout de deux minutes, Latréaumont, qui avait feint de relire son écrit, le donna à monsieur de Brissac.

— Maintenant, vous savez tout, le roi est sauvé et la France aussi !

Bien que fort étonné qu'il y eût tant de noms et de révélations en si peu de lignes, Brissac prit le papier, et les quatre assistans allèrent rapidement vers une table pour y reposer la lampe et lire.

Monsieur Pellot, par sa longue habitude de déchiffrer les hiéroglyphes judiciaires, se chargea de ce soin, et lut ou plutôt épela difficilement ce qui suit, à la stupéfaction et à la fureur croissante de ses acolytes.

« Je n'ai rien à vous dire, et je ne vous ai point dit que
» je fusse criminel ; mais la peur, qui ne m'a jamais sur-
» pris, ni vos menaces ne tireront rien... »

Et tous trois se regardèrent, atterrés de l'imperturbable audace de cet homme, qui, un pied dans la tombe, plaisantait encore.

En voyant de son lit leurs figures grotesquement surprises, Latréaumont poussa un éclat de rire sauvage et rauque.

Tous revinrent près de son lit.

— Misérable ! — dit monsieur Pellot.

— Attendez et écoutez, voici la fin ! — dit le colonel, dont les yeux brillèrent un instant d'un éclat surnaturel, et qui, d'un geste impératif et absolu, commanda le silence, qui devint plus profond.

Et sans qu'aucun des spectateurs de cette terrible scène osât l'interrompre, dressant une dernière fois son torse énorme, il chanta, d'une voix entrecoupée par les approches de la mort, ce couplet d'une vieille chanson de la Fronde, qu'on se souvient d'avoir déjà entendu à l'Hôtel des Muses à Amsterdam :

Évitant... une mort infâme...
Il fourba même le bourreau...
Il fourba le diable en ce point,
Qu'il... croyait emporter... son âme ;
Mais... l'affronteur... n'en avait point !

Puis il essaya un dernier éclat de rire..... et, épuisé, retomba pesamment sur son oreiller. . . . .

. . . .

Latréaumont était mort.

A ce moment... minuit sonna à l'horloge de la tour du Vieux palais.

XXVII

LE PROCÈS.

Laissez passer la justice du roy...

Les faits vont marcher à cette heure avec une terrible rapidité.

Le lendemain de la mort de Latréaumont, van den Enden est arrêté au Bourget, le jour de son arrivée de Bruxelles, et conduit à la Bastille. Madame la marquise de Vilars est arrêtée à son château d'Eudreville et conduite à la Bastille. Auguste Des Préaux est arrêté à Préaux et conduit à la Bastille. Enfin, mademoiselle Renée-Maurice d'O est arrêtée à Paris et conduite à la Bastille.

Qui avait amené ces arrestations? Nazelles. Pourquoi cette délation? Parce qu'il avait voulu se venger des mépris écrasans de Clara-Maria.... Ici, le grotesque se mêle à l'horrible. Le pensionnaire de dame Catherine devient le bourreau de van den Enden.

On trouva sur van den Enden une note sans signature : c'était la réponse de Monteroy aux dernières propositions de Latréaumont.

D'après la teneur de cette note, les états de Hollande objectaient que Latréaumont demandait trop d'argent ; mais on l'assurait que bientôt la flotte hollandaise reviendrait de la Méditerranée pour se joindre aux escadres de l'Océan, afin de tenter le débarquement à Quillebœuf ou ailleurs.

Lors de son arrestation, on découvrit à Préaux, dans la chambre d'Auguste, au fond d'une cassette qui avait appartenu à sa mère, huit lettres de Louise, trésor d'amour, si souvent baisé avec idolâtrie par le chevalier. Ces lettres, dont on ne donne que la substance dans les pièces originales du procès, paraissent très tristes, gravement affectueuses, et témoignent du désespoir de la marquise, qui, reconnaissant par la vanité de ses tentatives que cette révolte était impossible, pressentait tous les périls de l'inextricable position où elle était engagée, ainsi qu'Auguste Des Préaux, si le complot était révélé.

Ces lettres de la marquise et la note prise sur van den Enden composaient seules les preuves matérielles réunies contre les accusés. Ce fut sur leurs aveux incomplets, arrachés par la terreur, par de fausses promesses, par l'abus du secret de la confession, et par une torture de cachot extrajudiciaire, que le jugement fut prononcé.

Voici donc les cinq accusés renfermés dans les sombres cachots de la terrible Bastille.

Maintenant, si l'on veut éprouver une violente émotion de contrastes, contrastes qui devaient si terriblement frapper les accusés eux-mêmes, qu'on se souvienne de la vie studieuse, calme et sereine que menait van den Enden à Amsterdam en 1669, au commencement de cette histoire, citoyen d'une république, rêvant ses plus chères utopies, et confiant au vent de liberté qui soufflait incessamment des sept Provinces ses principes d'indépendance, espérant, pour le bonheur des hommes, les voir germer un jour dans quelque État monarchique!

En 1674, cinq ans se sont passés; la république dont van den Enden était citoyen, d'abord impitoyablement ravagée par Louis XIV, se courbe à cette heure sous la main rude et despotique de Guillaume d'Orange... A cette heure van den Enden, seul dans un cachot de la Bastille, songe plus à la ruine de ses projets favoris qu'au terrible sort qui l'attend.

Qu'on se souvienne de ce beau jour, en 1669 aussi, où monsieur de Rohan, alors dans tout l'éclat de la fortune,

de la jeunesse et de la beauté, envié des hommes, adoré des femmes, se démettait si dédaigneusement d'une des grandes charges de la couronne de France, et annonçait fièrement à Louis XIV, comme autrefois le grand Rohan à Louis XIII, que la maison de Rohan rompait pour toujours avec la maison de Bourbon.

En 1674, cinq ans se sont passés, et monsieur de Rohan, ruiné, abandonné de tous, seul dans la prison, songe, avec un désespoir déchirant, que s'il avait écouté Maurice, au lieu de suivre les fatals conseils de Latréaumont, à cette heure il serait avec Maurice, libre, heureux et calme dans son manoir de Penhoët, tandis qu'il a tout à craindre de la haine implacable du roi et de son ministre.

Qu'on se souvienne de ce modeste et paisible fief des Préaux, d'où Auguste et son père, en 1669 aussi, partaient si heureux chaque jour pour aller passer une longue et douce soirée au château d'Eudreville.

Qu'on se souvienne des hôtes de ce château; de monsieur de Vilars, si grave, si noble et si bon; de Louise, si belle, si souriante, si heureuse et si confiante dans sa vertu ; d'Auguste, si délicieusement tourmenté par l'amour qu'il lui fallait cacher ; puis, plus tard, qu'on se souvienne encore des ravissantes espérances d'Auguste et de Louise, de leurs plans de bonheur sans fin.

Et à cette heure, Louise, au fond d'une sombre prison, songe en frémissant au sort d'Auguste !

A cette heure, Auguste, au fond d'un sombre cachot, songe en frémissant au sort de Louise !

Venons maintenant à un rapide historique du procès.

Parmi les monstruosités homicides du *grand siècle*, il n'en est peut-être pas de plus effrayante que celle-ci, qui paraît, froide et nue comme la hache du bourreau, sous la forme de l'article 8 du titre XIV de l'ordonnance de 1670 : « Le secret de la procédure est et demeure maintenu. Les accusés, de quelque qualité qu'ils soient, seront tenus de répondre et de se défendre par leur bouche, sans ministère de conseils ni d'avocats, et on ne pourra même leur en donner après la confrontation. »

Saint Louis avait rétabli le droit de défense ; le *roi chevalier*, François Ier, l'abolit, sur les conclusions du chancelier Poyet. Il fit plus, il établit les procédures secrètes, jusqu'alors inconnues en France, et apporta des entraves inouïes à la défense. Le *grand roi* continua l'œuvre d'iniquité du *roi chevalier*, et l'ordonnance de 1670 vint confirmer l'édit de 1539.

Ainsi, les accusés, mis au plus rigoureux secret, privés des conseils d'un avocat, vont être obligés de se défendre eux-mêmes; ainsi, parmi eux, voilà deux jeunes femmes, Louise et Maurice, et naturellement ignorantes de toutes les formes inextricables de la procédure, impitoyablement livrées sans secours à toutes les subtilités, à toutes les questions insidieuses, à toutes les sanglantes embûches, à toutes les ruses infernales des gens du roi.

Sans nul doute, dans les circonstances difficiles où se trouvait la France, monsieur de Rohan et ses complices volontaires ou involontaires devaient sembler de grands coupables au regard impartial et sévère de la justice ; sans nul doute, bien qu'il n'y ait eu que préméditation, le dessein d'appeler les armes étrangères au sein de la patrie était un vœu sacrilège ; mais telle est l'odieuse iniquité de presque tous les actes de cette procédure, qui frappe aveuglément sur tous, malgré les degrés si énormément différens de culpabilité de chacun, et des circonstances si véritablement atténuantes pour tous, puisque les pièces du procès reconnaîtront même *que Latréaumont avait seul tramé la conspiration;* telle est l'odieuse iniquité de cette procédure, qu'on oublie presque ce qu'il y avait de vraiment criminel dans les vaines espérances des accusés, pour ne songer qu'au sentiment de vengeance implacable qui aveugla si terriblement Louis XIV dans cette occurrence.

Enfin, le 24 septembre, messieurs Bazin de Bezons et monsieur de Pommereux, conseillers d'État, furent nommés commissaires pour instruire et faire le procès aux accusés, et monsieur de La Reynie fut choisi pour être procureur général.

Van den Enden fut interrogé le premier. Il avoua tout sans restriction, avec une sorte de fierté : ses trois voyages en Hollande, les anciens projets formés en 1669 avec Latréaumont, au sujet d'une libre république, et renoués en 1672, lors de l'invasion... Il n'éluda aucune question, expliqua le sens de la *Gazette de Hollande*, et dit enfin qu'à son dernier voyage, dont il arrivait lorsqu'on l'arrêta, monsieur de Monterey lui avait promis de nouveau l'appui de la Hollande et de l'Espagne.

Monsieur de Rohan fut interrogé ensuite ; il nia tout, et demanda qu'on produisît les preuves qu'il y avait contre lui. Ses réponses étaient sèches, laconiques, hautaines ; il traita van den Enden d'imposteur, et refusa de parafer ni signer aucun interrogatoire.

On l'interrogea une seconde fois, lui cachant, comme aux autres accusés, la mort de Latréaumont, et à tout ce qu'on lui dit du traité fait avec monsieur de Monterey en son nom à lui Louis de Rohan, il répondit qu'il ne pouvait empêcher qu'on eût abusé de son nom, qu'il n'était pas responsable des folles visées de monsieur de Latréaumont, et qu'encore une fois on lui produisît les preuves qu'il y avait contre lui.

Si monsieur de Rohan eût persisté dans cette ligne de défense, il était peut-être sauvé, car il n'y avait véritablement aucune preuve positive contre lui, son nom n'étant pas écrit une seule fois, soit dans les lettres de la marquise de Vilars à Auguste Des Préaux, soit dans la *Gazette*, soit dans la note de monsieur de Monterey, seules pièces de conviction de ce procès.

Mais, faible comme il l'était, le malheureux monsieur de Rohan ne put échapper aux insinuations de monsieur de Louvois, qui vint de la *part du roi...* honte éternelle au grand roi !... l'assurer de sa grâce s'il voulait dire ce qu'il savait du complot, *Sa Majesté ne voulant pas faire périr un homme comme lui, qui pouvait le servir.*

Tel incroyable que cela paraisse, terrible que semble ce sanglant et infâme guet-apens, cette ruse atroce de bourreau, cela est pourtant ainsi.

A son troisième interrogatoire, monsieur de Rohan commença par exposer (on copie textuellement les pièces du procès) : « qu'après ses premiers interrogatoires, monsieur » de Louvois lui dit dans la Bastille qu'il devait donner » connaissance au roi de ce qui avait été tramé en Nor- » mandie, et qu'il lui donnait trois jours pour y songer, » *devant tout espérer du roi, qui sans nul doute ne vou-* » *drait pas faire périr un homme comme lui, qui pouvait* » *le servir;* que depuis il n'avait pas vu monsieur de » Louvois, et qu'ayant fait demander monsieur Colbert » pour s'ouvrir à lui, Sa Majesté lui avait fait dire qu'il » avait nommé des commissaires, et que c'était à eux qu'il » lui fallait dire judiciairement ce qu'il aurait pu dire à » monsieur Colbert. »

Alors monsieur de Rohan avoua tout, disant pour se disculper, ce qui était d'une fatale vérité, qu'il avait été entraîné, compromis presque malgré lui par Latréaumont ; « mais qu'on devait distinguer le péché véniel du » péché commis, et que les intentions ne devaient pas » être punies à l'égal des faits. »

La marquise de Vilars, interrogée, avoua tout, reconnut ses lettres, ne chercha pas à nier ; seulement, quand on lui demanda son motif, à elle riche et considérée, pour tâcher de soulever la Normandie contre le roi, elle garda le silence.

Mademoiselle Maurice d'O dit ce qui était vrai, que depuis cinq mois elle n'avait pas vu monsieur de Rohan.

Auguste Des Préaux avoua aussi tout, avec une naïveté extrême : son voyage en Hollande, sa participation au complot, sa conviction que la réussite était impossible, l'obsession de son oncle, et enfin ses instances auprès de madame de Vilars pour qu'elle y prît part.

En vain on demanda à Auguste et à la marquise quels étaient les gentilshommes auxquels ils s'étaient adressés pour les exciter à la révolte, Auguste et Louise gardèrent le silence le plus opiniâtre, et n'avouèrent que le nom d'un seul, le sieur d'Aigremont, parce que des témoins l'avaient d'ailleurs dénoncé.

On a omis de dire que tous les accusés, abandonnés à eux-mêmes sans conseil et sans défense, cherchèrent, avant leur premier interrogatoire, à se disculper par un moyen pareil, en disant *qu'ils avaient l'intention de prévenir le roi des desseins de l'étranger, et qu'ils n'avaient paru y donner suite que pour les faire plus facilement avorter.*

Sans doute ce moyen de défense était puéril et absurde : aussi aucun des accusés n'y persista-t-il ; mais se voyant face à face avec l'échafaud, ç'avait été sans doute le premier mouvement de terreur, l'instinct de conservation qui les avait fait recourir à cet inadmissible prétexte.

Ces opérations préliminaires finies, le roi, par lettres patentes du 30 octobre, nomma monsieur le chancelier d'Aligre, messieurs Poncet, Boucherat, Lainé de La Marguerite, Bazin de Bezons, Pussort, Voisin, Hotman, Bernard de Rezé, de Fieubet, de Caumartin, de Pommereux, de Fortia, Courtin, Gorgon de Thussy et Quentin de Richebourg pour s'assembler à l'Arsenal, dans l'appartement où se tenait la chambre royale, et, sur le rapport des messieurs de Pommereux et de Bezons, procéder, au nombre de dix pour le moins, à l'instruction définitive du procès fait à monsieur de Rohan et à ses complices.

Monsieur de La Reynie, par ses conclusions, requit par-devant ce tribunal « que monsieur de Rohan, Latréau- » mont, le chevalier Des Préaux et la marquise de Vilars » fussent déclarés et convaincus coupables du crime de » lèse majesté, savoir : monsieur de Rohan pour les cons- » pirations, proditions et *desseins* de révolte où il est en- » tré, pour la correspondance qu'il a eue et recherchée » avec les étrangers, et pour les propositions, offres et » sollicitations qu'il leur a faites contre le roi et son État; » Latréaumont, pour avoir *tramé ladite conspiration et* » *desseins* de révolte, pour l'intelligence qu'il a aussi re- » cherchée et entretenue avec les mêmes étrangers enne- » mis, et pour sa rébellion à force ouverte à l'exécution » des ordres du roi (1) ; » Le chevalier Des Préaux, pour avoir eu connaissance » de ces conspirations, et pour s'être employé à *l'exécution* » *des desseins* de révolte; » La marquise de Vilars, pour en avoir aussi eu con- » naissance, et recherché plusieurs personnes pour les y » engager; » Et pour réparation de ces crimes, requiert *le procu-* » *reur général que* MONSIEUR DE ROHAN, LE CHEVALIER » DES PRÉAUX *et la* MARQUISE DE VILARS EUSSENT LA » TÊTE TRANCHÉE EN PLACE DE GRÈVE, *et que la mémoire* » *de* LATRÉAUMONT *fût à* perpétuité *condamnée;* » VAN DEN ENDEN être convaincu d'avoir participé aux » projets de conspiration de monsieur de Rohan et La- » tréaumont, et à diverses pratiques, négociations et in- » telligences contre le roi et l'Etat, et pour réparation con- » damné à être PENDU ET ÉTRANGLÉ ; » Tous les biens de monsieur de Rohan, chevalier Des » Préaux, marquise de Vilars, tenus en fief du roi, dé- » clarés remis et retournés au domaine de la couronne, et » tous les autres biens, de quelque nature qu'ils puissent » être, et ceux de van den Enden, confisqués au roi, à » la réserve de vingt mille livres employées en œuvres » pieuses; » Monsieur de Rohan, chevalier Des Préaux et van den » Enden préalablement *appliqués à la question ordinaire et* » *extraordinaire* pour avoir plus ample révélation de leurs » complices ; » Quant à mademoiselle d'O, surseoit pour être plus am- » plement informé. »

---

(1) C'est à la mémoire de Latréaumont que fut fait le procès, dans la personne de son curateur, Jean de La Bruyère, nommé par le tribunal.

Telles furent les réquisitions portées devant le tribunal par monsieur de La Reynie, le 30 octobre 1674.

On voit dans ces conclusions, d'ailleurs absolument adoptées par les juges qui prononcèrent les sentences, que les accusés ne sont convaincus *que des desseins de révolte,* et qu'il est reconnu que Latréaumont *a seul tramé la conspiration.*

Malgré son droit de grâce, Louis XIV se résolut donc à faire tomber ces quatre têtes sur l'échafaud. Monsieur de Rohan, Auguste Des Préaux, madame de Vilars, furent condamnés à être *décapités,* van den Enden à être *pendu, et les biens de tous les accusés confisqués et acquis au roi.*

D'après un grand nombre de lettres de monsieur de Seignelay à monsieur de La Reynie, il est évident que Louis XIV avait une telle impatience de voir le procès jugé, c'est-à-dire monsieur de Rohan exécuté, que deux courriers, chargés de lettres de monsieur de La Reynie, partaient chaque jour de Paris, pour donner au roi les plus petits détails sur la marche du jugement.

Enfin, ce qui semble une preuve aussi terrible que significative de l'acharnement de Louis XIV contre ces malheureux, c'est cette lettre de monsieur de Seignelay, écrite quatorze jours avant *le jugement du procès, et qui, préjugeant la condamnation des accusés, s'occupe déjà des ordres à donner* POUR ASSURER LEUR SUPPLICE.

« MONSIEUR,

» Je vous envoie cet homme exprès pour savoir ce qui se sera passé aujourd'hui dans l'affaire de monsieur de Rohan. Le roi m'ordonne de vous dire en même temps que, comme il y *aura quelques ordres à donner pour* L'EXÉCUTION DU JUGEMENT *qui aura été rendu.* vous preniez la peine de m'avertir un jour ou deux devant, lorsque vous verrez le procès en état d'être jugé.

» Je suis, monsieur, votre très humble et très affectionné serviteur.

» SEIGNELAY. »

A monsieur de La Reynie, ce 12 novembre 1674.

(Corresp. de Colbert, 1674, juillet, décembre. Man. Bib. roy.)

XXVIII

LE 27 NOVEMBRE 1674.

Laissez passer la justice du roy...

La formidable Bastille s'élevait, ainsi qu'on sait, à l'extrémité de la rue Saint-Antoine, entre cette porte de Paris et le petit Arsenal. La place qui se trouvait devant le château était bornée, à droite, par l'hôtel du Maine, et à gauche par d'autres belles maisons du quartier de la place Royale, alors fort à la mode.

Pendant la nuit du lundi au mardi 27 novembre, il avait plu à torrens, et c'est à peine si en se levant un pâle soleil d'hiver éclaira un moment de ses rayons rougeâtres l'horizon gris et brumeux à travers lequel se dressaient les sombres tours de la Bastille.

Il était six heures du matin ; la triste lumière des réverbères, récente innovation due à Colbert, luttait encore avec les premières lueurs de ce jour bas et couvert. La ville était encore silencieuse et déserte, et pourtant, abrités depuis une heure sous le vaste portail de l'hôtel du Maine, une femme, un vieillard, un prêtre et un enfant échangeaient de rares paroles, et tenaient avidement leurs yeux attachés sur les murailles de la redoutable prison.

La femme, c'était Clara-Maria, fille de van den Enden.

Le vieillard, c'était monsieur de Saint-Marc, père d'Auguste Des Préaux.

Le prêtre, c'était monsieur Isaac de Sarrau, ministre protestant, oncle de madame de Vilars... L'enfant, âgé de dix ans, c'était Gabriel, fils de Louise.

Depuis deux mois que les accusés étaient prisonniers, leurs infortunés parens, réunis par une terrible communion de douleurs, se rassemblaient ainsi chaque matin... Comme il ne pouvaient ni écrire à ceux qui leur étaient si chers, ni passer la porte redoutée de la Bastille, toute espèce de communication avec les accusés étant rigoureusement interdite, ils venaient là sur cette place, espérant un jour ou l'autre les voir sortir, les voir enfin des premiers, soit qu'ils partissent pour l'exil, soit peut-être qu'ils allassent à l'échafaud...

Et depuis deux mois, chaque soir, ils avaient regagné tristement leur logis, sans avoir pu rien apprendre de la marche ni de l'issue du procès, bien qu'ils se fussent parfois hasardés à interroger les personnes qu'ils voyaient sortir de la prison ; mais les renseignemens surpris de la sorte étaient généralement plus faits pour les accabler encore que pour les rassurer, car rien ne transpirait au dehors de ces murs glacés, et la Bastille était aussi muette qu'elle était sourde au cri de ses patiens.

Clara-Maria, au lieu d'être pâle comme d'habitude, avait les pommettes d'un rouge vif... Son regard, ordinairement terne et glacé, brillait de l'ardeur d'une fièvre dévorante ; à moitié cachée dans ses coiffes noires, elle était assise sur un banc de pierre, et tenait sur ses genoux un panier de provisions et quelques vêtemens qu'elle espérait toujours et vainement faire parvenir à son père.

Monsieur de Saint-Marc, enveloppé d'un long manteau, s'appuyait droit et immobile sur le fût d'une des colonnes de pierre du somptueux portail de l'hôtel du Maine. La barbe blanche du vieillard était longue, ses cheveux tombaient en désordre, ses yeux étaient caves, profondément renfoncés dans leur orbite, et la maigreur osseuse de son visage était effrayante.

Monsieur de Sarrau, le ministre, était un homme de cinquante ans, à l'air sérieux et ferme, entièrement vêtu de noir... Il abritait dans les plis de son manteau Gabriel, fils de madame de Vilars, enfant d'une figure charmante, ressemblant extrêmement à sa mère, et annonçant déjà une si rare opiniâtreté de volonté, que par ses larmes et ses prières il avait pour ainsi dire forcé son oncle à le laisser l'accompagner presque chaque matin.

Peu à peu le jour se leva, toujours terne et froid. Paris, pour ainsi dire, commença de s'éveiller. On entendit battre la diane dans les murs de la Bastille, et les sentinelles relevèrent les postes de la nuit.

Alors Clara-Maria, monsieur de Saint-Marc et monsieur de Sarrau se préparèrent, comme d'habitude, à aller aux informations, à épier chaque personne qui sortait du château, et à risquer une question presque toujours inutile.

— Sera-t-il donc de la vanité de ce jour comme des autres jours ? — dit monsieur de Sarrau.

— Mon père ! mon père ! — dit sourdement Clara-Maria.

— Mon fils ! mon fils ! — répéta monsieur de Saint-Marc comme un écho déchirant.

— Et ne pouvoir pas savoir, — dit monsieur de Sarrau, — quels sont les juges (1), quel était le tribunal, quel est l'arrêt, et s'il a été prononcé ou non !

— Ils l'ont peut-être déjà tué par la torture ! — dit Clara-Maria d'une voix brève. — Étranger, Hollandais, républicain, qu'est-ce qu'ils ne lui auront pas fait souffrir !

— A qui ça ? à mon fils ? — dit vivement monsieur de

_____

(1) Louis XIV tenait tellement à ce que la procédure fût secrète, que le réquisitoire, les procès-verbaux d'interrogatoires, les conclusions, toutes les pièces du procès enfin, sont écrites de la main de monsieur de La Reynie, procureur général.

Saint-Marc, qui, dans son effroyable préoccupation, ne pensait qu'à Auguste.

— Non ! non ! à mon père !! — reprit la jeune femme avec une angoisse impatiente. Puis elle ajouta, se parlant à elle-même : — Pauvre père ! si âgé, si souffrant ! il a peut-être bien froid et bien faim à cette heure !

— Mais mon fils ! à mon fils ! ils ne lui feront pas de mal, n'est-ce pas ? — dit le malheureux monsieur de Saint-Marc. — Ce pauvre enfant est si bon, si noble ! ils ne voudront pas lui faire de mal, n'est-ce pas ?

— S'ils torturent et s'ils tuent mon père, pourquoi voulez-vous donc qu'ils ne fassent pas de mal à votre fils ? — dit Clara-Maria avec un accent presque féroce.

— Et ma mère, à moi , — dit l'enfant, — pourquoi la garde-t-on dans cette prison ? Quand verrai-je ma mère ?

— Dieu est juste et grand , mon enfant, — reprit monsieur de Sarrau, — il sauvera l'innocence !

— Dieu ? — s'écria monsieur de Saint-Marc avec une si terrible expression que ce seul mot était un blasphème.

— Les nuits sont si froides !... au moins dans notre maison j'avais tant soin de lui ! — continua Clara-Maria. Puis, faisant un brusque mouvement, elle ajouta : — Mais aussi maintenant il n'a peut-être plus froid ni faim ! et c'est moi qui ai causé sa mort... Oh ! ce Nazelles ! ce Nazelles ! — dit-elle de cette même voix sourde et saccadée dont elle avait appelé son père.

En entendant le nom de Nazelles, monsieur de Saint-Marc fit un bond de fureur et s'écria :

— Oui ! oui ! Nazelles, nous le tuerons après, à nous deux, si mon fils est condamné... vous en avez ma parole !

Depuis qu'elle avait prononcé le nom de Nazelles, Clara-Maria semblait de plus en plus agitée ; ses yeux brillaient plus ardens ; enfin, comme saisie de délire, elle prit brusquement le bras de monsieur de Sarrau, et lui dit d'une voix basse :

— Les vues du Seigneur sont impénétrables, n'est-ce pas ? Vous êtes son ministre, expliquez-les moi donc... Ce Nazelles, qui a tout révélé, je savais sa trahison... Il m'avait dit : « Soyez à moi, ou je fais tuer votre père en dénonçant un complot où il a pris part...» J'ai refusé d'être à lui, et tout de suite il a révélé le complot... J'aurai peut-être causé la mort de mon père !... Que fallait-il choisir : *parricide* ou *adultère* ?... N'est-ce pas que les vues du Seigneur sont impénétrable ? ajouta la malheureuse femme avec une effrayante expression d'ironie.

— Calmez-vous, pauvre infortunée ! — dit monsieur de Sarrau épouvanté des regards de Clara-Maria.

— Verrai-je aujourd'hui ma mère ? — dit l'enfant.

— Peut-être, mon Gabriel, — répondit tristement le ministre.

Tout à coup un bruit lointain de tambours fit tressaillir ces trois personnes.

Deux compagnies de gardes françaises et une compagnie de mousquetaires noirs parurent sur la place, et se dirigèrent vers la porte de la Bastille. Le pont-levis de la forteresse s'abaissa ; les tambours résonnèrent sous les voûtes sonores ; les troupes entrèrent, puis le pont se releva... Le bruit diminua et cessa tout à fait.

— Pourquoi donc ce renfort de troupes ? — se demandèrent presque instantanément les trois personnages, pâlissant avec un inexprimable sentiment d'effroi.

— Allons ! allons ! il le faut savoir et interroger, — dit monsieur de Saint-Marc avec résolution, — et rendons-nous compte les uns aux autres de nos démarches, comme d'habitude.

A peine ces mots étaient-ils prononcés, que sept heures sonnèrent à l'horloge de la prison.

Un nouveau bruit de tambours se fit entendre du côté de la rue Saint-Antoine, et bientôt le régiment entier des gardes françaises déboucha sur la place, ayant en tête son colonel, monsieur le duc de La Feuillade.

— Le régiment des gardes françaises ! — dit monsieur de Saint-Marc en frissonnant ; — quel appareil !

— Où va-t-il donc ? — demanda Clara-Maria à monsieur de Sarrau.

Puis après on entendit le lointain piétinement de chevaux sur le pavé, le bruit retentissant des cuirasses, et on vit paraître une compagnie de mousquetaires noirs... A sa tête était monsieur de Forbin.

— Encore des mousquetaires ! — dit monsieur de Saint-Marc.

Ces cavaliers passés et rangés en bataille, vint une autre compagnie de mousquetaires blancs, commandée par monsieur de Joncelles, qui se forma en brigades, pour soutenir par un cordon de cavaliers la ligne que présentait le régiment des gardes, qui, se saisissant de toutes les avenues de la place de la Bastille, plaça des postes à l'entrée de la rue des Tournelles, à la porte Saint-Antoine, et vis-à-vis l'hôtel du Maine, où étaient encore monsieur de Saint-Marc, Clara-Maria et monsieur de Sarrau.

— Voilà qu'on tend les chaînes de toutes les rues, — dit à son tour Clara-Maria.

— Oh ! c'est une revue ! — dit monsieur de Saint-Marc avec une effroyable sourire de fausse confiance, mais en essuyant les gouttes de sueur froide qui lui tombaient du front.

— Oui ! oui ! ça ne peut-être que cela... vous devez bien le savoir, mon bon monsieur, qui avez été capitaine ? — dit Clara-Maria.

— Oui ! oui ! voilà les gardes françaises qui se forment sur deux rangs, le long des maisons... les mousquetaires les appuient... Cela s'appelle... cela s'appelle former le carré... — et le malheureux père respirait à peine.

— Mais qu'est-ce que cela ? — dit l'enfant ; — voilà une voiture qui arrive au milieu de la place !

— Elle est pleine de charpentes ! — dit monsieur de Saint-Marc en se signant.

— Un gibet ! — s'écria la malheureuse fille de van den Enden. Et elle tomba évanouie.

. . . .

Monsieur de Saint-Marc ne voyait plus, n'entendait plus... monsieur de Sarrau secourait la fille de van den Enden.

A ce moment, le cordon de troupes, qui s'avançait en refoulant devant lui les rares spectateurs de ces lugubres préparatifs, s'approcha de la porte de l'hôtel du Maine... Un petit homme, à larges épaules, à l'œil vif et fin, accompagné de trois ou quatre hommes vêtus de bleu, examinait depuis quelque temps cette scène ; il s'approcha, toujours accompagné de ses acolytes.

Monsieur de Sarrau, qui avait seul conservé son sang-froid, dit en tremblant à cet homme :

— Pourriez-vous m'apprendre, monsieur, ce que signifie cet appareil ?

— Cet appareil ? monsieur. C'est celui du supplice de monsieur de Rohan et de ses complices, — dit l'homme. Puis, profitant de la stupéfaction de monsieur de Sarrau, il ajouta : — Au nom du roi, monsieur de Sarrau, monsieur de Saint-Marc, et vous , madame, je vous arrête !

— Grand Dieu ! — dirent les trois personnages.

— Rassurez-vous : *demain* vous serez libres, — dit l'exempt Desgrez ; — mais *aujourd'hui* il faut me suivre.

Toute résistance était vaine, les exempts portèrent Clara-Maria dans un carrosse, et y firent monter monsieur de Sarrau, monsieur de Saint-Marc et l'enfant ; puis le carrosse disparut, et les préparatifs du supplice continuèrent.

MAITRE AFFINIUS VAN DEN ENDEN.

Un cachot sombre et humide. — Le jour n'y pénètre que par un soupirail. — Van den Enden, couvert de haillons, est couché sur un grabat. — Sa barbe est longue, ses traits livides ; ses jambes sont enveloppées de bandages. — Il vient de subir la question ordinaire et extraordinaire, et attend l'heure de son exécution. — A ses côtés un père Piquepuce.

LE PÈRE.

Hélas ! à cette heure suprême vous persistez dans votre endurcissement ?

VAN DEN ENDEN, d'une voix calme, bien qu'affaiblie et entrecoupée de soupirs causés par les horribles douleurs que lui causent les fractures de ses rotules, broyées par la torture.

Je ne suis pas endurci, monsieur... Je ne sais où je vais, je ne sais si j'ai ce que les hommes appellent une âme... j'ai voulu le bien de l'humanité... je n'ai devant ma conscience aucun reproche à me faire... je meurs paisible.

LE PÈRE.

Mais votre crime... mais le terrible tribunal d'un Dieu vengeur ?

VAN DEN ENDEN.

A mes yeux... aux yeux des sages... mon but était juste et grand... s'il ne paraît pas tel à celui que vous appelez votre Dieu vengeur, je ne puis croire que l'auteur inconnu de tant de magnificences surhumaines... soit mû par une passion aussi humaine que la vengeance.

LE PÈRE, avec une pieuse angoisse.

Ainsi, malheureux vieillard, à ce moment solennel, vous niez l'existence de Dieu ! ! Au nom du divin Sauveur, ne blasphémez pas ainsi !

VAN DEN ENDEN.

Il n'y a que les fous qui soient athées, monsieur : je ne nie rien, mais, hélas ! ma pénétration s'humilie et demeure aveuglée devant d'aussi éblouissans mystères ! Je pense, je vois, j'existe, mais cette organisation est pour moi une œuvre aussi merveilleuse qu'inexplicable ! Quel est son auteur ? Aucune intelligence humaine ne le saura jamais ; mais, quel qu'il soit, je meurs sans crainte, car je l'ai toujours glorifié dans toutes les splendeurs morales et physiques qu'il a étalées à ma vue et à mon esprit, et j'ai toujours témoigné de ma profonde reconnaissance envers lui, en admirant profondément ce qui était pur, généreux et beau !

LE PÈRE.

Ainsi les remords...

VAN DEN ENDEN.

Je n'ai point de remords : j'ai accompli ma tâche ; j'ai, de toute la puissance de ma conviction et de mon dévouement, voulu concourir au bonheur des hommes ! J'avais rêvé une noble et grande régénération sociale... Mais les temps ne sont pas encore venus... mon seul vœu est que du moins ma mort ne soit pas vaine, et que mon sang, comme le tien, féconde pour l'avenir notre cause sainte... ô noble martyr !... ô mon ami ! ô grand de Witt !

LE PÈRE.

Et vous n'avez aucun désir, aucun dernier devoir à remplir ?... Hélas ! puisque je ne puis vous faire partager les espérances d'en haut, que je puisse au moins vous offrir les consolations d'ici-bas !

VAN DEN ENDEN, les yeux humides, et serrant la main du prêtre avec reconnaissance.

Voilà la première parole de bonté que j'ai entendue depuis deux mois... Ah ! comme ils m'ont fait souffrir, monsieur !... Un vieillard de soixante-quatorze ans, malade et infirme, lui refuser un peu de pain... une couverture pour se coucher par ces nuits d'hiver... Dans ce cachot j'ai eu bien froid et bien faim... mais ceci va finir. Enfin, puisque vous m'offrez vos services, monsieur, voyez, je vous en prie, ma femme... mes pauvres enfans, ma fille Clara-Maria surtout ; ne leur dites pas tout ce que j'ai souffert, mais que je suis mort en les bénissant... Les malheureuses créatures... que vont-elles devenir ici, isolées... repoussées de tous ?

En ce moment entre un exempt accompagné d'un greffier.

L'EXEMPT, durement (1).

C'est le procès-verbal de tes déclarations pendant qu'on te prenait mesure d'une paire de brodequins, qu'il te faut signer... et parafer cela de ta main.

VAN DEN ENDEN, avec exaltation.

Je signerai, je signerai !... et fasse qu'un jour ces pages déposent contre mes bourreaux devant le tribunal de l'histoire !

L'EXEMPT.

Oui, oui, compte là-dessus, vieux misérable.

LE GREFFIER, lisant d'une voix haute :

PROCÈS-VERBAL de l'interrogatoire de van den Enden, appliqué à la question ordinaire et extraordinaire.

« L'an mil six cent soixante-quatorze, le mardi vingt-septième jour de novembre, sur les neuf heures du matin, nous, Claude Bazin, chevalier de Bezons, et Auguste-Robert de Pomereux, etc., etc., nous sommes transportés au château de la Bastille, assistés de monsieur Louis Lemazier, conseiller et secrétaire du roi, greffier en chef des requêtes de son hôtel, et greffier commis par lesdites lettres, lettres patentes ; et étant audit château dans une chambre étant dans une des tours d'icelui, avons mandé et fait venir François Affinius van den Enden, condamné à mort par ledit arrêt et à être appliqué à la question ordinaire et extraordinaire, auquel avons fait prononcer ledit arrêt ; et, après serment par lui fait de dire vérité, lui avons remontré qu'il n'avait pas dit tout ce qu'il savait des conspirations et desseins de révolte des sieurs de Rohan et Latréaumont.

» Interrogé ce qu'il a fait de la note qu'il a reconnue dans son procès lui avoir été donnée par le sieur Dimotez de la part de monsieur le comte de Monterey,

» A dit qu'il n'avait rien à ajouter à ce qu'il a dit par ses interrogatoires sur ce sujet-là. »

(1) Van den Enden fut traité avec une rigueur extraordinaire. On lit dans un manuscrit de la bibliothèque royale intitulé : *Extrait du procès fait à monsieur de Rohan, par monsieur de Chavannes, en 1735, lors procureur général des requêtes de l'hôtel, et depuis conseiller au parlement, et par monsieur Berryer, aujourd'hui ministre de la marine, et alors conseiller au parlement.*

« Sur les dix heures du matin, les commissaires étant arrivés, ils commencèrent par faire donner la question à van » den Enden. Il paraît qu'on était si furieusement prévenu » contre ce docteur politique, que, malgré la sincérité qui rè» gne dans ses interrogatoires, on lui fit donner une question » beaucoup plus violente que l'ordinaire et extraordinaire habituelles. *On y ajouta deux coins, qui sont*, dit le procès-ver» bal * : *l'un, l'enfoncement d'un des gros coins ; l'autre, un au» tre enfoncement de plusieurs coins.* » Tous ces tourmens affreux, qui durèrent longtemps et furent mêlés de plusieurs interrogatoires, n'apportèrent pas de nouveaux éclaircissemens.

* Voir plus bas ce procès-verbal lu par le greffier. La torture des brodequins consistait à enfermer et serrer les deux jambes du patient entre deux planches de chêne cerclées de fer ; puis on introduisait entre les deux genoux de la victime des coins de bois ou de fer à coups de maillet, ce qui brisait les rotules. Or, au dixième coin, van den Enden avait eu les os des genoux absolument broyés.

» Interrogé si son dessein n'a pas été, quand il est venu en France, d'y faire une république de concert avec Latréaumont,

» A dit que oui.

» Interrogé s'il ne s'est pas entretenu avec ledit Latréaumont des moyens de porter la guerre et faire le soulèvement en Normandie, devant que la lettre du 6 avril ait été envoyée en Flandre, et que Monterey n'y ait répondu par la *Gazette de Hollande* du 25 dudit mois,

» A dit que oui, qu'il s'en est entretenu avec ledit Latréaumont, d'abord en 1669, puis au camp de Vorden, dix-huit mois auparavant ladite lettre du 6 avril, ledit Latréaumont disant souvent que le faible de la France était du côté de Quillebœuf, et qu'on pourrait aisément s'en saisir s'il y avait quelque flotte qui parût sur les côtes.

» Interrogé quels sont les complices des conspirations et de sa négociation en Flandre,

» A dit qu'il n'a rien à ajouter à ce qu'il a dit par ses interrogatoires prêtés par-devant nous.

» Ce fait, avons fait mettre les brodequins audit van den Enden étant assis et lié.

» A dit que quand on le ferait mourir il n'en dirait rien davantage; que jamais personne autre que lui, Latréaumont et monsieur de Rohan, n'a eu connaissance du chiffre ni des lettres de Monterey.

» Interrogé s'il a su de Monterey qu'il devait y avoir une révolte vers les côtes de la Méditerranée,

» A dit qu'il n'en sait rien, et que ledit sieur de Monterey ne lui a rien expliqué.

« Au premier coin,

» A dit qu'il a dit la vérité, qu'il n'avait rien à dire davantage, et qu'il endure innocemment; qu'il a dit la vérité... Ay! mon Dieu!

» Au deuxième coin,

» A dit qu'il a dit ce qu'il a su.

» Au troisième coin,

» A crié : Ah! mon Dieu! j'ai dit ce que j'ai su.

» Interrogé ce qu'il sait du projet de Quillebœuf avant le 5 avril,

» A dit qu'il l'a dit, et que Latréaumont ne lui a jamais nommé personne que le chevalier Des Préaux, qu'il a vu au camp.

» Au quatrième coin,

» A dit que Latréaumont lui a dit que le chevalier Des Préaux serait considérable dans la conspiration, à cause d'une marquise qu'il devait épouser, et qui avait de grands biens en Normandie; mais qu'il ne lui a jamais nommé personne de la ville de Rouen.

» Au cinquième coin,

» A dit : Ay! ay! ah! mon Dieu!

» Interrogé s'il a ouï nommer le sieur d'Hyberville,

» A dit qu'il ne le connaît point.

» Au sixième coin,

« A crié : Ay! mon Dieu!

» Au septième coin,

» A crié : Ah! je suis mort!

» Au huitième coin,

» A crié : Ah! mon Dieu! je ne puis parler; et a dit qu'en Guyenne les gentilshommes devaient monter à cheval, et étaient fort mécontens.

» Interrogé s'il n'a parlé à personne quand il est allé en Flandre au sujet de son voyage,

» A dit que non.

» Au neuvième coin, qui est l'enfoncement d'un gros coin,

» A dit que Latréaumont lui a dit ce qu'il voulait faire, et qu'il avait mis la noblesse en armes, et avait mis pour chefs ceux de sa bande, sans nommer personne.

» Au dixième et dernier coin, qui est un autre enfoncement de plusieurs coins,

» A dit : Ah! messieurs, que voulez-vous que je dise!... Ah! mon Dieu! mon Dieu! je me meurs.

» Interrogé s'il n'a point été dans les ordres sacrés,

» A dit que non.

» Ce fait, avons fait délier ledit van den Enden et ôté ses brodequins.

» Et la lecture faite du présent interrogatoire et réponses audit van den Enden, étant reporté dans son cachot, a dit que ses réponses contiennent vérité, et a signé à chaque page : François Affinius van den Enden. »

LE GREFFIER, s'adressant au docteur.

Voulez-vous signer?

VAN DEN ENDEN, se soulevant avec peine pour parafer chaque page.

Jean de Witt ne put en faire autant (1)?

L'EXEMPT, avec dureté :

Allons, allons, signe, sans raisonner.

VAN DEN ENDEN.

Ainsi je fais, monsieur.

LE GREFFIER écrit à son tour au bas du procès-verbal et lit à mesure :

Et ce fait, avons laissé ledit van den Enden entre les mains de son confesseur. (Il signe) LEMAZIER (2), (Puis sort avec l'exempt.)

LE PÈRE.

Hélas! que ne dit-il vrai pour le salut de votre âme!

VAN DEN ENDEN.

Monsieur, je souffre beaucoup... à quelle heure cela sera-t-il?

LE PÈRE.

Je ne sais, peut-être demain.

VAN DEN ENDEN.

Que n'est-ce à l'instant!... (Il reste profondément absorbé, et dit après un long silence) : Et pour terme de tant de nobles desseins, de sublimes aspirations, une mort ignominieuse!... Pendu... tandis que mes complices seront décapités!... Toute ma vie j'ai rêvé l'égalité de tous, et je n'ai pas même l'égalité du supplice... Bizarre destinée! (Il demeure encore longtemps pensif.) Et vous êtes sûr que cela n'est que demain?

LE PÈRE.

Je l'espère... Peut-être...

VAN DEN ENDEN.

Ne croyez pas ma demande dictée par la crainte, monsieur; à cette heure je souffre tant que je désire avant tout le repos, le calme du néant.

LE PÈRE.

Le repos!... le néant!...

VAN DEN ENDEN.

Oui.

LE PÈRE.

Comment, infortuné! à vos yeux, la mort?

VAN DEN ENDEN, secouant tristement la tête.

Est un sommeil sans songe et sans réveil!...

Le prêtre s'agenouille, et prie avec ferveur pour van den Enden.

LE CHEVALIER AUGUSTE DES PRÉAUX.

Une chambre dans une des tours de la Bastille. — Une seule fenêtre haute et grillée de doubles barreaux. — Auguste Des Préaux est couché sur son lit. — Ainsi que van den Enden, il a été appliqué à la question. — Ses jambes sont enveloppées

(1) On sait que le grand pensionnaire, mis à la torture avant que d'être assassiné avec son frère, eut les mains écrasées entre deux ais, et brûlées toutes vives avec des mèches de soufre. Le greffier vint, par une atroce inconséquence, lui apporter ensuite le procès-verbal à signer. Jean de Witt, sans répondre, lui montra ses mains affreusement mutilées.

(2) Pièce originale du procès criminel de monsieur de Rohan. (Manuscrit. Bibliothèque royale.)

de bandages.— Il est très-pâle, et de temps il laisse échapper à autre un cri de douleur, arraché par la suite de la torture qu'il a subie. — A côté du lit d'Auguste, un père jésuite.

AUGUSTE DES PRÉAUX, au jésuite.

Vous me le promettez ? Vous verrez mon pauvre père... vous lui direz tout.

LE JÉSUITE.

Oui, mon enfant.

AUGUSTE.

Vous lui remettrez cette lettre ?

LE JÉSUITE.

Oui, mon enfant.

AUGUSTE.

Et vous demanderez que mon corps soit enterré dans la même tombe que celle de madame la marquise de Vilars ? de Louise !... de Louise que je devais épouser... (avec un accent déchirant) et que j'ai conduite à l'échafaud !! Ah ! mon père, quelle horrible pensée !

LE JÉSUITE.

Mon enfant, à cette heure, songez au salut de votre âme.

AUGUSTE.

Oh ! j'y songe, mon père !... toute mon espérance est dans la miséricorde de Dieu... dans un monde meilleur, dans un monde enfin où je la reverrai, elle et ma mère.

LE JÉSUITE.

Mon enfant, c'est à la seule présence de Dieu qu'il faut penser.

AUGUSTE.

Qu'il me pardonne, mon père ! mais à cette heure suprême, ce qui me rend l'échafaud moins affreux, c'est l'espoir que je reverrai Louise là-haut !... c'est l'espoir que Dieu aura pitié de nous deux... Il a lu dans nos cœurs, et il a dû voir combien notre crime est excusable ; et sans doute une vie aussi pure, aussi irréprochable que celle de Louise, absoudra devant le tribunal de Dieu celle que des bourreaux ont osé condamner.

LE JÉSUITE.

Mon fils, Jésus-Christ a pardonné sur la croix !... et il était innocent.

AUGUSTE.

Oh ! mon père, je leur pardonne tout le mal qu'on m'a fait, à moi, les tortures qu'ils viennent de me faire subir; mais pardonner à ses bourreaux ! aux bourreaux de Louise ! Mon père, songez-y donc ! une pauvre jeune femme, abandonnée à la merci de ses juges, sans appui, sans conseils, sans défense, et dont le crime a été d'entrer, par le plus sublime dévouement, dans le dessein d'une conspiration impossible !

LE JÉSUITE.

Mon fils, le moment suprême approche, il approche, songez à votre âme.

AUGUSTE.

Hélas ! mon père, c'est aussi son dernier moment à elle, qui approche et c'est moi qui l'ai perdue!... Ah ! voilà mon véritable supplice !... voilà ma véritable torture. (Il cache sa tête dans ses mains).

Entrent le greffier et l'exempt, qui sortent du cachot de van den Enden; ils viennent remplir la même formalité au sujet du procès-verbal de la question donnée au chevalier.

LE GREFFIER.

Voulez-vous, monsieur, écouter la lecture du procès-verbal de la question, et le signer et parafer, comme conforme à la vérité?

AUGUSTE.

J'écoute, monsieur (avec un douloureux sourire), le plus fort est fait.

LE GREFFIER, lisant :

Nous, etc.

« Avons demandé et fait venir Guillaume Duchesne de Saint-Marc, chevalier Des Préaux, condamné à mort par ledit arrêt, et à être appliqué à la question ordinaire et extraordinaire, auquel nous avons prononcé ledit arrêt; et après serment par lui fait de dire la vérité,
» Interrogé à qui il a parlé de la révolte de Normandie,
» A dit qu'il n'en a parlé qu'à la dame de Vilars; et que s'il savait autre chose que ce qu'il a dit, allant dans une autre vie, il dirait la vérité.
» Remontré que la dame de Vilars lui avait mandé qu'elle avait ménagé plusieurs personnes, et s'il l'a vue depuis cette lettre à Évreux ou au pays de Caux,
» A dit qu'il l'a vue, et que ladite dame de Vilars ne lui a pas nommé d'autres personnes que le sieur d'Aigremont.
» Interrogé quelle connaissance il a de l'intelligence avec les étrangers,
» A dit qu'il a su par son oncle que van den Enden était allé plusieurs fois en Flandre, mais n'a point su le détail de sa dernière négociation.
» Ce fait, avons fait mettre les brodequins audit Duchesne chevalier Des Préaux, assis dans une chaise et exhorté de dire la vérité.
» Au premier coin,
» A dit qu'il a dit la vérité, et ne sait rien autre chose.
» Au deuxième coin,
» A dit que s'il savait davantage, il ne souffrirait pas tant, et que la dame de Vilars ne lui a nommé autre personne à qui elle eût parlé que le sieur d'Aigremont, et que c'est lui seul qui est cause que ladite dame soit entrée dans ces desseins.
» Interrogé ce qu'il a su de la conjuration avec les Hollandais,
» A dit qu'il est vrai qu'il a dit à la dame de Vilars que les Hollandais appuyeraient la conspiration ; mais qu'il n'en savait rien que par ce qu'il en avait ouï dire au sieur Latréaumont.
» Au troisième coin,
» A dit : Ay ! mon Dieu ! Seigneur Dieu ! Si je savais quelque chose, je ne souffrirais pas.
» Au quatrième coin,
» A dit : Oh ! mon Dieu !
» Au cinquième coin,
» A dit : Mon Dieu ! mon Dieu ! je n'ai rien à dire davantage.
» Au sixième coin,
» Que jamais il n'a ouï parler qu'on dût enlever la personne du roi.
» Au septième coin,
» A dit : Mon Dieu ! ayez pitié de moi !
» Au huitième coin,
» A dit : Si je savais quelque chose davantage, je le dirais. Voulez-vous donc que je me damne ? Mon Dieu ! si je savais, je le dirais !
» Exhorté derechef de dire la vérité,
» A dit qu'il a tout dit ce qu'il sait.
» Ce fait, avons fait relâcher ledit Des Préaux des tourmens, et, après avoir été délié et reconduit dans sa prison, lecture lui a été faite de son interrogatoire et réponses, a dit que ses réponses contiennent vérité, y a persisté, et a signé ainsi.

» Signé : DU CHESNE, BAZIN et DE POMMEREUX (1). »

L'EXEMPT.

Voulez-vous signer ?

AUGUSTE.

Oui, monsieur (Il signe; s'adressant à l'exempt) : Monsieur, je vous en supplie, dites-moi dans quel état se trouve madame la marquise de Vilars.

(1) Procès de Rohan, Bibliothèque Royale, manuscrit.

L'EXEMPT.

Cette dame est calme et résignée, monsieur.

AUGUSTE.

Merci, monsieur, merci.

Sortent l'exempt et le greffier.

AUGUSTE.

Elle est calme et résignée, mon père...

LE JÉSUITE.

Mon fils, votre âme ! songez à votre âme !

AUGUSTE.

Mais, mon père, c'est elle qui est mon âme... c'est elle qui est ma vie.. Avec elle j'ai commencé à exister... avec elle je mourrai... Dieu soit béni ! Dans une aussi terrible infortune nous ne serons pas du moins séparés ! et puis... vous me le promettez, n'est-ce pas, mon père ? la même tombe.

Un mouvement que fait Auguste, en tendant ses mains vers le prêtre, lui arrache un cri de douleur.

LE JÉSUITE *se penchant vers lui.*

Vous souffrez encore, pauvre malheureux enfant !

AUGUSTE.

Oui... les blessures de mes jambes, engourdies tout à l'heure, se sont un moment ravivées... et j'ai bien souffert. Mais dites-moi, mon père, vous me promettez la même tombe qu'à *elle*, n'est-ce pas ?

LE JÉSUITE.

Hélas ! je ne puis vous promettre cela, mon fils; ces tristes soins dépendent de la prévôté; mais, encore une fois, pensez à votre salut, oubliez les liens terrestres; priez, priez, mon fils !

AUGUSTE.

Oh ! j'ai prié avec ferveur toute la nuit, et j'espère en la clémence de Dieu, qui est souverainement juste et bon. Et puis, quel mal ai-je fait ? il le sait, lui qui lit dans les âmes; et d'ailleurs, quel mal pouvais-je faire ? n'étais-je pas toujours guidé par *elle* ? Aussi Dieu nous recevra dans son saint paradis. Oh ! alors une éternité de bonheur... n'est-ce pas, mon père !... Alors pour l'éternité nos deux âmes seront unies... à jamais unies, comme elles l'étaient sur la terre ; heureuses ensemble, sous les yeux du divin Créateur, partageant ensemble les ravissemens, les extases du paradis !

LE JÉSUITE.

Oui, mon fils, si, par votre fin religieuse et exemplaire, si par votre repentir profond, vous paraissez au Seigneur dignes de pardon... Mais, hélas ! nous sommes tous de grands pécheurs, et votre crime est grand, mon enfant !

AUGUSTE.

Oh ! oui, mon crime est grand et terrible, mon père ; oh ! c'est un épouvantable crime que celui-là, qui l'a perdue, *elle* ! Vous avez raison, mon crime est grand ! Jamais, jamais mon repentir ne pourra l'expier, et Dieu ne pourra peut-être me pardonner d'avoir perdu Louise ! Hélas, hélas ! être séparé d'elle pour l'éternité... (*Avec terreur.*) Mais non, non ! n'est-ce pas, mon père ?... Oh ! par pitié ! dites que Dieu me pardonnera ?

LE JÉSUITE.

Mon enfant ! mon enfant ! ce souvenir d'une affection terrestre revient sans cesse; il est au fond de toutes vos pensées, il est le but de toutes vos espérances; il est la cause de toutes vos terreurs. Si vous espérez les saintes joies du paradis, c'est moins pour jouir comme les élus de la contemplation du Seigneur que pour partager cette félicité divine avec une autre âme... Si vous craignez que Dieu vous soit impitoyable, vous tremblez encore moins de la crainte d'être à jamais privé de cette suprême récompense, que de la crainte d'être séparé d'une autre âme !

AUGUSTE.

Oh ! oui, mon père, cela est vrai... mais, hélas ! est-ce donc un mal ?

LE JÉSUITE.

Oui, mon fils, l'espoir d'être appelé à jouir, pour l'éternité, de la vue du Seigneur, ou la crainte d'en être à jamais privé, doivent éveiller en nous de si hautes et de si terribles préoccupations, que toute autre pensée doit s'y absorber.

AUGUSTE.

Hélas ! mon père, que le Dieu tout-puissant ait donc pitié d'une pauvre et faible créature... mais je ne puis détacher ma pensée de celle de Louise ; malgré moi, elle se lie à toutes mes espérances ; mais Dieu est bon... il est grand... il voit bien, lui, que si mon cœur est aussi rempli *d'elle*... à ce moment terrible... il s'élève vers lui avec une foi, une espérance plus religieuse, plus profonde encore ! Lui de qui tout vient et à qui tout retourne, lui le créateur et le maître de tous les mondes, il aura pitié de moi, n'est-ce pas, mon père, si, à ce moment fatal, je ne puis, hélas ! m'empêcher de songer encore à Louise... si tout mon espoir est de m'agenouiller au pied du redoutable et divin tribunal et de dire : Seigneur, pardon pour elle, car c'est moi qui l'ai rendue coupable ! (*Entrent un exempt et un homme vêtu de rouge. Auguste les voyant frissonne, cache sa tête dans ses mains, et dit avec horreur :*) Ah ! déjà, mon père?

LE JÉSUITE.

Non, mon enfant, mais...

L'EXEMPT.

Mais... vos cheveux sont trop longs, monsieur le chevalier.

LE CHEVALIER LOUIS DE ROHAN.

Une chambre de la Bastille, grande et convenablement meublée. — Une porte communique dans un appartement situé à côté. — Le père Talon et le père Bourdaloue.

LE PÈRE TALON, *entrant.*

J'arrive des Jésuites, où j'ai dit ma messe, c'est à peine si j'ai pris le temps de déjeuner... Quel sombre et épais brouillard il fait ! et pourtant, malgré le froid, il y a déjà tout un monde de curieux sur la place; les fenêtres de l'hôtel du Maine sont envahies par les gens du bel air, toute la place Royale semble s'être donné rendez-vous là; croiriez-vous qu'en passant près de la rue des Tournelles, j'ai vu à une croisée mesdames de Lyonne et de Rambure... en grand habit et fort parées.

LE PÈRE BOURDALOUE.

Si ce qu'on a dit dans les temps est vrai (1), la présence de madame de Lyonne à un pareil spectacle est une énormité.

(1) Monsieur de Rohan avait été l'amant de madame de Lyonne.

LE PÈRE TALON.

C'est horrible, sans doute, mais la curiosité est si grande! et puis (d'un air mystérieux) on sait que c'est faire sa cour au roi que d'assister à cette terrible punition, infligée à un prince qu'il déteste... A propos, savez-vous ce qu'a dit hier Sa Majesté à monsieur le duc de La Feuillade, que je viens d'ailleurs de voir en bas, sur la place, tout triste et enveloppé de son manteau?

LE PÈRE BOURDALOUE.

Non.

LE PÈRE TALON.

Lorsque le roi eut donné l'ordre à ce seigneur de commander son régiment des gardes afin d'assurer aujourd'hui l'exécution de monsieur de Rohan, monsieur de La Feuillade, qui a été dans les temps fort des amis du chevalier, eut le courage de supplier le roi de l'exempter de cette pénible mission, et de permettre que le major commandât le régiment à sa place ; mais Sa Majesté lui répondit d'un air si terrible : *Vous êtes bien tendre, La Feuillade*, que le duc n'osa pas insister et obéit. Mais comment se trouve monsieur de Rohan?

LE PÈRE BOURDALOUE, montrant la porte de la chambre.

Accablé par ces trois nuits sans sommeil, il repose heureusement depuis un quart d'heure.

LE PÈRE TALON.

Et comment est-il maintenant?... Je vous l'ai laissé encore si irrité, dans des sentimens si peu chrétiens!

LE PÈRE BOURDALOUE.

Il se calme peu à peu, mais, hélas ! qu'il m'a donc effrayé par ses emportemens de la nuit dernière !... J'ai craint un instant que sa tête ne se perdît ; il m'a surtout fait frémir par l'exaspération avec laquelle il parlait de madame sa mère et de madame sa tante!

LE PÈRE TALON.

Entre nous, ni madame la princesse de Guéménée, ni madame la princesse de Soubise (1), n'ont fait ce qu'elles auraient dû ; on les approuve tout haut pour plaire à Sa Majesté, mais on blâme tout bas l'incroyable sécheresse de cœur de madame de Guéménée, et son inexorable sévérité pour son fils... à qui elle n'a pas donné une marque de tendresse depuis son emprisonnement. Quant à madame de Soubise... on dirait que monsieur de Rohan ne lui appartient en rien, et elle déclarait avant-hier hautement dans la galerie de Saint-Germain qu'elle ne reconnaissait plus comme prince de sa maison un sujet traître et rebelle à son roi. D'un autre côté, madame de Montespan, qui a, dit-on, jadis beaucoup aimé monsieur de Rohan, tâche à paraître la plus indifférente du monde à l'effroyable sort de ce malheureux seigneur, pour ne pas réveiller la colère du roi, qui n'a cherché, dit-on, dans cette condamnation, qu'à satisfaire une jalouse vengeance.

LE PÈRE BOURDALOUE.

Oh ! la cour ! la cour !

LE PÈRE TALON.

C'est triste... hélas ! mais que faire à cette heure ! On adore à genoux l'idole qui prend pour emblème un symbole païen, Rome est à ses pieds ; il faut donc attendre le moment des remords et des terreurs... alors...

Une pause... Le père Bourdaloue et le père Talon échangent un coup d'œil significatif, puis le père Talon reprend :

Et ce malheureux chevalier est mieux disposé, dites-vous ?

(1) Alors maîtresse de Louis XIV. (Voir Saint-Simon.)

LE PÈRE BOURDALOUE.

Oui, sans doute, bien que çà et là il ne puisse surmonter ses mouvemens de colère et de haine contre Sa Majesté et monsieur de Louvois. Mais monsieur de Rohan est un homme si versatile, d'un caractère si étrange en contrastes, qu'on ne peut être sûr de la disposition de son esprit une heure de suite.

On entend quelque bruit dans la pièce voisine.

LE PÈRE TALON.

Il s'éveille, je crois. (Il écoute, on n'entend plus rien.)

LE PÈRE BOURDALOUE.

Non. Hélas! que ne dort-il jusqu'au dernier moment !

LE PÈRE TALON.

Et pour quelle heure ?

LE PÈRE BOURDALOUE.

Deux heures et demie.

LE PÈRE TALON.

J'oubliais de vous dire que je viens de voir dans sa prison mademoiselle Maurice d'O.

LE PÈRE BOURDALOUE.

N'est-elle donc pas encore mise en liberté, puisqu'on n'a trouvé aucune preuve contre elle ?

LE PÈRE TALON.

Non, on attend que l'exécution soit consommée pour la laisser sortir de la Bastille ; elle m'avait supplié de demander au roi, pour elle, la permission de voir monsieur de Rohan. Sa Majesté a refusé. Elle a demandé l'autorisation d'écrire au chevalier, le roi a fait répondre à cela qu'il y consentait, pourvu que la lettre ne contînt que l'expression de sentimens religieux et conformes à la circonstance; aussi m'a-t-il donné ordre de lire d'abord ce billet et de lui en envoyer copie. Mademoiselle d'O m'avait donné une première lettre, que je trouvai trop remplie de sentimens tendres et terrestres ; je l'engageai à en écrire une plus grave, plus solennelle. Elle a beaucoup pleuré, et m'a remis celle-ci... qui est moins intime, beaucoup moins touchante, mais plus en rapport avec la terrible situation de monsieur de Rohan, et, selon moi, plus propre à lui faire oublier des liens condamnables et réprouvés ; mais avant que de remettre cette lettre à monsieur de Rohan, voulez-vous en entendre la lecture ?

LE PÈRE BOURDALOUE.

Volontiers... J'écoute.

LE PÈRE TALON, lisant (1) :

« Si je vous connaissais moins de force d'âme, ou plus
» de frayeur de la mort, je prendrais de grands soins de
» vous y préparer, et de vous apprendre le peu d'espoir
» que vous devez avoir en la vie ; mais comme vous n'a-
» vez jamais rien craint, je ne pense pas que vous ayez
» peur de renoncer à une existence que vous avez tant de
» fois méprisée, et dont vous devez regarder la perte plu-
» tôt comme un bien que comme un mal, puisqu'elle vous
» délivre de fortes misères et qu'elle vous ouvre une voie
» de faire votre salut, en offrant votre mort en sacrifice à
» Dieu, pour l'expiation de vos fautes... Espérez, espérez
» en sa clémence, car vous êtes une malheureuse victime
» que monsieur de Latréaumont a immolée à son ambition

(1) Cette lettre est extraite des pièces du procès, et intitulée ainsi : « Copie de la lettre de mademoiselle Maurice d'O, prisonnière à la Bastille, écrite à monsieur de Rohan le jour de son jugement. » (Biblioth. roy. manuscrits. Procès criminel de Rohan.)

» et à sa cupidité, un ami trop confiant, du nom et de la
» bonté duquel il a cruellement abusé; commencez donc
» à recourir à Dieu, employez tous les momens qui vous
» restent à travailler à votre salut. Courage... courage!
» que votre fin soit calme, ferme, religieuse et digne de
» votre nom! Quant à moi, je ne souhaite, hélas! vous
» inspirer en cela que les sentimens dont moi-même j'ai
» l'âme remplie à cette heure; car, malgré la faiblesse de
» mon sexe, j'aurais voulu de tout mon cœur paraître cri-
» minelle à vos juges, afin de me voir aussi délivrée d'une
» affreuse vie qui ne m'est plus maintenant qu'odieuse et
» funeste. Oh! je vous le jure! je n'en demanderai pas la
» prolongation à Dieu ni au roi! mais si je suis assez
» malheureuse pour être réduite à traîner ainsi miséra-
» blement mes chagrins, quelque chose m'empêchera de
» murmurer contre mon horrible sort: c'est que, pendant
» le restant de mes tristes jours, je pourrai prier Dieu
» pour vous, du plus profond de mon âme, jusqu'au mo-
» ment où je vous rejoindrai...

» Pour la suprême et dernière fois, adieu, espoir et cou-
» rage, noble et malheureux prince!!! Oh! adieu... et
» pour la dernière fois, adieu!...

» Renée-Maurice d'O. »

LE PÈRE TALON, après avoir lu.

Ne vous semble-t-il pas qu'on reconnaît la contrainte
dans chaque mot, et qu'on sent l'affection la plus tendre
la plus dévouée, qui veut à tout moment percer la froide
enveloppe qu'on lui impose, et qui pèse si douloureusement aux aspirations de cette malheureuse âme?

LE PÈRE BOURDALOUE.

Cela est vrai, et affecte, hélas! péniblement.

LE PÈRE TALON.

Que pouvais-je faire! le roi a ordonné qu'une copie de
la lettre lui fût envoyée, et la première l'aurait irritée,
non-seulement contre monsieur de Rohan, mais contre
mademoiselle d'O, tandis que celle-ci...

A ce moment un nouveau bruit se fait entendre, et monsieur
de Rohan, pâle, égaré, entre précipitamment dans cette chambre.

MONSIEUR DE ROHAN.

Quel rêve affreux! le rêve de Maurice... un échafaud!
ah! c'est horrible!

Il tombe accablé sur un fauteuil.

LE PÈRE BOURDALOUE, s'approchant.

Mon fils!

MONSIEUR DE ROHAN, sortant de sa stupeur, regarde avec
effroi.

Qu'est-ce? comment? que voulez-vous? Où suis-je? où
suis-je?

LE PÈRE TALON.

Prince, rappelez vos esprits.

MONSIEUR DE ROHAN le regarde d'abord fixement; puis, jetant les yeux autour de lui, peu à peu il se souvient de tout.

Mais ce n'est pas un rêve que ce rêve d'échafaud!...
c'est une réalité! oui... ces prêtres... cette salle... ah! mon
Dieu! oui... c'est l'échafaud... je suis condamné... (Avec
rage.) Ah! malédiction! malédiction sur moi, je suis condamné!

LE PÈRE TALON.

Prince... espérez en Dieu! il vous pardonnera peut-être...
Un sincère repentir...

MONSIEUR DE ROHAN, furieux.

Et! que me fait ce pardon! c'est celui du roi... que je

veux, et je l'aurai... je l'aurai, il me l'a promis! un roi
ne ment pas ainsi lâchement! Pourquoi m'aurait-il envoyé
Louvois? pourquoi Louvois m'a-t-il donné, au nom du
roi, sa parole de gentilhomme que j'aurais ma grâce si je
disais ce que je savais sur cette révolte? On ne fait pas, on
ne peut pas faire périr ainsi un homme de ma qualité, un
prince de la maison de Rohan!... Louvois l'a bien [dit!... Ma
mère, ma tante, monsieur Colbert, tous intercéderont pour
moi, ils ont intercédé... j'en suis sûr... Le roi veut m'effrayer d'abord et me faire grâce à la fin... n'est-ce pas?
Oui, vous avez ma grâce, mes pères! c'est une terrible leçon qu'il veut me donner!... Eh bien! oui... je me repens...
je me repens d'avoir songé à cette révolte... S'il avait voulu,
je l'aurais toujours servi si fidèlement! je l'aimais tant!...
je lui aurais été si dévoué! N'ai-je pas oublié tous ses dédains pour le suivre encore à Maëstricht! n'y ai-je pas
été blessé pour son service? Et puis d'ailleurs il sait bien
que c'est cet infâme Latréaumont qui a tout fait, qui a
abusé de mon nom! Oui, oui, le roi a voulu m'éprouver...
n'est-ce pas, mes pères?... Vous avez ma grâce... oh!
donnez-la-moi, vous voyez que j'ai assez souffert.

LE PÈRE BOURDALOUE.

Hélas! ces chimères vous font perdre un temps précieux
pour votre salut... prince; nous n'avons pas votre grâce;
vous n'avez plus à espérer qu'en Dieu.

MONSIEUR DE ROHAN.

Vous n'avez pas ma grâce? Il me la faut... il me la
faut!... ou sinon je tuerai le roi... je tuerai cet infâme
Louvois!

LE PÈRE BOURDALOUE.

Prince! prince! rappelez vos esprits! songez où vous
êtes... Hélas! nous vous avions tantôt laissé si bien disposé
pour votre salut!

MONSIEUR DE ROHAN.

Il n'y a de salut que dans ma grâce! Je ne suis accusé
que sur ma propre déposition, et je ne l'ai faite que sur
la promesse d'avoir ma grâce!!! Mais, mon Dieu, mon
Dieu! il n'y a aucune preuve contre moi!... On ne con-
damne pas un homme sans d'autres preuves que celles
qu'il donne contre lui-même... Sans cela, c'est un meurtre! un meurtre affreux!

LE PÈRE BOURDALOUE.

Calmez-vous, mon fils; peut-être vos juges ont-ils été
trompés, peut-être les apparences seulement sont-elles
contre vous! mais Dieu, qui est souverainement juste, re-
connaîtra votre innocence! Courage! courage, prince!
oubliez une vie malheureuse, pour songer à la félicité
éternelle qu'un profond repentir peut vous assurer à jamais!

MONSIEUR DE ROHAN.

Mais c'est la vie que je veux, la vie! dussé-je la passer
en prison dans un horrible cachot... Mais la vie! mon
Dieu! la vie!... Qu'on me laisse me jeter aux pieds du
roi! je suis sûr de l'attendrir... de le persuader de me
faire grâce... car enfin, quand un homme est à vos
genoux, fût-il votre ennemi, quand il vous demande la
vie... quand, d'un seul mot, vous pouvez lui donner la
vie, qui aurait l'horrible courage de ne pas prononcer ce
mot... N'est-ce pas, mes pères!

LE PÈRE TALON.

Prince, Sa Majesté a refusé de vous voir... Le moment
approche... encore une fois, il ne vous reste plus d'espoir
qu'en la miséricorde de Dieu.

MONSIEUR DE ROHAN accablé, après un long silence.

Plus d'espoir!!!... Ah! vous avez raison, plus d'espoir...
plus d'espoir!... le roi est implacable... Oh! qu'il doit être
heureux à cette heure!... voilà sa haine enfin satisfaite...

Et ma mère, ma mère! la voilà aussi vengée, elle!... le fils qu'elle déteste va périr... Et ma tante, et mes anciens amis!... personne n'a intercédé pour moi, personne, mon Dieu... personne! Abandonné de tous! pas un souvenir! Mourir ainsi indifférent et odieux à tous! mourir sans inspirer un regret! mourir sans une voix amie qui me dise seulement : Courage!

Le chevalier retombe affaissé sur un fauteuil, et cache sa tête dans ses mains. Nouveau silence.

LE PÈRE TALON.

Si, prince, une voix amie vous dira : courage! une voix amie se joindra à la nôtre ; cette voix est celle de mademoiselle d'O, enfin... Le roi a permis qu'elle vous écrivît..., et sa lettre..., la voici.

Le chevalier de Rohan relève la tête, et prend vivement la lettre de Maurice.
A mesure qu'il lit, l'agitation furieuse de monsieur de Rohan se calme un peu, non que l'expression de la lettre de Maurice opère absolument ce changement, mais le chevalier semble pénétrer le sens caché de chaque mot ; puis surtout cette lettre éveille en lui mille souvenirs consolans. La bienfaisante influence de cette jeune femme, si noble et si dévouée, se fait de nouveau sentir à cet esprit, aussi versatile que soudainement impressionnable... Les instincts religieux qu'il a toujours eus en lui se réveillant, semblent grandir tout à coup dans ce moment terrible ; et, selon la nature de ce caractère personnel et craintif, se concentrent en une sorte de croyance, peut-être plus égoïste que chrétienne, qui lui fait vaguement espérer qu'en mourant avec repentir, résignation et humilité, il se sauvera peut-être des châtimens éternels. Puis aussi, comme cela se voit chez toutes les organisations faibles, irritables, éminemment fébriles et nerveuses, toutes les parties de courage, de superbe et d'orgueil de race et de nom, qui sont en monsieur de Rohan surexcitées par son effroyable position, s'exaltant tout à coup en une fiévreuse résolution, aussi énergique qu'éphémère, mais qui doit le soutenir jusqu'au moment suprême, car l'heure fatale approche... Ses yeux brillent, ses joues se colorent, ses beaux traits révèlent une détermination calme et forte ; jamais il n'a paru plus beau. Il se lève, baise pieusement la lettre de Maurice... Le père Bourdaloue et le père Talon, qui l'ont attentivement examiné, ne peuvent cacher leur surprise de ce changement soudain.

MONSIEUR DE ROHAN.

Ah! Maurice! Maurice! tu disais vrai! Si j'avais suivi tes conseils, tes nobles inspirations, je serais maintenant heureux et calme dans le manoir de Penhoët! maintenant... je serais entouré de tes soins, de ta tendresse... oh! toi, l'amie la plus dévouée, la plus tendre et la plus méconnue! Mais rassure-toi. Va! au moins ma fin sera digne de toi et de moi! (Avec exaltation.) Je ne sais pourquoi, à cette heure dernière, il me semble que je pénètre tout ce qu'une infernale obsession m'avait caché jusqu'ici! Oui... oui, sois heureuse, Maurice... A ce moment suprême, du moins je crois en toi comme en Dieu... A ce moment suprême, ton sublime dévoûment m'apparaît dans toute sa véritable splendeur... Je ne sais si l'approche de la mort nous donne de nouvelles facultés, mais j'embrasse, comme d'un seul regard de ma pensée, depuis les moindres jusqu'aux plus immenses preuves de ton affection sans bornes. (Il tombe à genoux, et croise ses mains.) Mon Dieu! mon Dieu! je te bénis de m'avoir envoyé cette suprême et dernière consolation. Pardonne-moi, mon Dieu! si des pensées terrestres m'ont détourné un instant de ta contemplation. Maintenant je reviens à toi ; j'implore ta pitié pour ma vie détestable, et je subirai avec reconnaissance et humilité tout ce que ta volonté m'envoie.

Les pères Bourdaloue et Talon attendris s'approchent du prince, et le serrent dans leurs bras.

LE PÈRE BOURDALOUE.

Courage, courage, noble prince, Dieu vous entend!

LE PÈRE TALON.

Il vous exaucera!

MONSIEUR DE ROHAN.

Mon père, vous direz au roi que je meurs son sujet fidèle et repentant ; heureux que mon crime n'ait été commis que dans ma pensée! heureux! oh! bien heureux surtout de n'avoir pas excité la guerre civile dans mon pays, de n'avoir pas livré la France à l'étranger.,

LE PÈRE BOURDALOUE.

Oui, mon fils, oui, prince, le roi saura tout!

MONSIEUR DE ROHAN au père Talon.

Et vous, oh! dites à ma mère que depuis deux mois que je suis en prison... que dans ce moment terrible j'aurais été touché... hélas! bien profondément touché d'une seule marque de tendresse ou de pardon de sa part ; mais que je meurs sans murmures et sans me plaindre, reconnaissant que mes torts et mes fautes envers elle ont été plus extrêmes encore que le châtiment qu'elle m'impose. Vous lui direz que je la supplie enfin d'écouter ma seule et dernière demande : c'est que mon nom se trouve chaque jour dans ses prières... Car Dieu exaucera peut-être les vœux d'une mère priant pour son fils!

LE PÈRE TALON, très ému.

Prince, je verrai votre mère... elle saura tout... n'en doutez pas... elle priera pour son fils!

MONSIEUR DE ROHAN, attendri.

Enfin, mon père, vous direz à mademoiselle d'O que j'ai suivi ses nobles conseils ; que, grâce à vous, mes pères, je suis revenu de mes emportemens... que je me suis confié en la miséricorde infinie de Dieu... et puis, quand vous m'aurez vu mourir comme je mourrai (avec fierté), vous assurerez mademoiselle d'O que je suis du moins mort EN ROHAN... Mais, pardon, pardon, mon père, de cette orgueilleuse pensée... Une dernière prière... Je désire que cette lettre de mademoiselle d'O ne me quitte pas... qu'on la laisse là... sur mon cœur... Me le promettez-vous?

LE PÈRE TALON, essuyant ses larmes.

Oui... oui... prince, on y pourvoira.

MONSIEUR DE ROHAN.

Et puis enfin qu'une boucle de mes cheveux soit remise à ma mère... si elle daigne les vouloir... et une autre à mademoiselle d'O... Vous me promettez encore cela, mon père?

LE PÈRE TALON.

Oui, mon fils.

MONSIEUR DE ROHAN, avec fermeté.

Maintenant que j'ai fini avec la vie, je suis à toi, mon Dieu!... Mon père, écoutez ma dernière confession.

Il s'agenouille aux pieds du père Bourdaloue. Le père Talon passe dans l'autre chambre.
Deux heures sonnent, entrent monsieur de Besemaux, des exempts, et un homme vêtu de rouge, portant un paquet de cordes.
Monsieur de Rohan pâlit et frissonne un moment, mais bientôt reprend courage.

MONSIEUR DE ROHAN.

Qu'est ce que cet homme?

MONSIEUR DE BESEMAUX, hésitant.

Prince!...

MONSIEUR DE ROHAN à l'homme vêtu de rouge.

C'est toi qui... (Il fait un geste de la main.)

L'HOMME ROUGE.

Oui, monseigneur.

MONSIEUR DE ROHAN.

Pourras-tu bien m'abattre la tête d'un seul coup... et sans m'ôter mon justaucorps?

L'HOMME ROUGE.

J'y tâcherai, monseigneur.

MONSIEUR DE ROHAN.

Mais ne dois-je pas être lié?... ne viens-tu pas ici pour cela... avec ces cordes?

L'HOMME ROUGE.

Oui, monseigneur... mais je puis lier monseigneur avec un des rubans de sa cravate.

MONSIEUR DE ROHAN.

Non... mon ami, notre Seigneur Jésus-Christ a été lié avec des cordes... moi, misérable pécheur... je veux être lié comme lui avec des cordes... Allons, lie-moi (il tend les mains); seulement, que je puisse tenir un crucifix.

L'homme rouge lie monsieur de Rohan avec une corde, et le père Bourdaloue lui donne un crucifix, que le chevalier prend entre ses mains.

MONSIEUR DE ROHAN, à l'homme rouge.

Mon ami, personne ne doit savoir mieux que toi... à quelle heure cela est; combien me reste-t-il encore à vivre?

L'HOMME ROUGE.

Une demi-heure, monseigneur.

MONSIEUR DE ROHAN.

Bon... Mon père, j'ai encore du temps pour me réconcilier avec Dieu et m'entretenir avec vous.

L'homme rouge, monsieur de Besemaux et l'exempt sortent; monsieur de Rohan s'agenouille de nouveau aux pieds du père Bourdaloue.

MADAME LA MARQUISE DE VILARS.

Une chambre de la Bastille. — Louise, vêtue de noir, est d'une blancheur pâle et mate. — Ses beaux cheveux blonds ont été coupés par l'homme vêtu de rouge, qui est venu lui lier aussi de cordes les mains comme à monsieur de Rohan. — Louise est assise les mains sur ses genoux. — Près d'elle, monsieur de Sarrau, son oncle, le ministre, qui, par la protection de monsieur de Ruvigny, a obtenu depuis son arrestation la permission de la voir une heure avant sa mort. La physionomie de madame de Vilars est calme et résolue, mais à ce moment empreinte d'une profonde tristesse, car elle est sous l'empire d'un remords déchirant.

LOUISE, avec angoisse.

C'est affreux!!! Sans cette horrible pensée... je mourrais heureuse... puisque je mourrais avec Auguste.

MONSIEUR DE SARRAU.

Mais vos enfans n'ont-ils pas en moi un appui certain?

LOUISE.

Oui... mais je les ai déshérités! mais, tout entière à mon amour pour Auguste... je n'avais pas songé à cette odieuse confiscation qui enrichit le roi des dépouilles de ceux que sa justice a condamnés, et qui laisse mes malheureux enfans sans pain et sans asile...

MONSIEUR DE SARRAU.

Mais, encore une fois, Louise, ne suis-je pas là? Ne vous désespérez pas ainsi. Monsieur de Ruvigny est de mes amis... peut-être, par son entremise, pourrait-on espérer que la totalité de vos biens ne fût pas réunie au domaine du roi.

LOUISE, avec une expression déchirante.

Mais je ne le saurai pas, moi! et je meurs cruellement incertaine sur le sort de mes enfans! Qu'ils vous perdent, qu'ils perdent ma tante... votre modeste aisance devient l'héritage de votre fils... et ma pauvre petite fille!... mon Gabriel!... Ah! les laisser ainsi sans biens, quelle pensée... mon Dieu!... quelle affreuse pensée!! Oh! oui, voilà mon véritable crime...! A mon amour tout personnel pour Auguste, je n'aurais pas dû sacrifier jusqu'à cela... c'est horrible! et il est trop tard... trop tard... (Avec un regret poignant.) Mais si j'avais su, mon Dieu! au lieu d'avouer tout... j'aurais tout nié, employé tous les moyens possibles pour me faire absoudre, au lieu de vouloir mourir avec Auguste... J'aurais imploré la pitié de mes juges... je serais descendue jusqu'à la bassesse, jusqu'à toute l'infamie du mensonge, pour sauver la fortune de mes enfans! Mais hélas! sans avocat, sans conseil, livrée à moi-même, que savais-je des confiscations, moi?... je n'ai appris cet horrible droit de la loi qu'après ma sentence... mais cela ne m'excuse point. Dieu est juste, et il me punira dans l'éternité.

MONSIEUR DE SARRAU.

Mais, Louise, Dieu ne vous tiendra-t-il pas compte de l'admirable pureté de votre vie? Chassez une aussi affreuse pensée.

LOUISE, se parlant à elle-même, les yeux fixes.

Cette pensée est d'autant plus affreuse que ma mort me semble honteusement égoïste! J'ai l'air de m'y réfugier après avoir fait le mal... sentant que je ne puis le réparer! Ah! sans cela, avec ce remords terrible, que craindrais-je?... Mon sort invariablement fixé, je l'aurais subi avec fermeté; car, mourir avec lui, n'était-ce donc rien que cela! (Une pause. Elle reprend d'un air sombre, se parlant à soi-même) : Que cela est étrange! nous voici au vingt-sixième jour du mois de novembre, c'est à peu près l'époque à laquelle monsieur de Vilars m'avait priée de remettre mon union avec Auguste... mon union!!! Cela aussi va être une union!!! Inconcevable destinée!... terribles fiançailles!... Depuis deux mois je n'ai pas vu Auguste; je vais le revoir pour la première fois au pied de l'échafaud... Quelle fin... pour tant de rêves, pour tant d'espérances de bonheur!... Fatalité! fatalité! (Elle reste un moment absorbée, et répand des larmes silencieuses; puis, tout à coup, elle s'écrie avec un accent déchirant) : Mais est-ce qu'il m'est permis de penser à mes misères, à moi?... Et mes enfans! mes enfans! que vais-je répondre à Dieu quand il va me demander : Femme, qu'as-tu fait de leur avenir? (Elle cache sa tête dans ses mains liées de cordes.) Ah! les laisser ainsi!

MONSIEUR DE SARRAU.

Et l'espoir de les revoir un jour, Louise, ne le comptez-vous pas? Qu'est-ce que ce passage si rapide de la vie pour arriver à l'éternité?... une seconde, comparée à la durée des siècles... Eh bien! oui, je le veux, ils seront privés des biens de la terre, mais le ciel les attend... Oui, Louise... car, hélas! si, étant pauvre moi-même, je ne puis leur donner la fortune qu'on leur ravit, croyez-moi, croyez-en leur bon et noble naturel, je leur donnerai les trésors de l'âme... grâce auxquels un jour ils retrouveront leur mère au milieu des élus.

LOUISE, secouant tristement la tête.

Hélas ! à cette heure terrible, je vois ce que j'aurais dû faire : j'aurais dû vous substituer mes biens, et alors n'engager ainsi que ma tête dans ce complot... Mais il est trop tard... Encore une fois, Dieu me pardonnera-t-il jamais ?

MONSIEUR DE SARRAU.

S'il vous pardonnera, noble créature ? Est-ce que toute votre vie n'a pas été sainte, grande et vertueuse ? Est-ce que tout ne compte pas devant sa divine impartialité ? Est-ce qu'enfin, vous voyant, comme il vous voit à cette heure fatale, calme, résignée, au lieu d'être abattue par les terreurs d'une mort qui approche de minute en minute, lorsqu'il vous voit enfin n'avoir qu'une seule et unique pensée, pensée fixe et dévorante qui absorbe toutes les autres, *le sort de vos enfans!* oh ! n'est-ce pas là un noble repentir qui vous sera compté !... Allez, allez, courageuse femme, espérez en votre vie jusqu'alors si magnifiquement exemplaire, pour faire excuser une seule faute; espérez enfin en l'éternité où nous serons tous réunis !

LOUISE.

Je n'ai que ce refuge. Je me confierai dans la toute-puissante miséricorde de Dieu... Car... si le repentir le plus profond, le plus amer, le plus douloureux, est quelque chose à ses yeux... oh ! je me repens, hélas ! ainsi ! et bien affreusement ! (Long silence. Louise essuye de nouveau ses larmes, et, prenant dans ses mains liées de cordes la main de monsieur de Sarrau, elle ajoute avec un accent de tendresse déchirante) : Enfin... mon ami... je vous confie ces pauvres enfans ; aimez-les comme vous m'avez aimée. Dites-leur tout... dites-leur toute la vie de leur mère ; ils y puiseront quelques bons enseignemens et une terrible leçon. Parlez-leur aussi d'Auguste... oui... dites-leur combien il était noble, vertueux et bon ; dites-leur bien cela... afin qu'ils puissent comprendre qu'en l'aimant j'ai pu les oublier un instant... dites-leur les affreux remords de leur pauvre mère... mais surtout !... oh ! surtout, qu'ils ne maudissent pas Auguste... car ce n'est pas sa faute à lui !.. Le malheureux a été entraîné... forcé par d'épouvantables circonstances... il voulait s'isoler... me fuir... au lieu de me lier à la fatalité de son sort... et c'est moi... c'est ma seule volonté qui m'a fait me jeter dans ce complot... Oh ! dites-leur bien cela, n'est-ce pas !... oh ! priez-les, au nom de leur mère, de ne pas maudire Auguste... Rappelez-leur combien il les aimait !... assurez-les bien qu'il aurait été pour eux le plus tendre des pères... le plus dévoué des amis... dites-leur enfin qu'ils me pardonnent, à moi, qui ai causé tout leur malheur... dites-leur que cette horrible pensée a rendu les derniers momens de leur mère épouvantables, oh ! bien épouvantables ! et que, sans cela, elle serait allée vers Dieu avec confiance et sérénité.

MONSIEUR DE SARRAU.

Oh ! croyez-moi, je leur dirai tout, et ils vous béniront, et ils ne maudiront pas Auguste. Si leur haine doit tomber sur quelqu'un, qu'elle tombe donc sur les véritables auteurs de tous ces maux affreux ! qu'elle tombe sur vos bourreaux ! Est-ce que vous êtes coupable, malheureuse femme ? est-ce qu'Auguste est coupable ? est-ce que le motif qui vous a fait prendre part à ce complot imaginaire ne vous a pas fait absoudre ailleurs que devant ce tribunal de tigres ? Les malheureux ! condamner impitoyablement , sans permettre aux accusés de se défendre ! Honte ! honte éternelle aux juges ! honte éternelle au prince qui, n'usant pas du plus beau droit de sa couronne, laisse ainsi consommer le plus affreux sacrifice, laisse tomber la tête d'une femme sur l'échafaud, parce que, par le plus saint dévouement, elle a pris part aux vains desseins d'une révolte impossible !!!

A ce moment deux heures et demie sonnent ; c'est l'heure du supplice. La porte s'ouvre; paraissent le greffier et des exempts.

LE GREFFIER, très ému.

Madame la marquise, il est temps...

LOUISE, se jetant dans les bras de monsieur de Sarrau, à voix basse.

Que mes enfans me pardonnent et ne maudissent pas Auguste! (Se retournant vers le greffier.) Je vous suis, monsieur.

XXIX

L'EXÉCUTION.

Laissez passer la justice du roy...

Un témoin oculaire de cette scène sanglante en donne, dans une lettre écrite d'une des fenêtres de la place de la Bastille, la relation suivante (1).

On n'a rien voulu y changer, parce qu'elle est d'une extrême naïveté, et que pour les faits généraux elle est absolument conforme à la dépêche de monsieur de La Reynie, que l'on cite plus bas, sauf quelques détails, confirmés d'ailleurs, mais omis dans le rapport du procureur-général.

« Les gardes françaises s'étaient saisis, dès sept heures du matin, de toutes les avenues, où les chaînes furent tendues ; les mousquetaires blancs et noirs les soutenaient par brigades, savoir : à la porte Saint-Antoine, à l'entrée de la rue des Tournelles, vis-à-vis de l'hôtel du Maine, et vers la rue qui va à la place Royale. La place qui est devant la porte de la Bastille était entourée de deux rangs de gardes françaises, et, derrière, un rang de mousquetaires, monsieur le duc de La Feuillade et le chevalier de Forbin leur donnant les ordres. Dans le milieu de cette place, où il n'y avait personne, le peuple étant serré contre les murailles, il y avait une potence et trois échafauds ; celui qui était le plus près des Saints-Martyrs pour *monsieur de Rohan*, un vis-à-vis la porte de la Bastille pour *Des Préaux*, et l'autre vis-à-vis le premier pour *la dame de Vilars*, faisant tous trois un triangle, et presqu'au milieu la potence pour *le maître d'école van den Enden*.

» A deux heures et demie, monsieur de Rohan sortit de la Bastille à pied, ayant demandé, et Des Préaux aussi, de n'être pas dans la charrette, qui les suivit avec les deux autres, la femme et le maître d'école. Monsieur de Rohan parut sans chapeau, les mains liées, tenant un crucifix, le père Talon à sa droite, le père Bourdaloue à sa gauche. Il n'eut jamais si bonne mine, quoique d'un air un peu abattu. Il se tourna, et jetant par deux fois les yeux de tous côtés, il aperçut près de lui le sieur de Saindoux et quelques autres officiers qu'il salua ; puis avança, et s'arrêta pendant que la charrette approcha et qu'elle s'arrêta entre lui et Des Préaux. Le bourreau monta dessus pour entendre la sentence que le greffier lui lut. Pendant ce temps-là, les PP. jésuites, embrassant tour à tour monsieur de Rohan, l'exhortaient de leur mieux ; la sentence lue, ils revinrent auprès de son échafaud. Les valets du bourreau lui voulurent aider à monter, mais il se tourna et leur dit : *Laissez-moi, je monterai bien*. En effet, malgré ses mains liées, il ne laissa pas de s'en aider, et monta sur son échafaud, où il se mit à genoux, ses pères à côté de lui, qui lui parlaient toujours ; ensuite il baisa le crucifix. Le bourreau s'approcha et lui baissa son collet. A cette action il parut un peu étonné, car il avait fait revue de tout ce terrible appareil ; cependant il soutint tout avec fermeté et résignation ; et l'on peut dire qu'il est mort sans faiblesse, sans

(1) Note de Clérambaut. Manuscrit. Bibl. roy.

ostentation, et en vrai chrétien. On lui coupa les cheveux, et on lui découvrit un peu les épaules, on lui banda les yeux et on chanta le salut. Pendant tout cela, le père Talon le cacha de son manteau, autant pour lui épargner de la confusion que du froid. Ses yeux bandés, il se recommanda à Dieu ; le père Bourdaloue descendit, le père Talon s'écarta un peu, et l'exécuteur, s'approchant de lui, lui coupa la tête tout d'un coup ; elle roula jusqu'au bord de l'échafaud, et le père Talon, jetant son manteau sur le corps, descendit; peu après on lui rendit son manteau.

» Ensuite on exécuta le chevalier Des Préaux, qui ne fit pas plus de façon, mourut très fermement en regardant la dame de Vilars, n'ayant pas voulu avoir les yeux bandés; sa tête roula à terre, et on la rejeta.

» Après, la marquise, qui fut exécutée l'avant-dernière, monta fort hardiment sur son échafaud, se mit à genoux en chantant le *Salve regina*, baisa par trois fois le billot, et, sans souffrir que le bourreau la touchât, elle aida elle-même à se défaire de sa coiffe pour découvrir ses épaules, et après, souffrit fort constamment et fort noblement une pareille destinée, et sa tête roula à terre.

» Ensuite on monta le maître d'école à la potence, la question lui ayant ôté l'usage des jambes; il fut aussitôt pendu par les valets du bourreau, qui leur dit : VOUS AU-TRES, PENDEZ-MOI ÇA.

» J'oubliais de vous dire que, pendant que l'on exécutait Des Préaux, six soldats de la Bastille vinrent enlever le corps et la tête de monsieur de Rohan, et les portèrent à la Bastille ; le corps de la dame de Vilars fut mis dans un drap et enlevé par le côté de la rue des Tournelles, où on le mit dans un carrosse.

» Pour le chevalier Des Préaux, on le jeta dans la charrette après l'avoir déshabillé publiquement, puis on jeta sur lui tous les ais des échafauds, et après le corps de van den Enden, et par-dessus toute la potence. Et c'est par où finit ce triste spectacle, à trois heures et demie. »

CONCLUSION.

Néron vous écoutait, madame !...
(RACINE. — *Britannicus*.)

Moins d'une heure après l'exécution de monsieur de Rohan et de ses complices, un courrier, arrivant à toute bride dans la cour du château de Saint-Germain, remit un paquet pour le roi.

Louis XIV, qui s'était souvent et impatiemment informé de ce courrier, reçut ces dépêches avec les marques de la satisfaction la plus vive, lut attentivement une longue lettre de monsieur de La Reynie, et se rendit aussitôt chez madame de Montespan, qu'il trouva triste et rêveuse.

— Madame, lisez ceci, — lui dit le roi ; puis il ajouta avec une expression de haine, de joie et de cruelle ironie : — « *Qu'aujourd'hui ne soit pas non plus pour moi seul un jour de bonheur...* »

Madame de Montespan jeta les yeux sur la lettre...

C'était une dépêche de monsieur de La Reynie, qui annonçait au roi la mort de monsieur de Rohan. . . . .

Il est inutile de dire que le roi faisait ainsi une sanglante allusion aux mêmes paroles, autrefois amoureusement dites à madame de Montespan par monsieur de Rohan, et si imprudemment rappelées il y avait alors cinq ans, dans la conversation des filles d'honneur de la reine, conversation qui exaspéra si furieusement Louis XIV contre le grand veneur de France. . . . .

On ne sait rien du sort de monsieur de Saint-Marc.

Clara-Maria devint (ainsi qu'on le verra dans un autre ouvrage) une des plus influentes prophétesses des Cévennes.

Gabriel d'Eudreville, fils de madame de Vilars, prit aussi part à cette insurrection des montagnards protestans. . .

Après tant d'horreurs, en comparant ces temps-là à ceux où nous vivons, une pensée douce et consolante vient à l'esprit, c'est que les hommes et les choses ont assez progressivement marché pour que désormais un tel GRAND ROI et un tel GRAND SIÈCLE soient absolument impossibles.

TABLE

DES CHAPITRES CONTENUS DANS LATRÉAUMONT.

FIN DE LA TABLE DE LATRÉAUMONT.

Paris. — Imprimerie J. Voisvenel, rue Chauchat, 14.

www.ingramcontent.com/pod-product-compliance
Lightning Source LLC
Chambersburg PA
CBHW051743090426
42738CB00010B/2395